Dieter E. Kilian

Die Kopten

und das

christliche Erbe

Ägyptens

Die Kopten und das christliche Erbe Ägyptens

Dieter E. Kilian

2019

Books on Demand, Norderstedt

CIP-Kurztitelaufnahme der Deutschen Nationalbibliothek

Dieter E. Kilian: Die Kopten und das christliche Erbe Ägyptens

Detaillierte bibliografische Daten sind
in Internet über http://dnb.dnb.de abrufbar.

ISBN 978-3-743173842

Titelbild: Dieter E. Kilian

Herstellung und Verlag:
BoD - Books on Demand,
In de Tarpen 42
22848 Norderstedt.

Alle Rechte, insbesondere das Recht der Vervielfältigung und Verbreitung in Printmedien, durch Film, Funk, Fernsehen, fotomechanische und elektronische Wiedergabe, der Übersetzung, sowie der Einspeicherung und Nutzung in Datensystemen und Netzen - auch auszugsweise - sind vorbehalten. Kein Teil des Werkes darf in irgendeiner Form (durch Fotokopie, Mikrofilm oder ein anderes Verfahren) ohne schriftliche Genehmigung des Verfassers reproduziert oder unter Verwendung elektronischer Systeme gespeichert, verarbeitet, vervielfältigt oder verbreitet werden.

Printed in Germany 2019

ISBN 978-3-743173842

Inhalt

	Seite
Vorwort	8
Einführung	11

1. Geschichtliche Skizzen	16
1.1 Wechselvoller Kampf ums Überleben	16
* Standhaft trotz Verfolgung	16
* Schleichende Entfremdung unter Christen	21
* Trennung	32
* Unter dem Halbmond	48
* Zwischen Westorientierung und Islam	75
1.2 Die Kopten seit Beginn des 20.Jahrhunderts	93
Trügerische Ruhe	93

2. Religion in Ägypten zwischen Gesetz und Alltag	104
2.1 Verfassung und Religion	104
* An Schaltstellen von Politik, Justiz & Verwaltung	121
* Kopten als Provinzgouverneure	134
* Kopten beim Militär	137
* Kairo und der Heilige Stuhl	149
2.2 Religion im Alltag	154
* Fremd im eigenen Land	154
* Alltägliche Hürden	162
* Erschwerter Kirchenbau	168
* Schranken bei Ehe und Familie	172
* Spuren der Gewalt	179

3. Die Kopten	185
3.1 Die Koptisch-orthodoxe Kirche	190

3.1.1 Patriarchat	190
3.1.2 Kirchenstruktur & Geistlichkeit	216
3.1.3 Klöster	226
3.1.3.1 Klöster in Ägypten	226
3.1.3.2 Klöster in der Diaspora	236
3.1.3.3 Koptische Nonnen	239
3.1.4 Lehre und Liturgie	244
3.1.5 Papst Shenouda III.	263
3.1.6 Papstwahl 2012 „Habemus Papam" am Nil	288
3.1.7 Papst Tawadros II.	297
3.1.8 Das Verhältnis zur römischen Kirche	316
3.1.9 Kopten in der Diaspora	321
3.2. Die Koptisch-katholische Kirche	334
3.2.1 Patriarchat	334
3.2.2 Das Verhältnis zur Koptisch-orthodoxen Kirche	364
3.3 Die Koptisch-evangelische Kirche	375
4. Koptisch-orthodoxe Kirchen im Großraum Kairo (Beispiele)	377
4.1 Alt-Kairo	377
4.2 Die Muqattam-Höhlenkirchen	393
5. Ausblick	407
Anhang	410
Die nicht-koptischen Kirchen Ägyptens	411
Danksagung	449
Bildnachweis	450
Literaturverzeichnis	450

Vorwort

Von November 2006 bis April 2007 lebten meine Frau und ich im Rahmen eines privaten Studienaufenthalts in der Wohnung unseres Sohnes Axel in Heliopolis,[1] der ostwärts des Nils gelegenen Mega-Vorstadt Kairos, in der Kaab Ibn Malek, einer kleinen Seitenstraße der Hegaz Street, nahe des Al-Shams-Sporting Clubs. Täglich waren wir - meist mit unserem muslimischen Taxifahrer Abu Waleed und dessen klapprigem Taxi Baujahr 1960 - unterwegs. Waleed war anfangs misstrauisch ob der täglich besuchten Kirchen, doch dann half er gern bei der Suche. Häufig fuhren wir auch mit der, bereits 1908 eingeweihten Straßenbahn, die gemütlich schaukelnd von Heliopolis bis zur Ramses Railway Station ins hektische Zentrum Kairos ratterte, oder mit den beiden Metro-Linien und durchwanderten die quirlige Millionen-Metropole am Nil dann viele Kilometer zu Fuß, wobei unser Hauptaugenmerk den vielen christlichen Kirchen galt. Insgesamt entdeckten wir mehr als 200 Gebetsstätten aller christlichen Glaubensrichtungen in diesem Schmelztiegel der Religionen - armenische, griechisch-orthodoxe, koptisch-orthodoxe, koptisch-katholische, koptisch-evangelische, chaldäische, maronitische, melkitische, römisch-katholische, syrisch-katholische und syrisch-orthodoxe. Viele Bauten stehen selbstbewusst im Stadtbild, manche sind architektonisch überaus ansprechend, andere wiederum in hässlich-modernem

---

[1] Altägyptisch heißt der Ort „Jwnw". Im Alten Testament wird dies als „wn" (vokalisiert: „on") wiedergegeben. Bei Herodot wird die Stadt unter dem griechischen Namen Heliopolis „Stadt der Sonne" erwähnt. Die am südlichen Ende des Ostdeltas gelegene Siedlung war Hauptstadt des 13. unterägyptischen Gaus und Ausgangspunkt der Karawanenwege zum Sinai. Im späten 19. Jahrhundert lag die Stadt noch im Vorfeld Kairos bei dem Dorf Matariyah.

Betonstil. Einige sind aus Lehm erbaut, nahe dem Verfall, nicht wenige versteckt, wie die beeindruckenden Höhlenkirchen St. Samaan am Fuße des Gabal Al-Muqattam Steinplateaus, die nur in wenigen Fremdenführern erwähnt sind. Manche sind verlassen und zerfallen. Gleichwohl bilden alle von ihnen - zumindest auf den ersten Blick - ein Zeichen gelungener Koexistenz, messen sich beinahe trotzig mit den unzähligen großen und kleinen Moscheen überall im Stadtbild. Dieses Bild wird lediglich durch die permanente polizeiliche Bewachung und die Nachrichten von blutigen Überfällen und Anschlägen getrübt, bei denen zahllose Opfer unter den Christen zu beklagen sind.

Ich wurde vom Koptisch-katholischen Patriarchen von Alexandria, Antonios Naguib, zu einem Interview empfangen und besuchte den mehrstündigen koptisch-orthodoxen Gottesdienst am Abend des 6. Januars 2007, dem koptischen Weihnachtsfest, in der St. Markus-Kathedrale im Kairoer Stadtteil Al-Abbasiya, der vom greisen Papst Shenouda III. zelebriert wurde, den ich fast drei Stunden aus nächster Nähe erleben durfte. Im Mai 2019 während eines Kurzbesuches in Kairo empfing Patriarch Isaac Sedrak meine Frau und mich.

Dieses Buch stellt das Ergebnis unserer vielfältigen Begegnungen mit koptischen Gläubigen dar. Wir erlebten - nahezu ohne Ausnahme - eine überaus freundliche Bevölkerung, deren Gastfreundschaft uns bisweilen sehr nachdenklich machte. So passierte es mehrfach, dass z.B. Ägypter in der Straßenbahn und in der Metro unsere Tickets zahlen wollten, denn schließlich wären wir ja in ihrem Lande zu Gast. Die Zahl an Babys und Kleinkinder, die meine Frau in den Kirchen nach Taufen und anderen Festen und sogar bei den Fahrten in der Metro und der Straßenbahn in den Arm gelegt wurden, haben wir nicht gezählt.

Dieses Buch soll auch ein kleiner Dank an unsere ägyptischen Freunde, die Ehepaare Generalmajor a.D. Mamdouh Al-Zuheiry und dessen Ehefrau Neveen Midhat, sowie den Kindern Wael, Noora und Mohammed, sowie dem Ehepaar Generalmajor a.D. Mohammed (+) und Shirin (+) Husni, sein. Unsere gemeinsame Zeit am Staff College im pakistanischen Quetta 1975 hatte uns begegnen lassen, und daraus wurde eine lebenslange, warmherzige Freundschaft. Durch sie lernten wir das Land am Nil ein wenig kennen- und vor allem aber lieben.

Einführung

Wer nach Ägypten reist, möchte - sofern es mehr sein soll, als ein Bade-, Tauch- oder Erholungsurlaub - vor allem die Fülle grandioser Zeugnisse aus pharaonischer Zeit besuchen. Da bleibt für andere Sehenswürdigkeiten kaum Zeit, bestenfalls reicht es für einen Abstecher nach Alt-Kairo ins koptisches Viertel. Dabei ist Ägypten zum einen die zweite Wiege der Christenheit und kann auf eine zweitausendjährige christliche Tradition zurückblicken, die bis heute lebendig geblieben ist. Zum anderen nimmt das Land eine Brückenfunktion zwischen afrikanischem und asiatischem Kulturraum wahr.

Im Neuen Testament beginnt die Bindung des Christentums an das Land am Nil mit der Flucht der Heiligen Familie nach Ägypten. Im Matthäus-Evangelium (2,14–15) heißt es:

> *„Da stand Josef in der Nacht auf und floh mit dem Kind und dessen Mutter nach Ägypten. Dort blieb er bis zum Tod des Herodes. Denn es sollte sich erfüllen, was der Herr durch den Propheten gesagt hat: Aus Ägypten habe ich meinen Sohn gerufen."*

Tatsächlich aber spielt Ägypten bereits im Alten Testament und dem dort wiedergegebenen Handeln Gottes eine wichtige und markante Rolle, die vor allem in seiner Funktion als Zufluchtsort für Fremde und Menschen in Not ihren Ausdruck findet. Es ist das Land, das in der Bibel am häufigsten erwähnt wird - etwa 700 Mal.

- Nach den Propheten Hesekiel, Jeremia und Jesaja (Hes. 29-32; Jer. 46 und Jes. 19,1-15) lässt Jahwe zwar deutliche Worte des Zornes über die Ägypter verkünden,[2] doch letztlich spendet er ihnen sein Heil: „Gesegnet ist Ägypten, mein Volk, und Assur, das Werk meiner Hände, und Israel, mein Erbbesitz". (Jesaja 19, 25).
- Abraham, der Stammvater Israels und Träger der universalen Segensverheißung Gottes,[3] und seine schöne Frau Sarah, eine Ägypterin, fanden hier während einer Hungersnot Aufnahme (1. Mo. 12,10).
- Für Joseph, den zweitjüngsten Lieblingssohn Jakobs, Enkel Isaaks und Urenkel Abrahams, von seinen Halbbrüdern an einen Sklavenhändler verkauft, wurde Ägypten zur neuen Heimat, wo er gegen alle Widerstände und Versuchungen zum zweiten Mann im Staat aufstieg und durch seine kluge Landwirtschaftspolitik das Überleben des israelitischen Volkes sicherte.
- Nach dem Buch Exodus (2,1-10) wurde Mose nach seiner Geburt am Ufer des Nils ausgesetzt, von der Tochter des Pharao gefunden und von einer hebräischen Frau - seiner leiblichen Mutter - als Amme aufgezogen. Nach der Stillzeit nahm die Tochter des Pharao das Kind als Sohn an und gab ihm den Namen Mose. In der Apostelgeschichte heißt es dazu: „Und Moses wurde unterwiesen in aller Weisheit der Ägypter; er war aber mächtig in seinen Worten und Werken."

---

[2] So wird der Stadt Heliopolis zunächst Unheil angekündigt. Jeremia verheißt Israel, dass der babylonische König Nebukadnedzar Ägypten verwüsten wird. Der Prophet Ezechiel sagt vorher, dass die jungen Männer von Heliopolis („Männer der Schuld") dem Schwert zum Opfer fallen und die Einwohner in Gefangenschaft gehen werden (Ez 30,17)).

[3] „In dir sollen gesegnet werden alle Geschlechter auf Erden." (1. Mo. 12,3)

- In Ägypten, dem Land Goschen[4] im östlichen Nildelta, wuchsen die Israeliten, die 400 Jahre dort lebten, zu einem Volk, so die Bibel und brachen von dort zu ihrer vierzigjährigen Wanderschaft ins Gelobte Land auf.[5]
- König Salomo, der Sohn Davids, ging einen Freundschaftsvertrag mit Ägypten ein, als er die Tochter des Pharao heiratete und ihr sogar einen Palast in Jerusalem gebaut haben soll.[6]
- Während des babylonischen Exils flohen viele Juden nach Ägypten („Da machte sich auf das ganze Volk, ... und zogen nach Ägypten, denn sie fürchteten sich vor den Chaldäern" - 2. Könige 5,26) und gründeten eine große Gemeinde, die im zweiten Jahrhundert vor Christus auf mehr als eine Million Menschen angewachsen sein soll - so der jüdische Historiker Josephus Flavius).

Schließlich wurde Ägypten - wie erwähnt - der Zufluchtsort für Jesus, Maria und Josef vor dem mörderischen Zorn des Herodes, und Jesus verbrachte dort einen Teil seiner Kindheit.
Als sie den Grenzort Tell Basta im Osten des Nildeltas, in der ägyptischen Provinz Ash-Sharkeyya, rund 100 Kilometer nordöstlich von Kairo, erreichten, waren sie zwar vor der Verfolgung durch die Häscher des Herodes endlich sicher, doch keineswegs willkommen, denn dort soll die flüchtende Familie beschimpft und bedroht worden sein.

---

[4] Der Name „Goschen" bezeichnet in mehreren Büchern des AT (u.a. Gen 45,10) ein Gebiet in Ägypten, das zwischen dem östlichen Nildelta und dem heutigen Sueskanal liegt.
[5] Siehe: Negro-Spititual von 1872 „When Israel was in Egypt`s hand - Let my people go!"
[6] 2. Buch der Chronik - 8/11; Die Historizität der namenlos gebliebenen Tochter und ihres ebenfalls namenlosen Vaters ist umstritten.

„Aus Ägypten habe ich meinen Sohn gerufen"
(من مصر دعوت ابني „Min misr da´awat ibni!")
Halbrelief im Eingangsbereich der
Muqattam-Höhlenkirchen in Kairo

Abb. 1

Und so setzte sie ihre Flucht nach Süden bis Mostorod (Al-Mahamaah) - heute am Nordostrand von Kairo gelegen - fort. Der Legende nach soll die Gottesmutter das Jesuskind dort gebadet und vom Staub der Wüste befreit haben. Drei Jahre später, auf dem Rückweg, soll in Erinnerung daran in dem Ort eine Quelle zu sprudeln begonnen haben, die noch heute Wasser spendet. Es gibt zahlreiche weitere Orte[7] in Ägypten,

---

[7] z.B.: Kloster Al-Meharrak (Marienkirche); Belbes („Heilige Jungfrau Kirche"), rund 55 Kilometer von Kairo entfernt; Menyat Samanoud („Kirche des Märtyrers Abanub"); Sacha in der ägyptischen Provinz Kafr Al-Sheikh. („Heilige Jungfrau Kirche"); Wadi Al-Natrun (Al-Asquit); Al-Zeitun („Kirche der Heiligen Jungfrau"); Al-Matareya („Baum der Heiligen Jungfrau"), Koptisches Viertel in Kairo („Abu-Serga-Kirche"); Al-Meadi bei Memphis (Kirche „Heilige Jungfrau"); Al-Minea (Al-Garnis-Kloster); Salamut (Marienkloster)

die mit dem Aufenthalt der Heiligen Familie in Verbindung gebracht werden.

Die vielschichtigen Beziehungen zwischen den Religionsgemeinschaften eines Landes im Rahmen einer kurzen Darstellung zu beschreiben, kann nicht mehr sein als eine subjektive, zeitlich und örtlich begrenzte Aufnahme. Fährt man offenen Auges durch die Millionenstadt, fallen die vielen Kirchen auf, deren Türme stolz das Kreuz - oft direkt neben dem Halbmond eines Minaretts - zum Himmel erheben. Allein im engeren Stadtgebiet von Kairo zählt man über 80, nimmt man die Vorstädte wie Heliopolis und Gizeh hinzu, steigt ihre Zahl auf über 200, vor allem koptische Gotteshäuser, aber auch die anderer christlicher Glaubensrichtungen. Sie führen keineswegs ein Dasein im Verborgenen. Die meist ockerfarbenen, schmucklosen Gebäude stehen an viel befahrenen Straßen und Kreisverkehren. Zwar sind die Grundstücke oft von hohen Mauern umgeben, doch dies ist auch bei Moscheen der Fall. Heute wird das vielschichtige, wechselvolle christliche Erbe - zumindest optisch - durch die Polizei geschützt. Selbst das Fotografieren von Kirchen ist untersagt; einmal wurde es dem Autor sogar mit vorgehaltener Waffe verboten. Neben der Beruhigung der Gläubigen und Touristen ist solcher Aktivismus auch Ausdruck des nicht spannungsfreien Verhältnisses der Religionen. Zwar stehen am Himmel Kreuz und Halbmond einträchtig nebeneinander, doch in der Realität am Boden ist dies nicht der Fall. Nirgendwo auf der Welt, auch nicht in Ägypten, leben die Menschen verschiedener Glaubensrichtungen in völliger Harmonie. Nur wenige Kirchen verdienen das Prädikat „alt" - auch dies ist ein Zeichen des oft schweren Existenzkampfes einer religiösen Minderheit.

1. Geschichtliche Skizzen

1.1 Wechselvoller Kampf ums Überleben

Standhaft trotz Verfolgung

Im Jahre 30 v. Chr. wurde Ägypten (arabisch: مصر ;Misr) römische Provinz und bereits im 1. Jahrhundert Ausgangspunkt christlicher Missionierung der nach Süden angrenzenden Regionen Nubien und Äthiopien, deren Gläubige sich eng an die koptische Kirche Ägyptens anlehnten. Große Teile der ägyptischen Bevölkerung traten zum Christentum über, und Ende des 3. Jahrhunderts n. Chr. war die Mehrheit der Ägypter Christen.

Abb. 2

Nach dem Geschichtsschreiber Eusebius (ca. 260-340), dem Bischof der palästinensischen Stadt Caesarea, soll Johannes

Markus, der Vetter des Barnabas[8] (Kol. 4,10) und Schreiber des zweiten Evangeliums, im ersten oder dritten Jahr der Regentschaft des römischen Kaisers Claudius, d.h. in den Jahren 41-42 oder 43-44, erstmals nach Ägypten gekommen sein; zwischen 61 und 68 folgten weitere Besuche am Nil.

Viele Motive der christlichen Religion waren den alten Ägyptern durchaus vertraut, so erinnern z.B. Wiedergeburt und ewiges Leben an die Mythologie von Osiris, dem ägyptischen Gott des Jenseits, und Maria, als Gottesmutter, ähnelt der stillenden Isis, der Frau des Osiris, mit ihrem Sohn Horus, das als Motiv auf einigen römischen Münzen mit dem Porträt von Kaiserinnen zu sehen ist.

Der erste Ägypter, der zum Christentum bekehrt wurde, soll der Schuster Anianus gewesen sein. Dieser wurde 64 von Markus selbst zum Vorsteher der christlichen Gemeinde in Alexandria berufen und leitete diese fast 25 Jahre. Bereits im Zuge der Ermordung des Evangelisten Markus kam es zur ersten Welle von Christenverfolgungen. Eine zweite folgte zwischen den Jahren 202 und 209, als der römische Kaiser Septimus Severus (146-211) während eines Besuches der ägyptischen Provinz die Ausbreitung der Christen beklagte. Daraufhin wurde die berühmte Alexandrinische Kathechetenschule (Didascalium) geschlossen und dessen Leiter, der Heilige Titus Flavius Clemens (ca. 150-ca. 215), floh nach Palästina und kehrte erst vier Jahre später zurück. In der Apostelgeschichte wird ein, in Alexandria geborener Jude namens Apollos erwähnt, „ein

---

[8] Barnabas (Βαρνάβας) - vermutlicher Name Josef oder Joses - war ein Apostel des Urchristentums. Allerdings zählte er nicht zum inneren Kreis jener zwölf Apostel, die Jesus begleiteten. Nach der Apostelgeschichte stammte er aus der jüdischen Diasporagemeinde auf Zypern. Er gehörte zu den Führern der christlichen Gemeinde von Antiochia und soll der Lehrer des Apostels Paulus gewesen sein, mit dem er mehrere Missionsreisen unternahm. Barnabas war auch einer der Teilnehmer am Apostelkonzil in den 40er Jahren in Jerusalem.

beredter Mann und gelehrt in der Schrift" (Apg. 18, 24 ff.), der in Ephesus zu einem wortgewaltigen Verkündiger des Evangeliums wurde.

Bis etwa zum Jahre 190 tauschte die Kirche von Alexandria Briefe mit den Christen von Jerusalem und Antiochia, z.B. hinsichtlich des genauen Osterdatums, aus und zeigte damit ihren Willen, in theologischen Fragen mitentscheiden zu wollen. Im Nildelta existierten damals bereits etwa 40 Gemeinden, die dem Patriarchen von Alexandria unterstanden.

Betrachtet man die großen Weltreligionen, so stellt man fest, dass nur zwei von ihnen nahezu permanent Verfolgung und Diskriminierung ausgesetzt waren - christliche Kopten und Juden. Der Unterschied liegt darin, dass den Kopten dies im eigenen Land widerfuhr, den Juden hingegen in der Diaspora.

Während der zweijährigen Herrschaft von Kaiser Decius (ca. 190-251) wurde ein Dekret erlassen, die römische Staatsreligion mit allen Mitteln aufrechtzuerhalten und vor fremden Einflüssen zu schützen. Wer sich weigerte, dem Kaiser und den römischen Göttern zu opfern, riskierte es, als Staatsfeind verhaftet und gefoltert, zu Zwangsarbeit, Vermögensentzug, Verbannung oder zum Tode verurteilt zu werden. Die Reaktion der verfolgten Christen war unterschiedlich: Eine große Zahl fiel den Häschern zum Opfer, wurde gedemütigt, gefoltert und getötet. Viele konnten fliehen oder tauchten unter, wie z.B. Cyprian, der Bischof von Karthago (um 200-258), der während der Verfolgung unter Decius den Weg ins Exil vorzog. Doch dies wurde ihm später als Feigheit und Verrat am Glauben ausgelegt. Kaiser Valerian (ca. 195-262?), der Nachfolger von Decius, setzte die Verfolgung fort, unterstützt durch den verlängerten Arm Roms, Lucius Musius Aemilianus (+ 262), der das Amt des römischen Statthalters in Kairo (praefectus Aegypti) von 257 bis 259 bekleidete.

Valerian unterschrieb ein Edikt, in dem er die Zerstörung der christlichen Gemeinden und die Inhaftierung der Geistlichen anordnete. Cyprian, gerade aus dem Exil zurückgekehrt, wurde verhaftet. Diesmal suchte er den Märtyrertod, denn bei seiner Verhaftung soll er auf die Frage nach seiner Identität gesagt haben: „Christianus sum, et Episcopus." (Ich bin Christ und Bischof), was einem Todesurteil gleichkam. Er wurde auf seinem Landgut interniert und im Herbst des folgenden Jahres in Karthago enthauptet. Patriarch Dionysios von Alexandria (+ 264/65) wurde von Kaiser Valerian in die Einöde der libyschen Wüste verbannt, aus der er erst im Jahre 260 zurückkehrte.

Viele Christen brachten jedoch nicht die Stärke auf, um für ihren Glauben zu leiden und gehorchten daher kaiserlicher Willkür; sie wurden als „lapsi" (Abgefallene) bezeichnet.[9] Die Frage, wie mit jenen „lapsi" zu verfahren wäre, welche zwar zeitlich begrenzt ihrem Glauben untreu geworden, aber später wieder zur Kirche zurückgekehrt waren, führte zu einem heftigen Streit zwischen der koptischen Gemeinde und Rom (sog. „Ketzer-Taufstreit").[10] Die Mehrheit der Kopten vertrat dabei ein subjektives Verständnis der Taufe als Aufnahme in die christliche Gemeinschaft: Diese wäre nur dann gültig, wenn der Getaufte und der Taufspender sich durch Haltung und

---

[9] Je nach Art und Weise, wie sich der Abfall vom Christentum äußerte, unterteilte man sie in drei Gruppen: Als

- „sacrificati" wurden jene bezeichnet, die anderen Gottheiten Opfer darbrachten, als
- „thurificati" solche, die lediglich Weihrauch vor den Statuen dieser Götter anzündeten und als
- „libellatici" diejenigen, die nur in einem Schreiben (libellum) erklärt hatten, dies getan zu haben, ohne, dass dies auch tatsächlich geschehen sein muss.

[10] Der theologische Streit darüber schwelte weiter und wurde u.a. auf der Synode von Arles (314), dem IV. Laterankonzil (1215) und dem Konzil von Trient (Tridentinum; 1545-1563) kontrovers diskutiert.

Lebensführung persönlich für würdig erwiesen.[11] Die römische Kirche hingegen folgte einem objektiven Sakramentenverständnis: War die Taufe in rechter Weise (Taufformel) und rechter Absicht vollzogen worden, war sie gültig, unabhängig davon, wer sie spendete oder empfing.

Valerians Nachfolger Gallienus (ca. 218-268) hingegen sah im Christentum keine Bedrohung und erließ 260 entsprechende Toleranzedikte; sogar neue Kirchen durften nun gebaut werden. Doch diese Entspannung währte nur kurz. Im Jahre 284 bestieg der aus Dalmatien stammende Diokletian (+ um 312) den römischen Thron. Auf seine göttliche Würde als ein Instrument innerstaatlicher Stabilität pochend, verfügte er im Jahre 302, dass alle Soldaten, die sich weigerten, den römischen Göttern zu opfern, aus der Armee zu entlassen wären. Am 23. Februar 303 schließlich folgte sein berüchtigtes Verfolgungsedikt, welches die letzte und blutigste Periode der Christen im römischen Reich einläutete. Koptische Quellen[12] nennen die Zahl von nicht weniger als 800.000 Kopten, die er ermorden ließ, als Folge der Beharrlichkeit ihren christlichen Glauben zu bewahren.
Diokletian hoffte, nach Zerschlagung der christlichen Gemeinden in Ägypten würde die Auslöschung anderer christlicher Zentren umso leichter von statten gehen. Daher wurde die Verfolgung in Ägypten mit besonderer Härte durchgeführt; ihr fielen etwa 800.000 Christen - Männer, Frauen und Kinder - zum Opfer. Daher beschloss die koptische Kirche, ihren Kalender mit der Thronbesteigung Diokletians im Jahre 248 zu beginnen und nannte diese Zeitrechnung „Anno

---

[11] Bereits im Jahre 220 hatte ein Provinzkonzil in Karthago die Gültigkeit einer Taufe, die durch einen abgefallenen Christen gespendet wurde, abgelehnt, und diese Auffassung war durch zwei nordafrikanische Konzile 255 und 256 bestätigt worden.
[12] So z.B. die Homepage der Kopten in der Schweiz

Martyrum" (im Jahre des Märtyrers; A.M.). Nach der Abdankung Diokletians im Jahre 305 übernahm Galerius das Zepter. Er erließ 311 - im Namen seiner vier Mit-Kaiser - ein Toleranzedikt, mit dem die Christenverfolgung im Römischen Reich beendet wurde. Patriarch I., der 17. Patriarch von Alexandria, war eines der letzten Opfer. Als die Verfolgung unter Diokletian begann, war ihm noch die Flucht gelungen. Doch seine Rückkehr nach dem Machtwechsel in Rom war verfrüht. Er wurde 311 eingekerkert und dann in Alexandria enthauptet. Petros wird in der koptischen Kirche deshalb als „Siegel der Märtyrer" verehrt. Als Kaiser Konstantin I. selbst zum Christentum konvertierte und 313 in der sog. „Mailänder Vereinbarung" zwischen ihm und Licinius (+ 325), dem Kaiser des Ostens, die Wahlfreiheit für alle Religionen im Reich garantiert wurde, schien eine „pax eterna", eine Phase immerwährenden Friedens, angebrochen.

Schleichende Entfremdung unter Christen

Doch es war ein Trugschluss. Zunächst setzte eine Entfremdung innerhalb der christlichen Kirche ein, die zwei Gründe hatte, eine organisatorisch-strukturelle und eine theologische. Später führte der theologische Streit um die Natur Jesu zur Trennung und diese wiederum dazu, dass sich nun Christen untereinander mit gleicher Härte und Unerbittlichkeit bekämpften, wie es weiland die römischen Kaiser über drei Jahrhunderte praktiziert hatten.

Ägypten kam bei der Teilung des Römischen Reiches in West- und Ostrom 395 n.Chr. unter die Herrschaft Ostroms, Byzanz. In der antiken Kirche gab es bis ins vierte Jahrhundert drei religiöse Zentren, an deren Spitze ein Oberhaupt im Range eines Bischofs, später „Patriarch"[13] genannt, stand; sie hatten

---

[13] Das Wort ist abgeleitet von griechischen πατήρ - Pater (Vater) und dem Nomen ἀρχή - arche (Herrschaft).

sich in jenen christlichen, ortsgebundenen Urgemeinden gebildet, die ihre Gründung auf einen der Apostel oder Evangelisten zurückführten:

- Rom - gegründet von Petrus - mit dem Papst, der auch den Titel „Patriarch des Abendlandes"[14] trug,
- Antiochia, am linken Ufer des Flusses Orontes, rund 30 km vom Mittelmeer in der südlichen Türkei (heute: Antakya, ca. 60 km westlich von Aleppo), ebenfalls durch Petrus gegründet, und
- Alexandria, die ägyptische Hafenstadt am Mittelmeer, welche die Gründung ihrer christlichen Gemeinde auf den Evangelisten Markus[15] zurückführt.

---

[14] Der Titel „Patriarch des Abendlandes" wurde im Jahre 642 von Papst Theodorus I. verwendet. In der Folge kam er nur selten vor und hatte keine klare Bedeutung. Er hatte seine Blütezeit im 16. und 17. Jahrhundert in Zusammenhang mit der Vermehrung der Papsttitel. Im „Annuario Pontificio", dem Päpstlichen Jahrbuch, erschien er zum ersten Mal 1863. Anfang 2006 fehlte die Bezeichnung „Occidentis Patriarca" (Patriarch des Abendlandes) in der Liste der offiziellen Titel des Oberhauptes der römisch-katholischen Kirche im Jahrbuch für das Jahr 2007. Dadurch verzichtete Papst Benedikt XVI. auf einen Titel, den seine Vorgänger seit dem Jahre 540, d.h. seit 1.364 Jahren geführt hatten. Der Verzicht war von großer innerkirchlicher und universalkirchlicher Tragweite, obwohl er tagespolitisch kaum erwähnt wurde, denn damit sollte „ein historischer und theologischer Realismus zum Ausdruck gebracht werden und zugleich der Verzicht auf einen Anspruch sein, der dem ökumenischen Dialog von Nutzen sein könnte", hieß es in der offiziellen Verlautbarung des Vatikans. Realiter hatte der Titel allerdings kaum eine Rolle gespielt. Die vier ehemaligen „Patriarchalbasiliken" (St. Peter, St. Johannes im Lateran, St. Paul vor den Mauern und St. Maria Maggiore), die Hauptkirchen Roms, wurden zu „Päpstlichen Basiliken" umbenannt.

[15] Markus, der Verfasser des ältesten Evangeliums, war Gründer und erster Vorsteher der christlichen Gemeinde in Ägypten, sowie der ältesten Katecheten-Schule in Alexandrien, wo er zu Ostern des Jahres 68 in einer kleinen Kirche in Baucalis, einem Ortsteil von Alexandria (heute: Bakos) angegriffen, dann durch den Mob die Straßen gejagt und umgebracht wurde.

Der römische Papst war dabei der „primus inter pares" - der Erste unter Gleichen. Beim 1. Ökumenischen Konzil von Nicaea (auch: Nicäa heute: Iznik, südostwärts von Istanbul) im Jahre 325 wurden den drei Patriarchen von Rom, Alexandria und Antiochia Vorrechte eingeräumt und festgeschrieben.[16] Überdies wurde das theologische Thema der Trinität (Dreifaltigkeit) diskutiert und die Ansichten des libyschen Theologen Arius (ca. 260-327)[17] als Irrlehre verworfen.

Doch mit dem Aufstieg Konstantinopels (= Ostrom; später Byzanz und heute Istanbul) durch Kaiser Konstantin als politischem Gegenpol zu Rom und dem Schulterschluss zwischen Staat und Kirche erwuchs die innerkirchliche Konsequenz, auch am Sitz der neuen kaiserlichen Residenz einen wichtigen Bischofsstuhl einzurichten. Und so übertrugen die 150 Bischöfe, die beim ersten Konzil von Konstantinopel - dem 2. Ökumenischen - im Jahre 381 in der Irenenkirche –

zunächst unter dem Vorsitz des Patriarchen von Antiochia, Meletius, und nach dessen Tod von Erzbischof Gregor von Nazianz - tagten, dem Bischof von Ostrom Rang und Rechte

---

Der genaue Ort der Kirche ist unbekannt, möglicherweise liegt er auf dem Gelände des in den 1920er Jahren errichten St. Markus Collegs.

[16] Ihre Jurisdiktion äußerte sich z.B. darin, dass sie ihnen nachgeordnete Bischöfe ernennen und weihen durften, den Vorsitz bei Konzilen führten und in Streitfragen als letzte Instanz entschieden.

[17] Arius - ausgebildet in Alexandria und Antiochia - bestritt die Wesensgleichheit zwischen Gottvater und Jesus Christus. Er und seine zahlreichen Anhänger betrachteten die im Bekenntnis von Niceae (325) behauptete Wesensgleichheit von Gott-Vater, Sohn und Heiligem Geist (Trinitätslehre) als Irrlehre, da sie dem Monotheismus widerspräche. Zwar wurde Arius auf dem Konzil als Häretiker verurteilt und in die Verbannung geschickt, doch desungeachtet sympathisierten viele Gläubige mit seinen Ansichten. Als Kaiser Konstantin I. ihn zehn Jahre später aus dem Exil zurückberufen ließ und sich dessen Nachfolger Konstantin II. und der Bischof von Konstantinopel Eusebios von Nikomedia der Arianischen Lehre anschlossen, wurde diese 359 zur offiziellen Glaubenslehre des Römischen Reiches, zwanzig Jahre später, 379, aber endgültig verboten.

eines Erzbischofs. Damit gaben sie ihm, der einer Gemeinde vorstand, die vom Apostel Andreas gegründet worden war, zugleich den protokollarischen Ehrenvorrang direkt nach dem Papst von Rom, was den Inhabern der beiden wesentlich älteren Bischofssitze von Alexandria und Antiochia nicht unbedingt gefiel, denn sie wurden dadurch zurückgestuft. Zugleich wurde auf dieser Synode in Konstantinopel das nicaeische Glaubensbekenntnis erneuert und die Trinitätslehre festgeschrieben, nach der Christus eines Wesens mit Gott ist.

Doch kaum war der erbitterte Streit um die Wesensgleichheit Gottes und die Dreifaltigkeit (Christologie), sowie der Kampf gegen Arius recht und schlecht beigelegt, da verdüsterte eine neue theologische Diskussion das Klima zwischen den Patriarchaten und erzeugte beträchtliche, langanhaltende Turbulenzen. Doch warum, so fragt der Betrachter, entwickeln derartige theologische Spezialthemen, die man nur den Zirkeln der Geistlichkeit als diskussionswürdig zuordnet, eigentlich eine solche Brisanz? Der Grund ist wahrscheinlich darin zu sehen, dass die orientalische Bevölkerung dadurch stärker emotional berührt wird als im Westen. So stellt Gereon Siebigs dazu fest:

> *„Was die Spaltung in der östlichen Kirche neben den kirchenpolitischen Rivalitäten noch vertiefte, war eine dem Westen unbekannte, alle Schichten ergreifende Leidenschaft für religiös-dogmatische Fragen."*[18]

Bis heute lässt sich eine derartig niedrige Mobilisierungsschwelle selbst bei theologisch eher nachrangigen, die breite Mehrheit der Gläubigen wenig berührenden Themen im Nahen und Mittleren Osten nachweisen, als z.B. im Jahre 1980 - allein aufgrund des Gerücht, amerikanische Truppen stünden hinter der Besetzung

---

[18] Siebigs, Gereon, Kaiser Leo I. (Dissertation), de Gruyter, Berlin, 2010, S. 77)

der Heiligen Stätten in Mekka - Tausende randalierend loszogen und die US-Botschaft in Islamabad stürmten, oder als es nach der Veröffentlichung der sog. Mohammed-Karikaturen in einer dänischen Zeitung Jahre 2005 zu zahlreichen gewalttätigen Übergriffen in muslimischen Ländern kam.

Wiederum ging es um die Natur Christi: Nach orthodoxer Auffassung, die auf dem Konzil in Nicaea bestätigt worden war, hat Christus zwei Naturen, eine göttliche und eine menschliche, die zwar verschieden, aber in einer Person vereint sind (Zwei-Naturen-Lehre). Patriarch Nestorios (ca. 381-453), von 428 bis 431 Erzbischof von Konstantinopel, hingegen war Wortführer einer Lehre, welche Christus zwar auch eine göttliche und eine menschliche Natur zuschrieb, diese aber - und hier liegt der entscheidende Unterschied zur Zwei-Naturen-Lehre" - als voneinander getrennt und damit als „unvermischt" ansah. Beide hätten sich eben nicht in einer einzigen, menschlichen Natur verbunden. Überall, wo in der Heiligen Schrift das Heilswerk Christi erwähnt werde, würden Geburt und Leiden nicht seiner Gottheit, sondern seiner Menschheit zugeschrieben. Die Konsequenz aus dieser Sicht war, dass z.B. die Bezeichnung für Maria, die Mutter Jesu, auch nicht Gottesgebärerin (Θεοτόκος - Theotókos - Mater Dei), sondern Christusgebärerin (Χριστοτόκος - Christotókos) lauten müsste. Überdies wäre die Bezeichnung auch deshalb höchst missverständlich, weil Gott seiner Natur nach nicht von einem Menschen geboren werden könne. Ist er kein richtiger Mensch, sondern Gott, kann er nicht als „Bruder" bezeichnet werden. Ist er aber kein Gott, kann er auch kein Retter und Erlöser, sondern nur sittliches Vorbild sein. Um in dieser theologischen Glaubensfrage endlich eine Klärung herbeizuführen, hatte Patriarch Nestorios im Jahre 431 den wankelmütigen, in Hofintrigen verstrickten oströmischen Kaiser Theodosios II. gebeten, eine dritte ökumenische Versammlung der Bischöfe (Synode) einzuberufen, diesmal nach Ephesus (heute: Selcuk),[19] in die byzantinische Provinzhauptstadt an der Westküste Kleinasiens - etwa 70 km südlich vom heutigen Izmir gelegen.

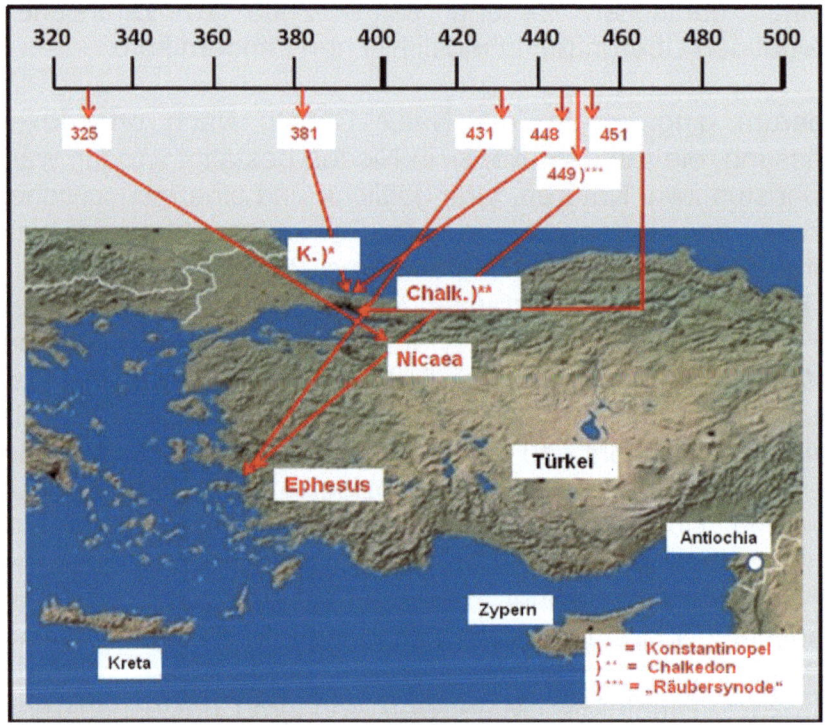

Abb. 3

Ephesus war damals nach Rom die zweitgrößte Stadt des Imperiums und größer als Alexandria und Antiochia, die erst an dritter und vierter Stelle folgten. Das Konzil der fast 200 Bischöfe wurde vom dienstältesten anwesenden Bischof, Kyrillos I. (um 374-444) dem Patriarchen von Alexandria, geleitet. Er stand als 24. Oberhaupt bereits seit neunzehn Jahren, seit 412, an der Spitze der alexandrinischen Gemeinde

---

[19] Ephesus behielt seine herausragende Stellung bis ins sechste Jahrhundert. Danach verfiel die Stadt, u.a. auch wegen Versandung ihres Hafens.

und war damit der Dienstälteste der drei Metropoliten.[20] Papst Coelestin I. (+ 432) nahm nicht teil, sondern ließ sich durch drei Legaten vertreten.

Nestorios, der Erzbischof von Konstantinopel - er rangierte als Bischof der Metropole des oströmischen Reiches zwar direkt hinter dem Papst, hatte aber erst drei Jahre zuvor den erzbischöflichen Thron von Konstantinopel bestiegen - zog es ebenfalls vor, nicht nach Ephesus zu reisen, obwohl dessen Lehren bei der Versammlung behandelt wurden. Patriarch Johannes I. von Antiochia[21] war noch kürzer, erst seit zwei Jahren, im Amt.

Patriarch Kyrillos eröffnete das Konzil in der Marienkirche eigenmächtig, obwohl die orientalischen Bischöfe aus Antiochia mit ihrem Patriarchen Johannes I. noch nicht eingetroffen waren - ein Affront. Bereits im Jahr zuvor hatte Kyrillos mit Papst Coelestin auf einer Synode in Rom die Lehrmeinung des Nestorios diskutiert und diese einhellig als Irrlehre (Häresie) verurteilt und verworfen. Als schließlich die Bischöfe aus Antiochia in Ephesus eintrafen, waren die entscheidenden theologischen Beschlüsse bereits verabschiedet. Die Lehre der Nestorianer[22] und deren vermeintliche Überbetonung der

---

[20] Der kompromisslose Kyrillos hat wie kaum ein anderer die Grundsatzentscheidungen der frühen Konzile geprägt. Doch die Folge davon war letztlich die Spaltung zwischen west- und oströmischer Kirche. Gnadenlos verfolgte Kyrillos seine Gegner. In Alexandria ließ er deren Kirchen plündern. Als Vergeltung für jüdische Angriffe forderte er die Christen von Alexandria zu einem Judenpogrom auf, bei dem 415 auch die berühmte Philosophin Hypatia umgebracht wurde. Die Ausschreitungen bedeuteten das Ende der dortigen jüdischen Gemeinde. Heute wird Kyrillos „Pillar of Faith" (Säule des Glaubens) und „Lamp of the Orthodox Church" (Leuchte der Orthodoxen Kirche) genannt.

[21] Nicht zu verwechseln mit Johannes Chrysostomos, dem Patriarchen von Konstantinopel.

[22] 489 flohen viele Nestorianer vor den Verfolgungen im Römischen Reich nach Persien, Arabien und Indien und bildeten dort eine eigene religiöse Gemeinschaft. Nach der Eroberung Persiens durch die Araber 637 wurde

menschlichen Natur Christi war verworfen, die Bezeichnung für Maria als „Theotókos" (Gottesgebärerin) hingegen bestätigt worden. Gleichzeit hatte man den Patriarchen Nestorios in Abwesenheit abgesetzt und in ein Kloster nach Achmim in Oberägypten, 200 km nördlich von Luxor verbannt.

Doch das selbstherrliche Verhalten des Patriarchen Kyrillos stieß auf Widerstand. Die Synodalen aus Antiochia lehnten die Beschlüsse ab und beriefen ein Gegenkonzil ein, auf dem sie ihrerseits Patriarch Kyrillos verurteilten und das Anathema (ἀνάθημα - Verfluchung), den Kirchenbann mit dem damit einhergehenden Ausschluss aus der kirchlichen Gemeinschaft (Exkommunikation) über ihn verhängten. Erst zwei Jahre später, 433, führte der Kompromiss durch die sogenannte „Mia-Physis-Formel"[23] zu einer Einigung zwischen den beiden Patriarchen Kyrillos und Johannes, in dem beide Seiten anerkannten, dass Christus zwar eine zweifache Natur - göttliche und menschliche - habe, diese aber in einem Wesen vereint sei. In dieser Formel, die deutliche Züge der alexandrinisch-platonischen Denkschule aufweist, wird die Lehre von Nestorios der „Zwei-Naturen-Lehre" angenähert. Die

---

ihnen dort von den Muslimen Schutz gewährt. Dank ihrer erfolgreichen Missionierung gründeten sie zwischen dem 7. und 14. Jahrhundert weitere Gemeinschaften in Zentralasien, in der Mongolei und in China. Im riesigen Mongolenreich des 12./13. Jahrhunderts oblag die Verwaltung weitgehend nestorianischen Christen, viele der mongolischen Prinzessinnen waren Nestorianerinnen. Die meisten Nestorianer traten jedoch im Laufe der Zeit zum Islam über. Nach der portugiesischen Besetzung Indiens im 16. Jahrhundert konvertierten die meisten dortigen Nestorianer zum Katholizismus und bildeten die sog. Chaldäisch-syrische Kirche. Im Ersten Weltkrieg wurden viele Nestorianer von Türken und Kurden getötet. Heute leben die meisten der etwa 175.000 Nestorianer - neben weiteren 125.000 Migranten im Westen - im Irak, in Syrien und im Iran. Ihr Oberhaupt, Patriarch hat seinen Sitz in Chicago; Patriarch Khanania Mar Denkha IV. (1935-2015), benannte seine Kirche in „Alte Apostolische, Katholische, Assyrische Kirche des Ostens" um. Seit 2015 führt Patriarch Mar Gewargis III. (* 1941) die Kirche.

[23] μία-mia (eine) und φύσις-physis (Natur).

Bischöfe aus Antiochia erkannten auch die Gottesmutterschaft Marias an und akzeptierten die Verbannung von Nestorios, der - durch Maximianus ersetzt - ins oberägyptische Exil gehen musste. Es war der letzte Kompromiss zwischen der antiochenischen und alexandrinischen Lehrmeinung.

Aber weder die Beschlüsse von Ephesus noch die nachträgliche Einigung brachten ein Ende des Streits - im Gegenteil! Im griechisch-sprachigen Osten gewann - vermutlich als Reaktion auf die Nestorianische Lehre der beiden voneinander getrennten Naturen Christi - jetzt die Lehre von nur einer Natur Christi (Monophysitismus)[24], der göttlichen, die Oberhand. Ihr Hauptvertreter war der Archimadrit (Vorsteher) des Hiobsklosters in Konstantinopel, Eutyches (um 378-nach 454). Er behauptete, die menschliche Natur Jesus wäre von seiner Göttlichkeit aufgesogen worden „wie ein Honigtropfen im Meer", und demnach hätte er nur eine einzige, eine göttliche Natur. Diese „Ein-Natur-Lehre" stand im krassen Gegensatz sowohl zur

- Lehre des Nestorios (zwei Naturen, aber unvermischt),
- als auch der „Zwei-Naturen-Lehre" (ebenfalls zwei Naturen, aber in einer Person vereint, d.h. Gott *und* Mensch zugleich).

Eine Überschneidung gab es lediglich zur Kompromissformel des Mia-Physitismus (wesensgleich mit Gott und den Menschen, aber dennoch nur eine Natur).

Der oströmische Kaiser Theodosios II. (401-450) war hinsichtlich seines Glaubens überaus wankelmütig. Anfangs

---

[24] Der Monophysitismus (μόνος-*monos* (einzig) und φύσις-*physis* (Natur) ist die christologische Lehre, dass Christus nach der Vereinigung des Göttlichen und Menschlichen in der Menschwerdung (Inkarnation) nur eine einzige, göttliche Natur hatte. Dies aber war im Gegensatz zur Zwei-Naturen-Lehre, nach der göttliche und menschliche Natur Christi „unvermischt und ungetrennt" nebeneinander stehen.

galt er als Anhänger der Lehren „seines" Erzbischofs Nestorios. Dann aber bestätigte er auf Drängen seiner älteren Schwester und Mitregentin Aelia Pulcheria Augusta (399-453) und des neuen Erzbischofs von Konstantinopel, Flavianus (+ 499), welche beide die „Zwei-Naturen-Lehre" unterstützten, das Exil für Nestorios, bevor er kurz darauf erneut seine Meinung änderte und nun die „Ein-Natur-Lehre" des Eutyches vertrat. Auf einer internen Synode in Konstantinopel im Jahre 448, die von Erzbischof Flavianus geleitet wurde, war Eutyches als Irrlehrer verurteilt und exkommuniziert worden; allerdings nahmen nur sechs Bischöfe daran teil. Dann aber setzten sich der Eunuche Chrysaphius (+ 450), der einflussreiche Kämmerer am kaiserlichen Hofe, sowie Aelia Eudokia, die Gattin des Kaisers, beide vehemente Verfechter der „Ein-Natur-Lehre" des inzwischen über siebzigjährigen Eutyches, durch und gewannen den Kaiser für die von ihnen unterstützte Glaubensauslegung. Und so wies Kaiser Theodosios II. im Jahre 449, nur ein Jahr nach der Synode von Konstantinopel - mit Zustimmung seines weströmischen kaiserlichen Amtsbruders und Vetters Valentinianus III. (419-455) - den Patriarchen Dioskoros I. von Alexandria an, eine weitere Bischofsversammlung einzuberufen - diesmal erneut nach Ephesus.[25] Dioskoros war seinem Onkel Kyrill I. nach dessen Tode im Jahre 444 als Patriarch von Alexandria gefolgt und sympathisierte - was letztlich entscheidend war - mit der „Ein-Natur-Lehre". Auch Papst Leo wurde eine Einladung zugestellt, die am 13. Mai 449 in Rom eintraf. Doch wahrscheinlich rechnete niemand mit dessen persönlicher Teilnahme, denn die politische Lage Westroms war in dieser Zeit wegen der Bedrohung durch die Kriegszüge und Einfälle der Hunnen unter Attila (+ 453) mehr als prekär. Nachdem Papst Leo vergeblich

---

[25] Dioskoros hatte seinen Onkel Kyrill I. bereits 431 zum Konzil nach Ephesus begleitet.

versucht hatte, die Versammlung zu verhindern, entsandte er drei Repräsentanten als seine Vertraute:
- Bischof Julius von Puteoli in Campanien,
- Erzdiakon Hilarus, den späteren Papst (+ 468) und
- den Priester Renatus.

Papst Leo I. (400-461), seit 440 auf dem päpstlichen Thron, vertrat die „Zwei-Naturen-Lehre" und verfolgte die Entwicklungen im fernen oströmischen Reich aus seiner römischen Residenz mit Sorge. Er hoffte, mit einem Lehrschreiben auf die Delegierten Einfluss nehmen zu können und schrieb Erzbischof Flavianus am 13. Juni 449 einen Brief (epistula dogmatica „Tomus ad Flavianum"),[26] in dem er diesen eindringlich bat, die „Zwei-Naturen-Lehre" durchzusetzen. Die beiden päpstlichen Legaten - Renatus war auf der Reise verstorben - und Bischof Julianus von der Insel Kos,[27] der päpstliche Vertreter am kaiserlichen Hofe in Konstantinopel, hatten keine Chance, sich im Sinne des Papstes zu artikulieren, denn als die Versammlung am 8. August in Ephesus eröffnet wurde, ließ der vom Kaiser ernannte vorsitzende Patriarch Dioskoros das umfangreiche päpstliche Lehrschreiben, das mit der Formel

> „Leo, der Bischof, (sendet) *dem geliebtesten Bruder Flavianus, dem Bischofe von Konstantinopel* (seinen Gruß)"

begann, trotz des Protestes der päpstlichen Gesandten („Contradicitur!" - Ich widerspreche!) nicht verlesen. Als eine der ersten Maßnahmen wurde sein Widersacher, Erzbischof Flavianus von Konstantinopel, der protokollarisch vor ihm eingeordnet war, durch 113 der anwesenden 140 Bischöfe

---

[26] Mit demselben Datum verfasste Papst Leo weitere Briefe u.a. an Kaiser Theodosios, an die Synode, an Mitregentin Pulcheria und Bischof Julianus von Kos, welche durch die päpstlichen Legaten überbracht wurden..
[27] Die griechische Insel Kos (Κως) liegt in der östlichen Ägäis vor der türkischen Küste.

exkommuniziert und absetzt, nachdem dieser von aufgebrachten Mönchen und einer, dem Patriarchen u.a. als Krankenpfleger und zum persönlichen Schutz zur Verfügung stehenden, straff organisierten, gut ausgebildeten und durchaus rabiaten Privatarmee aus Alexandria (sog. „Parabalanen"), in der Marienkirche, dem Tagungsort, schwer misshandelt und gedemütigt worden war.[28] Der als Ankläger von Eutyches vorgesehene Bischof Eusebios von Dorylaeum durfte nicht das Wort ergreifen. Den beiden päpstlichen Legaten wurde vorgeworfen, sie wären befangen, da sie als Gäste des Erzbischofs Flavianus quasi bestochen worden wären. Und so war es keine Überraschung, dass die Mehrheit der Synodalen für die Rehabilitierung von Eutyches und dessen Lehre stimmte. Zugleich wurde auch der Patriarch von Antiochia, Domnus, seines Amtes enthoben; er hatte zunächst eine Verurteilung von Eutyches unterstützt, dann aber seine Meinung unter massivem Druck widerrufen und für die Absetzung von Flavianus votiert. Maximus wurde - ohne päpstliche Zustimmung - zum Nachfolger von Domnus auf dem Patriarchenstuhl von Antiochia ernannt.

Trennung

Damit war zugleich die 433 erzielte Einigung zwischen dem antiochenischen und alexandrinischen Patriarchat hinfällig. Als Papst Leo Wochen später durch den mit Mühe aus Ephesus geflohenen Legaten Hilarius über den Ablauf des Konzils informiert wurde, bezeichnete er die Versammlung als „latrocinium" (Räubersynode) und weigerte sich, deren Beschlüsse anzuerkennen.

---

[28] Flavianus starb auf dem Weg ins Exil an den Folgen der Misshandlungen noch im selben Monat. Die Kopfstärke der Parabalanen lag zwischen 500 und 600 Mann; einige von ihnen sollen 415 an der Ermordung der Philosophin Hypatia beteiligt gewesen sein.

Doch nur wenige Monate später verschoben sich die Machtverhältnisse am Bosporus erneut. Am 28. Juli 450 stürzte Kaiser Theodosios auf der Jagd beim Durchqueren eines Flusses vom Pferd und ertrank. Seine Schwester Pulcheria Augusta, scharfe Gegnerin der „Ein-Natur-Lehre", übernahm vorübergehend die Regentschaft. Der in Konstantinopel lebende Gesandte von Patriarch Dioskoros, Anatolios, wurde zum neuen Erzbischof der Metropole und Nachfolger des misshandelten Flavianus berufen und vom Papst anerkannt. Die politische Konstellation verschob sich vollends, als Pulcheria den bereits sechzigjährigen Feldherrn Marcian (um 390-457), den Sohn eines Soldaten, überraschend zum Kaiser ausrief und sich mit ihm in einer sog. „Josephsehe"[29] vermählte. Pulcheria ließ die sterblichen Überreste von Erzbischof Flavianus nach Konstantinopel überführen und in der Kathedrale, dem Vorgängerbau der Hagia Sophia, ehrenvoll beisetzen. Der intrigante „Strippenzieher" Chrysaphius wurde als Kämmerer abgesetzt und hingerichtet. Aelia Eudokia (+ 460), die Witwe des Kaisers, ging nach Jerusalem, wo sie ihren Lebensabend verbrachte.

Im Jahre 451 n.Chr. wurde - auf Bitte von Papst Leo I. (ca. 400-461) - seit September 440 auf dem päpstlichen Thron - durch den neuen, mit theologischen Fragen nicht vertrauten oströmischen Kaiser Marcian eine weitere Bischofsversammlung (Konzil) einberufen. Zunächst sollte diese in Italien, dann ein zweites Mal in Nicaea tagen. Doch Marcian, der persönlich anwesend sein wollte, hielt es für unklug, wegen der Bedrohung seines Reiches im Osten durch die persische Sassaniden-Dynastie seine Hauptstadt zu verlassen. Und so fiel die Wahl auf die malerische kleinasiatische Hafenstadt Chalkedon (Χαλκηδών - auch:

---

[29] Ehe, in der beide Partner aus Glaubensgründen auf Geschlechtsverkehr verzichten. Pulcheria musste bereits als junges Mädchen ein Gelöbnis zur Jungfräulichkeit ablegen, damit niemand versuchen konnte, durch eine Ehe mit ihr Ansprüche auf den Thron zu erheben.

Καλχήδων), am asiatischen Teil des Südausganges des Bosporus. Auf einer kleinen Halbinsel am ostwärtigen Ufer von Konstantinopel gelegen (heute: Kadiköy, ein Ortsteil Istanbuls), konnte sie per Schiff in einer Stunde erreicht werden. Und so trafen sich Ende September zwischen 520 und 630 Bischöfe in der Basilika der Heiligen Euphemia[30] in Chalkedon zur vierten Ökumenischen Versammlung, die von 19 kaiserlichen Kommissaren eröffnet wurde. Die Delegierten tagten in insgesamt 17 Sitzungen vom 8. Oktober bis zum 1. November 451. In der Teilnahme kaiserlicher Vetreter drückte sich auch die Einheit zwischen Staat und Kirche aus, die im oströmischen Reich - anders als im Westen - sehr ausgeprägt war.

Die Patriarchen Dioskoros (Alexandria) und Maximus (Antiochia), sowie die Erzbischöfe Anatolios (Konstantinopel) und Juvenal (seit 422 Bischof von Jerusalem) nahmen ebenfalls teil. Papst Leo selbst reiste nicht an den Bosporus, sondern entsandte vier Vertreter (Legaten) - die beiden Bischöfe Paschasinus und Lucentius und die beiden Priester Basilius und Bonifatius. Diesmal lief die Diskussion im Wesentlichen nach den Vorstellungen des Papstes, und so war auch das Ergebnis vorhersehbar.

Zu Beginn der Diskussionen um theologische Fragen, in deren Zentrum erneut jene nach der Natur Christi stand, wurde nun auch der Brief von Papst Leo an den inzwischen verstorbenen Erzbischof Flavianus verlesen, der zwei Jahre zuvor in Ephesus auf Weisung von Patriarch Dioskoros nicht veröffentlicht werden durfte. Paschasinus verlangte die Entfernung des Patriarchen Dioskoros, der daraufhin den folgenden Sitzungen fernblieb. Die Bischöfe aus Antiochia erklärten, sie wären 499 in Ephesus zur Stimmabgabe für die „Ein-Natur-Lehre" gezwungen worden und baten um Vergebung. Dioskoros wurde vorgeladen und der Amtsanmaßung während der Versammlung

---

[30] In Chalkedon, etwa 678 v.Chr. als phönikische Handelsniederlassung gegründet, gab es damals mehrere Kirchen und zahlreiche Klöster.

in Ephesus, sowie u.a des Raubes, der Gotteslästerung und der Unzucht angeklagt, doch der Beklagte blieb auch weiterhin der Synode fern. Er wurde daraufhin abgesetzt und in die entlegene Berglandschaft von Gangra (heute: Çankiri, ca. 130 km nordostwärts von Ankara) in Anatolien verbannt, wo er vier Jahre später starb. Die Beschlüsse der Versammlung von Ephesus zwei Jahre zuvor wurden für nichtig erklärt, Eutyches wurde erneut verurteilt, exkommuniziert und ebenfalls ins Exil geschickt, in dem verstarb. Der 499 in Ephesus abgesetzte Patriarch Domnus von Antiochia bedauerte seine Meinungsänderung zu Ungunsten von Erzbischof Flavianus auf der Räubersynode, doch offenbar glaubte die Mehrheit der Synodalen ihm nicht, denn er blieb der einzige der seinerzeit abgesetzten Bischöfe, der nicht in Chalkedon rehabilitiert wurde.

Neben den theologischen Beschlüssen wurden noch 28 Kanones verabschiedet, in denen innerkirchliche, strukturelle Fragen entschieden wurden. So erhielt im 28. Kanon der amtierende, aus Alexandria stammende Erzbischof von Konstantinopel, Anatolios, den Titel „Patriarch" zuerkannt. Zugleich erhielt auch der Bischof von Jerusalem die Würde eines Patriarchen. Bischof Juvenal (+ 458) hatte bereits auf dem Konzil in Ephesus 431 vergeblich versucht, seine Diözese Aelia Capitolina aufzuwerten, das jahrhundertelang Suffraganbistum von Caesarea Maritina war. Doch mit Unterstützung von Patriarch Kyrill erhielt er zumindest den Titel eines Erzbischofs. Auf dem Konzil von Chalkedon lehnte Erzbischof Juvenal zunächst die „Zwei-Naturen-Lehre" ab, änderte dann aber seine Meinung und erhielt im Gegenzug für die heilige Stadt Jerusalem den Rang eines Patriarchats.[31]

---

[31] Als Juvenal nach Jerusalem zurückkehrte, nahmen ihm viele der Mönche, welche die monophysitische Lehre präferierten, seine Haltungsänderung während des Konzils übel und wählten den Mönch Theodosios zum Patriarchen. Doch die Gegner wurden unterworfen und Juvenal zum Patriarchen von ganz Palästina erhoben.

Damit gab es in der Kirche der beiden römischen Reiche nun fünf Patriarchate.[32]

Papst Leo I. protestierte zwar gegen die Aufwertung Konstantinopels, denn sie kratzte an der Legitimität des römischen Primats, und er erklärte den Kanon 28 für ungültig - doch vergeblich. Später wurde das bisherige Bistum Chalkedon zum Erzbistum erhoben und ist bis heute Sitz eines Metropoliten des Ökumenischen Patriarchats von Konstantinopel, sowie ein Titular-Erzbistum der römisch-katholischen Kirche.

Das Konzil verwarf in Chalkedon folgende Lehren:
- erneut jene des Arius (Ablehnung der Dreifaltigkeit),
- die des Nestorius (zwei Naturen, aber unvermischt),
- die „Ein-Natur-Lehre" des Eutyches.

---

[32] Die fünf Patriarchate waren untereinander zwar ranggleich, standen aber zueinander in einer festen Ehrenordnung, deren Spitze der römische Papst als primus inter pares" (Erster unter Gleichen - im Gegensatz zum „primus inter omnes - Erster von allen) und „Hüter" der Apostelgräber Petrus und Paulus bildete. Das 4. Laterankonzil 1215 bestätigte diese Struktur.

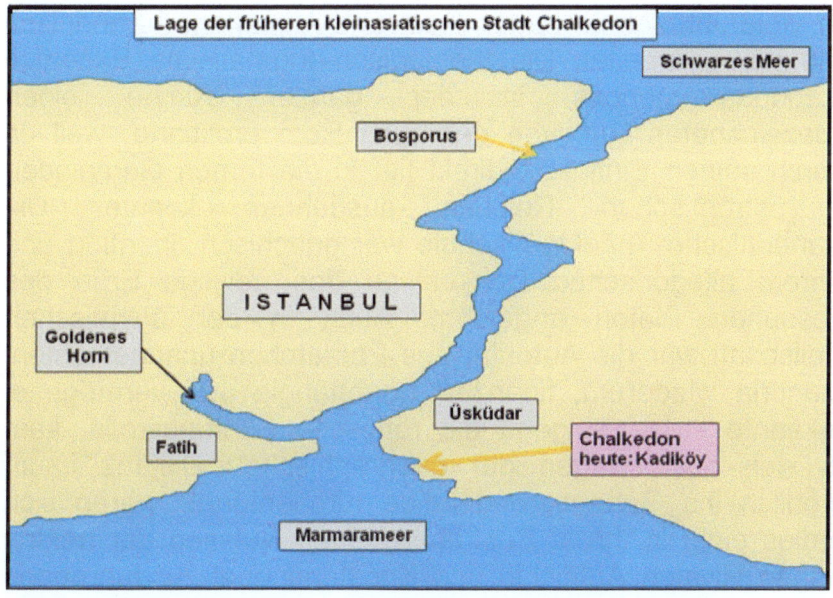

Abb. 4

Die Dreifaltigkeit wurde in Chalkedon zum Dogma erhoben - Jesus Christus ist als zweite Person der Dreifaltigkeit „wahrer Gott" und „wahrer Mensch" zugleich. Damit hatte die „Zwei-Naturen-Lehre" nach Nicaea 325 und Ephesus 431 einen dritten Etappensieg errungen. Doch der Preis war hoch, denn die heute „orientalisch-orthodox" genannten Kirchen - wie die Koptisch-orthodoxe und die Syrisch-orthodoxe Kirche - lehnten die Beschlüsse ab und erkannten sie nicht an. Und auch die 13 alexandrinischen Bischöfe, die im Gefolge ihres Patriarchen Dioskoros angereist waren, stimmten gegen die Mehrheitsbeschlüsse. Sie begründeten dies damit, dass sie anderenfalls nach ihrer Heimkehr gelyncht würden.

Im Übrigen gehörte keiner von ihnen jener Arbeitsgruppe an, welche die theologischen Fragen für den Konzilsbeschluss erarbeitet hatte. Nach dem Konzil mussten sie mehrere Monate in Konstantinopel unter Hausarrest verbleiben.

Über viele Jahrzehnte hatten Rom und Alexandria harmonisch zusammen-gearbeitet: Die theologisch-dogmatische Expertise Alexandrias genoss in der ganzen Kirche einen ausgezeichneten Ruf, von der auch Rom profitierte, weil es dadurch seinen Einfluss indirekt tief in die fernen Gemeinden des oströmischen Reiches ausdehnen konnte. Die alexandrinische Theologenschule war griechisch orientiert und in ihrem allegorischen Denken an das geistige Erbe des Philosophen Platon angelehnt. Auch in der ägyptischen Gesellschaft war die Autorität des Patriarchen unangefochten. Alexandria wiederum, finanziell unabhängig und vermögend, anerkannte stillschweigend die römische Führungsrolle, kam man sich doch wegen der geographischen Distanz kaum persönlich ins Gehege, und beide Kirchenführer waren sich überdies einig in ihrem Bestreben, einen Aufstieg der beiden östlichen Rivalen Antiochia und Konstantinopel zur führenden religiösen Autorität des Ostens zu verhindern. Die Theologenschule Antiochias war an den Philosophen Aristoteles, einen der Schüler Platons, angelehnt und baute ihre Erklärungsmodelle auf der „ratio", der Vernunft, auf, welchen in Glaubensfragen engere Grenzen gesteckt waren als bei allegorischen (bildhaften) Modellen. Der Einfluss Konstantinopels baute auf dem Bündnis mit der kaiserlichen Macht auf; als theologische Instanz war die Metropole am Bosporus als jüngste hingegen eher unbedeutend.

Tatsächlich eskalierte die Lage in Alexandria, als Wochen später dort die Ergebnisse des Konzils von Chalkedon bekannt wurden. Es kam zu Protesten, Ausschreitungen und Pogromen: Zunächst verzögerte sich die Wahl eines neuen Patriarchen als Nachfolger des exkommunizierten Dioskoros. Die Wahl des Mönchs Proterius, einem Befürworter der Beschlüsse von Chalkedon, zum Nachfolger des abgesetzten Patriarchen Dioskoros wurde mit einem abgeänderten Verfahren durchgepeitscht, doch dies verschlimmerte die Situation. Selbst 2.000 Soldaten, 453 nach Monaten über See aus

Konstantinopel herbeigeschafft, vermochten es nicht, die Ruhe wieder herzustellen, denn die Opposition ergriff nun auch die Klöster, die eine wichtige Rolle im religiösen Leben spielten. Insgesamt sollen bei den Unruhen 30.000 Opfer zu beklagen gewesen sein.

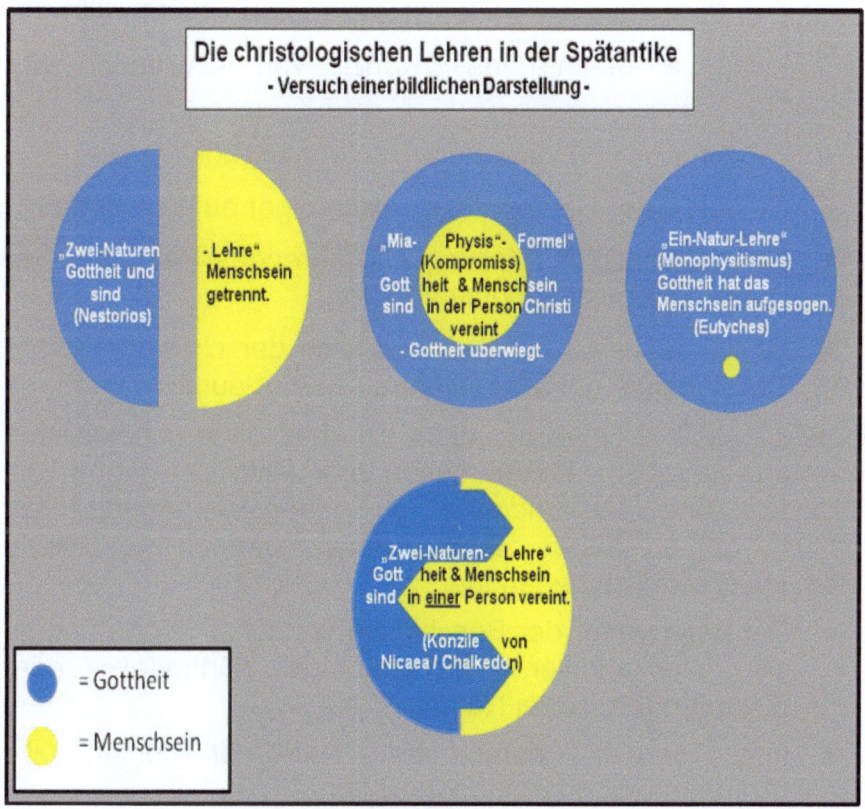

Abb. 5

Als Kaiser Marcian starb, wurde Proterius in der Taufkapelle vom Mob erschlagen und sein Leichnam durch Alexandria geschleift; in der Griechisch-orthodoxen Kirche wird er noch heute als Heiliger verehrt. In der koptischen Kirche hingegen gilt seine Amtszeit als nicht-existent. In deren offiziellem Verzeichnis dauerte das Patriarchat von Dioskoros bis zu dessen Tod im Exil am 4. September 454. Bis heute wird Patriarch Dioskoros daher als standhafter, unbeugsamer Oberhirte verehrt, der zu Unrecht abgesetzt und in die Verbannung geschickt worden war. Zu seinem Nachfolger wurde am 13. Oktober 455 Timotheus Aelurus II. (+ 477) gewählt; er führte die Gemeinde 21 Jahre und zehn Monate.

Für Alexandria brachte das Konzil von Chalkedon nur Nachteile:

- Es verlor seinen verehrten Patriarchen Dioskoros.
- Es wurde der Gemeinde ein Nachfolger aufgezwungen.
- Es musste seine Stellung als führendes Patriarchat im Orient an Konstantinopel abtreten.
- Es wurde versucht, ihr hinsichtlich der christologischen Terminologie die „Zwei-Naturen-Lehre" aufzuzwingen.

Heute weiß man, dass eher terminologische Fehlinterpretationen, sowie Neid und Rivalität gegen die führende Rolle Alexandriens zu jener verhängnisvollen Spaltung geführt haben. Doch damals standen sich beide Seiten unversöhnlich gegenüber:

- Die Befürworter der Beschlüsse von Chalkedon nannten sich Chalkedonier, „Rechtgläubige" (Orthodoxe) oder „Dyophysiten" (Zwei Naturen).
- Ihre Gegner waren die Anti-Chalkedonier, die „Abtrünnigen" oder „Monophysiten" (Eine-Natur).

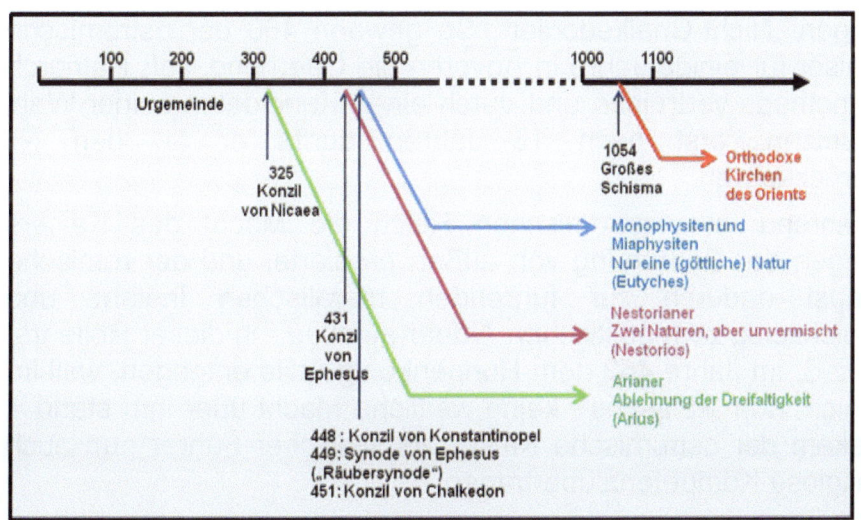

Abb. 6

Die sog. „Anti-Chalkedonier" hingegen empfinden bis heute die auf sie bezogene Bezeichnung „Monophysiten"[33] als verunglimpfend, nennen sich selbst „rechtgläubig" (orthodox) und bevorzugen die Bezeichnung „Miaphysiten", denn sie lehnen die „Zwei-Naturen-Lehre" nicht prinzipiell ab. Denn auch sie glauben, dass Christus Gott und Mensch gewesen sei, dass sich allerdings beide Naturen vermischt und die göttliche dominiert hätte.

Nun aber lag dieses Zweckbündnis in Trümmern, denn Alexandria bestand unverändert auf der Ablehnung der Beschlüsse von Chalkedon. Die daraus entstehenden Zentrifugalkräfte führten dazu, dass sich die ägyptischen Gemeinden endgültig von der Reichskirche lossagten. Ab 451 kann von einer eigenständigen koptischen Kirche gesprochen werden. Die Abspaltung (Σχίσμα- Schisma - Trennung) dieser so wichtigen Gemeinden war ein herber Verlust für die Christenheit. Beide Seiten bezichtigten sich als „Abtrünnige" und verfolgten sich mit unerbittlicher Härte: „Chalkedonier"

---

[33] Diese Bezeichnung wird in den Quellen erst im 7. Jahrhundert erwähnt.

gegen „Nicht-Chalkedonier". So gewann 460 der oströmische Kaiser für einige Jahre in Ägypten die Oberhand, ließ Patriarch Timotheos vertreiben und durch einen Kandidaten seiner Wahl ersetzen; erst nach 15 Jahren durfte er an den Nil zurückkehren.

Während im weströmischen Reich die Macht des Kaisers wegen der Bedrohung von außen erodierte, und der römische Papst dadurch zur führenden moralischen Instanz und gleichzeitig zum politischen Akteur aufstieg - in dieser Rolle trat er z.B. im Jahre 452 dem Hunnenkönig Attila entgegen, weil im Reich, nun „kaiserlos", keine weltliche Macht über ihm stand -, bekam der oströmische Kaiser als weltlicher Führer nun auch religiöse Kompetenz übertragen.

Aufgrund allein der räumlichen Trennung und der nur sporadischen Verbindung schufen sich die Patriarchate im Laufe der Zeit eigene Regeln, eine eigene Liturgie und eigene Strukturen. Auch sprachlich bewegte man sich auseinander: Im Westen, sprich: im römischen Machtbereich sprach man Latein und im Osten und in Alexandria Griechisch. Und so setzte eine schleichende Entfremdung ein. Die Griechen hielten die Römer für ungebildet und Barbaren und diese wiederum die Griechen für arrogant.

In der Folgezeit erodierte das Christentum weiter, und der Trend zur Abspaltung setzte sich fort. Ebenso scheiterten mehrere Versuche, Trennungen zu verhindern oder rückgängig zu machen;[34] diese im Einzelnen zu schildern, ist nicht Gegenstand dieses Buches.

---

[34] Das Akakianische Schisma von 484 bis 519 war die erste Kirchenspaltung (Schisma) zwischen östlicher und westlicher Christenheit. Akakios, der von 471 bis 489 als Patriarch von Konstantinopel wirkte, hatte im Auftrag des oströmischen Kaisers Zeno einen Kompromiss erarbeitet, mit dem dieser die weströmische Kirche mit den Patriarchaten des Orients versöhnen sollte. Diese Formel bestand darin, dass umstrittene Konzil von Chalkedon einfach zu verschweigen. Tatsächlich kam es zunächst zu einer gewissen

Aus den Patriarchaten bildeten sich eigenständige Kirchen:
- Das Patriarchat des Abendlandes mit Rom als Zentrum wurde zur Lateinischen Kirche,
- aus dem Patriarchat von Konstantinopel entwickelten sich die Orthodoxen Kirchen,
- aus dem Patriarchat von Antiochia entstanden die Armenische und die Syrische Kirche von Antiochia und
- aus dem Patriarchat von Alexandria die Koptische und Äthiopische Kirche.

In den folgenden 150 Jahren, in dem Ägypten unter der Oberhoheit von Ostrom (Byzanz) stand, wechselten sich Ruhe und Verfolgung ab. Nach dem Tod des oströmischen Kaisers Anastasius im Jahre 518 setzte eine neue Verfolgungswelle

---

Annäherung, welche die innere Einheit des Oströmischen Reiches stabilisierte. Doch der Lösungsvorschlag wurde im früheren weströmischen Reich vehement abgelehnt. Und so kündigte der Papst 484 die Gemeinschaft mit dem oströmischen Patriarchat. Erst 519 endete diese Spaltung. Auch unter Kaiser Justinian I. gab es einen vergeblichen Versuch der Annäherung, der als sog. „Dreikapitelstreit" (Schriften dreier Theologen) bezeichnet wird. Es folgte ein etwa 150 Jahre währendes Schisma (von Aquileia), das erst Ende des 7. Jahrhunderts auf einer Versöhnungssynode zu Pavia beendet wurde. Anfang des 7. Jahrhunderts versuchte der oströmische Kaiser Herakleios (+ 641) eine Aussöhnung zwischen der „Zwei-Natur-Lehre" von Chalkedon und den Anhängern der „Ein-Natur-Lehre" (Monophysiten) mit einer Lehrformel, nachdem Christus zwar zwei Naturen, aber nur einen, von Gott bestimmten Willen (sog. „Monotheletismus" - μόνος - mónos (einzig) und θελῶ - thelõ (wollen) besitzt. Doch dieser Kompromiss erhielt von beiden Seiten keine Zustimmung und wurde 680 auf dem Konzil in Konstantinopel als Irrlehre verworfen. Auch Papst Clemens XII. (1652-1740) bemühte sich um eine Wiedervereinigung von römisch-katholischer und orthodoxer Kirche. Zwar gelang es ihm, die Patriarchen der koptischen und der armenischen Kirche zu überzeugen, das Anathema gegen das Konzil von Chalkedon und Leo I. aufzugeben, doch - nachdem er 1736 den maronitischen Orientalisten und Priester Giuseppe Simone Assemani (1687-1768) als Legaten zum Konzil der Maroniten geschickt hatte, kam es lediglich zu einer engeren Zusammenarbeit zwischen römischer und maronitischer Kirche.

ein, die fast 120 Jahre dauerte. Patriarchen wurden willkürlich abgelöst und durch eigene Gefolgsleute ersetzt, Kirchen zerstört, und viele Kopten hingerichtet.

Das zweite Konzil von Konstantinopel und zugleich das fünfte ökumenische im Jahre 553 - einberufen vom römischen Kaiser Justinian I. (482-565) und geleitet von den Patriarchen von Konstantinopel, Eutychius (ca. 512-582) und Alexandria, Theodosios I. (+ 567)[35] - versuchte vergeblich, den theologisch verknüpften Gordischen Knoten zu lösen, der nach dem Konzil von Chalkedon entstanden war. Drei Jahre später, 536, wurde Theodosios, der letzte Patriarch, der von orthodoxen Kopten und jener der Griechisch-orthodoxen Kirche von Alexandria anerkannt wurde, von Kaiser Justinian seines Amtes enthoben, weil er - nach Konstantinopel beordert, sich strikt weigerte, die Beschlüsse von Chalkedon zu unterschreiben. Er musste ins Exil gehen, wor er achtundzwanzig Jahre lang bis zu seinem Tod in Oberägypten eingekerkert blieb.

Justinian, überzeugt, seine Herrschaft direkt von Gott (ek theou) erhalten zu haben, ließ alle koptischen Kirchen verschließen und bewachen und die Kindstaufe unter Strafandrohung einführen. Damit war praktisch jeder Bewohner des römischen Reiches Christ, und ein Abfall von der christlichen Lehre, d.h. auch von den Beschlüssen von Chalkedon, galt als todeswürdiges Verbrechen, das mit dem Verlust von Eigentum, Bürgerrechten und mit dem Tod bestraft wurde.

Kaiser Justinian berief 537 den Chalkedonier Paulos von Tabennesis zum neuen Oberhirten von Alexandria. Doch dieser wurde von den orthodoxen Kopten, mehrheitlich zur monophysitischen Richtung gehörend und einzig den im Exil lebenden Patriarchen Theodosios als ihren rechtmäßigen

---

[35] Der römische Papst Vigilius (500-555) war 546 von Kaiser Justinian zwangsweise nach Konstantinopei gebracht worden, nahm aber am Konzeil selbst nicht teil. Im Jahre 555 durfte er nach Rom zurückkehren, starb jedoch auf der Heimreise in Syrakus.

Patriarchen anerkennend, abgelehnt und konnte sich nur mit militärischer Unterstützung behaupten. Nach drei Jahren wurde er ab- und durch den Palästinenser Zoilos, ersetzt. Der Streit verschärfte sich und führte innerhalb der alexandrinischen Gemeinden letztlich zur Abspaltung. Die Minderheit, die für die Beschlüsse von Chalkedon stimmte, mit dem Patriarchat von Konstantinopel verbunden und zugleich loyal zum oströmischen Kaiser blieb, wurde zur „Griechisch-orthodoxen Kirche von Alexandria und ganz Afrika".[36] Die orthodoxen Kopten wählten im Jahre 567 den in Alexandria geborenen Petros als Nachfolger des im Exil verstorbenen Theodosios zu ihrem 34. Oberhaupt; er nannte sich Petros IV. und stand der Gemeinde bis Juni 576 vor; ihm folgte Damian, der die koptische Kirche ins 7. Jahrhundert führte und bis 605 regierte. Damians Nachfolger als 36. koptischer Papst wurde Anastacius. Die Lage seiner Kirche war schwierig. Zum einen wurden ihre Bischöfe weder von der römischen noch der byzantinischen Kirche anerkannt, und zum anderen hatte Kaiser Tiberius II. Constantin (520-582) verfügt, dass die koptischen Patriarchen von Alexandria ihre Residenzstadt grundsätzlich nicht betreten durften, was vom byzantinischen Statthalter am Nil, General Belisarius (+ 565), überaus erfahren, skrupellos und erfolgreich im Umgang mit Aufständischen, streng überwacht wurde. Anastacius bemühte sich zwar um Zusammenarbeit mit dem neuen Patriarchen von Antiochia, Athanasius I. Gamolo, um die theologische Kluft, welche die beiden Kirchen trennte, zu überwinden, aber mit der Griechisch-orthodoxen, auch

---

[36] Der Titel des Patriarchen auf der Homepage des Patriarchats lautet auf Englisch: „His Divine Beatitude the Pope and Patriarch of the Great City of Alexandria, Libya, Pentapolis, Ethiopia, All Egypt and All Africa, Father of Fathers, Pastor of Pastors, Prelate of Prelates, the Thirteenth of the Apostles and Judge of the Universe" (Seine göttliche Seligkeit, Papst und Patriarch der Großen Stadt von Alexandria, Libyen, Pentapolis, Äthiopien, ganz Ägypten und ganz Afrika, Vater der Väter, Hirt der Hirten, Prälat der Prälaten, Dreizehnter der Apostel und Richter des Universums).

melkitisch genannten Kirche in Alexandria selbst gab es solche Ansätze nicht. Athanasius reiste 607 sogar mit einer kleinen Delegation heimlich nach Alexandria; eine durchgreifende, haltbare Annäherung entwickelte sich daraus jedoch nicht, vermutlich, weil beide Seiten zu sehr von außen, sprich: von Byzanz und von den Persern - bedroht waren und daher ihr Hauptaugenmerk auf das Überleben und weniger auf Zusammenarbeit legen mussten. Als Anastacius im Dezember 616 starb, wurde der Diakon Andronicus zum 37. Papst von Alexandria gewählt. Er stammte aus einer reichen und einflussreichen Familie aus Alexandria, wurde wegen seines Wissens, seiner Frömigkeit und seiner Mildtätigkeit geschätzt und zum geistigen Oberhaupt der Kopten gewählt, obwohl er nie als Mönch in einem Kloster gelebt hatte. Auch Andronicus wurde von den Melkiten, den Anhängern der chalkedonischen Lehre, verfolgt. Aber er trotzte den Melkiten, blieb versteckt im Kloster Ennaton nahe seiner Geburtsstadt und entzog sich so den Häschern des Heraclius. Nach nur sechs Jahren im Amt starb Patriarch Andronicus am 16. Januar des Jahres 623.

Zu seinem Nachfolger wurde der Mönch Benjamin (590-661) gewählt. Der 38. Papst von Alexandria gilt als einer der größten koptischen Patriarchen an der Spitze der Gemeinde. Nur wenige Monate nach dessen Amtsantritt drang der Perserkönig Khosrau II. (+ 628) - verheiratet mit einer Christin namens Shirin - aus der Dynastie der Sassaniden bis nach Ägypten vor. Es gelang ihm allerdings nicht, Alexandria dauerhaft einzunehmen. Doch im Nildelta und der westlichen Wüste gab es zu jener Zeit etwa 600 Klöster, in denen er reiche Beute fand; viele von ihnen und zahlreiche Kirchen wurden zerstört. Die koptischen Mönche ließ Khosrau hinrichten - sie starben zu Hunderten. Den koptischen Christen wurde jegliche Religionsausübung verboten. Benjamin I. floh zuerst ins Wadi Al-Natrun (Scetis) und von dort ins Kloster Sankt Macarius nach Oberägypten in der Nähe von Theben und wechselte häufig seinen Aufenthaltsort. Als Kaiser Heraclius (575-641) nur fünf

Jahre später die Kontrolle zurückgewann, hörte die Verfolgung aber keineswegs auf, denn der oströmische Kaiser ernannte im Jahre 628 Kyros (anderer Name: Al-Muqauqis; + 642)), den Bischof von Phasis, einer Hafenstadt im östlichen Schwarzen Meer (heute: Poti in Georgien), zum melkitischen Patriarchen von Alexandria und übertrug ihm zugleich das politische Amt des Vizekönigs (Dioiketes) von Ägypten, mit dem Auftrag, die anti-chalkedonischen Kopten auszumerzen und ihren untergetauchten Patriarchen ausfindig zu machen. Als die Suche vergeblich blieb, ließ er dessen Bruder Minas in einem mit Steinen gefüllten Sack im Nil ertränken und verfolgte dessen Anhänger umso härter. In der islamischen Überlieferung wird ihm auch zugeschrieben, die beiden - aus Oberägypten stammenden - Schwestern Shirin und Mariya Al-Qibtia (+ 637)[37] im Jahre 628 als „Geschenke" an den Propheten Mohammed nach Medina geschickt zu haben, nachdem dieser ihn zuvor in einem Brief aufgefordert hatte, zum Islam überzutreten.

Im Jahre 641 wurde Kyros nach Byzanz zum Rapport zitiert und kehrte im September wieder nach Alexandria zurück. Die letzten Jahre byzantinischer Herrschaft in Ägypten waren geprägt von Zurückweisung der Beschlüsse des Konzils von Chalkedon durch die Mehrheit der Kopten. Alle Versuche, die koptische Kirche wieder unter die Oberhoheit der orthodoxen Kirche von Byzanz zu bringen, schlugen fehl. Während der Statthalter des byzantinischen Patriarchen, von den Kopten verächtlich „Melkite" genannt, in Prunk und Pracht in Alexandria residierte, lebte der koptische Patriarch verfemt und in

---

[37] Während Shirin von Mohammed offenbar an Hassan Ibn Thabit weiterverschenkt wurde, blieb Mariya als Sklavin bei Mohammed und gebar ihm im März 630 Sohn Ibrahim, der aber bereits am 27. Januar 632 starb. Der Koran erwähnt dies lediglich andeutungsweise in Sure 66 (Das Verbot - At-Tahrim), wohingegen es in der Überlieferung, den Ahadithen, wenngleich widersprüchlich beschrieben wird.

ständiger Angst vor Verfolgung, in einem ärmlichen Kloster wenige Kilometer westlich von Alexandria.

Unter dem Halbmond

Im 7. Jahrhundert wurde Ägypten ein zweites Mal von einer Macht jenseits eines Meeres missioniert - diesmal aus dem Osten: Mekka auf der anderen Seite des Roten Meeres wurde das neue religiöse Zentrum. Für all jene Bewohner, die sich nicht zur vorherrschenden Religion des Islams bekannten, entstanden dadurch weitreichende Folgen: In den vier Jahrhunderten, die der arabischen Eroberung folgten, blühte die koptische Kirche zunächst, und Ägypten blieb überwiegend christlich geprägt. Grund dafür war vor allem die wichtige Rolle, welche die gut ausgebildeten Kopten in der Wirtschaft, Finanzwelt und Verwaltung des Landes spielten, und dass die Muslime ihnen vom Grundsatz her die freie Ausübung ihrer Religion zwar erlaubten, dies aber an harsche Bedingungen knüpften. So mussten sie die sog. „Gezya" (جزية) –Steuer, eine im Koran mit exakt diesem Wort vorgeschriebene Abgabe (Tribut) für nicht-muslimische Schutzbefohlene (ذِمَّي - dhimmi) zahlen.[38] Konnte jemand sie nicht entrichten, hatte er die Wahl, entweder zu konvertieren oder sein Bürgerrecht als Schutzbefohlener zu verlieren, was oft gleichbedeutend war mit Getötet werden. Das Paradoxon lag darin, dass die Besteuerung der Nicht-Muslime meist von Nicht-Muslimen, sprich: zumeist von koptischen Verwaltungsbeamten, um- und durchgesetzt wurde. Grund dafür war, dass die Identität der Bevölkerung eines Landes in dem Augenblick, als ein muslimischer Herrscher dort die Macht übernahm, nicht mehr durch die gemeinsame Zugehörigkeit, z.B. zu einem Stamm oder einer Ethnie definiert wurde, sondern durch die Religion. Alle nicht-muslimischen Bewohner wurden - sofern sie zu den

---

[38] Koran 9:29

beiden anderen monotheistischen „Buch-Religionen",[39] Christen- und Judentum, zählten - zu „Schutzbefohlenen" erklärt und in einem sog. „millet"-System organisiert. Der Begriff stammt aus dem Arabischen (مِلَّت; millet) und bedeutet Nation, Gemeinschaft oder Religion).. Wurde eine Religionsgemeinschaft einer „millet" zugeordnet und damit offiziell als solche anerkannt, besaß diese eine gewisse Selbständigkeit und durfte eigene Regeln (z.B. hinsichtlich der Einhaltung der öffentlichen Ordnung, der Registrierung - Geburten, Eheschließungen, Sterbefälle - sowie der Ausbildung) ihrer Mitglieder erlassen. Innerhalb ihres Zuständigkeitsbereiches durfte eine „millet" auch Steuern erheben und eigene Gesetze erlassen. Sie verwaltete die zivilrechtlichen Belange ihrer Religionsgemeinschaft und übte auch die Zivilgerichtsbarkeit innerhalb ihrer jeweiligen „millet" aus, jedoch nur solange keine Muslime involviert waren; in diesen Fällen trat automatisch auch für Nicht-Muslime die Shari´a (شريعة; Weg), die muslimische Rechtsprechung, in Kraft. Problematisch war dabei die Regelung, dass der Aussage eines Muslims vor Gericht stets eine höhere Glaubwürdigkeit zugebilligt wurde als der eines Nicht-Muslims. Bei Straftaten, bei denen ein Angehöriger einer anderen „millet" verletzt wurde, war allerdings dessen Rechtssystem zuständig. Der Islam besitzt daher als Religion staatsrechtlich insofern ein Alleinstellungsmerkmal. Das Oberhaupt einer der offiziell anerkannten „millet", z.B. der Patriarch, war damit von den muslimischen Herrschern auch als Religionsführer anerkannt,[40]

---

[39] Die sog. „Familie des Buches" (اهل الكتاب; Ahl Al-Kitab), jene drei Religionen, bei denen ein Buch die Grundlage bildet: Thora, Bibel und Koran. Die Angehörigen polytheistischer Religionen hingegen waren von Vergünstigungen gänzlich ausgeschlossen.

[40] Im Osmanischen Reich bürgerte es sich unter Sultan Mehmed II. (1432-1488), dem Eroberer von Konstantinopel, ein, dass die Anerkennung eines Patriarchen durch ihn erst nach Zahlung eines gewissen Geldbetrages gültig wurde. Diese Summe belief sich anfangs noch auf 1.000 Goldstücke, stieg

für die Mitglieder seiner „millet" verantwortlich und nahm auf diese Weise eine politische Mittlerfunktion zwischen dem Sultanat und seinen Gläubigen ein.

Die muslimische Obrigkeit sicherte ihnen bestimmte Rechte, z.B. das einer relativ freien Religionsausübung und den Schutz vor inneren und äußeren Feinden zu, wenn diese im Gegenzug wiederum bestimmte diskriminierende Auflagen befolgten, wie

- Die bedingungslose Anerkennung der muslimischen Herrschaft,
- die Zahlung der „Gezya"-Steuer, jener Abgabe für nicht-muslimische Schutzbefohlene,
- der Neubau von Kirchen bedurfte vorheriger Genehmigung,
- die Beachtung bestimmter Kleiderauflagen (nur grob gewebte Stoffe, besondere Markierungen), und
- der Verzicht auf die Benutzung von Pferden als Reittieren (Esel waren erlaubt) und
- auf das Tragen von Waffen.

---

im Laufe der Zeit auf 100.000, da die Sultane das Amt immer an den Höchstbietenden verliehen. Diese Praxis begann Mitte des 15. Jahrhunderts: Patriarch Gennadios II. Scholarios, der erste Patriarch unter türkischer Herrschaft, führte die Gemeinde zwischen 1453 und 1564 insgesamt viermal. Besonders häufig wurde dies im 17. Jahrhundert in Konstantinopel praktiziert: Von den 28 Patriarchen, die zwischen 1600 und 1700 an der Spitze der orthodoxen Kirche standen, nahmen 19 nur eine Amtszeit wahr. 9 Patriarchen hingegen wechselten insgesamt 36 Mal. Spitzenreiter war Patriarch Kyrillos Loukaris (1572-1638; von Janitscharen ermordet), der das Amt zwischen 1612 und 1638 insgesamt siebenmal innehatte. Auch im 18. und 19.Jahrhundert gab es diese Praxis noch mehrfach.

Weitere Auflagen waren:

- Die Erweiterung bestehender Gebetshäuser und Kirchen und deren Renovierung waren ohne vorherige Genehmigung untersagt.
- Bei der Ausübung religiöser Feiern war Zurückhaltung gefordert.
- Kirchtürme durften die Minarette der Moscheen nicht überragen.
- Muslimen musste auf der Straße Platz gemacht werden.
- Die Konversion von Muslimen zu einer anderen Religion war strengstens verboten.

Bis zum 19. Jahrhundert gab es im Osmanischen Reich nur drei offiziell anerkannte „millet" (Religionsgemeinschaften):

- Muslimische „millet" (ummah),
- orthodoxe "millet" (millet-i Rum) und
- armenische „millet" (millet Ermeni).

De facto gab es auch ein jüdisches „millet" (millet-i-Abraham), das aber erst 1839 offiziell anerkannt wurde.

Es kann davon ausgegangen werden, dass den Sultan am Bosporus die theologischen Diskussionen, z.B. um irgendwelche Fragen nach der Natur ihres Gottes, innerhalb der christlichen Patriarchate gleichgültig waren. Und so zählten für die Hohe Pforte in Istanbul die Kopten in der fernen Provinz Ägypten zur orthodoxen „millet". Als die Patriarchate von Antiochia, Jerusalem und Alexandria im 16. Jahrhundert ebenfalls unter osmanische Herrschaft kamen, wurden sie dem Patriarchat in Konstantinopel theoretisch gleichgestellt. Doch tatsächlich besaß der orthodoxe Patriarch von Konstantinopel eine Vormachtstellung, die zum einem daraus herrührte, dass er in der Hauptstadt residierte und zum anderen, weil sich ihre Amtsinhaber als verlässliche, loyale Partner erwiesen hatten.

Hinsichtlich ihrer inneren Angelegenheiten genoss die orthodoxe Kirche einen gewissen Grad an Unabhängigkeit und Selbstständigkeit und übernahm in Hinblick auf ihre Gläubigen quasi-staatliche Funktionen. Sie verwaltete die zivilrechtlichen Belange ihrer Religionsgemeinschaft und übte die Zivilgerichtsbarkeit aus. Die Kirche übernahm also auch Aufgaben der Rechtsprechung, jedoch nur solange keine Muslime involviert waren. Viele Funktionen, die zuvor im Byzantinischen Reich oder den orthodoxen Balkanstaaten des Mittelalters der Staat ausübte und nach modernem Verständnis auch heute von diesem ausgeübt werden, galten im Osmanischen Reich als Angelegenheiten der Kirche.

Im Jahre 628 soll eine Delegation von Mönchen des Sinai-Klosters St. Katherina zum Propheten Muhammed nach Medina gereist sein, um diesen um Hilfe zu bitten, welchen dieser mit einem Schutzbrief gewährt haben soll:

"Wenn Ihr Ägypten erobert, seid nachsichtig mit den Kopten, denn diese sind eure Schützlinge und zugleich eure Verwandtschaft."

Ägypten - im 6. Jahrhundert eine der reichsten und wichtigsten Provinzen des Oströmischen Reiches - besaß wegen seiner strategischen Lage als Brücke und Ausgangsbasis, sowohl zu Wasser als auch zu Lande, zwischen Asien und Afrika, aber auch wegen seiner Getreideproduktion eine herausragende Bedeutung und große Anziehungskraft für fremde Mächte. Der größte Teil der Bevölkerung lebte im Niltal, das im Westen und Osten durch breite, baum- und wasserlose Wüstenstreifen und im Osten überdies durch das Rote Meer geschützt war, deren

Durch- bzw. Überquerung damals nur schwer und mit großem logistischen Aufwand möglich und daher nur selten gelungen war. Daher wähnte sich das Land relativ sicher. Die geostrategische Achillesferse Ägyptens war vor allem seine Seeseite entlang des Mittelmeeres. Der größte Teil der römischen Truppen rekrutierte sich aus koptischen Soldaten, die - nur rudimentär militärisch ausgebildet - eher als eine Polizeitruppe fungierten. Im Dezember 639 änderte sich die Bedrohungslage:
Der in Mekka als Angehöriger des Quraish-Stammes geborene arabische Heerführer `Amru Ibn Al-´As (عمرو بن العاص; - 585-664) stieß mit seiner Armee auf die Sinai-Halbinsel vor und marschierte von dort zunächst auf die byzantinische Festung Babylon, das heutige Kairo. Nach längerer Belagerung ergab sich die Besatzung am 9. April 641, da nach dem Tod von Kaiser Heraclius Entsatz aus Konstantinopel nicht zu erwarten war. Erst danach marschierten die arabischen Truppen nach Norden, durchquerten das Nildelta, belagerten Alexandria und am 17. September 642 schließlich ergab sich Patriarch Kyros, der zugleich das politische Amt eines Ministers (وزير; Wazir, auch: Wesir) ausübte, in der Hafenstadt. Das letzte Bollwerk Ostroms war gefallen, und die byzantinische Herrschaft am Nil zerbrach. Von allen muslimischen Eroberungen war jene Ägyptens - anders als z.B. die spanische, die nur etwa 700 Jahre währte - die nachhaltigste, denn sie besteht noch heute. `Amr Ibn Al-´As wählte Al-Fustat in Alt-Kairo zu seiner Residenzstadt. Er lockerte die hohen byzantinischen Steuern und gewährte den Kopten freie Religionsausübung. Im März 642 starb der bereits erwähnte Kyros als letzter chalkedonisch-melkitischer Patriarch. Papst Benjamin I. (622-661), der 38. Patriarch von Alexandria, der seit dreizehn Jahren im oberägyptischen Exil im Verborgenen lebte, kehrte mit einer Sicherheitsgarantie des neuen sunnitischen Herrschers nach Alexandria zurück und durfte sogar seine zerstörte Kathedralkirche St. Markus wieder aufbauen. Bei einem Treffen

zwischen ʿAmr Ibn Al-ʿAs und dem Patriarchen anerkannte Ersterer das Oberhaupt der Kopten als Repräsentanten Ägyptens, und diesem gelang es, mit den neuen muslimischen Herrschern eine vertrauensvolle Zusammenarbeit zu vereinbaren und die koptische Gemeinde zu konsolidieren. Dieser Burgfriede hatte im Grunde lange Bestand, auch wenn er nicht ohne Spannung blieb. Zwar stiegen einige Kopten sogar zu Provinzgouverneuren auf, aber zugleich wurden den Kopten die „Gezya"-Steuer erhöht. Und so blieb das Land im Kern gespalten zwischen der neuen muslimischen Oberschicht, Kopten und Melkiten.

Papst Benjamin I. ließ das Haupt des heiligen Markus in einem Kloster verstecken und bewahrte es davor, dass es die Melkiten nach Byzanz bringen konnten. Dom Kalifen Omar Bin Al-Khattab (592-644; عمر بن الخطاب), dem zweiten Kalifen des Islams, im fernen Medina jenseits des Roten Meeres, missfiel allerdings die Zusammenarbeit seines Statthalters mit den „ungläubigen" Kopten. Daher beschnitt er dessen Amtsgewalt auf Unterägypten und ernannte Abdallah Ibn Said zum Statthalter von Oberägypten, woraufhin ʿAmr Ibn Al-ʿAs sein Amt als Gouverneur von Ägypten niederlegte.

Unter den Kalifen aus der Dynastie der Umayyaden[41] und ab etwa 750 aus jener der Abbasiden[42] wurde Ägypten als Provinz von arabischen Gouverneuren regiert, die von Damaskus und Bagdad eingesetzt wurden. Deren Interesse lag in überwiegend optimaler finanzieller Ausbeute und Abschöpfung der ägyptischen Landwirtschaft, sowie einem möglichst hohen

---

[41] Auch: Omayyaden; die Nachfahren des arabischen Stammes der Quaraish aus Mekka.
[42] Die Abbasiden waren Nachfahren von Abbas, dem Onkel des Propheten Mohammed. Diese forderten, dass die Nachfolge im Amt des Kalifen nur von einem der Familienmitglieder des Propheten ausgeübt werden dürfte und lehnten daher das Kalifat der Umayyaden, das ihnen überdies zu weltlich orientiert war, strikt ab.

Aufkommen aus der „Gezya"-Steuer. Und so richtete sich auch das Verhältnis zwischen den neuen muslimischen Herrschern am Nil und der koptischen Kirche in erster Linie an wirtschaftlichen Erwägungen aus. Bischöfe mussten z.B. 2.000 Dinare als Landabgabe zahlen. Auf Beschwerden gegen steuerliche Ungleichbehandlung reagierten die muslimischen Herrscher meist mit noch schärferen Steuern und willkürlichen Verhaftungen. Klöster wurden geplündert und Mönche als Galeerensklaven zwangsrekrutiert. Viele Kopten flohen. Aus der Amtszeit des Patriarchen Mina I. (767-774) wird berichtet, dass die Kirchen nur noch Liturgiegeräte aus Glas und Holz besaßen, waren die kostbaren Gerätschaften aus Gold und Silber doch alle geplündert worden. Zwischen 725 und 832 gab es mehrere Aufstände der Kopten gegen ihre Unterdrücker, doch sie wurden stets blutig niedergeschlagen. Die ägyptische Bevölkerung wählte zum einen die Heirat und zum anderen den Übertritt zum Islam als Mittel des Einstiegs in die neue Führungselite. Im Jahre 744 sollen 24.000 Kopten zum Islam konvertiert worden sein, nachdem der Gouverneur ihnen die Befreiung von der „Gezya"-Steuer zugesagt hatte. Während des Patriarchats von Papst Cosmas II. (851-858) kam es erneut zu einer Welle der Verfolgung, die über die bisherige Schikane einer Erhöhung der „Gezya"-Steuer hinausging und in Angriffe während religiöser Feiern der Kopten mündete. Kreuze und Glocken wurden ebenso verboten wie der Verkauf von Wein. Kirchen wurden gebrandschatzt. Kopten durften nicht mehr reiten und mussten sich in schwarze Gewänder hüllen. Koptische Verwaltungsangestellte wurden entlassen und durch Muslime ersetzt. Als die Effektivität der Verwaltung jedoch zu schlingern begann, wurde die Entlassung der Kopten rückgängig gemacht.

Im Jahre 868 putschte sich der ehemalige türkische Sklave (Mamluk) Ahmad Bin Tulun (868-884; أحمد بن طولون) ins Amt des Statthalters und proklamierte die Unabhängigkeit vom Kalifat.

Damit war Ägypten erstmals seit über einem Jahrtausend, als die Ptolemäer regierten, ein selbständiges Reich. Da die Steuereinnahmen nun im Land blieben, blühte Ägypten wirtschaftlich auf. Tuluns Verhältnis zu den koptischen Christen gestaltete sich allerdings schwierig. So ließ er z.B. Papst Michael III. (auch: Kha´il III.; 880-907), ins Gefängnis werfen, weil er ihn beschuldigte, einen großen Gold- und Silberschatz versteckt zu haben. Als sich dies als falsch herausstellte, wurde der Papst nach Zahlung einer Kaution von 10.000 Dinaren innerhalb eines Monats freigelassen. Allerdings sollten vier Monate später weiterer 10.000 Dinare gezahlt werden. Die erste Zahlung wurde durch Spenden aufgebracht, die zweite entfiel durch höhere Gewalt, nachdem der Gouverneur zwischenzeitlich in einer Schlacht gefallen war. Erstmals bildeten die koptischen Christen eine Minderheit.

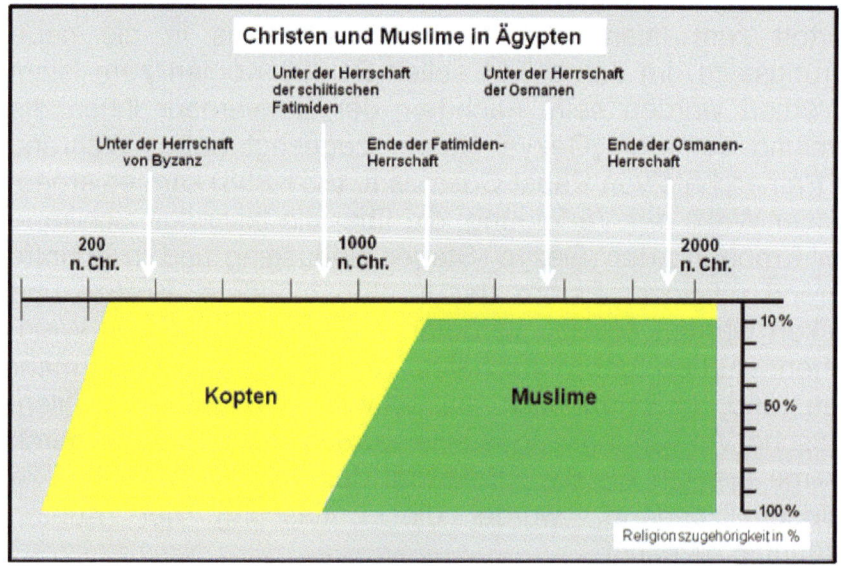

Abb. 7

Im Jahre 969 wurde Ägypten von der Dynastie der Fatimiden (الفاطميون; Al-Fatimiun),[43] einer schiitisch-ismailitischen Gruppierung[44] (sog. „7er-Shia"), ohne großen Widerstand erobert, und Al-Muʿizz (المعزّ; ca. 930-975), der vierte Kalif der Fatimiden, verlegte seine Residenz drei Jahre später von Al-Mansuriya, nahe der Stadt Kairouan im heutigen Tunesien, in die neu gegründete Stadt Al-Qahira (القاهيرة; Die Siegreiche - Kairo) und machte die Stadt am Nil zur neuen Hauptstadt seines Fatimiden-Reiches. Es war bisher das einzige Kalifat des Islams, das von Schiiten gegründet wurde, und dessen Amtsinhaber (Kalif (خليف)) als Stellvertreter des Propheten die religiöse Führerschaft beanspruchte. Es entstand somit ein schiitisches Gegenkalifat in Konkurrenz zum sunnitischen Abbasiden-Reich in Bagdad und dem ebenfalls sunnitischen Reich der Umayyaden im spanischen Córdoba (Al-Andalus), und dieses hatte beträchtlichen Einfluss auf die gesamte muslimische Welt, nachdem sich auch Mekka und Medina als Kernstädte und wichtigste Heiligtümer des Islams der Fatimiden-Herrschaft unterworfen hatten.

Ägypten erlebte eine Blütezeit in Bezug auf Wirtschaft, Wissenschaft und Künste. Das Bewässerungssystem wurde erneuert und verbessert, und der Handel zwischen Indien und dem Mittelmeerraum erfuhr einen großen Aufschwung. Die Al-Azhar-Universität wurde gegründet und zu einem theologischen Zentrum des Islams.

Während der zweihundertjährigen schiitischen Fatimiden-Herrschaft am Nil vom 10. bis zum 12. Jahrhundert (969-1171) erhielten Andersgläubige - d.h. sowohl die sunnitische

---

[43] Die Fatimiden leiten ihre Herkunft von Fatima Bint Mohammed (606-632), der einzigen Tochter des Propheten Mohammed und dessen erster Frau Chadidscha ab. Fatima war die Ehefrau des vierten Kalifen Ali (ca. 600-661) und Mutter der beiden einzigen Enkel des Propheten - Hassan (625-670) und Hussein (626-680).

[44] So entstanden bis ins 9. Jahrhundert die schiitischen Hauptzweige der Imamiten (12er-Shia), Ismailiten (7er Shia) und Zaiditen (5er Shia).

Bevölkerung Ägyptens als auch Christen und Juden - viele religiöse und berufliche Freiräume. Zum einen konnten sie ihre Religion weitgehend unbehelligt auch öffentlich ausüben und zum anderen selbst in hohe Staatsämter aufsteigen; so nahmen beispielsweise die Kopten Quzman Ibn Mina das Amt des Gouverneurs in Syrien und Abu al-Yamn Yussuf das des Steuerverwalters von Ägypten und Palästina wahr. Auch auf der mittleren Verwaltungsebene besetzten Kopten und Juden einflussreiche Stellungen, wie Schreiber, Buchhalter und Übersetzer. Papst Abraham (975-978) pflegte freundschaftlichen Kontakt mit Kalif Al-Mu´izz und konnte dadurch zahlreiche alte Kirchen renovieren und neue erbauen lassen. Die Kalifen besuchten ihrerseits christliche Feste. Bemerkenswert war dabei, dass selbst jene Kopten, die zum Islam konvertiert waren, nun ohne jegliche Repressalien zu ihrem christlichen Glauben zurückkehren durften. Eine Kirche in Minyat-Zifta, einer Stadt im Nildelta, die vom muslimischen Mob zu einer Moschee umfunktioniert worden war, durfte wieder als Kirche geweiht werden. Der respektvolle Umgang des Fatimiden-Herrschers mit den Nichtmuslimen wurde zum Ausgangspunkt mehrerer Legenden; eine von ihnen erzählt vom sog. „Muqattam-Wunder".[45]

---

[45] In der Regierungszeit des Fatimiden-Herrschers Kalif Al-Muizz stand der syrisch-stämmige, vormals reiche Kaufmann Papst Anba Abraham als 62. Patriarch an der Spitze der koptischen Kirche. Eine der Haupterwerbszweige der Kopten war das Handwerk. Ein Kopte namens Samaan (Simon) arbeitete als Gerber von Lederhäuten und Schuhmacher in Babylon (Alt-Kairo). Nach der Überlieferung sammelte der literatur- und kunstbegeisterte Kalif Menschen aus unterschiedlichsten Berufen und verschiedener Religionen um sich, die frei und offen diskutieren durften. An einem dieser Treffen nahm Papst Abraham und Jacob Ibn Killis, ein im Range eines Ministers (Wazir) stehender jüdischer Syrer teil. Jacob zitierte den Spruch aus Matthäus 17/20 „Wenn euer Glaube auch nur so groß ist wie ein Senfkorn, dann werdet ihr zu diesem Berg sagen: Rück von hier nach dort, und er wird wegrücken. Nichts wird euch unmöglich sein." und forderte den Papst auf, mit diesem Satz die Existenz seines Gottes zu beweisen. Der

Während der Herrschaft der Fatimiden gründeten die Kopten in Jerusalem ihre erste Auslandsgemeinde und besetzten sie ab 1237 mit einem eigenen Bischof.

Allerdings blieb der Neid muslimischer Massen auf die wirtschaftlich erfolgreichen Kopten ein nicht zu unterschätzender Faktor bei dem Kalkül der Herrscher im Umgang mit den Christen. Unter Al-Hakim (995-1021;الحاكيم),[46] dem Nach-Nachfolger von Al-Mu´izz und sechsten fatimidischen Kalifen, der von einigen Geschichtsschreibern für einen Psychopathen gehalten wird, wurde die Religionspolitik der Schiiten gegenüber Nicht-Muslimen und auch Sunniten wieder intoleranter, und es wiederholte sich jene Erfahrung, welche die Kopten zur Genüge kannten: Kirchen und Klöster wurden geplündert, ihre Besitzungen eingezogen und die öffentliche Ausübung der Religion, sowie der Genuss von Wein

---

Kalif freute sich über diese Wette, denn sie bot ihm eine überaus günstige Gelegenheit: Sollte der Kopte das Wunder nicht vollbringen, was zu erwarten war, wäre dadurch bewiesen, dass der Gott des Christentums nicht existiert, und dies gäbe dem Kalifen einen Grund, die Christen zu verfolgen. Sollte er es aber tatsächlich vollbringen, würde sich wenigstens die durch das Muqattam-Plateau sehr eingeschränkte Aussicht aus dem kaliflichen Palast verbessern. Die Kopten waren deshalb in großer Sorge. Papst Abraham und einige Mönche beteten drei Tage lang in der „Hängenden Kirche". Am dritten Tag soll die Jungfrau Maria Papst Abraham im Traum erschienen sein und ihn angewiesen haben, auf dem Markt nach einem einäugigen Handwerker Ausschau zu halten, der das Wunder vollbringen werde. Der Legende nach geschah dies, und der Papst fand in dem Einäugigen jenen Gerber Simon. Dieser sagte dem Papst, er möge mit dem Kalifen zum Muqattam-Plateau gehen. Simon bekreuzigte sich und bat Gott dreimal um Gnade. Dann bewegte sich der Berg - vermutlich durch ein Erdbeben. Der Kalif umarmte tief bewegt den Papst. Als sie aber den Gerber suchten, war dieser verschwunden, und er blieb verschollen, bis man 1991 bei archäologischen Grabungen sterbliche Überreste in der „Hängenden Kirche" fand, die man jenem Simon zuordnete.

[46] Um 1017 entstand in Ägypten eine Sekte, die Al-Hakim als Inkarnation Gottes ansah und aus der sich später die Religionsgemeinschaft der Drusen entwickelte. Am 13. Februar 1021 verschwand Al-Hakim auf dem Muqattam-Plateau spurlos.

und Bier untersagt. Die diskriminierenden Kleidervorschriften, nach denen z.B. Juden eine Glocke um den Hals hängen mussten, wurden ebenso wieder eingeführt, wie das Verbot für Christen, keinen Turban und keine landesüblichen Schuhe zu tragen. Sie mussten sich an der Stirn scheren und einen Gürtel und zwei gelbe Stoffbänder an der Schulter tragen, um als Christen erkennbar zu sein. Muslimen wurde jeglicher geschäftlicher Verkehr mit Christen untersagt. Wieder einmal durften Christen kein Pferd reiten, sowie kein Schwert oder eine sonstige Waffe führen und waren bei Angriffen somit wehrlos. An der Haustür mussten sie die hölzerne Darstellung eines Dämons anbringen. Im Jahre 1009 ließ Al-Hakim die Grabeskirche in Jerusalem abreißen.

Als im Jahre 1054 römische und byzantinische Christenheit durch das „Große", sog. „Lateinische Schisma" (Σχίσμα Λατίνων), bei dem sich nun auch die anderen orthodoxen Kirchen des Orients von Rom trennten,[47] erschüttert wurden, blieben die Kopten davon unberührt.

Vier Jahrzehnte später wurde im fernen Europa zum ersten Kreuzzug gegen die „Ungläubigen" und zur Befreiung der heiligen Stätten in Palästina aufgerufen, und als 1097 die

---

[47] In Rom saß Papst Leo IX. (1002-1054) auf dem Thron, in Konstantinopel herrschten Kaiser Konstantin IX. Monomachos (ca. 1000-1055) und Patriarch Michael I. Kerrularios (um 1000-1059). Der Papst schickte seinen Gesandten, Hubert Kardinal da Silva Candida, OSB, (ca. 1006-1061) nach Konstantinopel, der dort sehr rechthaberisch auftrat. Obwohl nicht autorisiert, exkommunizierte er den Patriarchen und dieser daraufhin den Papst. Allerdings war der Bann des Papstes, da personengebunden, ungültig, da Papst Leo zu diesem Zeitpunkt bereits verstorben war. Während des 4. Kreuzzuges zu Beginn des 13. Jahrhunderts eroberten die Kreuzritter Konstantinopel und machten dabei auch vor Plünderungen von Kirchen nicht Halt. 1453 wurde Konstantinopel, das seitdem Byzanz und später Istanbul genannt wurde, von den Muslimen erobert. Papst Paul VI. und Patriarch Athenagoras von Konstantinopel nahmen 1965 die Exkommunikation aus dem Jahr 1054 zurück. Das ermöglichte ihren Kirchen, sich fortan als verschwistert zu betrachten.

ersten Kreuzritter den Boden des Heiligen Landes betraten, befand sich Jerusalem noch in der Hand der mit den Fatimiden verfeindeten türkischen Dynastie der sunnitischen Seldschuken. Bereits 1070 hatten sich die in Mekka und Medina herrschenden Familien der Sherifen[48] (شريف; edel, vornehm), die Nachkommen des Propheten, nach einem Jahrhundert der Feindschaft wieder mit den kurdischstämmigen, sunnitischen Ayyubiden verbündet. Im Jahre 1124 wurde die stark befestigte Hafenstadt Tyrus im Libanon von den Kreuzrittern erobert, und damit verloren die ägyptischen Fatimiden ihren letzten Stützpunkt an der Küste der Levante.

Als Kalif Al-Amir (1101-1130; الأمير) der zehnte fatimidische Kalif, 1126 einen christlichen Mönch zu seinem (ersten) Chefminister (وزير الأول ; Wazir Al-Awwal) berief, bekam er umgehend den Zorn der muslimischen „Straße" zu spüren und musste die Ernennung nicht nur widerrufen, sondern wurde sogar gezwungen, das Todesurteil gegen den Mönch zu unterschreiben und es vollstrecken zu lassen. Dies ist nur ein Beispiel dafür, dass das Amt des Kalifen schon seit geraumer Zeit zu einer Marionette verkommen war, die nur noch religiösrituelle, protokollarische Pflichten an der Spitze der Glaubensgemeinde wahrnahm, jedoch über keine nennenswerte politische Autorität mehr verfügte, die inzwischen in den Händen des Wazirs (auch: Wesirs) gebündelt lag.

Als Al-Amir am 7. Oktober 1130 eine seiner Konkubinen auf einer Nilinsel besuchen wollte, wurde er von einem

---

[48] Religiöser Titel jener Nachkommen des Propheten Mohammed, die von seinen beiden Enkeln Hassan (Hassaniden) und Husain (Husainiden) abstammten. Oft werden die Husainiden auch als Saiyids bezeichnet. Sherifen und Saiyids bilden eine Art Erbadel im Islam. Sherifische Frauen dürfen nur sherifische Männer heiraten, wohingegen sherifische Männer auch nicht-sherifische Frauen heiraten dürfen. In Palästina und auf der arabischen Halbinsel haben sich verschiedene sherifische Dynastien herausgebildet.

Terrorkommando der Assassinen[49] vom Pferd gezogen und erstochen. Der Stern der Fatimidenherrschaft befand sich im 11. Jahrhundert - nach zweihundert Jahren - im freien Fall. Die Anarchie im Lande nahm zu. Wieder einmal diktierte der Mob. Erneut wurden Kirchen geplündert und Mönche, die sich weigerten, zum Islam zu konvertieren, an Ort und Stelle erschlagen.

In Assiut drangen im 12. Jahrhundert Muslime gewaltsam in ein Nonnenkloster ein, um die Oberin und deren 39 Nonnen als Sexslavinnen zu verschleppen. Es gelang ihnen noch, sich innerhalb des Klosters zu verstecken. Als eine Flucht jedoch aussichtslos war, beschlossen sie, gemeinsam in den Tod zu gehen. Die Äbtissin zündete ihre Leidensgenossinnen an und sprang dann selbst in das Feuer hinein.

Als weitere Folge der inneren Unruhen stellte sich - neben von Dürreperioden ausgelösten Hungersnöten und Seuchen wie der Pest - schnell ein allgemeiner wirtschaftlicher Niedergang ein, gepaart mit Machtkämpfen und Rivalitäten am Fatimiden-Hof und innerhalb der fatimidischen Armee zwischen türkischen und sudanesischen Truppenteilen. Ägypten wurde zu einem Armenhaus.

Während der Herrschaft von Al Hafiz (1074-1149; الحافظ), dem elften Kalifen der Fatimiden, war die Lage der Kopten so entspannt, dass nicht wenige strenggläubige Muslime befürchteten, eine große Anzahl zum Islam konvertierter Kopten würde erneut ihren Glauben wechseln. Daher kam es zu einem Putschversuch durch einen der Söhne von Al-Hafiz, der Papst Gabriel II. (1131-1145) in den Kerker werfen ließ und schärfere Regeln bezüglich der Aufnahme von Kopten in die Verwaltung verhängte. Gleichwohl war diese Politik nur bedingt umsetzbar, denn nach wie vor blieb der Posten des

---

[49] Sog. „Haschischesser"; fanatische schiitische Gruppierung der Nizarier, die missliebige und ihrer Meinung nach vom Glauben abgefallene muslimische Herrscher durch Meuchelmörder umbringen ließen.

Kanzleichefs des Kalifen von einem Kopten besetzt und von dessen 14 Assistenten waren 12 Kopten und nur zwei Muslime. Dennoch wurde den Nicht-Muslime eine immer höhere finanzielle Steuerlast aufgebürdet, und so wechselten viele Kopten allein aus pekuniären Gründen ihren Glauben, so wie heute viele Deutsche aus der Kirche austreten, um die Kirchensteuer zu sparen.

Innerstaatlich wurde die um sich greifende Anarchie durch eine anhaltende Dürreperiode verstärkt, in der der Pegelstand des Nils[50] ab 1135 Jahr für Jahr sank, bis er nach 12 Jahren 1147 schließlich die Tiefstmarke von 11 Ellen erreicht hatte. Neben den Schäden durch die geringe Ernte kam dadurch der Schiffsverkehr zum Erliegen, die Häfen im Großraum Kairo konnten nicht mehr zum Warenumschlag benutzt werden, und der dringend benötigte Nachschub vom Lande blieb aus. Als er im Jahr darauf wieder anstieg, sogar einen Höchststand von knapp über 19 Ellen erreichte und die Stadtmauern von Kairo umspülte, entspannte sich die wirtschaftliche Lage dennoch kaum. Als Al-Hafiz 1149 im Alter von 74 Jahren starb, war das Chaos perfekt, denn Ägypten geriet zum einen direkt in den Konflikt zwischen Syrer und Kreuzritter, und zum anderen setzten sich die teils blutigen Hofintrigen und die dadurch immer instabiler werdende Herrschaft der Fatimiden fort. Hafiz´ jüngster Sohn Ismail Al-Zafir (1133-1154; إسماعيل الظافر), der 12. Kalif, wurde ermordet. Dessen Sohn Al-Fa´iz (1154-1160; الفايز), der 13. Kalif, starb im Jahre 1160 mit nur sechs Jahren. Und so wurde der mit neun Jahren nur unwesentlich ältere Al-

---

[50] Seit dem 3. Jahrhundert v.Chr. wurde die Höhe der jährlichen Nilüberschwemmung u.a. in den Schächten der Insel Ar-Rauda in Kairo gemessen. Maßeinheit war die griechische Elle: „Bei 12 Ellen Hunger, bei 13 Genüge, bei 14 Freude, bei 15 Sicherheit, bei 16 Überfluß", schrieb der römische Schriftsteller Plinius. Bevor Dämme das Wasser stauten, hatte der Nil in den Monaten Mai/Juni seinen niedrigsten Stand, im Juli, August, September aber überflutete der Nil fast 90 Tage hindurch das Land und düngte die Felder mit seinem fruchtbaren Schlamm

Adid (1151-1171; العاضد) zum Kalifen ausgerufen; er war der vierzehnte und zugleich letzte fatimidische Kalif in Ägypten.

Diese prekäre Lage wurde von einem fränkischen Heer unter König Amalrich I. von Jerusalem (1136-1174) im September 1163 erstmals zu einem Überfall nach Ägypten genutzt, und im Frühjahr 1164 wurde Kairo auch von einem syrischen Heer belagert, das der kurdische Feldherr Schirkuh (+ 1169; شيركوه) befehligte. Chefminister Schawar, der wichtigste Berater des minderjährigen Kalif Al-Adid verfügte über enge Beziehungen zu Syrien und bot ihnen daher die kampflose Übergabe der Hauptstadt unter der Bedingung an, sie würden danach schnell wieder abziehen. Doch als Schirkuh dies kategorisch ablehnte, verbündete sich Chefminister Schawar mit den „ungläubigen", fränkischen Kreuzrittern - nach dem Motto „Der Feind meines Feindes ist mein Freund". Als die Franken ins Nildeta vorstießen, gab Schirkuh die Belagerung Kairos auf, wich etwa 40 Kilometer nach Nordosten aus und verschanzte sich in der Festung Bilbeis am östlichen Nildelta. Dann aber traf die Nachricht ein, dass es in Palästina erneut zu Kämpfen zwischen den Hauptkräften der Syrer und Kreuzritter gekommen wäre, woraufhin beide Heere abzogen, um diesen zu Hilfe zu eilen.

Im Frühjahr 1167 zog Schirkuh erneut gen Ägypten und drang kampflos bis ins Nildelta vor, weil der fatimidische Nachrichtendienst versagt und den syrischen Vormarsch nicht erkannt hatte. Erneut bat Chefminister Schawar den Frankenkönig Amalrich um Hilfe, der schnell[51] Truppen nach Kairo verlegte und bereit war, durch eine hohe Goldzahlung als Tribut diese Schutzfunktion auszuüben, solange die syrische Bedrohung andauerte. Der junge Kalif gewährte einer

---

[51] In seiner „Geschichte der Hohenstaufen und ihrer Zeit" schrieb Friedrich von Raumer (Brockhaus Verlag, 1841): „Jerusalem liegt 9 bis 10 Tagesreisen von Kairo entfernt."

zweiköpfigen Delegation[52] der „ungläubigen" Franken sogar eine Audienz. Ob die Franken während ihrer Besetzung Kairos in koptischen Kirchen beteten, ist nicht überliefert, scheint aber eher unwahrscheinlich. Nach mehreren Monaten unentschiedener Scharmützel[53] zogen beide Seiten - Syrer und Franken - ihre Truppen wieder aus Ägypten ab. Obwohl die Zusammenarbeit mit „Ungläubigen" bei der muslimischen Bevölkerung Kairos auf Widerstand gestoßen war, hielt Wesir Schawar an diesem Bündnis fest. Als die Lage zu kippen drohte, marschierte Amalrich im Herbst 1168 erneut in Ägypten ein und belagerte Kairo. Die Syrer betrachteten diesen Aufmarsch an ihrer Südflanke als eine Bedrohung ihres Einflussgebietes, und Feldherr Schirkuh zog im Januar 1169 ein weiteres Mal mit seinem Heer nach Ägypen. Den Franken erleichterte eine hohe Tributzahlung des Kalifen ihren Entschluss, auf eine militärische Konfrontation mit den Syrern zu verzichten. Nachdem die Franken Ägypten verlassen hatten, zogen die syrisch-sunnitischen Truppen unter dem Jubel der Bevölkerung als Retter in Kairo ein. Chefminister Schawar plante, Schirkuh und dessen Neffen Salah-Ad-Din (صلاح الدين; auch: Saladin; 1137-1193) durch ein Attentat auszuschalten, doch diese kamen ihm zuvor. Sie ließen Schawar ihrerseits inhaftieren und am 18. Januar 1169 hinrichten. Als Schirkuh nur zwei Monate später überraschend starb, übernahm der in Tikrit

---

[52] Die Unterhändler Hugo Garnier, Herr von Caesarea (er starb vermutlich nach 1167 in syrischer Gefangenschaft), und der Tempelritter Gottfried Fulcherius bestanden darauf, den Pakt durch die westliche Sitte eines Handschlages der unbehandschuhten Hand zu besiegeln, was dem kalifischen Protokoll fremd war.

[53] Friedrich von Raumer hingegen berichtete, es wäre am 18. März 1167 bei Hermopolis in Unterägypten (heute: Damanhur) zwischen Amalrichs Kreuzfahrerheer und den Syrern unter Schirkuh zu einer Schlacht gekommen, welche die Syrer gewonnen hätten. König Amalrich wäre unter hohen Verlusten die Flucht gelungen, während z.B. Hugo von Caesarea in Gefangenschaft geraten wäre.

im heutigen Irak geborene, 32-jährige Saladin das Kommando und wurde gleichzeitig von Kalif Al-Adid zum Chefminister ernannt. Als Kalif Al-Adid 1171 mit nur 21 Jahren an einem Fieber starb, ernannte sich Saladin zum Sultan (سلطان; Macht, Stärke) von Ägypten und 1174 zum Sultan von Syrien. Mit dieser Bezeichnung wurde zugleich ausgedrückt, dass damit - anders als bei „Kalif" - keine religiöse Führerschaft verbunden war. Das schiitische Kalifat der Fatimiden war zwar erloschen, doch der Islam blieb die politische und religiöse Konstante. Allerdings waren die neuen sunnitischen Herrscher über das Land am Nil bis ins 20. Jahrhundert keine gebürtigen Ägypter.

Arabisch war seit 706 offizielle Sprache in der ägyptischen Verwaltung. Da es aber schwer war, diese auch der ländlichen Bevölkerung zu vermitteln, wurde Arabisch in Ägypten lange Zeit kaum gesprochen, und Koptisch blieb Landessprache. Doch als die Bauern gezwungen wurden, die neue Sprache dadurch zu erlernen, in dem der Handel, d.h. deren Warenabnahme, nur noch auf Arabisch abgewickelt wurde, breitete sie sich zügiger aus. Zudem fand es unter Gabriel II. Ibn-Turaik, der als 70. koptischer Patriarch von 1131 bis 1145 regierte, Eingang als Liturgiesprache. Die koptische Sprache verkümmerte. Damit verwischten zugleich die Unterschiede zwischen Christen und Muslimen, was letztlich auch die Konversion zum Islam erleichterte. Allerdings war Koptisch noch im 15. Jahrhundert weit verbreitet. Erst dann nahm seine Bedeutung ab und wurde nur noch in der Liturgie verwendet.

Papst Marcos III. führte in dieser Zeit des Umbruchs zwischen 1166 und 1189 als 73. Patriarch die kleiner werdende koptische Gemeinde. Dessen Nachfolger, Papst Yoannis VI. (1189-1216), war ein vielgereister, reicher Kaufmann, dessen Kandidatur für das Amt des Patriarchen von Kopten und Muslimen gleichermaßen favorisiert und dessen Wahl daher von allen Seiten freudig begrüßt wurde. Doch die oberflächliche Ruhe war brüchig, wie das folgende Beispiel zeigt: Als der Mönch Abuna Yuhanna Al-Makary zum Islam konvertierte, war er von den muslimischen Behörden mit dem lukrativen Posten eines Steuereintreibers in der Stadt Mit-Ghamr belohnt worden. Drei Jahre später jedoch erschien er - ein Leichentuch umklammernd - vor Sultan Al-Kamil (1218-1238) und bat um die Erlaubnis, zu seinem alten Glauben zurückkehren zu dürfen oder hingerichtet zu werden. Der Sultan, beeindruckt durch den vormaligen Mönch, stimmte zu und erließ sogar noch ein Dekret, dass diesen vor dem aufgebrachten Mob Schutz gewährte. Als aber ein zweiter zum Islam konvertierter Kopte - unter Berufung auf diesen Fall - beim Sultan ebenfalls die Rückkehr zu Christentum erbat, schickt dieser einen Boten zu Abuna Yuhanna Al-Makary mit der Aufforderung, sich sofort wieder zum Islam zu bekennen oder enthauptet zu werden. Yuhanna hatte nicht den Mut, zum Märtyrer zu werden, sprach erneut das muslimische Glaubensbekenntnis, die Shahada, und nahm seinem vormaligen Posten als Steuereintreiber wieder auf.

Der kurdisch-stämmige Saladin gründete die Dynastie der Ayyubiden[54] und wurde - nach seiner Eroberung Jerusalems 1187 - zum erfolgreichen Gegenspieler der Kreuzfahrer und ist bis heute ein Mythos in der muslimischen Welt. Mit Saladin endete aber auch die Zeit, in der die Kopten einflussreiche Stellungen in der Verwaltung wahrnahmen, denn die neuen Männer befürchteten, dass die Kopten als „fünfte Kolonne" der fränkischen Kreuzritter agieren könnten. Kopten mussten den Staatsdienst verlassen, und wieder einmal wurden Glocken und Kreuze von den Kirchen entfernt, und Prozessionen durften nicht abgehalten werden. Erneut wurde den Kopten, wie seinerzeit unter Tulun, das Reiten verboten. Nachdem Saladin allerdings die Kreuzritter 1187 in der Schlacht von Hittin - nördlich der palästinensischen Stadt Tiberias - besiegt hatte,

---

[54] Benannt nach Saladins Vater Nadschmuddin Ayyub (+ 1173).

entspannte sich die Situation der Kopten wieder, und sie kehrten in ihre vormaligen Positionen in der staatlichen Verwaltung zurück und arbeiteten als Bankiers, Ärzte und überaus geschickte Handwerker; so wurde z.B. einem koptischen Architekt der Bau der Zitadelle von Kairo übertragen. Saladin gab den Kopten 1187 das Kloster „Deir As-Sultan" (دير السلطان ;Haus des Sultans) auf dem Dach der Grabeskirche, das von den Kreuzrittern konfisziert worden war, zurück.[55] Nach koptischer Lesart hatte der Abbasiden-Kalif Al-Qa' im (القائم) im Jahre 1039 das Gelände des Klosters den Kopten zum Dank dafür geschenkt, dass die koptischen Führer einer Karawane, welche Gelder der „Gezya"-Steuer koptischer Steuerzahler nach Bagdad transportierte, einen Überfall auf den Geldtransport erfolgreich abgewehrt hatten. Über siebenhundert Jahre später, 1757, verfügte der osmanische Sultan Osman III. in einem Erlass (Firman), dass für die heiligen Stätten von Juden, Christen und Muslimen in Jerusalem ein „status quo" gelte und ließ das betroffene Gebiet akribisch unter ihnen aufteilen - jeden Stein und jeden Quadratmeter.[56] Das Kircheninnere der Grabeskirche teilen sich seitdem Lateiner, Griechen, Armenier, Kopten und Syrer. Die Dachfläche wurde Kopten und äthiopischer Kirche zugewiesen.

Am Ende des 12. Jahrhunderts bildeten die Muslime erstmals die Mehrheit in Ägypten. Als neben der hohen Steuerlast neue Beschränkungen verfügt wurden, die massiv in den religiösen Alltag eingriffen und die freie Religionsausübung einschränkten, wie z.B. das Verbot, baufällig gewordene Kirchen zu renovieren oder neue Kirchen zu bauen, Nicht-Zulassung von

---

[55] Seit 1970 steht das Eigentumsrecht im Zentrum eines bislang ungelösten Rechtsstreits zwischen der koptischen und der äthiopischen Kirche, der bisweilen sogar zu Handgreiflichkeiten unter den Mönchen führte.

[56] Der Erlaß wurde 1852 und 1853 bestätigt und 1929 durch die britische Mandatsverwaltung unter Sir Lionel G. A. Cust (1896-1962) inoffiziell erneuert.

Zeugenaussagen vor Gericht, erschwerte Auflagen bei Adoptionen, Erbrecht und strenge Kleiderauflagen, verlor das Land vollends seine christliche Prägung.

Ägypten hatte sich bis zum Ende des 12. Jahrhunderts von einem vorherrschend christlichen zu einem muslimisch dominierten Land verändert. Im 13. Jahrhundert durchlitt die koptische Gemeinde auch innerkirchlich eine schwere Zeit, weil - wie in der abendländischen Kirche der Ablasshandel - die Simonie, d.h. der Verkauf kirchlicher Ämter, Pfründe und Sakramente immer größere Ausmaße annahm. Ein Zeichen dieser desolaten Lage der Kirche war auch, dass der Stuhl des heiligen Markus nach dem Tode von Papst Yoannis VI. im Jahre 1216 neunzehn lange Jahre unbesetzt blieb - die bisher längste Vakanz der koptischen Kirche.

Ägypten wurde aus drei Gründen wiederholt zum Ziel europäischer Kreuzfahrer-Heere:

1. Man glaubte, durch eine Unterwerfung der muslimischen Ayyubiden-Herrscher Ägyptens den Druck auf die feindliche Zentralmacht in Bagdad und Damaskus erhöhen zu können.

2. Eine dauerhafte Rückeroberung und Inbesitznahme Jerusalems schien ohne Zerschlagung der Bedrohung im Rücken nicht erfolgversprechend.

3. Es war militärisch offenbar risikoärmer, in Ägypten an Land zu gehen und von dort entlang der Küste nach Norden ins Heilige Land vorzustoßen, als direkt vor der Küste Palästinas.

So landeten die Kreuzfahrer im April 1218 vor Damietta und begannen mit der Belagerung der gut befestigten Stadt. Unter ihnen befanden sich der spanische Benediktiner, Kardinal Pelagius von Albano (um 1165-1230), der von Papst Honorius

III. (um 1148-1227) zum Führer des Fünften Kreuzuges und Päpstlichen Legaten berufen worden war, dessen Sekretär Thomas Oliver (ca. 1170-1227)[57] und Franz von Assissi (ca. 1181-1226), der Ordensgründer der Franziskaner.

Erst nach erbitterten Kämpfen und der Zuführung von Verstärkungen aus Frankreich gelang den Kreuzfahrern am 5. November 1219 die Einnahme der Hafenstadt Damietta (د مياط ; Dumyat) am Mittelmeer. Viele Einwohner waren während der Belagerung bereits durch Hunger und Krankheiten umgekommen, die Verbliebenen wurden getötet und gerieten in die Sklaverei; dass unter ihnen zahlreiche koptische Christen waren, spielte offenbar keine Rolle. Verhandlungen mit Al-Kamil Mohammed Al-Malik (الكامل محمد الملك; ca. 1180-1238), dem vierten Kalifen der Ayyubiden, lehnte Kardinal Pelagius zwar rundweg ab, war aber 1219 zu einer kurzen Begegnung, an der auch der Mönch Franz von Assissi teilnahm, mit diesem bereit. Allerdings blieb sie erfolglos, denn es war nur ein hilflos anmutender Versuch, den Kalifen zum Christentum zu bekehren. Trotz der Anfangserfolge scheiterte der fünfte Kreuzzug schließlich.

Im Jahre 1248 griffen erneut französische Kreuzfahrer das Sultanat der Ayyubiden in Ägypten als führende Macht im Heiligen Land an. König Ludwig (Louis) IX. von Frankreich (1214-1270),[58] der bereits als Elfjähriger in Reims zum König

---

[57] Auch: Oliver von Paderborn. Er wurde 1223 zum Bischof von Paderborn berufen und zwei Jahre später der erste Kardinal auf dem bischöflichen Stuhl zu Paderborn. In seiner „Historia Damiatina" beschrieb er den Verlauf des Kreuzzuges. Offenbar militärtechnisch bewandert, soll er ein Gerät konstruiert haben, mit dem die Eroberung eines Wehrturmes auf einer Nil-Insel am 24. August 1218 gelang. Dieser konnte lange nicht erobert werden und verzögerte über Wochen sowohl den Vorstoß auf Damietta, als auch den Zugang ins Nildelta nach Süden.
[58] 1297 heiliggesprochen.

gesalbt worden war, wollte mit dem sechsten Kreuzzug[59] die Kreuzfahrerstaaten entlasten und Jerusalem, das seit 1244 wieder in muslimischem Besitz war, zurückerobern. Erstes Ziel war wieder die wichtige Hafen- und Festungsstadt Damietta[60] an der Nilmündung, welche sie am 6. Juni 1248 kampflos einnahmen. Von dort aus wollten die Kreuzfahrer ins ägyptische

Kernland vorstoßen. Die muslimischen Truppen erlitten zwar Verluste, konnten aber mit den Hauptkräften nach Süden ausweichen, weil die Franzosen sie nicht verfolgten, sondern fünf lange Monate auf Verstärkung warteten. Der zweite Fehler war, dass sie auf die Einnahme von Alexandria verzichteten, um schneller Richtung Kairo vorstoßen zu können, doch das schwierige Delta mit den zahlreichen Seitenarmen des Nils verlangsamte ihren Vormarsch. Erst am 20. Dezember erreichten sie die Stadt Al-Mansura, wo das muslimische Hauptheer lagerte, das obendrein zwischenzeitlich durch den Tod des ayyubidischen Sultans As-Salih führerlos geworden war. Doch dessen Ableben wurde verheimlicht. Nach mehreren Gefechten zogen sich die Muslime in die Stadt zurück und wurden von den Kreuzfahrern belagert. Im April 1249 gaben diese jedoch erfolglos auf und wichen wieder nach Damietta aus. Der Rückzug gestaltete sich aber weit schwieriger als der Vorstoß, denn nun wurden sie ihrerseits durch die ayyubidischen Truppen verfolgt und erlitten große Verluste. König Ludwig IX. wurde gefangengenommen und einige Wochen später gegen ein hohes Lösegeld freigelassen. Die meisten seiner Kreuzfahrer hingegen wurden exekutiert oder zu Sklaven. Auch dieser Kreuzzug war gescheitert. Zugleich aber

---

[59] Die Nummerierung der Kreuzzüge ist nicht einheitlich. Der Autor folgt hier der französischen Zählweise, bei welcher der Kreuzzug nach Damietta als ein eigenständiger Kreuzzug (d.h. als Nr. 5) gezählt und nicht mit dem von Louis IX. gebündelt wird.
[60] Bereits 1169 und 1217 war die Stadt das Ziel von Angriffen der Kreuzfahrer gewesen.

endete die Herrschaft der Ayyubiden, als sich Al-Malik al-Muizz (الملك المعز) im Jahre 1250 zum Sultan erhob und das türkische Mamelukenreich[61] begründete, das bis 1517 über Ägypten herrschte, und unter deren Herrschaft die Unterdrückung der Kopten wieder zunahm.

Die römische Kirche versuchte, die Gunst der Kreuzzüge auch dahingehend auszunutzen, in dem sie die von Rom getrennten und durch den Islam aufgelösten und verwaisten Patriarchate der orientalischen Kirchen in Alexandria. Antiochia und Jerusalem als sog. „Lateinische Patriarchate" neu errichtete. Im Jahre 1219 ernannte Papst Innozenz III. (1161-1216) den ersten „Lateinischen Patriarchen von Alexandria".[62] Doch obwohl just in diesen Jahren die koptische Gemeinde in einem desolaten Zustand und überdies verwaist war, wurde schnell klar, dass ausgerechnet eine Residentur eines römischen Patriarchen vor Ort nicht zuletzt wegen des doppelten Widerstandes - von Muslimen und koptischen Christen - nicht und vor allem nicht dauerhaft umzusetzen war. Und so wurde Alexandria nur zum Titularsitz und dessen jeweiligen Amtsinhabern die Kirche „Sankt Paul vor den Mauern" (San Paolo fuori le Mura) in Rom als Kathedralkirche zugewiesen. Gleichwohl trug dies nicht zur Verbesserung zwischen Rom und den orientalischen Kirchen bei.

Seit der muslimischen Eroberung Ägyptens war die Zahl der koptischen Diözesen von einhundert auf vierzig gesunken, als Patriarch Athanasios III. (1250-1261) die Führung der Gemeinde übernahm. Aber auch das Feudalsystem der

---

[61] Mameluken waren Soldaten, die - meist in Südosteuropa und Zentralasien als Sklaven zwangsrekrutiert - im Zuge ihres Aufstieges in der militärischen Hierarchie dominierende Ämter in vielen islamischen Länder besetzten und dann ihre Stellung benutzten, um nicht selten eigene Reiche zu gründen, wie z.B. das ägyptische Sultanat der Burdschi-Mameluken, das von 1382 bis 1517 am Nil herrschte.

[62] Der Name ist mit Athanasius Clermont angegeben.

Mameluken war auf einen reibungslos funktionierenden Staatsapparat angewiesen, was traditionellerweise durch die gebildeten Kopten, die nach wie vor eine systemstabilisierende Minderheit waren, garantiert wurde. Und so wurden nach außen hin vor allem reiche Kopten öffentlich an den Pranger gestellt und bestraft, um den Neid des unberechenbaren Mobs zufriedenzustellen. Wiederholt kam es zu Gewaltausbrüchen und Pogromen. 1301 ließ der Sultan alle Kirchen schließen, befürchtete er doch deren Machtzuwachs und Reichtum durch Landkauf. 1311 wurden 60 Kirchen und zahlreiche Klöster geplündert und dann zerstört. Im 14. Jahrhundert, während des Pontifikats von Papst Benjamin II. (1327-1339), drohten die äthiopischen Kaiser (Negus) Wedem Arad und dessen Sohn Amda Seyon I. allerdings, den bedrohten Kopten militärisch zu Hilfe zu eilen. Daraufhin lenkte der Sultan ein, und den Kopten war damit erneut eine kurze Periode der Ruhe geschenkt, bis 1354 abermals ein weiterer hochrangiger koptischer Verwaltungsbeamter Opfer des randalierenden Mobs wurde. Als der Sultan 1365 Geld für die Führung eines Feldzuges gegen Zypern benötigte, ließ er kurzerhand Kirchengüter enteignen. 1389 wurden zahlreiche, zum Islam konvertierte Kopten öffentlich hingerichtet, als diese zu ihrem christlichen Glauben zurückkehren wollten. Derartige Aktionen beschleunigten den Wechsel vieler Kopten zum Islam.

Der 9. osmanische Sultan Selim I. (1512-1520; سليم) stieß Ende 1516 aus der Türkei über Palästina nach Ägypten vor, schlug das Heer der Mameluken unter Sultan Tuman Bay in der Schlacht von Raydaniyya bei Kairo und eroberte am 22. Januar 1517 die Hauptstadt am Nil nach heftigen Straßenkämpfen. Tuman Bay, der letzte Mameluken-Sultan, lehnte das Angebot, als osmanischer Gouverneur zu fungieren, ab und wurde daraufhin am 14. April 1517 hingerichtet. Die Mameluken hatten nun zwar ihre Führung verloren, blieben aber weiterhin die regierende Schicht unter Oberhoheit des osmanischen Sultans.

Schnell brachte Selim den Rest Ägyptens unter seine Kontrolle und bald darauf unterwarfen sich auch die Heiligen Stätten, Mekka und Medina. Selim I. nahm nun als erster osmanischer Sultan auch den alten religiösen Titel Kalif an und vereinte somit weltliche und geistliche Macht in seiner Person.[63] Zusätzlich nannte sich Selim I. „Hüter der beiden Heiligen Stätten" (خادم الحرمين الشريفين ; Khadim Al-harimain Ash-sharifain).[64]

Zu dieser Zeit waren die Kopten bereits zu einer Minderheit geschrumpft. Allerdings wurde die osmanische Herrschaft mehrfach durch Mameluken-Regenten in Frage gestellt,[65] die quasi semi-autonom herrschten, ohne dass die Hohe Pforte in Istanbul interveniert hätte. Die Rolle der Kopten nahm ab und sie lebten in permanenter Erwartung neuer muslimischer Auflagen und Einschränkungen, die bisweilen in Gewaltausbrüchen mündeten und waren Willkürakten ausgesetzt.

Die Kopten wurden zusätzlich durch Rivalität im eigenen christlichen Lager geschwächt: Franziskanermönche missionierten seit dem 13. Jahrhundert in Ägypten, und die

---

[63] Diese Regelung hatte bis zur Abschaffung des Kalifats durch Kemal Atatürk im Jahre 1924 Bestand, auch wenn die Rolle unterschiedlich stark betont wurde. Nach 1924 wollte die Al-Azhar-Universität einen Kalifen wählen lassen und hatte den ägyptischen König Fu´ad I. im Auge. Der Plan scheiterte, als sich der haschemitische König des Hedschas zum Kalifen ausrufen ließ. Doch er wurde nicht anerkannt und überdies ging sein Territorium in das junge saudische Königreich über. Seither führen nur einige muslimische Gruppierungen (wie die Ahmeddiyya) den Titel Kalif für ihr geistiges Oberhaupt.

[64] Eine Bezeichnung, die der saudische König seit 1986 wieder führt.

[65] Unter dem aus Georgien stammenden Mameluken-Führer Ali Bey Al-Kabir (Der Große; 1728-1773), der von 1760-1772 relativ unabhängig über Ägypten herrschte, war die Provinz am Nil sogar zu einer Bedrohung für das Osmanische Reich geworden, da er militärisch auch in Palästina und Syrien operierte. Er kam jedoch durch eine von den Osmanen eingefädelte innerägyptische Herrschaftsrevolte ums Leben.

Kopten waren für sie Ketzer, welche die Einheit der Kirche vor Jahrhunderten auf dem Konzil von Chalkedon verlassen hatten und von der vorherrschenden christlichen Lehrmeinung abgewichen waren. Im Jahr 1342 bestätigte Papst Clemens VI. (ca. 1290-1352) von seinem Sitz im südfranzösischen Avignon aus mit einer Bulle, dass die Franziskaner rechtmäßig die Anliegen der römisch-katholischen Kirche im Heiligen Land vertreten und Kustoden (Hüter) der Heiligen Stätten sind. Überdies spalteten sich die Franziskaner in Observanten (Franziskaner, OFM in Unterägypten) und Reformaten (auch: Konventuale; heute: Minoriten; OFMConv; in Oberägypten). Die Trennung des Ordens wurde am 19. Mai 1517 durch Papst Leo X. (1475-1521) vollzogen und bestätigt. 1779, ein Jahr vor ihrem Tod, übernahm die österreichische Kaiserin Maria Theresia (1717-1780) eine Schutzmachtfunktion für die christliche Missionsarbeit in Ägypten und konzentrierte sich auf die Zusammenarbeit mit der Koptisch-orthodoxen Kirche, was allerdings sehr schwer war, denn die im frühen 17. Jahrhundert vom Papsttum initiierte und von den Franziskanern getragene Missionsarbeit stieß auf doppelten heftigen Widerstand - der Kopten und der Muslime. Kaiser Joseph II. (1741-1790), Maria Theresias Sohn, der die Nachfolge antrat, stand dem katholischen Glaubensmonopol und damit zugleich auch der Missionsarbeit der Kirche eher distanziert gegenüber und unterstützte sie nicht.

Zwischen Westorientierung und Islam

Die Landung des französischen Expeditionskorps in Ägypten unter Napoleon Bonaparte (1769-1821) im Jahre 1798 und die folgende dreijährige Besetzung lockerte die bis dahin unmittelbare Herrschaft des Sultans in Istanbul und beendete den Einfluss und die militärische Stärke der Mameluken-Eliten. Den Kopten gab sie nach langen Jahren der Unterdrückung zumindest wieder einen Hoffnungsschimmer.

Das Verhältnis des Korsen Bonaparte zur Religion war gespalten. Zwar war er in römisch-katholischer Tradition aufgewachsen, doch er glaubte nicht an die Dreifaltigkeit und war von daher vermutlich näher an der koptischen Vorstellung des Miaphysitismus, aber auch am Monotheismus des Islams. Sein Verhältnis zum römischen Papst war zerrüttet. Religion war für Napoleon nützlich, solange sie die Gesellschaft in Balance hielt, aber gefährlich, wenn sie zu Fanatismus führte.

Am 21. Dezember 1798 berief er vier Kopten in seine neue beratende Versammlung, nachdem in der ersten keine Kopten vertreten waren. Erstmals seit über 1.000 Jahren, seit dem sie ihre Unabhängigkeit verloren hatten, waren sie nun Mitglieder einer gesetzgebenden Institution ihres Landes und wurden in gestalterische politische Funktionen eingebunden, die ihnen unter muslimischer Herrschaft als „Schutzbefohlene" verwehrt geblieben waren. Bonapartes Pragmatismus wird besonders daran deutlich, wenn man dessen Umgang mit den muslimischen Herrschern betrachtet. Er gab ihnen gegenüber zu verstehen, wie sehr er den Propheten Mohammed bewunderte, erklärte sich publikumswirksam zu einem Muslim, lernte einige Suren des Korans auswendig und nahm demonstrativ während seines Aufenthaltes in Ägypten, als er zu Gast bei Sheikh Khalil Al-Bakri (+ 1808) war, an muslimischen Feiertagen teil.

Napoleon berief einige Kopten in seine unmittelbare Nähe. Die begüterte und einflussreiche koptische Familie Al-Gohari spielte dabei eine zentrale Rolle. Bereits Ibrahim Al-Gohari (+ 1795; إبراهيم الجهاري) war Finanzchef des Mameluken-Regenten Murad Bey Mohammed (1750-1801) und dessen enger Vertrauter gewesen. Nach seinem Tod 1795 wurde dessen Bruder Mu´allim Girgis Al-Gohari (+ 1810; معلّم جرجس الجهاري) zum Nachfolger berufen, und Napoleon bestätigte ihn wenige Tage nach der siegreichen Schlacht an den Pyramiden am 30. Juli 1798 als Chef der ägyptischen Verwaltung und Finanzminister (المباشر ألعام; Al-mubashir al-'-am; General Intendant)[66] und übertrug ihm umfassende Vollmachten hinsichtlich der Finanzverwaltung des Landes. Dessen Unterstützung der Franzosen ruhte auf der Überzeugung, dass die Lage der Kopten unter französischer Herrschaft zweifelsohne besser sein würde als jene unter den Muslimen gleich welcher Prägung. Al-Jawhari überreichte Napoleon einen Brief der „koptischen Nation", in dem er um Aufhebung jeglicher Diskriminierung als muslimische Schutzbefohlene bat. Dieser hob einige der Einschränkungen unmittelbar auf, was sich wiederum direkt auf eine schnelle koptische Bereitschaft zu besserer Zusammenarbeit auswirkte. Am 7. Dezember 1798 antwortete Napoleon auf die Eingabe der koptischen „Nation" und betonte in seiner auf Französisch verfassten Antwort,[67] dass er Religionsfreiheit für jedermann herstellen und jene hart bestrafen lassen würde, die sich an Gräueltaten gegen Kopten beteiligt hätten. Zugleich verfügte er, dass Nicht-Muslime ab sofort Waffen tragen, Maultiere und Pferde reiten, sowie Turbane tragen dürften; im Übrigen wären sie an keinerlei Bekleidungsvorschriften mehr gebunden. Napoleon wiederholte den Begriff „koptische Nation" und sprach von deren Würde und unwiderruflichen Rechten. Allerdings beklagte er auch, dass besonders jene Kopten, die Schlüsselpositionen der Mameluken innehätten („leurs principaux agents"), seine Ziele noch nicht mit dem notwendigen Eifer verfolgten.

---

[66] Girgis Al-Gohari - je nach Umschrift auch Al-Jawhari geschrieben. Die koptische Kirche verehrt Al-Gohari als Heiligen und führt dessen Namen im Synaxarium (Liturgiebuch) der koptischen Kirche; er ist in Alt-Kairo beigesetzt. Siehe auch: Motzki, Harald in: Claremont Graduate University (CGU) School of Religion (Claremont Coptic Encyclopedia).Sein Nachfolger als Finanzberater wurde Mu´allim Ghali, den Ali Pascha jedoch 1821 hinrichten ließ.
[67] Collection Napoléon Bonaparte

> „Je rends justice à votre patriarche, dout les vertus et l'intention me sont connues. Je rends justice à votre zèle et à celui de vos collaborateurs, et j'espère que, dans la suite, je n'aurai qu'à me louer de toute la nation copte."[68]

Die Zusammenarbeit Al-Goharis mit General Jean-Baptiste Kléber (1753-1800) hingegen, dem ältesten und erfahrensten[69] General des französischen Expeditionskorps, der nach Napoleons Rückkehr nach Frankreich die Führung übernahm, gestaltete sich schwieriger, zumal dieser einer dauerhaften Besetzung Ägyptens wegen der fehlenden logistischen Unterstützung durch das Mutterland ohnehin sehr skeptisch gegenüberstand. Mitte Januar 1800 ließ Kléber seinen Finanzchef kurzzeitig verhaften, als die einzutreibenden Abgaben nicht die geforderte Höhe erreichten. Allerdings schuf sich Al-Gohari auch zahlreiche Feinde unter seinen eigenen Landsleuten wegen seiner rigorosen Durchsetzung der Steuerauflagen der französischen Besatzungsmacht.

Der Kopte Ilyas Buqtur (1774-1811) wurde einer von Napoleons Privatsekretären und dessen Arabisch-Dolmetscher. Buqtur verließ Ägypten mit den französischen Truppen und arbeitete danach wissenschaftlich in Paris. Wie er schlossen sich viele Kopten beim Weggang Bonapartes aus Ägypten den französischen Truppen an, zumeist aus berechtigter Sorge vor der Rache der zurückkehrenden Osmanen. Der koptische

---

[68] „Ich werde Gerechtigkeit üben gegenüber Eurem Patriarchen, dessen Tugenden und Zielen, deren ich mir bewusst bin. Ich werde Gerechtigkeit üben im Hinblick auf Eure Anstrengungen und jene Eurer Mitbürger, und werde hoffentlich künftig nur noch die ganze koptische Nation loben."
[69] In der Schlacht von Heliopolis am 20. März 1800 schlug er mit nur 10.000 französischen Soldaten das osmanische Heer, das sechsmal so stark war.

General Mu´allim[70] Ya´qub Tadrus (1761-1801)[71] bildete aus ihnen die sog. „Koptische Legion". Nach seinem Tod im Exil in Frankreich übernahm Colonel Gabriel Sidarus (1768-1851), ein Neffe von General Tadrus, die Führung der Legion. Die Truppe, vermutlich in Regimentsstärke, kämpfte bis zu ihrer Auflösung 1814 auf dem europäischen Kriegsschauplatz und nahm an vielen großen Schlachten Napoleons teil.[72]

Oberhaupt der Kopten war Papst Marcos VIII., der die Gemeinde von 1796 bis 1809 als 108. Patriarch mit viel Umsicht und Diplomatie durch diese Zeit des Umbruchs führte. Er verfasste regelmäßig Rundschreiben, in denen er die traditionellen Werte des Koptentums beschrieb; sie wurden in allen Kirchen verlesen, und auf diese Weise entstand ein Konsens im Denken und Handeln der koptischen Gemeinde. Er begann in Kairo-Azbakiyya mit dem Bau einer neuen Kathedrale und weihte den Rohbau im Jahre 1800 ein. Die Baugenehmigung hatte er mit Hilfe von Ibrahim Al-Gohari erhalten. Dieser hatte in seiner Zuständigkeit für die Organisation zu den Heiligen Stätten in Mekka und Medina einmal einer der Frauen des osmanischen Sultans zu einer Pilgerreise verholfen. Als diese ihn daraufhin zum Dank aufforderte, einen Wunsch zu äußern, bat Al-Gohari darum, eine Kirche bauen zu dürfen. Der Wunsch wurde ihm daraufhin umgehend erfüllt.

---

[70] Mu´allim (Lehrer, Professor) ist ein Ehrentitel.
[71] Er starb bereits am 16. August 1801 auf der HMS „Pallas" am vierten Tag der Überfahrt nach Marseille, wobei Gerüchte nie verstummt sind, dass er bereits kurz vor der Abreise vergiftet worden sein soll, um seinen Einfluss auszuschalten. Sein Leichnam wurde in einem Fass Rum konserviert und am 18. Oktober nach mehrwöchiger Quarantäne der Ankunft zunächst auf dem Friedhof (Cimetière) Saint Martin in Marseille beigesetzt. Später wurde er zweimal umgebettet und fand schließlich 1835 seine letzte Ruhe in der Familiengruft Michel Homsy auf dem Cimetière „Saint-Pierre" in Marseille.
[72] Die beiden Obersten Makaryus Hinayn (1773-1805) Hanna Hirql (1776-1805; ausgezeichnet mit der „Légion d´Honneur") fielen 1805 in der Schlacht von Austerlitz.

Aber nach nur drei Jahren änderte sich das Blatt wieder zu Ungunsten der Kopten, als Napoleon seine Kräfte überdehnte, die englische Flotte vor Ägypten als weitere Bedrohung auftauchte, und auch die Osmanen wieder Oberhand gewannen:[73] Als Letztere die Macht am Nil zurückgewannen, wurden die Kopten - nicht völlig grundlos - der Kollaboration mit den Franzosen bezichtigt und ein weiteres Mal unterdrückt. In Folge des Machtvakuums nach dem Abzug der französischen Truppen brachen in der osmanischen Provinz Ägypten Machtkämpfe zwischen den

- osmanischen Türken,
- ägyptische Mameluken und
- albanischen Söldnern

---

[73] Zunächst verlor Napoleon am 1. August 1798 in einer verheerenden Seeschlacht 14 der insgesamt 17 Schiffe seiner Mittelmeerflotte, die in der Abukir-Bucht ankerte, gegen die britischen Seestreitkräfte unter Admiral Horatio Nelson (1758-1805). Im Februar 1799 überdehnte er dann seine Kräfte, als er mit 14.000 Mann - etwa der Hälfte seiner Truppen in Ägypten - einen Feldzug nach Syrien begann. Nach der Belagerung von Jaffa brachte er wegen der Tötung tausender Gefangener die Bevölkerung gegen sich auf. Überdies durch Seuchen und Witterung geschwächt, musste er mit seinen Truppen wieder nach Ägypten zurückweichen. Es gelang ihm und seinen Generalen Louis-Nicolas Davout (1770-1823), Jean Lannes (1769-1809), François Lanusse (1772-1801) und Joachim Murat (1767-1815), das osmanische Heer in der Schlacht von Abukir -15 km nordostwärts von Alexandria - am 25. Juli 1799 vernichtend zu schlagen. Napoleon ließ seine Soldaten in Ägypten unter General Kléber und kehrte am 23. August 1799 nach Frankreich zurück. Es gelang Kléber, den Osmanen freien Abzug seiner Truppen, etwa 16.000 Mann, abzuringen, die Engländer hingegen bestanden auf bedingungsloser Kapitulation. Und so brachen die Kämpfe erneut aus. Kléber schlug die Osmanen zwar am 20. März 1800 bei Heliopolis erneut und ließ Kairo besetzen, aber er wurde am 14. Juni 1800 von einem jungen Muslim in Gizeh erstochen. Anfang März landeten britische Truppen in Abukir zur Verstärkung der osmanischen Kräfte. Die Franzosen kapitulierten nacheinander - am 27. Juni 1800 in Kairo und am 31. August in Alexandria. Auf britischen Schiffen wurden die gefangenen französischen Soldaten nach Frankreich zurücktransportiert.

aus. Die Engländer bestätigten Al-Gohari in dessen Amt als obersten Finanzchef des Landes. Zugleich untersagte der englische General John Hely-Hutchinson (1757-1832) jegliche Unterdrückung Andersgläubiger und versuchte, diese zu unterbinden, wo und wann immer er diese entdeckte, um Nicht-Muslime zu schützen. Aber die Kopten waren nur solange sicher, so sie im unmittelbaren britischen Herrschaftsbereich blieben. Als die Engländer jedoch 1803 Ägypten ebenfalls wieder verließen, brach die Verfolgung mit umso größerer Härte aus. Als eine der ersten Maßnahmen verfügte der osmanische Statthalter Tahir Pascha (+ 1803) im Mai die Hinrichtung der beiden prominenten und reichen Kopten Mu´allim Anton Abu Taqiy und Mu´allim Malati und ließ deren Vermögen einziehen. Al-Gohari hingegen konnte seine bevorzugte, einflussreiche Position zunächst sichern. Doch 1803 entging er nur knapp einem Mordanschlag.

Der aus Albanien stammende, ehemalige Offizier Muhammad Ali Pascha (محمد علي باشا; ca. 1770-1849),[74] im Jahre 1799 als Offizier des osmanischen Expeditionskorps nach Ägypten entsandt, um gegen die Franzosen zu kämpfen, übernahm zunächst den Oberbefehl über die am Nil stationierten albanischen Truppen und entschied danach das Ringen um die Macht zu seinen Gunsten. 1805 zum Gouverneur (الوالي; Al-Wali) der Hohen Pforte ernannt, baute er seine Macht geschickt aus. Am 1. März 1811 entledigte er sich auf unkonventionelle und grausame Weise auch der mit ihm um die Macht konkurrierenden ägyptischen Mameluken, in dem er 450 ihrer Führer in die Kairoer Zitadelle zu einem Festessen einlud.

---

[74] Die Dynastie stellte von 1805 bis 1953 die Herrscher Ägyptens und des Sudans. Unter ihrer Herrschaft stieg Ägypten als formeller Teilstaat des Osmanischen Reiches zu einer der führenden Mächte der arabisch-islamischen Welt auf, die zeitweise große Teile des Nahen Ostens, sowie Nord- und Ostafrikas beherrschte. Anmerkung zum Wort „Pascha": Das Hocharabisch kennt, anders als z.B. Urdu, den Umlaut „p" nicht; daher ist er mit „b" wiedergegeben.

Zunächst saßen die festlich gekleideten Gäste, so ein Chronist, in Eintracht beisammen und unterhielten sich mit dem Gouverneur. Doch dann ließ er die Türen schließen. Als die Fluchtwege abgeriegelt waren, wurden sie von seiner Leibwache abgeschlachtet.

Auch Finanzchef Girgis Al-Gohari, der eng mit Franzosen und Engländern zusammengearbeitet hatte, fiel in Ungnade und wurde ins Exil nach Oberägypten verbannt. Nach vier Jahren durfte er Ende 1809 nach Kairo zurückkehren, starb aber nur zehn Monate später.

Ägypten blieb unter Ali Pascha offiziell und de jure Teil des Osmanischen Reich, und dieser trug bis 1848 nur den Rang eines Gouverneurs der Hohen Pforte am Nil, doch es gelang ihm, gegen den Sultan in Istanbul eine De facto-Unabhängigkeit Ägyptens durchzusetzen. Erst als die europäischen Mächte - England, Russland, Österreich und Preußen - befürchteten, Ali Paschas Eroberungspolitik, die, nach der Eroberung des Sudans, Palästinas und Syriens, 1841 nun auch das westliche Anatolien ins Visier nahm, könnte zum Zerfall des Osmanischen Reiches führen, griffen sie ein und wiesen Ali Pascha in die Schranken. Und der blutjunge Sultan Abdülmecid I. (1823-1861), der Mitte 1839 mit gerade einmal 16 Jahren und ausgerechnet in einer Krise des Reiches[75] die Nachfolge seines Vaters Mahmud II. angetreten hatte, erinnerte seinen ägyptischen Gouverneur daran, dass dessen Provinz nach wie vor Istanbul unterstünde und kein souveräner Staat wäre, indem er das ägyptische Heer von 100.000 auf 18.000 Mann schrumpfen und die Flotte auflösen ließ. Als einziges Zugeständnis wurde Muhammad Ali die erbliche Nachfolge seiner vier Söhne als Vizekönige von Ägypten garantiert und

---

[75] Das Heer von Sultan Mahmud II. war am 24. Juni 1839 in der Schlacht von Nizip in Anatolien von Ali Pascha vernichtend geschlagen worden.

damit eine Herrscherdynastie[76] begründet, die bis Mitte des 20. Jahrhunderts am Nil regierte.

Als der koptische Papst Marcos VIII. (مرقس الثامن) am 21. Dezember 1809 starb, wählten die in Kairo versammelten Bischöfe, in Übereinstimmung mit den Gläubigen, innerhalb von nur drei Tagen Anba Theophilus aus dem Kloster St. Antonios einstimmig zu dessen Nachfolger, der sich den Namen Petros VII. gab. Während seines Pontifikats erlebte die koptische Kirche eine Periode relativen Friedens und der Stabilität. Nachdem Ibrahim Pascha (1789-1848), der Sohn Muhammad Paschas, die Truppen seines nominellen Herrschers Mahmud II. (1785-1839), des osmanischen Sultans in Istanbul 1832 in einer offenen Feldschlacht bei Konya - im Südwesten des zentralanatolischen Plateaus - geschlagen und Jerusalem erobert hatte, lud er Papst Petros zu einem Besuch der heiligen Stadt ein, um Karsamstag dem Gottesdienst in der Grabeskirche beizuwohnen. Petros nahm dankend an und reiste nach Jerusalem.

Die im Süden an Ägypten grenzenden Regionen Nubiens und des Sudans waren zwar bereits im 3. Jahrhundert durch die koptische Kirche christianisiert worden, während der Ausdehnung des Islams jedoch wieder verloren gegangen.[77] Als

---

[76] 1867 wurde Ismail Pascha der erbliche Titel „Khedive" (خديو ; Vizekönig) verliehen. Danach erhielten ihn bis 1914 alle Gouverneure der osmanischen Provinz Ägypten.

[77] So verstand sich der nubische König Kyriakos, ein Christ, als Schutzmacht der Kopten und zog 748 mit seinem Heer nach Oberägypten und von dort bis Kairo. Mit dieser militärischen Drohkulisse setzte er die Freilassung des in Fustat inhaftierten (46.) Patriarchen Michael I. durch den Gouverneur der Umayyaden Musa Bib Nusayr durch. Im 3. Jahrhundert waren viele ägyptische Mönche und Eremiten vor den verschiedenen Verfolgungswellen im Römischen Reich nach Nubien geflohen und hatten den christlichen Glauben verbreitet. Auch die Handelsbeziehungen zwischen Ägypten und Nubien trugen zur Ausbreitung christlicher Ideen bei.

Folge der Eroberung des Sudans durch Muhammad Ali Pascha im 19. Jahrhundert nahmen viele Bewohner ihren alten christlichen Glauben wieder an und kehrten zur koptischen Kirche zurück. Papst Petros VII. richtete für diese Gläubigen eine eigene Diözese ein und weihte den nubischen Mönch Damianus, den die Bevölkerung zu ihrem Oberhirten gewählt hatte, zum Bischof.

Als eine Delegation des russischen Zaren Papst Petros anbot, die Kopten unter seinen Schutz zu stellen, soll Petros VII. mit der Gegenfrage „Lebt Euer Zar ewig?" geantwortet haben. Als dies verneint wurde, sagte Petros, er zöge es vor, seine Kirche von dem wahren, ewigen Hirten, Gott, beschützen zu lassen.

Gouverneur Ali Pascha hatte - so berichtet das koptische Buch der Heiligen - den Plan, die römische mit der koptischen Kirche zu versöhnen und zu vereinen; Details dazu werden nicht genannt. Als Grund für diese eher seltsame Absicht eines muslimischen Herrschers wird angegeben, dass Ali Pascha damit die Erfolge eines seiner Generale, der katholischen Glaubens war, würdigen und überdies dadurch seinen Dank für die von den Franzosen geleistete Unterstützung beim Aufbau eines effektiven Verwaltungsapparats zum Ausdruck bringen wollte. Falls diese Information zutrifft, dürfte der Hauptgrund wahrscheinlich sein, dass Ali Pascha mit diesem Schachzug hoffte, die Beziehungen zu den europäischen Mächten verbessern zu können. Seine koptischen Berater, Mu´allim Ghali (1775-1822; معلّم غالي) und dessen Sohn Basilios Bey, warnten jedoch vor einem solchen Schritt. Dieser würde auf erbitterten Widerstand der Kopten stoßen. Sie boten Muhammad Ali jedoch an, selbst zur katholischen Kirche zu konvertieren, wenn ihnen erlaubt würde, auch weiterhin in koptischen Kirchen zu beten. Dies wurde angeblich zugestanden. Im Widerspruch dazu steht allerdings, dass er Mu´allim Ghali 1822 hinrichten ließ und dessen Sohn Basilios zu dessen Nachfolger in der Finanzverwaltung berief.

Andererseits steht fest, dass Muhammad Ali im Jahr 1840 eine Schiffsladung Alabaster (Onyx-Marmor) zum Bau der Säulen und Fenster der römischen Basilika „San Paolo fuori le Mura (St. Paul vor den Mauern) spendete.

Die Lage der Kopten hatte sich unter der Dynastie Ali Paschas, zumindest partiell verbessert, als zu Beginn des 19. Jahrhunderts eine Periode der Stabilität und Toleranz einsetzte, nachdem die Sicherheit im Lande wieder hergestellt worden war. Doch der Drang nach Veränderung war nicht mehr aufzuhalten. Und so wurde die Hohe Pforte schließlich gezwungen, mit tiefgreifenden Reformen, die sie als „Tanzimat" (تنظيمات; Neuordnung) bezeichnete, die politischen Fliehkräfte, die das Osmanische Reich zunehmend destabilisierten, zu neutralisieren. Zuerst wurde die Kopten von der herrschenden muslimischen Oberschicht nicht länger nur als eine Verwaltungseinheit („millet") betrachtet. Ab 1815 wurde die „Gezya"-Steuer als Hauptmerkmal koptischer Diskriminierung nicht mehr erhoben und 1856 formell ganz abgeschafft. 1817 fielen die Kleidervorschriften, nach denen die Bekleidung der Kopten nur in den Farben blau und schwarz gehalten sein durfte, und das Verbot, einen weißen Turban zu tragen, wurde aufgehoben. 1831 schließlich wurde die zivilrechtliche Gleichberechtigung aller Untertanen proklamiert und Nicht-Muslime duften nun auch in der ägyptischen Armee dienen, was bis dahin nicht möglich gewesen war. Nach wie vor aber hatte die muslimische Mehrheitsgesellschaft das Sagen. So wurde z.B. das Zeugnis eines Nicht-Muslims gegen einen Muslim vor Gericht immer noch nicht anerkannt. 1844 wurde Sidhom Bishay, ein koptischer Schreiber in der Hafenbehörde von Damietta, fälschlicherweise beschuldigt, den Islam beleidigt zu haben. Das Gericht stellte ihn vor die Wahl, entweder dem Christentum abzuschwören oder hingerichtet zu werden. Er weigerte sich und wurde daraufhin ausgepeitscht und anschließend in kochenden Teer geworfen. Von dem Khediven Abbas Hilmi (1849-1854) ist überliefert, dass er alle Kopten nach Äthiopien und in den Sudan deportieren wollte, um Ägypten „koptenfrei" und zu einem „reinen" muslimischen Land zu machen. Dies wurde letztlich durch eine Fatwa verhindert, die diese Option als falsch verwarf, weil die Kopten die Ureinwohner Ägyptens wären. Am 18. Februar 1856 wurde seitens der Hohen Pforte ein Erlass („Hamayouni Edikt") herausgegeben, das alle Genehmigungsverfahren bezüglich des Baues und der Renovierung nicht-muslimischer Gebetsstätten von den bisher zuständigen örtlichen Behörden auf die Zentralregierung in Istanbul verlagerte. Dieser Erlass erschwerte und verlängerte jegliche Arbeiten z.B. an koptischen Kirchen und findet noch heute Anwendung.[78]

Die Dynastie Muhammad Alis baute in den folgenden Jahrzehnten die wirtschaftlichen Kontakte nach Europa aus und gewann dadurch den Anschluss an die Moderne. Mit Hilfe europäischer Investoren und Berater wurde das Land entwickelt. Unter französischer Federführung wurde der Sues-Kanal erbaut und 1869 eingeweiht.[79] Die Feierlichkeiten begannen mit einem muslimischen Gebet. Danach sprach der Apostolische Protonotar Bérnard Bauer (1829-1903),[80]

---

[78] Präsident Husni Mubarak entschärfte das Edikt Ende 2005 durch seine Weisung Nr. 291/5 nur graduell.

[79] Die pompösen Eröffnungsfeierlichkeiten am 16. und 17. November 1869, fanden in Anwesenheit u.a. der französischen Kaiserin Eugénie (1826-1920), des österreichischen Kaisers Franz Joseph I. (1830-1916) und des preußischen Kronprinzen Friedrich (1831-1888), sowie weiterer 6.000 ausländischer Gäste in Ismailia statt. Muslimische Herrscher, wie z.B. der Shah von Persien und der Sultan von Marokko waren nicht eingeladen. Es waren drei getrennte Pavillons aufgebaut, zu denen jeweils eine breite Treppe hinaufführte. Der erste war für den Khediven Ismail Pascha und seine königlichen Gäste, der zweite für die christliche und der dritte für die muslimische Geistlichkeit reserviert.

[80] Bauer, in Budapest als Sohn eines Rabbi geboren, hatte zunächst Malerei in Wien und Jurisprudenz in Heidelberg studiert, bevor er 1852 zum Katholizismus konvertierte und dann dem Karmeliten-Orden beitrat. 1867 wurde er einer der Beichtväter der französischen Monarchin. 1899 trat er aus der Kirche aus und heiratete.

Beichtvater der französischen Kaiserin, ein kurzes Gebet, in dem er darum bat, Gott möge, da der Kanal jetzt zwei Kontinente verbände, nun auch Orient und Okzident trotz ihrer oft feindseligen Vergangenheit wieder einander näher bringen. Es folgte ein Gottesdienst, den Kapuziner-Erzbischof Ljudevit Ćurčija, OFMObs., (1818-1881),[81] seit drei Jahren Apostolischer Vikar in Ägypten, als Vertreter des Papstes, zelebrierte. Der koptische Papst Demetrios II., und der Rektor der Al-Azhar-Universität nahmen ebenfalls an der Eröffnung teil.[82]

Der Kanalbau brachte auch Nachteile: Ägypten erhielt eine strategische Schlüsselrolle bei der Absicherung der kolonialen Handelswege nach Ostafrika und Fernost und wurde dadurch zum Zankapfel der beiden führenden europäischen Großmächte bei deren Wettstreit um imperiale Größe. Der zweite Nachteil bestand darin, dass Franzosen und Briten wegen wirtschaftlicher Krisen und der hohen ägyptischen Staatsverschuldung von etwa 100 Millionen Pfund Sterling immer größeren Einfluss am Nil gewannen, und der Autoritätsverfall des Osmanischen Reiches in Ägypten schneller wurde, was u.a. durch die Berufung des Briten Sir Charles Rivers Wilson (1831-1916) als Finanzminister und des Franzosen Ernest-Gabriel le Barbier de Blignières (1834-1900) als Arbeitsminister in das ägyptische Kabinett manifestiert wurde.[83] Als Ägyptens Wirtschaft schließlich gänzlich

---

[81] Er starb im Juli 1881 überraschend während der Rückreise in seine Heimat Albanien auf dem Dampfer „Messagerie"; es wurde vermutet, dass er durch Matrosen, die ihn ausrauben wollten, vergiftet wurde.

[82] Das Lateinische Patriarchat von Jerusalem war nicht hochrangig vertreten, denn Patriarch Joseph Valerga (1813-1872) weilte für 22 Monate zur Vorbereitung des Ersten Vatikanischen Konzils in Rom, und sein Weihbischof Vincent Bracco (1835-1889) war deshalb in Jerusalem unabkömmlich.

[83] Der Khedive Ismail Pascha widersetzte sich einer weiteren Einmischung der Großmächte und löste 1879 die gemischte Regierung auf. Doch Großbritannien und Frankreich bestanden auf deren Wiedereinsetzung. Als Ismail Pascha dies ablehnte, wurde er auf Betreiben der europäischen

zusammenbrach, wurde das Land 1881 unter internationale Finanzkontrolle gestellt. Sechs Jahre zuvor, 1875, war bereits in Alexandria ein gemischter Gerichtshof gegründet worden, der - mit europäischen und einheimischen Richtern besetzt - über Rechtsstreitigkeiten von Ägyptern mit Ausländern und von Ausländern untereinander entschied. Das Gremium war in der Bevölkerung höchst unpopulär.

Abb. 8

Mächte 1879 vom türkischen Sultan zur Abdankung gezwungen. Das Amt übernahm sein Sohn Mohamed Tawfiq Pascha (1852-1892), der sich den Wünschen der alliierten Mächte gegenüber willfähriger zeigte.

Diese Maßnahmen der Fremdbestimmung verstärkten den innerägyptischen Widerstand, der von dem 1882 zum Kriegsminister aufgestiegenen Offizier Ahmed Urabi Pascha (1839-1911; احمد عرابي باشا) getragen wurde. Urabi, der neue starke Mann am Nil, forderte mit dem Ruf „Ägypten den Ägyptern" ein Ende der ausländischen Finanzkontrolle. Es folgten Unruhen, die unter dem Namen „Urabi-Aufstand" (العرابية الثورة; Al-thaura Al-Urabia - „Urabis Fackel") zu einer nationalen Volksbewegung wurden; 50 Europäer, darunter der britische Konsul, wurden getötet. Die Regierung in London war in großer Aufregung, denn der Sues-Kanal hatte für die Briten eine enorme strategische Bedeutung, verkürzte er doch den Seeweg nach Indien, der wichtigsten Kolonie, um etwa 7.000 Kilometer. 1882 ging eine britisch-französische Flotte bei Alexandria vor Anker. Im Juli wurde die Stadt von See her beschossen und danach von britischer Marineinfanterie besetzt. Der Khedive Tawfiq Pascha entließ Urabi, doch dieser putschte sich wieder an die Macht, stellte eine eigene Armee auf und übernahm im Herbst 1882 für drei Monate das Amt des Premierministers. Es folgten weitere Ausschreitungen gegen Ausländer. Daraufhin verstärkte London seine Truppen unter General Gamet Joseph Wolseley (1833-1913).

Bei der Ortschaft Tel-Al-Kebir zwischen Kairo und Sues im Nordosten des Landes kam es am 13. September 1882 zur Schlacht mit Urabis Truppen. Die Aufständischen wurden besiegt und Urabi zum Tode verurteilt. Jedoch wurde das Urteil nicht vollstreckt, sondern Urabi nach Ceylon in die Verbannung geschickt, aus der er erst 1901 zurückkehren durfte. Danach blieb der Khedive formell Statthalter der Hohen Pforte, doch das Sagen am Nil hatte nunmehr der britische Generalkonsul Lord Evelyn Baring Cromer.[84] Die ägyptisch-osmanische Armee

---

[84] Evelyn Baring hatte bereits 1877 als Finanzfachmann in Ägypten gearbeitet. 1879 wurde er britischer General-Controller. Von 1883 bis 1907 war er der erste britische Generalkonsul in Kairo; zu seiner Zeit wurde Ägypten wirtschaftlich in das britische Empire eingebunden. Als es nach

wurde neu aufgebaut und dem Kommando eines britischen Offiziers mit dem Titel „Sirdar" (سردار; Oberhaupt) als Oberbefehlshaber unterstellt; erster Sirdar war General Sir Evelyn Henry Wood (1838-1919; Field Marshal).
Im Juni 1861 folgte Demetrius, der in der Provinz Al-Minya geborene Abt des Klosters St. Macarios - ca. 90 km nordwestlich von Kairo als Nachfolger des verstorbenen Papstes Kyrillos IV. Am 17. November 1869 nahm Demetrius II. (د يمتريوس الثاني ; 1870 +) an der Eröffnung des Sues-Kanals teil. Dabei traf er den osmanischen Sultan Abdülaziz (1830-1876), den zweiten Sohn des vormaligen Sultans Mahmud II. Bei der Begrüßung küsste der Papst die Brust des Monarchen, was dieser mit erstauntem Wohlgefallen zur Kenntnis nahm. Der Papst begründete seine Geste der Ehrerbietung mit dem Vers 21:1 der Sprüche Salomos:

> „Des Königs Herz liegt in der Hand Gottes. Küsse ich es, so küsse ich damit die Hand Gottes."

Fortan genoss Demetrius das besondere Wohlwollen des Herrschers am Bosporus, der ihm u.a. großzügig Land und Grundstücke übereignete, auf denen Kirchen und Klöster gebaut wurden. Der französisch geprägte, römisch-katholisch Einfluss aus der Zeit des Sues-Kanalbaues wirkte lange nach. So stieg zwischen 1840 und 1910 die Zahl der in Ägypten wirkenden französischen Ordensgemeinschaften beträchtlich.[85]

---

dem Tod eines britischen Offiziers zu harten, willkürlichen Vergeltungsmaßnahmen gegen die Dorfbewohner kam, musste Lord Cromer zurücktreten. Sein Nachfolger wurde Sir Eldon Gorst.

[85] Bereits 1630 gründete der „Kapuziner-Orden" (Orden der Minderen Brüder Kapuziner - Ordo Fratrum Minorum Capucinorum; OFMCap) eine Niederlassung in Kairo. 1675 folgten die Jesuiten (societas Jesu; SJ), 1844 die „Pères lazariste" und die „Soeurs de Saint-Vicent-de-Paul", sowie die „Soeurs de Notre Dame de la Charité du Bon Pasteur", 1847 die „Frères des

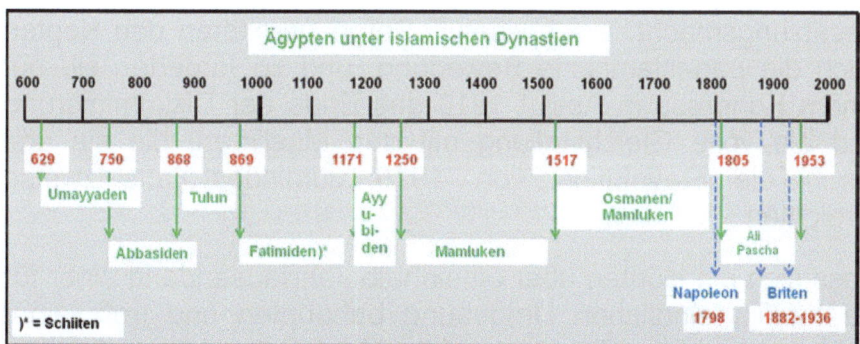
Abb. 9

Ihre Spuren sind bis heute in Kairo lebendig. Gleichwohl behielt der Islam seine dominierende Rolle. Ägypten blieb offiziell eine Provinz des Osmanischen Reiches, doch die tatsächliche Herrschaft lag in britischen Händen. Vizekönig und Khedive waren nur nominell Herrscher des Landes. Staatsoberhaupt blieb der ägyptische König aus der Dynastie des Muhammad Ali Pascha. 1922 wurde Ägypten zu einem halb-autonomen Königreich, das jedoch nach wie vor stark von Großbritannien beeinflusst war. Erst Mitte des 20. Jahrhunderts gelang es einer neuen nationalen Bewegung, sich sowohl vom kolonialen Erbe der Briten als auch von der monarchischen Struktur der Osmanen zu befreien.

Während der britischen Herrschaft am Nil von 1882 bis 1936 lebten die Kopten in Frieden. Allerdings wurde der erste koptische Ministerpräsident, Boutros Ghali (1846-1920), am 20. Februar 1910 durch einen jungen, fanatischen Medizinstudenten, wegen dessen Unterstützung der britischen

---

Écoles chrétiennes", 1880 die „Congregation de la Mère-de-Dieu" und 1903 die „Mères du Sacre-Coeur de Jésus".

Besatzungsmacht, erschossen.[86] Sorge bereiteten den Kopten auch die pan-islamische Bewegung, und so forderten sie auf einem Kongress in Assiut 1910 das Ende der Diskriminierung und die volle Gleichstellung mit den Muslimen, die sie erst durch die Revolution von 1919 zumindest ansatzweise erreichten.

Dass sich die Kopten über eineinhalb Jahrtausende in einer für sie häufig feindlichen Umgebung behaupten und trotz einer unüberschaubaren Zahl an Opfern überleben konnten, liegt an der inneren Stärke ihres Glaubens, Zusammenhalt, gepaart mit wirtschaftlichem Geschick und einem vorbildlichen Bildungssystem. Dabei hat die koptische Kirche bis heute eine Linie der Trennung von Kirche und Staat verfolgt, d.h. sie hat sich einerseits der Kontrolle der Regierung verwelgert, es zum anderen aber auch vermieden, sich allzu sehr in das politische Alltagsgeschehen einzumischen, getreu dem Spruch nach Matthäus 22/21:

> *„So gebet dem Kaiser, was des Kaisers ist, und Gott, was Gottes ist!"*

Die Kopten haben zu keiner Zeit gegen Eroberer von außen Widerstand geleistet.

> *„Stecke dein Schwert an seinen Ort! denn wer das Schwert nimmt, der soll durchs Schwert umkommen."* (Matthäus 26/52)

Überdies gelang es den Kopten, ihre kirchliche Infrastruktur - Kirchen und Finanzen - weitgehend unbeschadet durch die Stürme der Vergangenheit zu bringen.

---

[86] Er wurde in der von seiner Familie erbauten Kirche St. Peter und Paul in Kairo-Abbasiya beigesetzt. Sein Enkel wurde später u.a. Generalsekretär der Vereinten Nationen.

1.2 Die Kopten seit Beginn des 20. Jahrhunderts
Trügerische Ruhe

Der Erste Weltkrieg läutete das Ende des Osmanischen Reiches und damit auch des Sultanats Ägypten ein; letzteres wurde 1914 britisches Protektorat, wie eine Kolonie behandelt und die Verbindung zum Osmanischen Reich gänzlich gelöst.

Abb. 10

König Ahmad Fu´ad I. Pascha (1868-1936; احمد فؤاد الأوّل باشا), seit 1917 auf dem Thron des Sultanats am Nil, löste sich behutsam von britischer Vorherrschaft und rief 1922 das Königreich aus.

Die 1919 von Sa'ad Zaghlul (ca.1850-1927) gegründete Wafd-Partei (وفد; Delegation)[87] war ein kurzer Versuch, Kreuz und Halbmond friedlich zu vereinen - koptische Priester predigten in Moscheen und Mullahs ins Kirchen.

Im Jahre 1918 gründete Erzdiakon Habib Girgis,[88] der Leiter des Theologischen Seminars in Alexandria, das Netzwerk der „Sonntagsschulen". Mit dieser Initiative - nach Vorbild der englischen „Sunday Schools" - forcierte er erfolgreich die geistliche und theologische Fortbildung der Jugendlichen. Zusammen mit der Wiedergeburt des koptischen Mönchtums trug dies maßgeblich zur Erneuerung und Stärkung der koptischen Kirche bei.

Unter den Muslimen formierte sich in den 1920er Jahren Widerstand gegen den wachsenden Laizismus und die christlichen Kolonialherren, der 1928 in der Gründung der „Muslimbrüderschaft" (الإخوان المسلمون - Al-ichwan al-muslimun) mündete. Ihr Gründer, Sheikh Hasan Al-Banna (1906-1949) forderte die Rückbesinnung auf die Lehren des Islam.[89] Er schuf eine straffe Organisation, die schnell an Einfluss gewann und Schlüsselstellungen in Armee und Verwaltung besetzte. Al-Banna wurde am 12. Februar 1949 in Kairo von Unbekannten erschossen.

---

[87] Die Wafd-Partei wurde 1952 von Nasser aufgelöst, in den 1970er Jahren von Präsident Sadat jedoch wieder zugelassen.

[88] Girgis wurde 2013 von der Heiligen Synode heiliggesprochen; in der Koptisch-orthodoxen Kirche erfolgt eine Heiligsprechung frühestens 40 Jahre nach dessen Tod.

[89] Nicht von ungefähr formierte sich nahezu zeitlich auf der benachbarten Arabischen Halbinsel eine - wenngleich radikalere - muslimische Bewegung, die der wahhabitischen „Ikhwan" (Brüder).

Als Fu´ad I. 1936 starb, trat dessen ältester Sohn, der sechzehnjährige Faruq (1920-1965; فاروق), die Nachfolge an. An religiösen Fragen war der junge König zwar nicht interessiert, gleichwohl aber geschockt, als seine Mutter, Königin Nazli Sabri (1894-1978), und seine jüngste Schwester Fathia (1930-1976) zum Katholizismus konvertierten,[90] ist doch der Abfall vom islamischen Glauben (Apostasie) zwar nicht nach dem Koran, wohl aber nach der Shari´a mit der Todesstrafe bewehrt. Nicht zuletzt wegen seines ausschweifenden Lebenswandels verspielte er seine anfängliche Popularität, geriet in Kritik und wurde am 23. Juli 1952 - in einem unblutigen Putsch von der „Bewegung der Freien Offiziere" (حركة الضباط الأحرار - Harakat Addubbat Al-ahrar) unter der Führung von General Muhammed Naguib (1901-1984; محمد نجيب) und Oberst Gamal Abdel Nasser (1918-1971; جمال ابد النصر) gestürzt und musste zugunsten seines Sohnes Fu´ad II. (* 1952; فؤاد الثاني), der gerade erst ein halbes Jahr alt war, abdanken; er ging nach Italien ins Exil. Der Regentschaftsrat bildete, stellvertretend für den minderjährigen Monarchen, nominell die Staatsspitze. Die ägyptische Monarchie war am Ende. Ein Grund für den Zusammenbruch war der wachsende Widerstand der Ägypter gegen die britische Besatzung.[91] Am 18. Juni 1953 rief Naguib die Republik

---

[90] Nazli Sabri hatte als junge Schülerin das katholische „Lycée de la Mère-de-Dieu in Kairo und später das „Collège Notre-Dame de Sion" in Alexandria besucht. König Faruq enterbte beide Frauen und schickte sie ins Exil, nachdem Fathia Riad Ghali (1919-1987) einen Kopten, geheiratet hatte. 1976, drei Jahre nach ihrer Scheidung, erschoss Ghali seine Ex-Ehefrau Fathia, nachdem er ihr komplettes Vermögen verbraucht hatte und verbüßte danach eine Haftstrafe.

[91] 1952 ging die britische Besatzung Ägyptens mittlerweile ins 70. Jahr, war allerdings auf die Sues-Kanal-Zone geschrumpft. Am Morgen des 25. Januars 1952 befahl der britische Stadtkommandant, Brigadier Kenneth Exham (1903-1974; Generalmajor), dass alle ägyptischen Polizisten ihre Waffen abgeben und die Kanalzone verlassen sollten.

Ägypten aus und übernahm das Präsidentenamt. Der gläubige Muslim Nasser[92] wurde Premier- und Innenminister, König Fu´ad II. für abgesetzt erklärt und musste ins Exil nach Europa, wo er bis heute lebt.

Doch dann setzte ein erbitterter Machtkampf unter den führenden Offizieren ein: Ende Februar 1954 wurde Naguib, der zu einem parlamentarischen System zurückkehren wollte, von Nasser zum Rücktritt gezwungen. Am 26. Oktober 1954 um 19.55 Uhr wurde auf Nasser während einer Rede aus Anlass des Rückzugs der britischen Truppen aus der Sues-Kanal-Zone auf dem Manshiyya Square in Alexandria durch den Muslimbruder Mahmud Abdel Latif Al-Samkari ein Attentat verübt. Auf Nasser wurde aus etwa fünfzehn Metern achtmal geschossen, aber er blieb unverletzt blieb und überlebte auch diesen zweiten Anschlag. Danach wurden die Muslimbrüder verboten, sechs ihrer Mitglieder hingerichtet, tausende Anhänger verhaftet und viele ins Exil geschickt. Die in der ganzen arabischen Welt als Ikone verehrte Sängerin Umm Kulthum (vermutlich 1904-1975) sang nach dem Anschlag:

Grund dafür war, dass die Briten glaubten, die Polizei würde den gegen die britische Besatzung kämpfenden Aufständischen Waffen liefern. Als der ägyptische Gouverneur sich weigerte, der Aufforderung nachzukommen, umstellten 7.000 britische Soldaten mit Panzern dessen Regierungssitz und beschossen ihn. In den zweistündigen Kämpfen wurden 50 Ägypter getötet, der Rest gefangen genommen. Als die Nachricht tags darauf Kairo erreichte, kam es dort zu gewalttätigen Ausschreitungen, mit einer großen Zahl zerstörter Geschäfte, Hotels und weiteren 26 Toten. König Faruq hatte zu dieser Zeit 2.000 Offiziere im Abdeen-Palast zu einem Festmahl eingeladen, und so wurde die Armee zu spät alarmiert, um Ruhe und Ordnung wiederherzustellen. Die Regierung geriet in Turbulenzen, die letztlich in den Staatsstreich Nassers mündeten.

[92] Nasser absolvierte zweimal die als eine der fünf Säulen des Islams bezeichnete Pilgerreise (Hadsch) nach Mekka: 1954 und 1956

„Gamal, Du bist ein Beispiel für Patriotismus, und unser Nationalfeiertag ist jener Tag an dem Du den Al-Manshiyya-Anschag überlebtest."

Zwar kehrte Naguib auf öffentlichen Druck hin kurzzeitig ins Amt zurück, doch Nasser nahm das auf ihn verübte Attentat zum Anlass, Naguib der Mitwisserschaft zu bezichtigen und ihn abzusetzen. Mitte November 1954 erklärte Naguib endgültig seinen Rücktritt und wurde wegen angeblicher Beteiligung an dem Attentat unter Hausarrest gestellt, der erst 1971, nach dem Tode Nassers, aufgehoben und Naguib danach vollständig rehabilitiert wurde. 1956 wurde Nasser zum Präsidenten gewählt und übernahm die Ämter des Stellvertretenden Ministerpräsidenten und des Oberbefehlshabers der Streitkräfte.

Die Revolution von 1952 hatte die Abschaffung jeglicher Diskriminierung, sei es von Rasse, Hautfarbe oder Glaube, versprochen und bemühte sich um ein normales, entspanntes Verhältnis zur koptischen Bevölkerung. Nasser selbst pflegte gute Beziehungen zum koptischen Klerus. Doch hinsichtlich der Teilhabe der Kopten an der politischen Gestaltung ihres Landes wurde dieses Ziel nicht nur verfehlt, sondern die Entwicklung war sogar rückläufig. Gab es bis dato zwei koptische Premierminister,[93] mehrere Außenminister und zahlreiche Kopten in hohen Staatsämtern (siehe auch Kapitel 2.1), so wurde die koptische Präsenz in Politik und Verwaltung nun verringert.

Die britische Invasion der Sues-Kanal-Zone führte zu einer Revitalisierung des Nationalismus. Und so standen die koptischen Geistlichen Seite an Seite mit den ägyptischen

---

[93] Boutros Ghali Pascha (1908-1910) und Youssef Wahba Pascha (1919/20)

Muslimen in einer „islamisch-christlichen Union", begrüßten Nassers sozialistische Ideen ebenso wie dessen bedingungslose Unterstützung der Palästinenser. Als die Muslimbrüder 1954 die Regierung herausforderten, begann ihre Verfolgung, die diese in den Untergrund und in die Unterwanderung der Armee trieb.

Als Nasser am 28. September 1970 überraschend mit nur 52 Jahren an einem Herzinfarkt verstarb, übernahm Vizepräsident Muhammad Anwar As-Sadat (1918-1981; محمد أنور السادات) die Führung des Landes. Er beendete den bisherigen außenpolitischen Kurs Nassers, der Blockfreiheit, Sozialismus und panarabischen Nationalismus angestrebt hatte. Auch der rigide Laizismus wurde schrittweise zurückgenommen. Sadat, der vormalige Verbindungsoffizier zwischen Revolutionsführung und Muslimbrüderschaft, betrachtete diese anfangs als nützliches Instrument der revolutionären Bewegung. Er leitete eine Re-Islamisierung des Landes ein und begnadigte inhaftierte Muslimbrüder. Auch verlangte er, „die Prinzipien des Islams überall in der Armee zu verankern". Persönlich zeigte er sich als frommer Muslim, betonte auf einmal seinen zweiten Vornamen Mohammed und begann, sich in seinen Reden als „muslimischer Präsident in einem islamischen Land" zu bezeichnen. Doch Papst Shenouda III. der 1971 die Führung der koptischen Kirche übernommen hatte, trat dieser Politik Sadats entgegen.

1973 wurde Abd Al-Halim Mahmud (1910-1978), ein Verfechter der Anwendung der Shari´a, zum Sheikh der Al-Azhar-Universität berufen und übernahm damit - neben dem des Großmuftis - eines der angesehensten Ämter innerhalb des sunnitischen Islam in Ägypten, das von vielen Muslimen als die höchste islamische Autorität schlechthin angesehen wird. Mahmud bekleidete dieses Amt bis zu seinem Tod 1978.

Durch die Re-Islamisierung stieg die Zahl der Übergriffe auf Christen. Als Protest dagegen forderte die Heilige Synode der Kopten die ägyptischen und amerikanischen Kopten auf, gegen den Staatsbesuch von Sadat im Mai 1975 in den USA zu protestieren und sagte alle traditionellen Feierlichkeiten zum Jahreswechsel 1975/76 ab. Ende 1976 forderte Sadat in einer Regierungserklärung, dass der Islam zur Grundlage der staatlichen Erziehung und zum moralischen Fundament des Landes werden müsse, woraufhin der Islamunterricht in den Schulen zu einem obligatorischen Haupt-und Prüfungsfach wurde. Die Muslimbrüder erfreuten sich relativ großer Freiheit; so wurde z.B. 1976 ihr Zentralorgan „Ad-Daʿwa" (الد عوة - Der Ruf)[94] wieder zugelassen. Die wachsenden wirtschaftlichen Probleme des Landes, u.a. eine hohe Inflationsrate, Devisen- und Energieengpässe,[95] und die damit einhergehenden innerstaatlichen Turbulenzen versuchte Sadat durch eine Deeskalation des Konflikts mit Israel zu entschärfen. Als die ägyptische Maschine[96] mit Präsident Sadat am Abend des 19. Novembers 1977, nur vier Jahre nach dem Ende des Yom-Kippur-Krieges, auf dem Flughafen von Tel Aviv landete, befanden sich beide Länder offiziell noch im Kriegszustand. Doch Sadats Friedenspolitik mit Israel, mit der er, wie er später schrieb, „die gewaltige Mauer des Argwohns, der Angst, des

---

[94] Das Wort wird im Koran mehrfach erwähnt und im Sinne der Anrufung Gottes durch den Menschen interpretiert.

[95] Der Kanal war 1956 von Nasser verstaatlicht worden. Dies löste die Sues-Krise aus, nachdem britische, französische und israelische Truppen eingegriffen hatten. Im Sechstagekrieg 1967 stieß Israel bis zu dessen Ostufer vor, das zu einer Verteidigungslinie (Bar-Lew-Linie) ausgebaut wurde. Der Kanal wurde geschlossen und im Großen Bittersee 14 Schiffe festgesetzt. Dadurch verlor die Wasserstraße an Bedeutung, und Ägypten musste auf notwendige Devisen verzichten. Nach dem zunächst für Ägypten erfolgreichen Yom-Kippur-Krieg 1973 blieb die Schifffahrt unterbrochen. Der Kanal wurde erst im Juni 1975 wieder freigeben.

[96] An Bord war - trotz des Verbots seines Patriarchen - auch der Kopte Boutros-Boutros Ghali, der spätere UN-Generalsekretär.

Hasses und der Missverständnisse durchbrechen" wollte, stieß in Ägypten und weltweit auf heftige Kritik vieler Muslime. Für sie war er zum Verräter geworden, hatte er doch mit dieser Reise und seiner Rede vor der Knesset den anti-israelischen Konsens der muslimischen Gemeinschaft zerstört. Sadat änderte daraufhin seinen Kurs der Zusammenarbeit mit den radikalen muslimischen Kräften, kritisierte die Muslimbrüder und betonte in vielen seiner Reden die Forderung „keine Politik in der Religion und keine Religion in der Politik." Zugleich geriet er aber auch auf Konfrontation mit der koptischen Gemeinde, denn Papst Shenouda, als Unterstützer der Palästinenser, hatte Sadats Reise nach Israel und eine Einladung, daran teilzunehmen, strikt abgelehnt. Zum anderen war er überaus besorgt wegen der landesweiten Zunahme von Angriffen auf koptische Kirchen und Christen und wandte sich 1977 vehement gegen ein geplantes Islamisierungsgesetz, das die islamische Gesetzgebung, die Shari'a, zur wichtigsten Grundlage staatlicher Rechtsprechung machen wollte. Der Plan wurde 1980 umgesetzt. Im Sommer 1981 führten drei Tage religiöser Unruhe zu 17 Toten - unter Kopten und Muslimen - und mehr als einhundert Verletzten. Sadat versuchte, die religiösen Zentrifugalkräfte mit Gewalt zu bändigen. Er beschuldigte Shenouda, in Oberägypten einen Koptenstaat gründen zu wollen. Der Vorwurf von Hochverrat rechtfertigte den präsidialen Bannstrahl - der koptische Oberhirte wurde in das Kloster Bischoy im Wadi Al-Natrun ins Exil geschickt. Zugleich ließ Sadat im September landesweit auch 1.536 Oppositionelle, vorwiegend Muslimbrüder, verhaften.

Die Reaktion seitens fanatischer Muslime folgte nur wenige Tage später: Unter den Kugeln von vier Soldaten der Gruppierungen „Islamiya Jihad" und „Al-Gamaa Al-Islamiya" unter Führung von Leutnant Khaled Al-Islambouli, verblutete Präsident Sadat während der Militärparade zur Feier des

Jahrestages des Sieges im Krieg von 1973 am 6. Oktober 1981.

Der Angriff mit Schnellfeuergewehren und Handgranaten dauerte nur zwei Minuten. Außer Sadat starben 11 weitere Ehrengäste, darunter der Botschafter Kubas, ein omanischer General und der koptische Bischof Samuel.[97]

Acht Personen, darunter Vizepräsident Mubarak, der irische Verteidigungsminister James Tully (1915-1992) und vier US-Offiziere wurden verletzt.

An Sadats Beisetzung nahm außer den Präsidenten Somalias

Der koptische Bischof Samuel war unter den Opfern des Attentats auf Präsident Sadat am 6. Oktober 1981

Abb. 11

und des Sudans kein anderes arabisches Staatsoberhaupt teil. Luftwaffen-General Mohammed Husni Mubarak (* 1928; مبارك محمد حسني), sein Stellvertreter als Präsident und von 1972 bis 1975 Chef der ägyptischen Luftstreitkräfte, übernahm das Amt

---

[97] Geboren 1921 in Kairo als Saad Aziz Ibrahim, arbeitete er als junger Mann mehrere Jahre im Stab des äthiopischen Kaisers in Adis Abeba, bevor er nach Kairo zurückkehrte und im dortigen Koptischen Kolleg Theologie studierte. Dann wurde er von Mina Al-Mutawahed, dem späteren Papst Kyrillos VI, zum Mönch geweiht, gab sich den Namen Samuel und arbeitete kurze Zeit als dessen Sekretär. Zum Bischof geweiht, übernahm er im Patriarchat ökumenische und soziale Aufgaben. 1962 wurde er zum Diözesanbischof berufen und widmete sich der pastoralen Arbeit unter den Ärmsten der Kopten. 1971 war er - u.a. neben Anba Shenouda und Abuna Matta - einer der Kandidaten für das Amt des Patriarchen. Bei der Militärparade 1981 vertrat er die koptische Kirche. Ob er vorsätzlich oder nur zufällig getötet wurde, ist nicht eindeutig belegt; allerdings war er in seiner klerikalen Kleidung gut erkennbar.

und regierte über dreißig Jahre. Das Verhältnis zwischen koptischer Kirche und ihm entspannte sich. Das Exil von Papst Shenouda III. hob Mubarak allerdings erst Ende 1984 auf. Danach zeigte sich der Präsident gern mit koptischen Würdenträgern, betonte das brüderliche Zusammenleben aller Religionen und benutzte die Kopten für seine anti-islamische Propaganda.[98] Diese wiederum hielten sich aus der Politik weitgehend heraus und verteidigen ihn sogar gegen Angriffe. Im letzten Jahrzehnt seiner Amtszeit kam es wiederholt zu Ausschreitungen gegen Kopten.

Im Zuge der Proteste während des Arabischen Frühlings 2010/11 wurde Mubarak zum Rücktritt gezwungen, seine Nationaldemokratische Partei aufgelöst und er selbst wegen Gewalt gegen Demonstranten - etwa 850 kamen ums Leben - Anfang Juni 2012 zu einer lebenslangen Haftstrafe verurteilt. Im August 2013 verfügte ein Gericht jedoch seine Entlassung. Im März 2017 wurde er vom obersten Berufungsgericht freigesprochen und mit der Auflage aus dem Krankenhaus entlassen, Ägypten nicht zu verlassen. Dr. Mohammed Mursi (1951-2019; محمد مرسي), der Vorsitzende der sunnitischen Freiheits- und Gerechtigkeitspartei[99] der Muslimbrüder, wurde im Juni 2012 mit 51,7 Prozent der Stimmen zum neuen Präsidenten Ägyptens gewählt, wobei die Wahlbeteiligung bei etwa 51 Prozent lag. Er begann, Ägypten zu einem konservativen muslimischen Staat umzubauen und ließ u.a. die Verfassung von 1971 ersetzen (siehe Kapitel 2). Zugleich setzte er den bisherigen, langjährigen Oberbefehlshaber der ägyptischen Streitkräfte, Feldmarschall Mohammed Hussein Tantawi (* 1935; محمد حسين طنطاوي) und Generalstabschef Sami Hafez Enan (* 1948) ab, berief den zwanzig Jahre jüngeren General Abd Al-Fattah Said Hussain Chalil As-Sisi (* 1954;

---

[98] Siehe: Elsässer, Sebastian The Coptic Question in the Mubarak Era Oxford University Press, 2014
[99] Nach der Revolution von 2011 gegründet.

عبد الفتاح سعيد حسين خليل السيسي) den Chef des ägyptischen Geheimdienstes,[100] zu Tantawis Nachfolger und übertrug diesem auch die beiden Ämter des Ministers für Verteidigung und Militärproduktion, sowie des Stellvertretender Ministerpräsidenten. Nach nur einem Jahr setzte der Oberste Militärrat Ägyptens[101] Mursi, der nach seiner Wahl an die Staatsspitze seine Mitgliedschaft bei den Muslimbrüdern und den Parteivorsitz niedergelegt hatte, nach tagelangen Massenprotesten[102] gegen seine Politik am 3. Juli 2013 ab und ließ ihn inhaftieren. Es folgten wochenlange Demonstrationen der Gegenseite, der Muslimbrüder, die vor allem Papst Tawadros II. vorwarfen, seine Unterstützung des Militärs trüge die Verantwortung für den Sturz des ersten frei gewählten muslimischen Präsidenten. In sechs der insgesamt 27 ägyptischen Provinzen kam es zu Gewalttätigkeiten[103] gegen Kopten. Zwar hatte Tawadros die Machtübernahme der Streitkräfte begrüßt, doch die Opposition gegen Mursi wurde vor allem von liberalen Muslimen getragen. Seither verfolgt die Regierung As-Sisis die Muslimbrüder als Terroristen. Mursi wurde in mehreren Strafverfahren zu langjährigen Haftstrafen verurteilt; er starb überraschend im Juni 2019.

---

[100] Neuer Geheimdienstchef wurde General Abdel Wahid Schehata.
[101] Er wurde 2011 eingerichtet und besteht aus 18 hochrangigen Offizieren.
[102] Die Vizepräsidentin des Obersten Verfassungsgerichtes, Tahani Al-Gebali, stellte dazu fest: „Wir konnten nicht zulassen, dass Ägypten in die Hände von religiösen Extremisten fällt. Wir wollen einen modernen Staat. Mir tut es weh, dass viele westliche Medien behaupten, es sei ein Putsch gewesen. Die Wahrheit ist vielmehr, dass die Armee dem Willen von 40 Millionen nachgekommen ist, die sich gegen Mursi ausgesprochen haben,…".
[103] Selbst in der mittelägyptischen Provinz Al-Minya, in der mit rund 35 Prozent überdurchschnittlich viele Christen leben, und die eine der wenigen Kopten-Hochburgen ist, gab es eine Hetzjagd auf Christen, wenngleich ohne Tote. Der Mob hatte in Abwandlung des muslimischen Glaubensbekenntnisses gerufen: „Es gibt keinen Gott außer Allah, und die Christen sind seine Feinde".

2. Religion zwischen Gesetz und Alltag

2.1 Verfassung und Religion

Die wechselhafte ägyptische Verfassungsgeschichte wird nachfolgend nur in ihren wichtigsten religiösen Bezügen skizziert.

Die im vorherigen Kapitel erwähnte Einrichtung gemischter Gerichtshöfe im Jahre 1876, in denen ägyptische und europäische Richter für die in Ägypten lebenden Ausländer zuständig waren, führte - obwohl nicht unumstritten - de facto zur Einführung westlicher Grundsätze. Dies lockerte vor allem beim Straf- und Zivilrecht zwar das bis dahin praktizierte traditionelle Shari´a-Recht, führte zugleich aber zu einer parallel angewandten Rechtsprechung. Denn das Familien und Erbschaftsrecht blieb in der jeweiligen Zuständigkeit der Religionsgemeinschaft der Betroffenen.[104]

König Ahmad Fu´ad I. Pascha, seit 1917 auf dem Thron des Sultanats am Nil, löste sich behutsam von britischer Vorherrschaft und rief 1922 das Königreich aus. 1923 gab sich Ägypten seine bis dahin zehnte, bzw. neunte Verfassung unter der seit 1805 herrschenden Dynastie des Mohammed Ali.[105] In deren Artikel 1 hieß es:

> *„Ägypten soll ein souveränes, freies und unabhängiges Land sein."*

Artikel 12 garantierte die absolute Freiheit des Glaubens. Der religiöse Bezug wurde - im Gegensatz zu späteren Verfassungen - erst im Teil VI, Artikel 149 (von 170 Artikeln), d.h. nicht sehr prominent, platziert:

---

[104] Erst die Auflösung der religiösen Gerichtshöfe 1956 unter Nasser beendete diese Zweiteilung.
[105] Königliches Dekret Nr. 42

> *„Islam soll Religion des Staates sein und Arabisch seine offizielle Sprache."*

Dadurch kam auch die eher nur formale Geste dieses Artikels zu Ausdruck, denn die Religionsgesetze der Shari´a wurden durch ein weltliches Rechtsregime ersetzt. Im Alltag bedeutete dies eine weitgehende Trennung von Staat und Religion, zumal die Verfassung diskriminierende Bestimmungen für religiöse Minderheiten aufhob und die Regierungen in diesen Jahren eine betont säkulare Politik forcierten, die sich u.a. auch darin äußerte, dass Kopten und Juden ihren Glauben uneingeschränkt praktizieren und auch hohe politische Ämter bekleiden konnten.

Allerdings wurde sie von König Fu´ad im Jahre 1928 außer Kraft ge- und zwei Jahre später, 1930, durch eine überarbeitete Version ersetzt, die jedoch im Kern auf jener des Jahres 1923 basierte. Doch diese hatte nur sechs Jahre Bestand, denn nach dem Tode Fu´ads setzte sein Nachfolger, König Faruq I., die 1923er-Verfassung wieder in Kraft. Sie galt danach bis 1952, wurde aber im Dezember von Nasser erneut außer Kraft gesetzt und drei Monate später, am 10. Februar 1953, durch eine provisorische Übergangsverfassung ersetzt, an deren Stelle 1956 eine neue Verfassung trat. In ihrem Artikel 3 war zwar festgeschrieben, dass der Islam die Religion des Staates ist, aber die Shari´a blieb unerwähnt, und Artikel 43 betonte die freie Religionsausübung. War bisher in allen Verfassungen der Islam als Staatsreligion festgeschrieben, so tauchte in der kurzlebigen Verfassung des fragilen, nur drei Jahre währenden politischen Versuchsballons der „Vereinigten Arabischen Republik" (VAR) von 1958[106] das Wort „Islam" nicht ein einziges Mal auf. Artikel 7 garantierte allen Bürger die gleichen Rechte, unabhängig von der Religion. Der Islam hatte seinen Rang als Staatsreligion verloren - doch nur für kurze Zeit.

---

[106] Zusammenschluss von Ägypten und Syrien unter Nasser zwischen 1958 und 1961.

Die Religionspolitik dieser Jahre war durch den Konflikt mit der Muslimbrüderschaft, die seit der Ermordung ihres Gründers Al-Banna 1949 eine große Anhängerschaft gewonnen hatte, geprägt. Zunächst berief Nasser sogar drei namhafte Muslimbrüder in die Verfassungskommission und besuchte im Februar 1953 das Grab Al-Bannas anlässlich dessen vierten Todestages,[107] und der Erlass, mit dem alle politischen Parteien aufgelöst wurden, nahm die Muslimbrüderschaft aus. Doch dann verschlechterte sich das Verhältnis zusehends, u.a. als Nasser die Brüderschaft beschuldigte, an einem Attentat beteiligt gewesen zu sein. Zu einer ähnlichen Entwicklung kam es ab 1970 auch unter Nassers Nachfolger Sadat, der sich in den ersten Jahren seiner Amtszeit ebenfalls sehr islamfreundlich zeigte und die Muslimbrüderschaft hofierte. Die Präambel der Verfassung von 1971 betonte zwar die Begriffe „arabische Nation" und „Sozialismus", doch dann wuchs der religiöse Druck auf die Politik, der Einfluss muslimischer Kräfte nahm wieder zu, und dies schlug sich auch im ägyptischen Recht nieder. Der Islam eroberte seine vormals wichtige Rolle zurück, denn Artikel 2 der Verfassung lautete nun wieder:

> „Der Islam ist die Religion des Staates (Islam din ad-daula). Grundsätze der islamischen Shari´a sind Hauptquelle der Gesetzgebung."[108]

Diese allgemeine Formulierung ließ aber offen, welche Grundsätze es sind, und in welchem Umfang sie einwirken. Im Artikel 9 wurde Religion - ohne sie beim Namen zu nennen, neben Moral und Patriotismus - als eine der Säulen der Familie bezeichnet, die wiederum die Grundlage der Gesellschaft

---

[107] Attentäter und mögliche Hintermänner wurden nie gefasst.
[108] Die Formulierung „Islam din wa Ad-daula" (اسلام دين و د ولة) ist Ausdruck der Identität von Staat und Religion.

bildet, und Artikel 11 versuchte den Spagat, die verbrieften Rechte der Frau in Familie und Gesellschaft zu garantieren, ohne dadurch islamisches Recht zu verletzen.

Artikel 2 der Verfassung Ägyptens von 1971

الإسلام دين الدولة، واللغة العربية لغتها الرسمية، ومبادئ الشريعة الإسلامية المصدر الرئيسي للتشريع.

Abb. 12

Erst Artikel 40 legte fest, dass jeder Bürger - ohne Diskriminierung z.B. wegen seiner Religion - die gleichen Rechte besitzt. Allerdings verstanden die Islamisten dies nur als allgemeine Absichtserklärung, die ihnen nicht weit genug ging. Da nach ihrer Meinung göttliches Recht dem von Menschen geschaffenen überlegen ist, forderten sie die Wiedereinführung der Shari´a, und aus der anfänglichen Sympathie zu Sadat wurde erbitterte Feindschaft, die Sadat letztlich mit dem Leben büßte. Es half auch nicht, dass Artikel 2 der Verfassung in den letzten Monaten vor seiner Ermordung durch einen Volksentscheid vom 22. Mai 1980 geändert und die Shari´a von ihrer bisherigen Rolle als <u>einer</u> Hauptquelle zu <u>der</u> Hauptquelle der Gesetzgebung aufgewertet wurde. Nun mussten alle staatlichen Gesetze mit den religiösen Rechtsvorschriften des Islams, die sich aus dem Koran und der Überlieferung (سنة; Sunnah - Brauch, Sitte) ergeben, zwingend übereinstimmen.

Unter Präsident Mubarak wurde 1981 im ägyptischen Strafgesetzbuch im § 98 F von 1937 - zusätzlich zum Straftatbestand der Gotteslästerung (Blasphemie) - im § 201 der Straftatbestand der Verunglimpfung staatlichen Handelns eingefügt. Nach letzterem können z.B. Geistliche, die sich in Ausübung ihres Amtes oder bei einer öffentlichen Versammlung über die Regierung, ein Gesetz, Dekret oder Handlungen der öffentlichen Verwaltung ausfallend äußern, mit einer Haftstrafe von zwei Monaten belegt werden.

Die 1971er Verfassung blieb, sieht man von den Änderungen in den Jahren 1980, 2005 und 2007 ab, vierzig Jahre in Kraft - länger als jede ihrer Vorgängerinnen. Von den Verfassungsänderungen war allerdings jene erwähnte von 1980 unter Sadat, in der die Shari´a zur Grundlage der Rechtsprechung aufgewertet wurde, die bedeutsamste.

Mit dem durch das Volk erzwungenen Abschied Mubaraks von der politischen Bühne 2011 wurden die Karten neu gemischt: Bei den Wahlen zum „Shura-Rat"[109] (مجلس الشورى Madschlis Ash-shura) 2011/12 ging die von der „Gerechtigkeitspartei" der Muslimbrüderschaft angeführte „Demokratische Allianz für Ägypten" mit

- 45 % der 498 Sitze als stärkste Kraft hervor, gefolgt von den
- 25 % der salafistischen „Partei des Lichts" (حزب النور; Hizb An-nur).

Im Mai und Juni folgten die ersten freien Präsidentschaftswahlen. Dr. Mohammed Mursi, Mitglied der Muslimbrüderschaft, erhielt 51,7 % der Stimmen. Zunächst waren die koptischen Kirchenführer noch verhalten optimistisch, hofften sie doch, er würde sein Versprechen einlösen, „Präsident aller Ägypter" sein zu wollen.[110] Entsetzt aber waren

---

[109] 1980 eingeführt; das beratende Gremium war die 2. Kammer (Oberhaus) des ägyptischen Parlamentssystems und bestand aus nicht weniger als 132 Mitgliedern, von denen 2/3 direkt für sechs Jahre gewählt und 1/3 durch den Präsidenten ernannt wurden. 2014 wurde es abgeschafft.

[110] Von den 35 Mitgliedern im Kabinett gehörten nur vier Minister (Bildung, Wohnungsbau, Jugend und Information) der Muslimbruderschaft an; die

sie über die unerwarteten, fast 25 % der „Partei des Lichts"[111] der fundamentalistischen Salafisten. Mursi begann, Ägypten zu einem konservativen muslimischen Staat umzubauen. Er setzte die Verfassung von 1971 außer Kraft und ließ eine 100-köpfige Verfassungsgebende Versammlung, in der die konservativen muslimischen Vertreter eine Mehrheit hatten, im Sommer 2012 eine neue Verfassung erarbeiten.

Er berief mit dem Schriftsteller Samir Morcos zwar einen prominenten koptischen Politiker zu einem Berater für den demokratischen Übergang des Landes, doch dieser warf bereits nach wenigen Monaten im Dezember 2012 enttäuscht das Handtuch, als er feststellte, dass er nur marginal in die politischen Entscheidungen des Präsidenten eingebunden war.

Die Koptisch-orthodoxe Kirche zog sich im April 2012 aus Protest gegen die islamlastigen Inhalte von den Gesprächen über die Verfassung zurück, die Vertreter der Koptisch-katholischen und der protestantischen Kirche, sowie einige säkulare ägyptische Parteien folgten diesem Beispiel, und das Verfassungsgericht erklärte die Zusammensetzung des Gremiums der 100 für verfassungswidrig, da Frauen, Jugendliche und Minoritäten unterrepräsentiert wären.[112] Doch die Lage entspannte sich dadurch nicht.

Kopten hatten das Forschungsressort übernommen, und die Salafisten waren trotz ihrer 25 % leer ausgegangen.

[111] Die islamistische „Partei des Lichts" hat die Errichtung einer Herrschaftsordnung wahhabitischer Prägung zum Ziel, in der die Shari´a die Hauptquelle der Gesetzgebung ist. Den ägyptischen Christen wird Religionsfreiheit zugesichert. Im Juli 2013 unterstützte sie die Entmachtung von Präsident Mursi durch das Militär, beteiligte sich anschließend jedoch nicht an der von der Armeeführung eingesetzten Übergangsregierung.

[112] Von den einhundert Mitgliedern der Verfassungsversammlung unter Leitung des früheren Verfassungsrichters Hossam Al-Ghariani waren 15 Christen, was in etwa ihrem Anteil an der Bevölkerung entsprach. Vier von ihnen - zwei orthodoxe Kopten, ein Protestant und der Koptisch-katholische Bischof Yohanna Qulta - wurden direkt von ihren Kirchen benannt.

Eckdaten der ägyptischen Verfassungsgeschichte

1795	1. Verfassung
1805	2. Verfassung (1. Verfassung unter Muhammad Ali Pascha)
1825	3. Verfassung
1831	4. Verfassung
1833	5. Verfassung
1837	6. Verfassung
1866	7. Verfassung
1876	8. Verfassung
1879	9. Verfassung
1923	10. Verfassung (Unabhängigkeit Ägyptens)
1930	Verfassung von 1923 wird aufgehoben
1935	Verfassung von 1923 wird wieder in Kraft gesetzt
1952	Konstitutionelle Monarchie aufgelöst
1956	11. Verfassung
1958-1961	Verfassungsentwurf der "Syrisch Arabischen Republik" (SAR)
1964	Interimsverfassung nach Aufkündigung der OAR
1971	12. Verfassung
1980	Verfassungsänderung (Shari'a wird zur Hauptquelle des Rechts)
2011	Verfassungsreferendum nach Rücktritt von Präsident Mubarak
2011	Präsident Mursi setzt 1971er Verfassung außer Kraft
	Neues Verfassungskommittee stößt auf Protest
	Verwaltungsgericht erklärt Kommittee für verfassungswidrig
	Neue Kommission erarbeitet neue Verfassung
2013	Amtsenthebung Mursi durch Militärrat
	„Komitee der 50" legt neuen Verfassungsentwurf vor
2014	Neue (13.) Verfassung in Referendum gebilligt

Abb. 13

Es wäre der „Wegbereiter eines islamischen Kalifats", betonte der Koptisch-katholische Bischof von Assiut, Kyrillos William Samaan (* 1946), und sein Amtskollege aus Luxor, Yoannes Zakaria, (* 1949) pflichtete ihm bei. Der Verfassungsentwurf wäre ein Dokument des „fundamentalen Angriffs auf die Menschenrechte", gewähre „nur extremistischen Muslimen" Rechte und gefährde das Zusammenleben des Landes.

Die Bischöfe zeigten sich besorgt, dass z.B. nicht-muslimische Frauen nun gezwungen würden, Kopftücher zu tragen. Auch die Verheiratung minderjähriger Mädchen wäre legitimiert, weil die Verfassung in scheinbarer Übereinstimmung mit der Shari´a erlaubte, dass alle „geschlechtsreifen" Frauen heiraten dürften - eine Formulierung, die den Schutz von Minderjährigen aufhöbe. Das kompromisslose Beharren auf der Shari´a, so die Bischöfe weiter, untergrübe die Glaubwürdigkeit von Artikel 3 der Verfassung, in dem die Rechte von Christen, Juden und Muslimen niedergelegt wären. In dem Verfassungsentwurf blieb jener Artikel 2 der Verfassung von 1971 unverändert. Zwar wurde die Freiheit des Glaubens garantiert und jegliche Art von Diskriminierung verboten, doch zugleich die Rolle der Shari´a als Hauptquelle der Gesetzgebung weiter gestärkt. In einem Referendum nahm eine Mehrheit der Wähler den Entwurf mit 60 % an. Damit traf die Nicht-Muslime ein weiterer Tiefschlag. Im November 2012 hob Mursi überdies die Gewaltenteilung auf, in dem er seine präsidialen Entscheidungen für unantastbar erklärte und sie einer Kontrolle durch die Justiz entzog.

Nun wehrte sich die Bevölkerung erneut, war doch Mursis Kurs selbst der muslimischen Mehrheit in Ägypten zu radikal. Nach nur einem Jahr im Amt, zog der Oberste Militärrat die Reißleine, löste Präsident Mursi am 3. Juli 2013 ab und ließ ihn inhaftieren. Zugleich wurde der Verfassungsentwurf von 2012 nach sechs Monaten außer Kraft gesetzt und wieder eine neue Verfassung erarbeitet, zunächst durch ein Gremium von 10 Mitgliedern (C 10)[113] und dann durch den „Rat der 50"[114]. Bei der Volksabstimmung im Januar 2014 wurde der Entwurf von 98,1 % der Wähler angenommen, wenngleich nur mit einer Stimmbeteiligung von 38,6 Prozent,[115] denn Muslimbrüderschaft und andere oppositionelle Gruppen hatten zum Boykott des Referendums aufgerufen.

---

[113] Sechs Richter und vier Verfassungsjuristen.
[114] Unter Vorsitz von Amr Moussa (* 1936), dem Generalsekretär der Arabischen Liga und vormaligen Außenminister.
[115] Allerdings lag die Stimmbeteiligung höher als beim Verfassungsreferendum von 2012.

In der neuen Verfassung von 2014 (دستور مصر; dastur misr) heißt es in der dreiseitigen, einer oft im Arabischen gebräuchlichen blumigen Sprache der Präambel, die mit der muslimischen Eröffnungsformel „Bismillah" - „Im Namen des barmherzigen und gnädigen Gottes" - beginnt:

> „Ägypten ist die Wiege des Glaubens und das Ehrenbanner der Offenbarungsreligionen. Der Prophet Moses - durch den Allah sprach - wuchs auf seinem Boden heran, und am Berg Sinai traf die Herrlichkeit Allahs sein Herz und offenbarte ihm die göttliche Botschaft. In diesem unserem Lande beherbergten die Ägypter die Jungfrau Maria und deren Kind an ihrem Herzen und opferten tausende von Märtyrern in der Verteidigung der Kirche Jesu - Friede sei mit ihm! Als Mohammed, das Siegel und somit letzter der Propheten - Friede und Segen sei mit ihm! - zur gesamten Menschheit gesandt wurde, um dessen erhabene moralische Grundsätze zu perfektionieren, öffneten sich unser Geist und unser Herz dem Lichte des Islams, und wir, als beste Soldaten auf dieser Welt, im Kampf für die Sache Allahs, in der Verbreitung von dessen Botschaft der Wahrheit und Wissenschaft auf der ganzen Welt." (Inoffizielle Übersetzung)

Neu und bisher einmalig in einer ägyptischen Verfassung sind die Erwähnung des christlichen Erbes und der direkte Bezug zum Christentum. Interessant ist ferner, dass Artikel 3 aus dem Verfassungsentwurf von 2012 übernommen wurde:

> „Die Grundsätze der christlichen und jüdischen Shari`a[116] bilden die Hauptquelle jener Gesetze, welche deren Personalstand, deren religiöse Angelegenheiten und die Auswahl ihrer geistlichen Führer betreffen."

---

[116] Der Begriff „Shari`a" wird im Westen eigentlich nur für die islamische Rechtspraxis benutzt.

Auf den ersten Blick scheint dies als Zugeständnis an die religiösen Minderheiten. Tatsächlich aber hat auf diese Weise ein alter Grundsatz des islamischen Rechts der Shari´a, nämlich jener im Kapitel 1 bereits mehrfach erwähnte Schutz von Nicht-Muslimen unter einem muslimischen Herrscher und die ihnen damit übertragene Befugnis, Familienangelegenheiten (Heirat, Scheidung) und kirchliche Probleme in eigener Zuständigkeit zu regeln, auf diese Weise Eingang in das moderne ägyptische Verfassungsrecht gefunden. Dies kann als Sieg der Fundamentalisten gedeutet werden. Doch weil die arabische Wortwahl gerade den sonst üblichen Begriff „dhimmi" (Schutzbefohlene) nicht erwähnte, sondern die Worte „christlich" und „jüdisch" verwendet wurden, kann dies als Hinweis auf eine erste, wenngleich noch zaghafte Hinwendung zu einem westlichen Verfassungsverständnis der Rolle des Bürgers interpretiert werden. Diese Auslegung wird gestützt durch Artikel 4, der die staatliche Souveränität - wie bereits in der Verfassung von 1971 - den Bürgern überträgt, ein Staatsverständnis, das Salafisten völlig fremd ist, weil sie diese allein Gott zuordnen. Es ist somit ein Schritt in Richtung Verfestigung der nationalen Identität, mit dem Ziel, die bisherige Teilung durch die jeweilige religiöse Zugehörigkeit zu überwinden.

Die Artikel 64 und 53 sichern allen Bürgern Religionsfreiheit, deren freie Ausübung und ihre Gleichheit vor dem Gesetz[117] zu. Das Land ist ein semi-präsidialer Einheitsstaat. Die Verfassung enthält einen erweiterten Grundrechtskatalog, der sowohl bürgerlich-politische, wie auch wirtschaftliche, soziale und kulturelle Rechte umfasst. Sie garantiert mehr Rechte, die Gleichheit von Mann und Frau und den Schutz der christlichen

---

[117] So wurde 2004 in einer Reihe von Fällen durch ägyptische Gerichte - unter Berufung auf die Verfassung - der Rückkehr zum christlichen Glauben nach vorherigem Übertritt zum Islam stattgegeben und damit gegen Shari´a-Recht entschieden.

Minderheit im Land. Kopten und Juden erhalten mehr Autonomie, und die Shari´a als bisherige Quelle des Rechts gilt deutlich weniger. Artikel 50 nennt Ägyptens kulturelles Erbe - „das altägyptische, koptische und islamische" - zum nationalen Kleinod. Der Wehrdienst für alle d.h. auch für Nicht-Muslime ist gem. Artikel 86 Pflicht. Parteien auf „religiöser Grundlage" sind nicht mehr zugelassen.

Der für sechs Jahre gewählte Staatspräsident nimmt eine zentrale Rolle ein, denn er ist zugleich

- Oberbefehlshaber der Streitkräfte,
- ernennt und entlässt die Minister und
- kann den Notstand ausrufen.

Das Amt des Staatsoberhauptes ist nach Art 75 der Verfassung nicht an eine bestimmte Religion gebunden und könnte daher - allerdings nur theoretisch - auch von einem Nicht-Muslim ausgeübt werden. Mindestalter und Amtsdauer des Präsidenten sind nach Gregorianischen Jahren und nicht etwa nach den Mondjahren des islamischen Kalenders festgelegt.

Koptische Parlamentsabgeordnete 1964-1971

Parlament	direkt gewählt	vom Präsidenten ernannt	gesamt
1964-1968	1	8	9
1969-1971	2	7	9
	3	15	18

Abb. 14

Hinsichtlich der Beteiligung koptischer Politiker im Parlament und ihrem Anteil in der Bevölkerung von jenen geschätzten sechs und fünfzehn Prozent klaffte von jeher eine große Lücke. Die Legislative Ägyptens bestand bis 2014 aus einem Zwei-Kammern-System:

- Der Volksversammlung (mit 454 Abgeordneten, von denen 444 für 5 Jahre vom Volk gewählt und 10 durch den Präsidenten ernannt wurden), sowie
- dem „Shura-Rat", dessen 210 Mitglieder zu zwei Dritteln (=140) gewählt und ein Drittel (= 70) durch den Präsidenten bestimmt wurden.

In der 2005 gewählten Volksversammlung waren unter 454 Abgeordneten nur drei Kopten - einer wurde direkt gewählt und die beiden anderen gehörten zu den 10, von Präsident Mubarak ernannten Vertretern. Dies lag allerdings auch daran, dass in einer Art von Selbstbegrenzung - bereits innerhalb der Partei der nationalen Einheit (NDP), mehrheitlich muslimische und nur zwei koptische Politiker mit der Begründung als Kandidaten aufgestellt wurden, Muslime hätten per se höhere Erfolgsaussichten.

Nachdem in der Volksvertretung 2011 nur 2 Kopten vertreten waren, nahm Feldmarschall Hussein Tantawi als Vorsitzender des Obersten Rates der Streitkräfte (SCAF) im Januar 2012 sein, ihm gemäß der Verfassung von 1971 und auch der Übergangsverfassung zustehendes Recht in Anspruch und ernannte von den 10 durch ihn als amtierendes Staatsoberhaupt zu ernennenden Mitgliedern des Parlamentes fünf Kopten.[118]

Die neue Verfassung von 2014 schuf ein Ein-Kammer-System (Repräsentantenhaus (مجلس النواب ; Maglis Al-Nowab) mit

---

[118] Dr. Susie Adly Nashed, Marianne Malak Kamal, Hanna Georges Grace, George Nagy Messiah und Tarek Makram Shaker.

- nicht weniger als 450 Mitglieder, von denen 2/3 (= 300) direkt, knappe 1/3 (= 128) über die Parteilisten gewählt, sowie
- 5 % (= 22) durch den Präsidenten ernannt werden.

Das Wahlgesetz sieht - in Übereinstimmung mit Artikel 244 der Verfassung - eine „angemessene Repräsentierung", d.h. eine feste Quote von 128 Sitzen (= 28,4 %), für folgende Gruppen (Minderheiten) vor:

- Frauen   56 Sitze (= 12,4 %),
- Christen   24 Sitze (= 5,2 %),
- Arbeiter und Farmer 16 Sitze (= 3,6 %)
- Jugendliche   16 Sitze (= 3,6 %),
- Behinderte   8 Sitze (= 1,8 %) und
- Ägypter im Ausland 8 Sitze (= 1,8 %).

Die Verteilung ist für jeden der insgesamt 4 Wahlbereiche unterschiedlich festgelegt.
Die Parlamentswahlen im Jahre 2015[119] brachten eine Trendwende in dreifacher Hinsicht:
Zum einen stieg die Anzahl koptischer Abgeordneter nahezu sprunghaft und lag sowohl hinsichtlich der Anzahl der Sitze als auch des prozentualen Anteils über dem von der Verfassung geforderten Mindestprozentsatz. Von den nun 596 Abgeordneten des neuen ägyptischen Parlaments sind

- 39 (= 6,5 %) Kopten, von denen erhielten
- 27 ihr Mandat über Parteilisten und
- 12 waren parteilose Kandidaten.

---

[119] Insgesamt waren 53,9 Millionen Ägypter über 18 Jahre wahlberechtigt; von ihnen gingen 47,5 % (= 25,5 Millionen) zu den Wahlurnen.

Die zweite Trendwende bezieht sich auf die Geschlechterbeteiligung: Bei Parlamentswahlen in Ägypten hatten Frauen als Direktkandidatinnen traditionell geringe Chancen. Bei den Wahlen 2015 war dies anders, denn sie konnten 73 Sitze (= 12 %) erringen.[120] Eine weitere Sensation war, dass mit Mona Gaballah 2015 erstmals in der ägyptischen Parlamentsgeschichte sogar eine Koptin durch eine direkte Wahl einen Sitz im Parlament errang und dies in den bevölkerungsreichen, armen Stadtvierteln „Manshiyet Nasser" und „Al-Gamaliya", in dem Kairos Müllsammler, die „Zabbalin" leben. Frau Gaballah ist Mitglied der Partei „Freie Ägypter".

Drittens schließlich mussten die Islamisten der „Partei des Lichts" eine herbe Niederlage hinnehmen. Zwar durfte die Freiheits- und Gerechtigkeitspartei Mursis, der politische Arm der Muslimbrüder, nicht teilnehmen, da sie zuvor verboten worden war, doch die Salafisten konnten nur 11 Sitze (= 0,5 %) erringen.

Insgesamt zeigte sich ein Trend zugunsten parteiunabhängiger Kandidaten; so wurde die Mehrheit der Sitze (59 % = 350 Sitze) von parteiunabhängigen Kandidaten errungen. Die Parteien selbst erhielten nur 41 % der Sitze (= 246 Sitze), von denen die „Freie Partei der Ägypter" (حزب المصريين الأحرار; Hizb Al-misriin Al-ahrar) des koptischen Geschäftsmannes Naguib Sawiris 65 Sitze gewann.

Die islamische Organisation in Ägypten ruht auf vier Säulen:

- Azhar-Universität (جامعة الازهر ; Gama´a al-azhar),
- Azhar-Moschee (الازهر الشريف; Al-azhar ash-sharif),
- Ministerium für religiöse Stiftungen (وزارة الأوقاف المصرية ; wazirat al-auqaf al-misriya) und
- Fatwa-Amt Amt (دار الإفتاء المصرية; Dar al-ifta al-misriya).

---

[120] Davon 56 über eine Parteiliste und 17 mit Direktmandat. Kandidaten, die jünger als 35 Jahre waren, errangen 80 Sitze (= 14 %).

Die Universität Al-Azhar ist die wichtigste staatliche islamische Einrichung Ägyptens. Bereits im Artikel 7 - d.h. an prominenter Stelle - wird ihr als unabhängige wissenschaftliche Institution die Verantwortung für alle den Islam betreffenden Angelegenheiten übertragen und ihr die dafür erforderlichen staatlichen Finanzmittel zugesichert. Als höchste islamische Instanz der Sunniten überwacht sie die rechtmäßige Umsetzung der islamorientierten Verfassungsauflagen. An ihrer Spitze steht der „Rais al-Azhar" (رئيس الازهر), der, als oberste religiöse Autorität und auf Lebenszeit gewählt, von den staatlichen Behörden nicht entlassen werden darf; er ist zugleich auch Groß-Imam der Al-Azhar-Moschee.

Die Universität unterhält

- 49, über das ganze Land verteilte universitäre Ableger, sowie
- über 80 Institute für die religiöse Lehrerausbildung auf der Primar- und Sekundarstufe.

Dem Ministerium für religiöse Stiftungen ist auch der Oberste Rat für islamische Angelegenheiten unterstellt.

Das 1895 gegründete ägyptische Fatwa-Amt spielt eine bedeutende Rolle beim Erlassen religiöser Gutachten und Rechtsauskünfte (فتوى; Fatwa) für die Öffentlichkeit und bei der Beratung der Rechtsorganisationen in Ägypten; zu seinen Aufgaben gehört u.a.:

* Beantworten von Fatwa-Anfragen,[121]
* Sichten der Mondsichel und das
* Erlassen religiöser Erklärungen.

---

[121] Beispiel: Die Frage, ob man Spenden von Nicht-Muslimen für muslimische Einrichtungen annehmen dürfe, wurde seitens des Fatwa-Amtes geantwortet: „Von der Scharia her spricht ... in diesem Zusammenhang nichts gegen das Annehmen von Spenden der Nicht-Muslime für das Gemeinwohl der Muslime, seien sie religiös oder weltlich, solange sich daraus keine der Shari´a zuwiderlaufende Ursache von Unmoral ergibt."

Es ist auch in die Rechtsprechung eingebunden, so z.B. bei der shari´atischen Beratung von Gerichten, die die Todesstrafe verhängt haben.[122] An seiner Spitze steht der Großmufti von Ägypten (مفتي الديار المصرية; Mufti Ad-diyar al-misriya), eines der traditionell höchsten religiösen Ämter. Er führt - vom Obersten Rat der Rechtsgelehrten der Al-Azhar-Universität gewählt und vom Staatspräsidenten bestätigt - den Vorsitz im Gremium, das Fatwas erstellt. Das Zentrum untersteht zwar dem Justizministerium, reicht aber in seiner hohen Bedeutung in die gesamte sunnitisch-islamische Welt.

Das islamische Erziehungssystem in Ägypten ist zwar generell auf die Vermittlung von Werten wie Respekt und Toleranz gegenüber Andersgläubigen ausgerichtet, und Terrorismus und Extremismus werden streng verurteilt, allerdings wird in den Büchern, die den Lehrplan bestimmen, auch unmissverständlich deutlich gemacht, dass der Islam anderen Religionen gegenüber überlegen ist.

Die höchste staatsrechtliche Verfassungsinstanz Ägyptens ist gem. Artikel 191 ff. der Oberste Verfassungsgerichtshof. Zwar darf auch deren Präsident - gewählt von der Generalversammlung des Gerichtshofes wie der Groß-Sheikh der Al-Azhar-Universität, ebenfalls staatlicherseits nicht entlassen werden, doch offen bleibt die Frage, welche Institution im Falle eines Rechtsstreit, bei dem muslimische und nicht-muslimische Interessen kollidieren, höchstrichterlich entscheidet. Diese Frage kann erst durch die Rechtspraxis entschieden werden, zumal mit dem Staatsrat (Artikel 190)

---

[122] Nach der homepage des Fatwa-Amtes sind „Strafgerichte ... verpflichtet, nach Beenden der Verteidigung und der Plädoyers und vor Urteilsverkündung dem Mufti die Prozessakten zu übergeben, in denen sie per Konsensus das Obligatorische des Verhängens der Todesstrafe gegen den Täter sehen. Dieses Vorfahren wird seit Ende des 19. Jahrhunderts und seit Inkrafttreten des Strafrechts in Ägypten praktiziert."

einer dritten Instanz Entscheidungskompetenzen zugewiesen sind.

Im Juli 2018 fand ein Massenprozess mit weit über 700 Angeklagten der Muslimbrüderschaft statt, bei dem 75 Personen zum Tode verurteilt wurden. Das Urteil wurde vom Großmufti bestätigt. Präsident As-Sisi, ein Muslim mit säkularen Tendenzen und einer eher anti-klerikalen Haltung, beklagte den Niedergang des Islams. Ihn störe, dass der Islam vom Rest der Welt nur unter negativen Vorzeichen wahrgenommen werde. In seiner Neujahrsansprache 2015 sagte er an der Al-Azhar-Universität:

> *„Das Werk der islamischen Texte und Ideen, die wir über die Jahrhunderte als heilig erklärt haben, erzürnt die gesamte Welt."*

Es könne nicht sein, dass 1,6 Milliarden Muslime die restliche Weltbevölkerung töten wollten, nur um selbst leben zu können.

> *„Die islamische Weltgemeinschaft (Umma) wird zerrissen, zerstört und ist verloren - durch unsere eigenen Hände."*

In einem eindringlichen Appell an die religiösen Führer mahnte As-Sisi, es sei unfassbar, dass das, was die Muslime als ihr religiöses und heiliges Erbe betrachteten, für sie selbst und den „Rest der Welt als Quelle der Angst, der Gefahr des Mordens und der Zerstörung wahrgenommen wird."

An Schaltstellen von Politik, Justiz & Verwaltung

Koptische Christen sind - von wenigen Ausnahmen abgesehen - trotz ihres hohen Bildungs-, Wirtschafts- und Finanzpotentials auch in hohen Ämtern in Regierung, Polizei und Armee, sowie bedeutenden akademischen Positionen unterrepräsentiert.

Als Gründe kommen in Frage:

- Selbstbeschränkung bei der Berufswahl,
- Ergebnis ihres geringeren zahlenmäßigen Anteils in der Bevölkerung und
- Diskriminierung als religiöse Minderheit.

Die Entscheidung, den beruflichen Aufstieg nur in solchen Berufsfeldern - im Gesundheitswesen, in der Wirtschaft und in technischen Berufen - zu suchen, in denen keine bewusste oder auch gefühlte Benachteiligung stattfindet, ist verständlich und nachvollziehbar; dies aber führt automatisch zu einer Unterrepräsentation in den Bereichen, die beruflich ausgespart werden. In solchen Bereichen, wie der Politik, in denen eine Stellenbesetzung durch Wahlen erfolgt, haben Minderheiten per se eine ungünstigere Ausgangsposition. Drittens zeigt der Blick in die Geschichte, dass auch bewusste Diskriminierung und Verfolgung - bisweilen stärker, bisweilen schwächer - latent ausgeprägt war und ist. Diese Gemengelage hat vor allem in den letzten Jahrzehnten viele hochqualifizierte Kopten bewogen, das Land zu verlassen. Dadurch wurden zwar in Australien, Europa und Nordamerika zahlreiche koptisch-orthodoxe Exil-Gemeinden gegründet, doch die geistige Substanz in Ägypten selbst nahm ab. Die Zahl koptischer Bürger, die in hohe Positionen in Ägyptens Politik und Verwaltung aufstieg, ist überschaubar.

Abb. 15

So leiteten in den letzten 100 Jahren nur zwei koptische Ministerpräsidenten für insgesamt 649 Tage die Geschicke Ägyptens:

- Boutros Ghali Pascha (1908-1910) für 1 Jahr + 101 Tage = 466 Tage, und

- der Jurist Youssef Wahba Pascha (1919/20) für nur 183 Tage.

Dies entspricht einem zeitlichen Anteil von nicht einmal 2 %.

Premierminister Saad Zaghlool (1859-1927), der „Vater der ägyptischen Unabhängigkeit", berief 1924 die ersten beiden koptischen Minister ins Kabinett:

- Morcos Hanna Bey übernahm das Ministerium für Öffentliche Arbeiten und

- Wasef Boutros Ghali das Außenministerium.

Makram „William" Ebeid Pasha (1889-1961) hatte 1912 seine Studien in Oxford abgeschlossen, war aktiv an der Revolution von 1919 beteiligt und wurde deshalb ins Exil geschickt. Nach seiner Rückkehr wurde er 1936 Finanzminister, übernahm im selben Jahr das Amt des Generalsekretärs der Wafd-Partei, das er bis 1942 ausübte. Seine Familie stammte aus Oberägypten, zählte zu den Reichsten des Landes und hatte seinerzeit die napoleonischen Truppen unterstützt.

Mourad Wahba Pascha (1879-1972), in Kairo als Sohn des späteren Premierministers Youssef Wahba Pascha geboren und auf dem Collège de la Sainté (Teilhard de Chardin) zur Schule gegangen, studierte u.a. an der Pariser Sorbonne, bevor er 1931 als Richter an den Kassationshof, das höchste ägyptische Gericht, zurückkehrte und dort - zuletzt als Vizepräsident - bis 1937 wirkte. König Farouq schlug ihn 1937 als Agrarminister im Kabinett von Premierminister Muhammad Mahmoud Pascha vor. Mourad nahm das Amt als Ressortchef zwar an, war aber nicht glücklich darüber, hatte er sich doch erhofft, wegen der anstehenden Zurruhesetzung von Präsident

Abdel Aziz Fahmi als dessen Nachfolger und erster Kopte an die Spitze des Kassationsgerichts zu treten.

Abb. 16

Und so vermutete er, dass seine Berufung ins Kabinett genau dies verhindern sollte. 1939 wurde er Senator und blieb dies bis 1945. Danach verlegte er seine Aktivitäten auf den Wirtschaftssektor, u.a. Mitglied im Aufsichtsrat der Bank von Ägypten und als Mehrheitseigner der „Compagnie de Ciment Portland". Innerhalb der koptischen Kirche engagierte er sich in dem Laiengremium „Majlis milli". 1952 gab er nahezu alle Ämter auf.Akhnoukh Fanous (1856-1946) war ein prominenter koptischer Politiker im frühen 20. Jahrhundert, der 1908 die von Kopten dominierte „Ägyptische Partei" - wohlhabende Ägypter, die sich als „Ägypter christlichen Glaubens" bekannten - und drei Jahre später die „Koptische Konferenz" als Forum zur Durchsetzung der Rechte von Kopten gründete. Blickt man zurück, muss man feststellen, dass die 1920er Jahre den bisherigen Zenit koptischer Beteiligung an der politischen Gestaltung des Landes darstellten.

Nach Boutros Ghali Pascha und Youssef Wahba Pascha, die das Außenministerium zu Beginn des 20. Jahrhunderts innehatten, stand mit Wasif Boutros Ghali Pascha im Jahre 1937 letztmalig ein Kopte an der Spitze des ägyptischen Außenamtes und führte es zwischen 1924 und 1937 insgesamt vier Mal, jedoch stets nur für wenige Monate.

Erst vier Jahrzehnte später, 1977, berief Präsident Sadat den Kopten Boutros-Boutros Ghali (1922-2016) ins Außenministerium[123] - jedoch nur als Staatsminister, nicht als Ressortchef. 1991 wurde er Stellvertretender Außenminister und stand von 1992 bis 1996 als Generalsekretär an der Spitze der Vereinten Nationen (UNO).

---

[123] Er nahm 1977 als Staatsminister im ägyptischen Außenministerium an der historischen Reise Sadats nach Jerusalem teil und gilt auch einer der Architekten des Abkommens von Camp David, das zur Aussöhnung zwischen Ägypten und Israel führte. Sein Großvater (1846-1910), ein vormaliger ägyptischer Ministerpräsident, hatte die Kirche St. Boutros in Kairo-Abbasiya erbauen lassen, in der er später beigesetzt wurde.

Auffällig ist, dass das Finanzministerium sehr oft von Kopten geleitet wurde. Zwischen 1925 und 1952 erhöhte sich die Zahl der Ministerien in Kairo von 10 auf 16; doch diejenigen Ressorts, die von Kopten geführt wurden, hingegen änderten sich nicht.

Seit mehr als sechs Jahrzehnten stand an der Spitze keines der drei klassischen Ressorts - Außen-, Innen- und Verteidigungsministerium - ein Kopte, noch fungierten diese als Leiter der Staatskanzlei oder als Parlamentspräsident. Auch im Parlament und an der Spitze staatlicher Universitäten blieben Kopten - ungeachtet ihrer anerkannt hohen wissenschaftlichen Kompetenz - unterrepräsentiert.

Einige andere Ministerien hingegen wurden von koptischen Politikern geführt; zu nennen sind beispielsweise:

Dr. Kamal Ramzi Stino (1910-1987),[124] ausgebildet in den USA mit einem Abschluss in Agrikultur, wurde 1956 von Präsident Nasser als einziger Kopte ins Kabinett berufen und führte das Ressort für Versorgung und Handel vierzehn Jahre lang bis 1970; sechs Jahre war er zugleich Stellvertretender Ministerpräsident. Sein Bruder Charles Stino war unter Nasser Stellvertretender Industrieminister und sein zweiter Bruder, Dr. Moheb Ramzi Stino war Minister für Tourismus und Luftfahrt unter Präsident Sadat.

Boutros Ghalis Neffe, Dr. Youssef Boutros-Ghali (* 1952), leitete mehrere Ressorts:

- 1993-1996 Minister für internationale Zusammenarbeit,
- 1996-1997 Wirtschaftsminister (Kabinett Ganzuri),

---

[124] Sein Vater Ramzi Beik Stino Hanna war als erster ägyptischer Ingenieur für Wasserwirtschaft während der britischen Besatzung verantwortlich für das gesamte Bewässerungssystem des Landes, seine Mutter Afefa Michael Gad stammte aus einer Großgrundbesitzerfamilie.

- 1997-2001 Minister für Wirtschaft und Außenhandel (Kabinett Ganzuri) und
- 2004-2011 Finanzminister (Kabinett Nazif).

Maged George Ilias Ghattas (* 1949), der zunächst die Laufbahn eines Berufsoffiziers eingeschlagen hatte, wurde 2004 Minister für Umweltangelegenheiten. Nach Abschluss des Studiums der Ingenieurswissenschaften 1972 an der Militärakademie hatte er im Yom-Kippur-Krieg gekämpft und war später u.a. als Brigadegeneral Militärattaché in Rom. Das Umweltministerium leitete er bis 2011.

Mounir Fakhry Abdel Nour (* 1945), ein koptischer Geschäftsmann, wurde im Februar 2011 von Premierminister Abdel Shafiq als Vertreter der Opposition zum Tourismusminister ins Kabinett berufen. Er ist Generalsekretär der „Neuen Wafd-Partei" (حزب الوفد الجديد; Hizb Al-wafd Al-gadid), einer nationalliberalen, Mitte-rechts ausgerichteten Gruppierung. Sein Vater Amin Fakhry Abdel Nour (1912-2012),[125] ein reicher Großgrundbesitzer aus Gerga in Oberägypten, hatte seine Ausbildung auf dem von den Jesuiten geleiteten „Collège de la Sainte Famille" in Kairo erhalten und wurde später ein bekannter Politiker der alten Wafd-Partei.

Hany Kadry Demian, Absolvent der New Yorker Columbia-Universität, anerkannter Finanzfachmann mit großer internationaler Erfahrung[126] und enger Vertrauter von Dr. Youssef Boutros Ghali, war von 2007 bis 2012 Stellvertretender Finanzminister und von Oktober 2012 bis April 2013 Erster Stellvertretender Finanzminister. Er trat aus Protest gegen den

---

[125] Dessen Vater Fakhry Abdel Nour war ein prominenter und vehementer Verfechter der ägyptischen Unabhängigkeit von England und wurde deswegen 1919 von den Briten ins Exil nach Malta verbannt.

[126] Demian war ägyptischer Chefunterhändler mit dem IMF (International Monetary Fund) und arbeitete im International Monetary and Financial Committee des IMF (IMFC), u.a. auch bei G-20 Gipfeln.

wachsenden Einfluss der mit der Muslimbrüderschaft kooperierenden Ökonomen zurück. Im Juni 2014 berief ihn Premierminister As-Sisi zum Finanzminister; Demian führte das Amt bis März 2016.

Prof. Dr. Nadia Eskandar Zakhary wurde im Dezember 2011 als Minister für Wissenschaftliche Forschung ins Kabinett Kamal Ganzuri (* 1933) berufen und als parteiunabhängiges Mitglied im August 2012 in diesem Ressort vom neuen Premierminister Hesham Qandil (* 1962) bestätigt; sie war - als anerkannte Wissenschaftlerin im Bereich Biochemie - die einzige Koptin, die Präsident Mursi 2012 in sein 35-köpfiges Kabinett berief und dies bis Juli 2013 ausübte.

Dr. Laila Rashed Iskandar Kamel - aus einer begüterten Familie stammend - übernahm 2013 das Umweltressort und wurde ein Jahr später zur Ministerin für städtische Erneuerung und informelle Siedlungen[127] ernannt. Zwei Schwerpunkte ihrer Arbeit waren die Verbesserung der Lebensbedingungen der Ärmsten der ägyptischen Gesellschaft und der Schutz der Umwelt. So gründete sie als sozial engagierte Unternehmerin z.B. mehrere Schulen, in denen Abfall-Recycling unterrichtet wurde und 1995 die „Community and International Development Group", mit der sie die Arbeit der Müllsammler Kairos, der „Zabbalin," organisierte und diese zu selbständigen Kleinunternehmer machte.

Im Kabinett Dr. Madbouli waren 2015 zwei koptische Ministerinnen vertreten:

- Minister für soziale Solidarität, Ghada Wali und

---

[127] Ohne Baugenehmigung errichtet.

- Nabila Makram Abd Al-Shaheed[128] als Ministerin für die Angelegenheiten von Emigrierten.

Zu ihrer Vereidigung 2015 trug sie ein elegantes, schwarzes Kleid mit kurzen Ärmeln, was in dem konservativen Land zu einem heftigen „Aufschrei" in den sog. „sozialen Medien" führte, aber andererseits auch als mutige modische Geste gelobt wurde.

Im Ersten Kabinett nach Ablösung von Präsident Mursi im Juli 2012 waren drei koptische Kabinettsmitglieder:

- Laila Rashed,

- Mounir Fakhry Abdel Nour als Handelsminister und

- Ramsi George als Minister für Wissenschaftliche Forschung.

Im Januar 2018 übernahm Enas Abdel Dayem als erste Frau das 1958 gegründete Kulturministerium. Sie war bereits 2013 für dieses Ressort im Gespräch, kam dann aber vermutlich nach Protesten von Fundamentalisten nicht zum Zuge. Frau Dayem leitete zuvor die Kairoer Oper, spielte als bekannte Solo-Querflötistin in internationalen Orchestern und war ab 2017 Präsidentin der Arabischen Musikakademie.

Die Bildung des Nationalen Rates für Menschenrechte (NCHR) unter Mubarak im Jahre 2004 war ein Schritt, der die Integration fördern sollte. Heute sind 5 der 25 Mitglieder des Gremiums,

---

[128] Nabila Makram hatte 1991 ihr Studium der Politischen Wissenschaften an der Kairoer Universität mit einem Master-Diplom abgeschlossen und war 1993 in den diplomatischen Dienst eingetreten, wo sie danach u.a. in der Abteilung für Europäische Angelegenheiten in der Kairoer Zentrale (1995), an der Botschaft in Brasilien, dem Generalkonsulat in Chicago, der Botschaft in Rom (2005) und dem Generalkonsulat in Dubai (2013) arbeitete.

darunter Hannah Gereis, ehemalige Parlamentsabgeordnete und früheres Mitglied im Beratungsrat des Obersten Militärrates, sowie die Juristin Dr. Marianne Malak, damals jüngste Abgeordnete des 2012 aufgelösten Parlaments, koptische Christen.

Koptische Frauen, bestens ausgebildet und oft mit internationaler Erfahrung, übernahmen oft die Rolle politischer und gesellschaftlicher Vorreiterinnen, so beispielsweise Esther Fahmy Wissa (auch: Esther Fanous; 1895-1990) als Frauenrechtlerin, Dr. Hilana Sedarous (1904-1998) als erste ägyptische Ärztin und Dr. Georgette Sobhi Kellini als Menschenrechtsaktivistin.

Das ägyptische Justizsystem ist eine Mischung aus englischem, französischem (Code Napoleon) und islamischem Recht. Seit Nasser haben alle ägyptischen Präsidenten mehrfach und mit unterschiedlichen Mitteln versucht, die Unabhängigkeit der Gerichte einzuschränken, bzw. diese unter ihre Kontrolle zu bringen - doch ohne Erfolg, denn die Rechtsprechung hat sich als außerordentlich unabhängig erwiesen und ist unverändert eine der mächtigsten und ganz im Sinne der Gewaltenteilung eigenständigsten Institutionen des Landes.[129] Eine detaillierte Darstellung der ägyptischen Rechtsordnung würde den Rahmen dieser Darstellung sprengen; daher nur einige allgemeine Anmerkungen: Die drei höchsten ägyptischen Gerichtshöfe sind:

- Der Oberster Verfassungsgerichtshof (المحكمة الدستورية العليا ; Al-Mahkama Al- dusturiya al-'ulya - Supreme Constitutional Court-SCC) in Kairo-Maadi entscheidet seit 1971

---

[129] Siehe: Bernard-Maugiron, Nathalie Judges and Political Reform in Egypt (2008) und Tamir Moustafa Law and Resistance in Authoritarian States (2008).

über die verfassungsgerechte Auslegung staatlicher Gesetzgebung.
- Der Kassationshof (دار القضاء العالي; Dar Al-qada´ al-aali-CC) - aus der französischen Rechtsordnung stammend und 1931 gegründet - ist die dritte und oberste Instanz für alle Straf- und Zivilverfahren; wohingegen
- der Oberste Verwaltungsgerichtshof (المحكمة الإدارية العليا ; Supreme Administrative Court-SAC) die höchste Ebene bei Verwaltungsverfahren bildet.

Darüber hinaus gibt es eine Anzahl weiterer Institutionen,[130] wie z.B. das

- „State Council",
- die Generalstaatsanwaltschaft und
- das „Supreme Judicial Council";[131] dieses ist u.a. für die Personalauswahl des Justizapparates zuständig.

Wie viele insgesamt etwa 15.000 ägyptischen Richter koptisch-christlichen Glaubens sind, ist nicht bekannt; ebenso liegen über die Zahl der Kopten in den höchsten Richterämtern (Präsidenten, Vizepräsidenten und die Richter an den drei obersten Gerichten) keine Zahlen vor. Geht man jedoch - wie auch bei Schätzungen in der Armee - davon aus, dass ihr Anteil jener in der Bevölkerung entspricht, so ist festzustellen, dass es danach etwa 1.000 bis 1.500 aktive koptischer Richter im Amt sein müssten. Doch diese Annahme trifft nur dann zu, wenn Kopten den Beruf eines Richters auch in diesem Prozentsatz wählen. Unterrepräsentiert sind in der Tat Frauen, denn 2018

---

[130] z.B. Arbeitsgerichte, religiöse Familiengerichte, Militärgerichte, Gerichte für Staatssicherheit, Sondergerichte und Wirtschaftsgerichte.
[131] Es besteht aus dem Präsidenten des Kassationshofes als Vorsitzender, den zwei dienstältesten Vizepräsidenten des Kassationshofes, den drei Präsidenten der Berufungsgerichte von Kairo, Alexandria und Tanta, sowie dem Generalstaatsanwalt.

gab es nur 68 ägyptische Richterinnen; dies entspricht einem Anteil von ca. 0.5 %. In einer Analyse[132] werden drei diskriminierte Gruppen - Angehörige der politischen Opposition, unterprivilegierte Bürger und Frauen aufgelistet; religiöse Orientierung hingegen ist nicht erwähnt.

Abb. 17

Allerdings hatte Justizminister Mahfouz Saber in einem Fernsehinterview im Mai 2015 auf die Frage, ob auch der Sohn eines Müllsammlers Staatsanwalt werden könne, geantwortet: „Mit allem Respekt gegenüber Müllsammler, aber ein Richter sollte aus einer angesehenen Klasse stammen. Damit meine ich keinen Aristokraten, aber seine Klasse sollte nicht allzu niedrig angesiedelt sein." Wegen dieser Aussage wurde er zwar eine Woche später seines Amtes enthoben, gleichwohl aber steht fest, dass „Vitamin B" (Beziehungen) und

---

[132] Siehe: Shams Al Din Al Hajjaji The Dilemma of Judicial Appointment in Egypt - Questions of Gender Equality, Elimination of Political Opposition and Underpriviledged Citizens in: DePaul Journal for Social Justice, Volume 11 Issue 1, Winter 2018, Article 3, January 2018

Vetternwirtschaft in der Personalpolitik der ägyptischen Rechtsprechung eine wichtige Rolle spielen. „Die Söhne von Richtern erben deren Amt", hatte noch 2012 sogar Justizminister Ahmed Al-Zind (* 1946) konstatiert.

Staatspräsident ernennt zwar die Richter, aber er hat keinen Einfluss darauf, wen er in das Amt beruft, denn über die Bewerbung entscheidet das „Supreme Judicial Council" (SJC) nach vorheriger „Durchleuchtung" und Prüfung des Bewerbers hinsichtlich seiner politischen Zuverlässigkeit durch die "State Security and Administrative Control Authority" (ACA). Bis heute nahmen Kopten bereits mehrfach das Amt eines Vizepräsidenten wahr; so wurde 2006 Tamer Remon Iskandar als Richter an das Oberste Verfassungsgericht (SCC) berufen.

Mourad Wahba Pasha hatte an der Pariser Sorbonne studiert und war von 1931 bis 1937 Vizepräsident des damals höchsten ägyptischen Gerichtshofes, dem Kassationsgericht; danach wechselte er in die Politik (siehe Seite 123 f.). Georges Michel Abi-Saab war u.a. Richter am Internationalen Strafgerichtshof. Sami Farag Youssef trat nach mehreren Jahren als Rechtsanwalt 1965 in den Staatsdienst und war u.a. bis 1973 Stellvertretender Generalstaatsanwalt, von 1986 bis 1989 Richter und danach Vizepräsident am Kassationsgericht und von 1990 bis 1999 - als längster Amtsinhaber - Vizepräsident des Verfassungsgerichtes. Mehrfach vertrat er Ägypten in internationalen Gremien. Er gilt als einer der einflussreichsten Kopten, war mit Papst Shenouda freundschaftlich verbunden und der Lehrer des ägyptischen Interimspräsidenten Adly Mansour.

Blickt man unter dem Aspekt religiöser Gleichbehandlung auf die ägyptische Rechtsprechung, so ist festzustellen, dass diese zumindest auf höchstrichterlicher Ebene die verfassungsmäßige Äquidistanz wahrt. So entschied das

Verfassungsgericht im Februar 2017, dass einem koptischen Beamten bezahlter Urlaub für eine Pilgerfahrt nach Jerusalem zu gewähren ist, was bislang nur Muslimen für deren Pilgerreise nach Mekka zugebilligt worden war. Im Dezember 2017 wurde ein Ägypter wegen seiner Beteiligung an einem Angriff auf die koptische Kirche Mar Mina in Helwan, bei dem mehrere Menschen ums Leben kamen, zum Tode durch den Strang verurteilt.

Kopten als Provinzgouverneure

Von den insgesamt 27 Provinzgouverneuren, die als regionale Verwaltungs- und Polizeichefs Ägyptens fungieren, nahmen seit 1953 nur drei Kopten dieses Amt wahr: Im Jahre 1980 berief Präsident Sadat mit Generalleutnant Fuad Aziz Ghali (1927-2000) erstmals überhaupt einen Kopten in das Amt eines Gouverneurs. Ghali trat 1980 an die Spitze der Provinz Süd-Sinai in Sharm Al-Sheikh. Als Präsident Mubarak im Jahre 2006 den Kopten Magdy Ayoub Iskandar[133] zum Gouverneur der oberägyptischen Provinz Qena ernannte, war dieser seit 1980 erst der zweite Nicht-Muslim in Ägypten überhaupt, der dieses Amt bekleidete. Dabei ist die Region Qena eine der ältesten und auch größten koptischen Gemeinden. Als fünf Jahre danach ein zweiter Kopte, der Generalmajor der Polizei Emad Mikhael, von Präsident Mubarak zum Verwaltungschef von Qena berufen wurde, gab es 2011 heftige Proteste - u.a. eine Blockade der wichtigen Bahnverbindung Kairo-Assiut - seitens der muslimischen Bevölkerung, die letztlich zum Erfolg führten, weil Premierminister Essam Sharaf (* 1952) den Ernannten für drei Monate suspendierte, woraufhin dieser um seine Entlassung nachsuchte.[134] Als am 7. Februar 2015 17 neue

---

[133] Iskandar war zuvor Stellvertretender Innenminister.
[134] Nachfolger wurde der Muslim Maged Abdel Kerim.

Gouverneure[135] ernannt wurden, war unter ihnen kein einziger Kopte. Im August 2018 wurde erstmals in der Geschichte Ägyptens eine koptische Frau zur Gouverneurin berufen.

Abb. 18

Dr. Manal Awad Mikhael[136] ist - nachdem im Februar 2017 die Muslimin Nadia Ahmed Abdou Saleh das Amt als Gouverneurin in Baheira antrat - die zweite ägyptische Frau, der ein solches Amt übertragen wurde.

Naguib Sawiris (* 1954) zählt zu den reichsten Männern des Landes.[137] Er legte 1974 an der Deutschen Schule in Kairo das

---

[135] Für die Provinzen Alexandria, Gizeh, Luxor, Ismailia, Kafr al-Sheikh, Mounifeya, Beheira, Daqahliya, Gharbeya, Sharqeya, Damietta, Assiut, Fayoum, Beni Suef, Sohag, Matruh und Port Said. Unter den Ernannten waren mehrere Universitätsprofessoren, zwei Richter, drei Generale, ein früherer Journalist und einige Regierungsbeamte.

[136] Dr. Mikhael war zuvor Stellvertretende Gouverneurin in Gizeh und dort zuständig für benachteiligte Gemeinden.

[137] Das Fundament des Familienimperiums wurde von seinem Vater Onsi Sawiris (* 1930) gelegt. 1960 wanderte der nach Libyen aus, nachdem unter General Nasser die Firmen der Sawiris verstaatlicht worden waren. In Libyen wurde er als Bauunternehmer reich und kehrte erst zurück, nachdem Sadat

Abitur ab. „Das deutsche Studium hat mich gelehrt, wie man das Denken diszipliniert. Pünktlichkeit, Genauigkeit, Hartnäckigkeit, alles das", sagte er in einem Interview mit

Abb. 19

dem Magazin DER SPIEGEL im Juni 2007 und fügte hinzu: Ich bin Christ, das ist ein wichtiger Bestandteil meines Lebens." Der Mobilfunk-Mogul ist u.a. Vorstandsvorsitzender und größter Aktionär des ägyptischen Mobilfunkunternehmens Orascom TMT, das in mehreren Staaten Afrikas, des Nahen Ostens, sowie in Südkorea tätig. Überdies gehören ihm ein ägyptischer Fernsehsender und das Ferienresort Al-Gouna nördlich von Hurghada am Roten Meer. Sawiris ist auch in

der ägyptischen Politik aktiv; so war er eines der prominentesten Mitglieder im „Rat der Weisen", der in der hektischen Übergangsphase der ersten Monate des Jahres 2011 nach der Verhaftung von Präsident Hosni Mubarak zwischen Regierung, Militärführung und Opposition vermittelte

---

1970 die Macht am Nil übernommen hatte. Bei einer ganzen Reihe von Unternehmen, die unter Sadats Nachfolger Mubarak privatisiert wurden, stieg Sawiris ein, und so entstand in wenigen Jahren aus dem Familienunternehmen der größte privatwirtschaftliche Arbeitgeber Ägyptens .Auf der „Forbes-Liste" der reichsten Männer der Welt stand er im Jahre 2007 an 62. Stelle.

und führt heute die Partei „Freie Ägypter". Seinem Beispiel folgend, engagieren sich zunehmend viele Kopten, vor allem jene in guter wirtschaftlicher Position, in der Politik. So war z.B. George Ishaq (* 1938) einer der Führer der „Kifaya" -Bewegung (كفاية ; „Es ist genug!"), die eine wichtige Rolle im Protest gegen Mubarak spielte und als Vorläufer der Revolution von 2011 gilt. Der Geschäftsmann Mounir Fakhry Abdel Nour wurde bereits genannt.

Kopten beim Militär

Die ägyptische Armee (القوات المسلحة المصرية; Qawwat al-masalaha al-misriya), als für die äußere Sicherheit des Landes verantwortliche Organisation ist die stärkste Armee Afrikas und hat vier Teilstreitkräfte:

- Landstreitkräfte (Heer - ca. 380.000 Mann),
- Luftstreitkräfte (Luftwaffe - ca. 45.000 Mann),
- Seestreitkräfte (Marine - ca. 30.000 Mann) und
- Luftverteidigungskräfte (ca. 15.000 Mann)

in einer Gesamtstärke von ca. 470.000 Soldaten,[138] die dem Verteidigungsminister unterstehen.

Daneben gibt es die para-militärischen, dem Innenministerium unterstehenden „Allgemeinen und Zentralen Sicherheitskräfte" in einer Stärke von 450.000 Mann. Letzteren obliegt die Gewährleistung der inneren Sicherheit, so z.B. als Verstärkung für die regulären Polizeikräfte, die Bewachung der Regierungseinrichtungen und Botschaften, sowie der Einsatz bei inneren Unruhen und Naturkatastrophen.

---

[138] Die Zahlen variieren zwischen 440.000 und 470.000 Mann.

	gesamt	davon Anteil koptischer Soldaten
Wehrpflichtige (Mannschaftsdienstgrade)	260.000	ca. 26.000)*
Unteroffiziere	170.000	unbekannt
Offiziere	40.000	unbekannt
	470.000	

)* = Schätzung entsprechend dem koptischen Bevölkerungsanteil

Ägyptische Armee und Religionszugehörigkeit (nur Schätzung)

Abb. 20

Über Zahlen bei der Polizei und den erwähnten Sicherheitskräften, die dem Innenministerium unterstehen, liegen ebenfalls keinerlei Informationen vor, aber die Kopten dürften auch in diesen Gruppierungen beträchtlich unterrepräsentiert sein.

Rund 15,5 Millionen Ägypter zwischen 18 und 30 Jahren sind wehrdiensttauglich. Jedes Jahr erreichen rund 800.000 Männer das Wehrdienstalter und unterliegen dann der Wehrpflicht (التجنيد ; at-tagned), deren Dauer je nach Ausbildungsstand zwischen 12 und 36 Monate beträgt. Die Mannschaftsdienstgrade werden über die Wehrpflicht rekrutiert, die jeder junge Ägypter, d.h. auch jeder Kopte, ableisten muss. Auch jene Kopten, die den geistlichen Weg als Mönch einschlagen möchten, müssen zwingend zunächst ihren Wehrdienst geleistet haben. Da alle Bischöfe der koptischen

Kirche und auch deren Oberhäupter sich aus den Reihen der Mönche rekrutieren, haben bis auf wenige Ausnahmen alle - anders als z.B. im deutschen Episkopat - Wehrdienst geleistet. Es gibt daher einen fundamentalen Unterschied in der Betrachtung des Wehrdienstes zwischen koptischer und westlicher Kirche. Erstere betrachtet diese als bürgerliche Pflicht im Dienste des Vaterlandes, wohingegen im Westen die Befreiung der Theologiestudenten vom Wehrdienst Tradition hat, weil man eine nur schwer überbrückbare Kluft zwischen militärischer Ausbildung und Priesterberuf sieht. Als ein Beispiel mag Anba Ermia (Jeremias), der langjährige Privatsekretär von Papst Shenouda III., dienen. Er schloss 1982 sein Pharmaziestudium ab, leistete danach ab 1983 seinen Wehrdienst in der Zweiten ägyptischen Armee und trat erst dann, am 3. April 1984 als Mönch in das Kloster Mar Mina ein. Papst Shenouda III. diente ab 1943 im „Egyptian Military Reserve Corps" und erhielt 1947 an der Infanterieschule das Offizierspatent. Bereits ein Jahr später kämpfte er während des ersten Arabisch-Israelischen Krieges als Leutnant und Führer eines Infanteriezuges der ägyptischen Armee an der Sinai-Front gegen die israelischen Truppen und blieb bis 1950 Reserveoffizier. Allerdings gibt es Ausnahmen; so wurden z.B. Papst Tawadros, Patriarch Sedrak und Bischof Anba Damian als einzige Söhne in der Familie vom Wehrdienst befreit.

Die Seelsorge der muslimischen Soldaten wird von Imamen wahrgenommen, die von den jeweiligen Kommandeuren unter den Soldaten ausgesucht werden und dann diese Aufgabe übernehmen; eine besondere Uniform tragen sie nicht. Ihre Hauptaufgabe besteht vor allem in der Leitung des Freitagsgebetes; eine Art „Lebenskundlichen Unterricht", wie ihn die Bundeswehr kennt, gibt es nicht. Für die koptischen Soldaten gibt es keine eigenen Militärgeistlichen. Wehrpflichtige koptische Soldaten haben bis heute, auch weil sie zahlenmäßig eine Minderheit darstellen, in den ägyptischen Streitkräften keinen leichten Stand. Präsident As-Sisi, selbst ehemals hoher

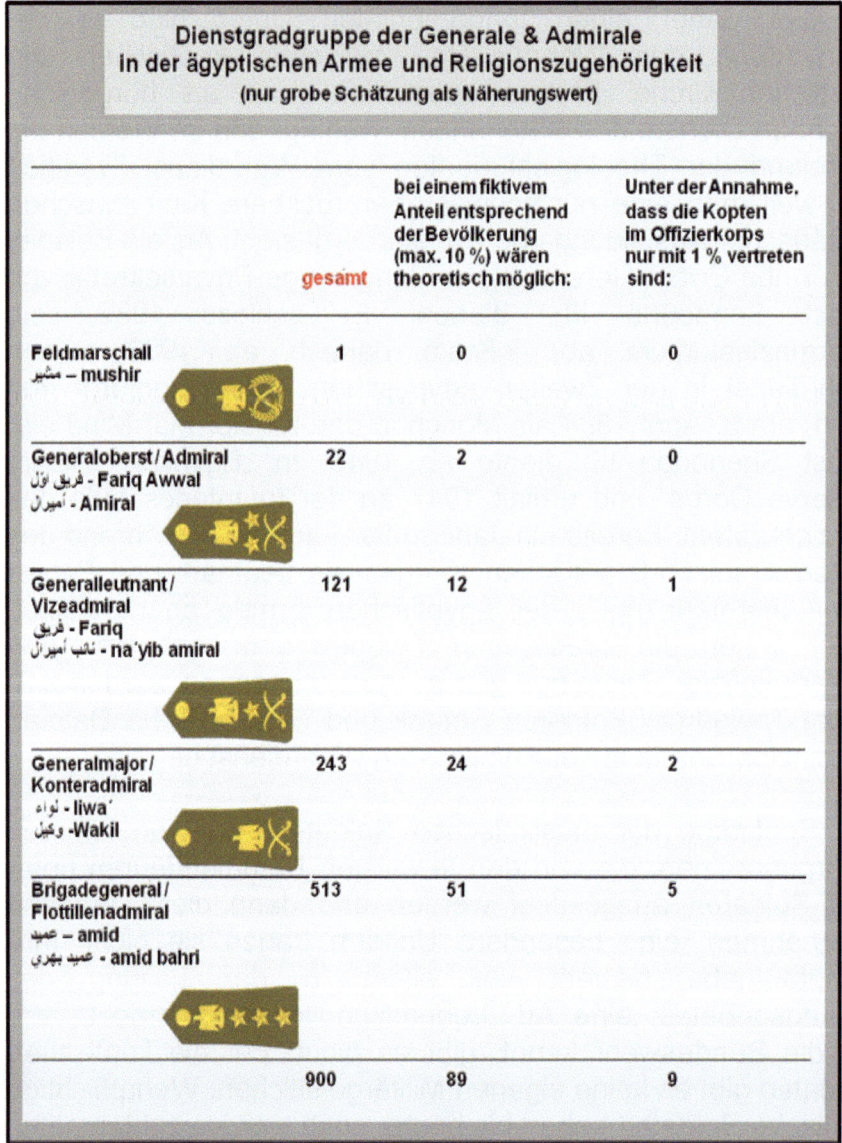

Abb. 21

Offizier, hingegen behauptete in einem Interview, dass die Kopten in den ägyptischen Streitkräften nicht diskriminiert würden. Diese Aussage spiegelt den Sachstand offizieller Vorgaben wohl richtig wider. Doch der Alltag in der Armee sieht bisweilen anders aus, und die Fakten sprechen eine andere Sprache. So kommt es immer wieder zu Übergriffen, Mobbing und Schikanen fanatischer muslimischer Soldaten gegenüber ihren koptischen Kameraden. So soll z.B. am 31. August 2013 ein Soldat namens Abu Al-Khair Atta getötet worden sein, weil er sich geweigert hatte, zum Islam zu konvertieren. Seiner Familie gegenüber wurde dessen Tod - wie offenbar nicht selten praktiziert - als Freitod deklariert.

Unteroffiziere und Offiziere hingegen dienen als Soldaten auf Zeit und als Berufssoldaten, d.h. sie sind freiwillig in die Armee eingetreten. Tatsächlich aber ist eine militärische Laufbahn für Kopten - wie Studien dies belegen - als Berufswunsch wenig attraktiv. Dies bedeutet, dass die Zahl koptischer Unteroffiziere und Offiziere in den Ägyptischen Streitkräften weit unterhalb ihres prozentualen Anteils in der Bevölkerung von 6-10 % liegen dürfte. Genaue Zahlen unterliegen der Geheimhaltung.
Dies bedeutet zugleich aber auch, dass die Kopten wegen dieser Selbstbeschränkung hinsichtlich einer Laufbahn beim Militär in der Spitzengruppe der Generale und Admirale nur mit wenigen bis zum Dienstgrad eines Generalmajors vertreten sind. Dieses Faktum kann man daher nur schwer als Beleg einer Diskriminierung heranziehen.

In der Bundeswehr dienen bei einer Personalstärke von knapp 180.000 Soldaten etwa 200 Generale (= 0,1 %). In der ägyptischen Armee ist dieser Anteil jedoch nahezu doppelt so hoch, weil viele Dienstposten (z.B. Militärattaché oder hohe Sanitätsoffiziere) - anders als in der Bundeswehr - durchweg mit Brigadegeneralen und Generalmajoren besetzt sind. Dies bedeutet, dass in den ägyptischen Streitkräften ca. 900

Offiziere in einem der insgesamt fünf Generals- bzw. Admiralsränge dienen dürften.

Der Verteilungsschlüssel innerhalb der ägyptischen Generalsränge ist ebenfalls nur eine Schätzung, die sich an jener der Bundeswehr[139] orientiert.

Läge der Anteil koptischer Offiziere auf dem prozentualen Niveau der Bevölkerung (ca. 10 %), bedeutete dies, dass es etwa 90 koptische Offiziere mit diesem hohen militärischen Rang geben müsste. Diese Annahme träfe aber nur dann zu, wenn tatsächlich so viele Kopten als Offiziere entsprechend ihrem Bevölkerungsanteil dienten.

Der Eintritt in militärische Organisationen des Landes, die als besonders sensible militärische Strukturen beurteilt werden, wie z.B.

- den staatlichen Geheimdienst (قطاع الأمن الوطني, Qeta' al-amn Al-watani),
- den militärischen Nachrichtendienst (إدارة المخابرات الحربية والاستطلاع ; Idarat al-mukhabarat al-harbiya wa Al-istitla) und das
- General Intelligence Directorate (جهاز المخابرات العامة ;Gihaz al-mukhabarat al-ama)

ist nicht-muslimischen Soldaten nahezu unmöglich. Der Hauptgrund ist nicht in religiöser Aversion zu sehen, sondern liegt vermutlich in einem tiefverwurzelten Misstrauen in Zuverlässigkeit und Loyalität koptischer Soldaten. Hier dürfte tatsächlich eine Diskriminierung vorliegen. Eine ähnliche Haltung herrschte z.B. in Preußen im 19. Jahrhundert gegenüber Katholiken, denen von Kanzler Bismarck unterstellt wurde, sie wären „ultramontan", d.h. primär zum römischen Papst jenseits der Alpen orientiert und nicht vaterländisch.

---

[139] Alle Generale und Admirale: 100 %; davon: ****- Generale/Admirale = 2,5 %; *** = 13,5 %; ** = 27 % und * = 57 %.

Heute könnte man die ägyptische Haltung als „Ultramarismus" bezeichnen - gesteuert von einer anonymen, fremden Macht jenseits des Meeres. Diese latente, irrationale Furcht entstand in der langen Zeit der Fremdbestimmung durch die zwei kolonialen und imperialen Machtzentren nördlich des Mittelmeeres - Rom und Istanbul, die das Land am Nil über Jahrhunderte beherrscht und unterdrückt hatten. Und es gab in dieser Zeit - wie überall - auch Ägypter, die mit den Fremden kollaborierten. Und so zweifeln viele muslimische Ägypter insgeheim bis heute an der nationalen Zuverlässigkeit ihrer christlichen Mitbürger und werfen ihnen immer noch vor, im 18. und 19. Jahrhundert das gewaltsame Vordringen europäischer Mächte und Einflüsse in Ägypten begrüßt und unterstützt zu haben. Auch durch ihre Ablehnung der Unabhängigkeitsbewegung wurden die Kopten als Feinde des Vaterlandes angesehen und politisch isoliert.

Papst Tawadros II. begrüßt den ägyptischen Verteidigungsminister, Generaloberst Sedki Sobhy Sayyid Ahmad (* 1955), bei dessen Besuch im koptischen Patriarchat am 4. Januar 2018

Abb. 22

Diesen Vorwurf konnten sie nur langsam entkräften, als sich viele von ihnen in der „Partei der Nation", aus der die Wafd-Partei entstand, engagierten. Überdies argwöhnen strenggläubige Muslime, Rom könne die christliche Missionierung im Lande vorantreiben. Es kommt nicht von ungefähr, dass die Muslimbrüderschaft in ihren Anfängen besonders dort starken Zulauf hatte, wo parallel christliche Missionare aktiv waren. Dies macht es fundamentalistischen muslimischen Kräften im Lande bis heute leicht, die Losung „Nur ein muslimischer Ägypter ist ein guter Ägypter" zu propagieren. Und so sehen sich Kopten ungerechtfertigt in ihrem nationalen Selbstverständnis und Stolz verletzt. Dabei gibt es Beispiele koptischer Offiziere, die sich um Ägypten verdient machten oder herausragende militärische Leistungen vollbrachten: Captain Wassef Hinain war der einzige koptische Offizier in der „Bewegung der Freien Offiziere" unter Abdel Nasser. In der Zeit vor der Revolution waren Kopten zwar in der nationalen Finigungsbewegung Ägyptens sehr aktiv, in der Armee jedoch unterrepräsentiert. Und so stieß Hinain erst relativ spät zu dieser Gruppe, die ausschließlich aus Muslimen bestand, zumal die Bewegung anfangs mit der Muslimbrüderschaft in Kontakt stand; daher dürfte seine Rolle nur marginal gewesen sein. Vergeblich sucht man z.B. nach Bildern, die ihn zusammen mit führenden Vertretern der Freien Offiziere zeigen.

Im „Obersten Rat der Streitkräfte" (المجلس الأعلى للقوات المسلحة ; Al-maglis al-aʿla lil quwat al-musalha) dem zwischen 20 und 25 Mitglieder unter Vorsitz des Präsidenten angehören, sind koptische Offiziere nur sporadisch vertreten, wie z.B. Generalmajor Fathi Kozman Morkos (+ 2018), der vormalige Kommandeur des ägyptischen Pionierkorps (Armed Forces Engineering Authority), der von 1991 bis 1993 Mitglied war.

In allen bisherigen vier militärischen Auseinandersetzungen zwischen Ägypten und Israel[140] kämpften und starben koptische Soldaten Seite an Seite mit ihren muslimischen ägyptischen Kameraden; dazu einige wenige Beispiele:

---

[140] Palästinakrieg (1948), Sechstagekrieg (1967), Abnutzungskrieg (1967-1970) und Yom-Kippur-Krieg (oder Oktober-Krieg) (1973)

Abb. 23

Fuad Aziz Ghali (1927-2000) war einer der Helden des Krieges von 1973. Geboren in Al-Minya, absolvierte er 1948 die Militärakademie, kämpfte als Infanterie-Leutnant im Krieg von 1948 auf dem Nord-Sinai und im Sues-Krieg 1956 („Tripartite Aggression" oder „Zweiter Arabisch-Israelischer Krieg") als Hauptmann in der Nationalgarde. Es folgte eine Abordnung nach Syrien als Chef des Stabes im Mittelabschnitt. 1963 nahm er am Krieg gegen den Jemen[141] teil. Während des sog. „Sechs-Tage-Krieges" (النكسة, An-Naksah; Rückschlag) im Juni 1967 war er Kommandeur einer Kampfgruppe der 2. Infanteriedivision auf dem Sinai und im Yom Kippur-Krieg 1973 führte Brigadegeneral Ghali als Kommandeur die 18. Infanteriedivision der 2. ägyptischen Armee, mit der er den Sues-Kanal überquerte. Er nahm die Stadt Qantara Shark ein, befehligte die Front zwischen Port Said und Qantara und wurde am 12. Oktober 1973 als Generalleutnant zum Befehlshaber der 2. Armee

---

[141] Die militärische Beteiligung Ägyptens bestand im Oktober 1962 nur aus ca. 5.000 Soldaten und stieg bis 1965 auf 55.000 Mann - 13 Infanterieregimentern, je einer Panzer- und einer Artilleriedivision und einigen Luftlandeeinheiten.

ernannt. Er war der erste Kopte, der zu diesem Dienstgrad aufstieg. 1978 trat er den Vorsitz im Ausschuss für Organisation und Management der ägyptischen Streitkräfte an, und ein Jahr später übernahm er die einflussreiche Aufgabe als Assistent von General General Kamal Hassan Ali (1921-1993), dem Verteidigungsminister. 1980 wurde General Ghali als erster Kopte zum Gouverneur ernannt und leitete die Provinz Süd-Sinai bis zu seiner Pensionierung 1982.

Generalmajor Baqy Zaky Youssef (1931-2018) war der Chefplaner eines der größten militärischen Erfolge, welche die ägyptische Armee bisher erreichte - die angriffsweise Überquerung des Sues-Kanals („Operation Badr") am 6. Oktober 1973, dem Beginn des Yom-Kippur-Krieges („Oktober-Krieg"; حرب اكتوبر).[142] An seiner Trauerfeier in der St. Markus-

---

[142] Geboren in Kairo, absolvierte Baqy Zaky Youssef die Ingenieursfakultät der „Ain Shams"-Universität und trat 1954 in die Pioniertruppe der ägyptischen Armee ein. 1964 war er als Oberstleutnant am Bau des Assuan-Staudammes beteiligt und sammelte dort Erfahrungen in der Technik, große Mengen Sand mittels Hochleistungspumpen abzutragen. Zwischen 1968 und 1969 hatten die Israelis entlang des Sues-Kanals die 160 km lange sog. „Bar-Lev"-Verteidigungslinie zwischen Port Said und Sues - ausgenommen den Großen Bittersee - mit tiefgestaffelten Bunkeranlagen und Minenfeldern errichtet. Sie galt als unüberwindlich. 1964 wurde Baqi zum Kommandeur der mechanisierten Truppen der 19. Mechanisierten Infanteriedivision ernannt. Er nutzte seine Erfahrungen mit Pumpen bei der Planung der Überwindung des Sues-Kanals. Es gelang seinen Soldaten an jenem 6. Oktober, an dem Israel das „Yom Kippur"-Fest feierte, in nur vier Stunden unter Nutzung von Hochleistungspumpen insgesamt 60 Breschen und danach noch weitere 15 in die aufgetürmten Sandbarrieren der Bar-Lev-Linie zu spülen. Dabei wurden 90.000 Kubikmeter Sand bewegt. Auf diese Weise konnten bis gegen 22.00 Uhr desselben Tages etwa 80.000 ägyptische Soldaten - bei nur 87 eigenen Verlusten - auf Kriegsbrücken das Ostufer des Kanals gewinnen und auf die Sinai-Halbinsel vorstoßen. Es war der Schlüssel zum Erfolg. Nach dem Krieg wurde er unter Beförderung zum Brigadegeneral Kommandeur der mechanisierten Division der 3. ägyptischen Armee. 1984 ging er - ausgezeichnet mit dem „Military Order of

Kathedrale in Kairo nahmen u.a. der frühere Premierminister Essam Sharaf und Generalmajor Khaled Mahmoud Nabih als Vertreter von Präsident As-Sisi teil. Bischof Anba Ermia leitete die Zeremonie. Das ägyptische Kabinett nannte den koptischen General in einer Verlautbarung „eine Säule des Stolzes und der Ehre für alle Ägypter".

Generalmajor Shafeek Metry Sedrak befehligte die 3. mechanisierte Infanteriebrigade, die am 6. Oktober 1973 in der ersten ägyptischen Angriffswelle im Rahmen der 16. Infanteriedivision hart nördlich des Großen Bittersees den Mittelabschnitt des Sues-Kanals forcierte, die israelische Bar-Lev-Linie nahm und bis zum Mitla-Pass - etwa 50 km ostwärts von Sues - vorstieß. Er fiel am vierten Kriegstag bei einem Artillerieangriff als einer der ersten ägyptischen Offiziere. Posthum wurde ihm als Erstem der Orden „Stern des Sinai" (سيناء نجمة; Sinai Nagma),[143] die höchste Tapferkeitsauszeichnung des Landes, verliehen. Shafiq Metry Sedrak wurde 1921 in der Nähe von Assiut geboren. Nachdem er die Ausbildung zum Offizier an der Militärakademie erfolgreich absolviert hatte, nahm er 1956 an den Operationen während der Sues-Krise teil. Im Sechs-Tage-Krieg führte er während der schweren Kämpfe bei Abu Ujaylah auf der Sinai-Halbinsel eine Infanterieeinheit und nahm bei der folgenden dreijährigen Auseinandersetzung mit Israel (حرب الإستنزاف; Harb Al-Istinzaf; Abnutzungskrieg) zwischen 1967 und 1970 im Raum Port Said und auf dem Sinai an zahlreichen Gefechten und Kommandooperationen teil. Zwischendurch diente er u.a. als

---

the Republic" (1. Klasse) und der „Medal of the Republic (2. Klasse) - als Generalmajor in den Ruhestand.

[143] Der Orden wurde insgesamt nur etwa 200 Soldaten verliehen, die Hälfte davon posthum. Nach 1973 wurden nur 15 Soldaten posthum ausgezeichnet, die bei einer Anti-Terror-Kommando-Operation auf Zypern fielen.

Taktiklehrer und in Stäben und durchlief mit Auszeichnung das „Nasser Higher Military College".

Der Fallschirmjäger-Unteroffizier (Sergeant) Sayed Zakaria Khalil („Löwe des Sinai"; 1949-1973), geboren in der Nähe von Luxor, gehörte zu der Spezialeinheit (الصاعقة; As-sa´iqa - Blitz) die im Krieg 1973 auf dem Sinai operierte. Er wurde bei Angriffsbeginn im israelischen Hinterland jenseits des Mitla-Passes abgesetzt, mit dem Auftrag, den Vorstoß gepanzerter israelischer Reserven aus dem Norden so lange zu verzögern, um den eigenen Truppen nach der Überquerung des Sues-Kanals Zeit zu schaffen. Doch Khalils Kommando wurde in einem mehrstündigen Gefecht bis auf den letzten Mann, auf ihn, aufgerieben. Ein israelischer Soldat erschoss schließlich auch ihn und begrub ihn mit den Worten: „Er war kein Soldat, sondern ein Löwe. Er allein tötete viele unserer Soldaten und vernichtete zahlreiche Panzer!"[144]

Leutnant Alber Metry Iskaros flog im Yom Kippur Krieg ein einsitziges Kampfflugzeug vom sowjetischen Typ Sukhoi (Su-7) und wurde am 17. Oktober 1973 abgeschossen.

---

[144] Khalils Schicksal blieb zwanzig Jahre lange ungeklärt und wurde erst 1996 bekannt, als jener israelische Soldat, durch den Khalil sein Leben verlor, den heldenhaften Kampf Khalils und dessen Tod öffentlich machte.

Kairo und der Heilige Stuhl

Die diplomatischen Beziehungen zwischen Ägypten und dem Heiligen Stuhl wurden unter Papst Gregor XVI. (1765-1846) Ende Mai 1839 aufgenommen, als dieser einen Apostolischen Delegaten für Ägypten und Arabien berief - d.h. sie sind inzwischen 180 Jahre alt. Bis 1921 wurde dieses Amt von insgesamt sieben Geistlichen[145] wahrgenommen. Im Jahre 1921 errichtet Rom eine offizielle Vertretung in Kairo; erster Apostolischer Delegat war Bischof Andrea Cassulo (1869-1952), der das Amt bis 1927 ausübte. Ihm folgten bis 1947 fünf weitere Prälaten.[146] 1947 nahmen die Arabische Republik Ägypten und der Heilige Stuhl gegenseitig vollwertige diplomatische Beziehungen auf. Der bisherige Apostolische Delegat, Bischof Arthur Hughes (1902-1949), wurde zum Internuntius (auch Pro-Nuntius) ernannt. Ägypten war das erste islamische Land, das diesen Schritt vollzog.

Die offiziellen diplomatischen Bindungen zwischen Ägypten und dem Heiligen Stuhl sind eng und weitgehend ungetrübt. Staatspräsident Mubarak stattete dem römischen Oberhaupt am 13. März 2006 einen offiziellen Besuch ab.

---

[145] Guasco, Perpetuo (1839-1859); Vujcic, Pascal - OFMObs. (1861-1867); Curcia, Luigi - OFMObs. (1866-1881): Chicaro, Anacleto - OFMObs. (1881-1888); Corbelli, Guido (1888-1896); Bonfigli, Gaudenzio (1896-1904) und Briante, Aurelio - OFM; (1904-1921).

[146] Die Bischöfe Valeri, Valerio (1927-1933; seit 1953 Kardinal); Bartoloni, Riccardo (1933); Dini, Torquato (1933-1934); Testa, Gustavo (1934-1942- seit 1959 Kardinal) und Hughes, Arthur (1942-1947).

Abb. 24

Abb. 25

Am 6. November 2008 überreichte Lamia Aly Mekhemar Hamada (*1962)[147] Papst Benedikt XVI. als ägyptische Botschafterin muslimischen Glaubens ihr Beglaubigungsschreiben. Im November 2011 kam es allerdings zu einer kurzzeitigen diplomatischen Verstimmung.

Papst Franziskus und Staatspräsident As-Sisi am 24. November 2014 in Rom

Abb. 26

Die muslimische Welt hatte Äußerungen von Papst Benedikt über den Propheten Mohammed missverstanden, und Kairo rief aus Protest Botschafterin Mekhemar für drei Monate zurück.

---

[147] Die Diplomatin Lamia Mekhemar, mit Studienabschlüssen in Internationalem Recht (New York) und Jurisprudenz (Alexandria), war u.a. Vizekonsul in Rom, Verhandlungschefin bezüglich der Statuten des Internationalen Gerichtshofes und der Gesetzgebung über die Menschenrechte bei den Vereinten Nationen, sowie von 2008 bis 2012 Botschafterin beim Heiligen Stuhl. Danach kehrte sie als Leiterin des Planungsstabes und des Stabes für internationales Krisenmanagement ins ägyptische Außenministerium zurück, bevor sie 2015 den Posten als Generalkonsulin in Los Angeles antrat.

Der ägyptische Botschafter residiert in Rom in der Piazza della Città Leonina, sein Counterpart, der Apostolische Pro-Nuntius[148] in der Nuntiatur auf der Nilinsel Zamalek (5, Sharia Mohamed Mazhar). Der italienische Erzbischof Bruno Musarò (* 1948) nimmt seit Februar 2015 in Kairo - als inzwischen zehnter Nuntius am Nil seit 1947 - diese Aufgabe wahr und vertritt gleichzeitig als Apostolischer Delegat die Interessen des Heiligen Stuhles gegenüber der Arabischen Liga, deren Zentrale ihren Sitz nicht weit entfernt auf dem östlichen Nilufer hat.

Nach außen hin versuchen ägyptische Regierung und Koptisch-orthodoxe Amtskirche aus beiderseitiger Pflicht um die Garantie innerstaatlichen Friedens, Einigkeit zu demonstrieren. Zunehmend ruft die ägyptische Regierung das christliche Erbe ihres Landes in Erinnerung zurück. Im Jahre 2002 wurde das koptische Weihnachtsfest am 7. Januar zum ägyptischen Nationalfeiertag erklärt. Bei offiziellen Anlässen und an hohen religiösen Feiertagen tauscht man auf offizieller Ebene Festtagsgrüße aus - der Groß-Sheikh der Al-Azhar-Universität an den koptischen Papst zum Weihnachts-[149] und Osterfest und umgekehrt letzterer an den obersten sunnitischen Würdenträger zu den beiden muslimischen Eid-Festen (Fastenbrechen am Ende des Ramadans und Opferfest im Pilgermonat Hadsch). Als Papst Shenouda III. im Juni 2006 in

---

[148] Während in zahlreichen Staaten (wie z.B. in Deutschland und Frankreich) der Botschafter des Heiligen Stuhls (Nuntius) automatisch bei Amtsantritt die Rolle des protokollarisch rangältesten Diplomaten (Doyen) im Gastland übernimmt und ihm damit ein Ehren-Vorrang eingeräumt wird, wird er in anderen Staaten nach seiner Anciennität, dem Datum der Überreichung seines Beglaubigungsschreibens, eingeordnet und dann in diesen Ländern als „Pro-Nuntius" bezeichnet.

[149] Das koptische Weihnachtsfest ist - wie Eid Al-fitr (Fastenbrechen am Ende des Fastenmonats Ramadan), Eid Al-adha (Opferfest im Pilgermonat Hadsch), das islamische Neujahrsfest und der Geburtstag des Propheten Mohammed, offizieller ägyptischer Feiertag.

einer Münchner Klinik behandelt wurde, musste der ägyptische Botschafter in Deutschland Mohammed Orabi auf Weisung Mubaraks einen Krankenbesuch abstatten, und bei seinen Auslandsreisen wurde er stets durch die jeweiligen ägyptischen Botschafter wahrgenommen. Im innenpolitischen Diskurs wird die Idee des Einheitsgedanken des ägyptischen Vaterlandes (وطن - Watan), unabhängig von der Religion, von den meisten Parteien und wohl auch von der überwiegenden Mehrheit des Volkes getragen und befürwortet. Lediglich Salafisten und Muslimbrüder streben diese ausschließlich unter muslimischen Vorzeichen an. Und so betont die koptische Kirche ihrerseits ihre staatstragende Haltung und steht z.B. in allen Fragen, welche die Lage der Palästinenser und das Verhältnis zu Israel betreffen, unverbrüchlich auf Seiten der Regierung. Als Zeichen dieser Verbundenheit nahm Papst Shenouda III. im November 2004 an den Trauerfeierlichkeiten für den verstorbenen Palästinenserpräsidenten Jassir Arafat (1929-2004) in Kairo teil. Als der US-Kongress Ende 2017 auf Antrag einiger amerikanischer Rechtsanwälte bei der ägyptischen Regierung wegen systematischer Diskriminierung von Kopten intervenierte, stieß dies auch auf scharfe Kritik der koptischen Kirche, welche sich diese Einmischung in innerstaatliche Angelegenheiten verbat.

Am 24. November 2014 empfing Papst Franziskus den ägyptischen Staatspräsidenten in einer Privataudienz. Präsident As-Sisi ist sichtlich bemüht, das Verhältnis zwischen ägyptischer Regierung und den christlichen Kirchen insgesamt - d.h. gegenüber Koptisch-orthodoxer, Römisch-katholischer Kirche und anderen christlichen Konfessionen - entspannt und freundlich zu gestalten. Selbst, wenn dies in erster Linie politischem Kalkül und weniger eigener Überzeugung entspräche, scheint der Westen diese Haltung noch zu wenig zur Kenntnis zu nehmen und entsprechend zu würdigen.

2.2 Religion im Alltag

Fremd im eigenen Land

Der fast zyklische, seit fast zweitausend Jahren andauernde Wechsel zwischen Entspannung und erbitterter Verfolgung hat die koptische Kirche stark, stolz und widerstandsfähig gemacht. Ägyptische Christen sind leid- und kampferprobt.

Heiligenbilder in einem koptischen Obstladen in Heliopolis

Abb. 27

Keine andere christliche Teilkirche war in ihrer Geschichte so vielen Verfolgungen ausgesetzt und hat dennoch überlebt. Gleichwohl ist die koptische Kirche weder eine Kirche des Schweigens - wie vormals jene im Ostblock - noch eine im Untergrund. Die Kopten verstecken ihre Religion nicht. Im Gegenteil: In zahlreichen kleinen Läden und Geschäften hängen Heiligenbilder an den Wänden, in manchen PKW baumelt ein Rosenkranz am Rückspiegel und beim koptischen Metzger, der das - Muslimen verbotene - Schweinefleisch verkauft, steht eine Madonna auf dem Tresen. Koptische Priester laufen im Talar durch die Stadt. Keinem koptischen Geistlichen würde es einfallen, in der Öffentlichkeit auf geistliche Kleidung zu verzichten. „Er würde auch nie auf die Idee kommen, sein Brustkreuz zu diskret verstecken",[150] - wie es Kardinal Marx und Bischof Bedford-Strohm, der Ratsvorsitzende der EKD, bei einem Besuch der Al-Aqsa-Moschee und der jüdischen Klagemauer in Jerusalem am 20. Oktober 2016 praktizierten.

Beim Überleben haben den Kopten darüber hinaus auch der innere Zusammenhalt, ihre wirtschaftliche und bildungsmäßige Stärke, sowie ihr soziales Engagement geholfen. Neben der bereits erwähnten beruflichen Selbstbeschränkung und den Folgen, die sich aus ihrer Minderheitenlage ergeben, existiert auch eine schleichende und damit oft nur schwer nachweisbare Diskriminierung, z. B. auf dem Arbeitsmarkt, beim Einstieg in einen Beruf, in der Ausbildung, beim beruflichen Aufstieg oder in Form sozialer und wirtschaftlicher Repressalien.

---

[150] Monsignore Joachim Schroedel, Seelsorger der deutschsprachigen Katholiken des Nahen Ostens, in einem im Jahre 2009 geführten Interview („Kirche in Not").

Die Verfassung von 2014 setzte neue Akzente, welche die Christen am Nil verhalten hoffnungsvoll stimmen könnten. Doch ob deren schriftlich verbriefte Grundsätze im Volk nachhaltig verinnerlicht werden und sich letztlich auch im Zusammenleben bewähren, wird sich erst zeigen. Auch das Papier, auf dem Verfassungen geschrieben sind, ist bekanntlich geduldig. Hier ist Skepsis angebracht, denn Gerichtsbarkeit und Rechtssystem mögen zwar säkular geprägt sein, aber die muslimische Mehrheit im Lande bestimmt den Alltag und erwartet von Staat und Gesetzgeber eine gewisse religiöse Legitimierung ihres Handelns und Entscheidens. Dies bedeutet, dass eine latente, kaum auflösbare Spannung zwischen Verfassungsnormen und Verfassungswirklichkeit besteht. Änderungen müssen vom Volk getragen und akzeptiert werden. Werden sie - wie seinerzeit im Iran zu Zeiten des Shahs - zu schnell und ohne Einbeziehung der Bevölkerung umgesetzt, kann sich dies kontraproduktiv auswirken.

Präsident As-Sisi scheint die Herausforderung nicht zu scheuen. So nahm er seit seinem Amtsantritt bereits dreimal hintereinander als erstes muslimisches Staatoberhaupt am koptischen Weihnachtsgottesdienst teil; seine Vorgänger hatten stets Vertreter geschickt. Gegenüber der Koptisch-orthodoxen Kirche scheint er einen ähnlich freundschaftlichen Kurs zu verfolgen, wie seine Vorgänger Nasser und Mubarak. Dabei stieß die präsidiale Unterstützung des Neubaus der Kathedrale „Geburt Christi" in Neu-Kairo, die er als „nationale Aufgabe" deklariert hatte, bei muslimischen Fundamentalisten ebenso auf scharfe Kritik, wie der Einsatz des - muslimische dominierten - Pionierkorps der ägyptischen Armee bei deren Bau und As-Sisis Spende von 100.000 ägyptischen Pfund für die neue Kathedrale. Inzwischen ist Präsident As-Sisi zu einem Garanten politischer Stabilität und des Schutzes christlicher Minderheiten geworden, doch es ist ein nicht ungefährlicher Kampf, in dem er sich mittlerweile befindet. Sadat wählte diesen Pfad zunächst auch und knickte doch später vor der Muslimbruderschaft ein. Leider ist die Unterstützung für As-Sisi aus dem Westen eher verhalten, denn dieser besteht nicht vor den westlichen Gralshütern der Demokratie, ist er doch als General im höchsten Staatsamt vor allem linksorientierten Politikern grundsätzlich suspekt.

Abb. 28

Nimmt man das christliche Erbe im ägyptischen Alltagsleben zur Kenntnis? Fällt es z.B. beim Flanieren durch Kairos Straßen auf? Sicher. Zum einen sind es die zahlreichen christlichen

Kirchen im Stadtbild, zum anderen Verkehrsschilder, die auf christliche Stätten aufmerksam machen.

Im ärmlichen Kairoer Stadtteil Al-Matariya wurde im Juni 2000 im Beisein von Staatspräsident Mubarak ein kleiner, sehr gepflegter Park durch Papst Shenouda III. eingeweiht. Unter dem Namen „St. Mary´s Tree" wird an jene Stelle erinnert, an der die Heilige Familie während ihres ägyptischen Asyls unter einem alten Baum verweilt haben soll.

Park „St. Mary´s Tree" („Shagarat Mariam") im Stadtteil Al-Matariya - im Juni 2000 von Staatspräsident Mubarak und Papst Shenouda III. eingeweiht.

Abb. 29

Da auch die Muslime Maria - wenngleich nur als „Mutter des Propheten Jesus" - verehren, liegt ein solches Zeichen um Verständigung noch innerhalb der Toleranzgrenze, ohne den Konflikt mit strenggläubigen Muslimen herauszufordern.

Im Alltag der Ägypter, gleich welchen Glaubens, erkennt man auf den ersten Blick weder Anzeichen religiöser Spannungen noch einer besonders ausgeprägten Religiosität. Selbst die Nationalhymne enthält - anders als jene des Irans und Saudi Arabiens - keinerlei religiösen Bezug. Sicher, fünfmal am Tag legt sich der aus abertausend Lautsprechern schallende Ruf der Muezzins zum Gebet - bisweilen quakend, manchmal auch melodisch - wie ein akustischer Gebetsteppich über die Stadt. Hin und wieder sieht man in öffentlichen Verkehrsmitteln einen Aufkleber mit der Aufschrift „Erinnere Dich an Allah!" Bisweilen stellt ein besonders Frommer seinen Glauben in der U-Bahn demonstrativ heraus, in dem er aus dem Koran rezitiert oder auf seinem Kassettenrekorder die Lautstärke des predigenden Imams so laut aufdreht, dass die anderen Fahrgäste mithören können. Schweigen und beim der nächsten Halt den Waggon wechseln ist hier besser, denn Kritik könnte schnell falsch ausgelegt werden. Aber die Hektik Kairos bleibt dadurch - anders als in Saudi Arabien - zumindest wochentags völlig unberührt. Nur am Freitag zum Gemeinschaftsgebet sind die Moscheen gut gefüllt, und auch abseits sieht man Männer, die auf provisorisch ausgebreiteten Decken beten. Doch diese vielen Gläubigen sind nichts im Vergleich zum gleichzeitigen gewaltigen Besucheransturm auf den Kairoer Zoo. Auf der anderen Seite ist das Land unübersehbar umgeben, geprägt und durchdrungen von vielgestaltigen westlichen Einflüssen; der „christliche" Kalender ist nur einer davon. Der technologische Fortschritt mit Internet und Satellitenschüsseln, Handys und MP3-Playern ist allgegenwärtig und gefährdet durch sein breites, kaum kontrollierbares Informationsangebot den alleinigen Deutungsanspruch muslimischer

Fundamentalisten. Auf vielen Gräbern selbst strenggläubiger Muslime stehen deren Lebensdaten in beiden Kalendern.

Die koptisch-orthodoxe Weihnachtsmesse, an der regelmäßig hochrangige Politiker auch muslimischen Glaubens teilnehmen, wird vom ägyptischen Fernsehen in voller Länge live übertragen. Dann brechen sogar die kleinen, nicht sonderlich stimmgewaltigen Kirchenglocken, die tagsüber nur selten erklingen, ihr Schweigen. Zieht der Papst in seine Kathedrale ein, unterbricht ihr nächtliches Läuten die Stille, und wenn er - lange nach Mitternacht - seinen Abschlusssegen erteilt, ertönen sie wieder - eine kleine „Rache" für das tägliche, lautsprecherverstärkte Rufen der Muezzins. Das religiöse Oberhaupt der Kopten schließt - wie alle christlichen Würdenträger - den muslimischen Staatschef in seine Fürbitten mit ein.

Doch dann sticht das große Polizeiaufgebot vor den Kirchen, welches der Polizeipräsenz in Deutschland vor Synagogen ähnelt, ins Auge und signalisiert, dass hier Gefahr lauert. Nach einer Presseinformation soll das Innenministerium 2018 insgesamt 230.000 Polizisten im Schichtdienst zum Schutz der 2.626 Kirchen im Lande einsetzen, um die Gefahr terroristischer Angriffe zu verringern.

Am auffälligsten künden die Sicherheitsvorkehrungen der großen Hotels von der Furcht vor religiösen Fanatikern. Die Auffahrt zum eleganten „Four Seasons-Hotel" am Nilufer ist durch je fünf versenkbare, massive Edelstahlrohre mit 20 cm Durchmesser gesichert. Die Gäste werden durch Sicherheitsschleusen gebeten. Diese Maßnahmen sind aber zugleich auch Warnsignale an jene, denen diese Hotels mit ihrem westlich orientierten Eigenleben ein Dorn im Auge sind: Wir lassen uns von euch nicht unterkriegen! Nicht, dass es unter den Gästen, dem Hotel- und dem Sicherheitspersonal keine tiefgläubigen Muslime gäbe, - bisweilen sieht man einen

Kellner in einer Ecke beten - aber die wenigsten tragen ihren Glauben wie eine Standarte vor sich her. Die ägyptische Toleranz lässt jedem seinen Spielraum, und die Regierung As-Sisi scheint diese wieder stärker zu betonen, um gleichzeitig dadurch ein gesellschaftliches Auseinanderdriften zu stoppen und die staatliche Einheit zu fördern.
Tatsächlich lebt die überwiegende Mehrheit der Muslime in Eintracht mit ihren christlichen Nachbarn. Allerdings basiert dieser Burgfriede weniger auf gegenseitiger Anerkennung und freundschaftlichem Miteinander, sondern auf einem weitgehend berührungslosen, desinteressierten Nebeneinander, gepaart mit Misstrauen, nur sehr selten aber auf ausgeprägter Feindschaft. Zudem werden solche durch das Familienrecht - beider Seiten übrigens - erschwert. Wenn Hass, Zwietracht und Unfriede im Spiele sind, dann nicht aus religiösen, sondern aus wirtschaftlichen Motiven, die bisweilen mit pseudo-religiösen Argumenten verbrämt werden. In der Mega-Stadt am Nil bemüht sich jeder, über die vielfältigen Hürden des Alltags zu kommen. Da bleiben für religiöse Dispute weder Zeit noch Kraft. Die Kopten haben durch ein hervorragendes Bildungssystem Wohlstand geschaffen und stellen heute das Bildungsbürgertum. Obwohl sie nur einen geringen Prozentsatz der ägyptischen Bevölkerung ausmachen, liegt ihr Anteil bei akademischen Berufen bei etwa 25 % und bei Führungspositionen in Wirtschaft und Finanzwesen noch darüber.[151] Das weckt oft Neid, der in Aggression mündet. Und so nutzen militante Islamisten Angriffe auf koptische Einrichtungen auch, um die Regierung zu treffen, wissen sie doch, dass jeder Anschlag die sensible Pflanze des für Ägypten lebenswichtigen Tourismus zumindest geraume Zeit an den Rand des Verdorrens und damit die Herrschenden in arge Bedrängnis bringen kann.

---

[151] Allerdings sind sie auch am unteren Ende der sozialen Skala - bei den „Müllmenschen" (Zabbalin) - vertreten.

Gutnachbarliche und bisweilen sogar freundschaftliche Beziehungen, sowie tragfähige soziale Kontakte zwischen Familien unterschiedlichen Glaubens sind, selbst, wenn diese, was eher die Ausnahme ist, Tür an Tür wohnen, selten. Als Richtschnur dabei gilt allgemein: je höher das Bildungsniveau, desto häufiger sind solche inter-religiöse Kontakte. Im sozialen Bereich gibt es zwar Formen der Zusammenarbeit, und auch bei manchen Tagungen werden Vertreter beider Seiten eingeladen. Gleichwohl ist sie aber immer noch sehr begrenzt. Vertrauen zwischen Muslimen und Kopten besteht seltsamerweise vor allem in einem Bereich, der sonst eher von Vorsicht geprägt ist - in der Finanzwelt. So vertrauen nicht wenige muslimische Geschäftsleute ihr Geld eher Kopten als ihren muslimischen Glaubensbrüdern an. Und auch der ägyptische Staat nutzt dies, indem er das Finanzressort sehr oft in die Hände koptischer Minister legte.

Obwohl vielerorts Kirche und Moschee - wegen des gesetzlich festgelegten Mindestabstands von 100 Metern - nur durch eine schmale Straße voneinander getrennt sind, existiert keine „Ökumene" zwischen Kopten und Muslimen z. B. in Form gemeinsamer Projekte oder einer Zusammenarbeit auf Gemeindeebene. Dazu fehlt auf muslimischer Seite die organisatorische Struktur. Überdies hat der Muslim, anders als der Kopte, keine persönliche Bindung an „seine" Moschee oder „seinen" Vorbeter, den Imam. Die medial geschickt in Szene gesetzten sporadischen Treffen hochrangiger Geistlicher beider Seiten gaukeln eine Scheinwelt vor, die es realiter nicht gibt.

Alltägliche Hürden

Auch die vielen, im Laufe der Zeit von der muslimischen Mehrheit aufgebauten bürokratischen Hürden erschweren den Alltag der Christen. Zwar gewährt die ägyptische Verfassung allen Bürgern theoretisch Religionsfreiheit, aber in der Praxis stößt deren Umsetzung auf viele Schwierigkeiten. Im Alter von 16 Jahren erhält jeder Ägypter einen Personalausweis („identity card"), in dem dessen Religion vermerkt ist; damit wird diese öffentlich. Lange Zeit konnte man nur zwischen den drei offiziell anerkannten Religionen Islam, Christentum und Judentum wählen. Angehörige anderer Religionen mussten ihren Glauben entweder verleugnen, oder sie erhielten keinen Ausweis und verzichteten dadurch weitgehend auf ihre Bürgerrechte. Nach einem jahrelangen Rechtsstreit änderte der Staat die Praxis der Ausweisausstellung dahingehend, dass bei Angehörigen anderer Religionen das entsprechende Feld nun durchgestrichen wird.

Interessant sind in diesem Zusammenhang zwei Urteile des Obersten Verwaltungsgerichtshofs vom Februar bzw. Juli 2011, in denen das Gericht entschied, dass es im Fall von Personen, die als Christen zum Islam konvertierten und später zum Christentum zurückkehrten, gestattet sei, in die Personalausweise die Zugehörigkeit zum Christentum wieder aufzunehmen. Wird die Polizei zu einem Unfall gerufen, weiß sie bei der Prüfung des Ausweises sofort um die Religion der am Unfall Beteiligten. Gerät man z.B. als Kopte an einen überzeugten muslimischen Polizisten, dürfte man es schwer haben, selbst, wenn man am Unfall keine Schuld hatte, sein Recht gegenüber dem muslimischen Unfallgegner durchzusetzen.

Die im April 2009 verfügte entschädigungslose Massenschlachtung von etwa 350.000 Schweinen - vordergründig als Maßnahme gegen die Ausbreitung der Schweinegrippe deklariert - entzog vielen koptischen Bauern, Züchtern und Metzgern die Existenzgrundlage. Die Muslimbrüderschaft hatte diese Aktion forciert, gilt das Schwein im Islam doch als „unrein" und der Verzehr von Schweinefleisch als „haram" (حرام; verboten).

Die Kluft zwischen der sunnitischen Mehrheit und der schiitischen Minderheit im Islam ist, was oft übersehen wird, tief und unüberbrückbar. Die Sunniten werfen den Schiiten vor, sie hätten im Jahre 632 Hussein, Enkelsohn des Propheten, ermordet. Sucht eine neue religiöse Gruppierung um offizielle Anerkennung des Staates nach, muss sie zunächst ein Gutachten der Religiösen Abteilung im Innenministerium erwirken. In diesem wird geprüft, ob von dieser Gruppierung eine Bedrohung der nationalen Sicherheit oder des inneren Friedens ausgeht. Dann konsultiert das Innenministerium die beiden führenden Geistlichen Ägyptens, den Sheikh von Al-Azhar und das Koptisch-orthodoxe Oberhaupt, und bittet diese um eine Stellungnahme. Auf dieser Grundlage erarbeitet anschließend das Innenministerium eine Empfehlung, welche - gemeinsam mit dem Antrag - dem Staatspräsidenten zur Entscheidung auf der Basis des Gesetzes Nr. 15 von 1927 vorgelegt wird. 1990 wurde letztmalig nach diesem Verfahren die Gruppe „First Bible Baptist Folk" anerkannt.

Den Zeugen Jehovas hingegen blieb bis heute in Ägypten offizielle Anerkennung verwehrt, obwohl diese dort seit den 1930er Jahren aktiv sind und von 1951 bis 1960 sogar bereits anerkannt waren. Doch dann wurden sie wegen des Verdachts geheimer Zusammenarbeit mit Israel und auf Druck der koptischen Kirche wieder verboten, nachdem die Arabische Liga sie überdies als „Zionisten" eingestuft hatte. Ähnlich erging es den Angehörigen der Baha´i-Religion, die durch das Gesetz Nr. 263 von 1960 illegal erklärt wurde. Unter Nasser wurden alle offiziellen Einrichtungen der Baha´i - darunter Gemeinschaftseinrichtungen wie Büchereien und Friedhöfe - konfisziert. Das „Al-Azhar-Islamic Research Center" stellte 2003 fest, dass die Baha´i „Abtrünnige" (Apostaten) sind. Die Angehörigen der „Kirche Jesu Christi der Heiligen der letzten Tage" (Mormonen) verloren nach über dreißig Jahren ihres Wirkens in Ägypten ihre staatliche Anerkennung.

Öffentliche Kritik am Islam ist nach wie vor gefährlich. Werden religiöse Gefühle verletzt, schwappen Emotionen besonders hoch. Blasphemie war in Ägypten bereits im Strafgesetzbuch (Penal Code) von 1883 eine Straftat, die mit bis zu einem Jahr Haft bestraft wurde. Die heutige ägyptische Verfassung garantiert auf der einen Seite Religions- und Meinungsfreiheit, auf der anderen Seite ist der Islam Staatsreligion und Gotteslästerung ein Straftatbestand. Ägypten ist seit 1982 Signatarstaat des UN-Paktes über bürgerliche und politische Rechte, deren Artikel 19 die Meinungsfreiheit garantiert. Mehrfach, so z.B. 2011, wurde durch den UN-Ausschuss für Menschenrechte die Unvereinbarkeit zwischen dem Blasphemie-Paragraphen und der Verpflichtung des UN-Paktes bestätigt. Und so gleicht die praktische Umsetzung zwischen diesen kaum vereinbaren Elementen tatsächlich einer Gratwanderung. Der gläubige Muslim unterliegt zudem der Pflicht (واجب ; wagib bzw. فرض ; fard), für die Einhaltung der religiösen Pflichten - für das Gute einzutreten und Schlechtes zu verhüten - einzutreten (حسبة ; hisbah). Diese Auflage wird durch die §§ 89 und 110 des Gesetzes Nr. 78 von 2003 unterstützt, nach denen jeder Ägypter das Recht besitzt, Strafantrag zu stellen, falls er der Auffassung ist, eine dritte Person hätte dagegen verstoßen.

Vor allem Geistliche, Schriftsteller, Publizisten, Menschenrechtsaktivisten, Journalisten, liberale Muslime und religiöse Minderheiten - zu denen auch die Schiiten in Ägypten zählen - geraten dadurch häufig und gemessen an der Zahl der Fälle weitüberdurchschnittlich ins Fadenkreuz dieser Rechtsauslegung. Wie schwierig dabei die Interpretation ist, wird auch in westlich liberal geprägten Staaten häufig deutlich.

Der Koran schreibt keine irdische Strafe für Gotteslästerung vor, sondern rät zu einer gelassenen Haltung, nämlich jener, mit Spöttern des Glaubens weder zu verkehren noch mit ihnen zu diskutieren. Sunnah (Überlieferung) und Shari'a hingegen fahren einen schärferen Kurs; danach fordern die meisten Rechtsschulen die Todesstrafe.

In Abweichung dazu legt Artikel 98 F des ägyptischen Strafgesetzbuches - ergänzt durch das Gesetz Nr. 147 von 2006 - das Strafmaß fest für „Blasphemie" fest:

> „Eine Haftstrafe für einen Zeitraum von nicht weniger als sechs Monaten und nicht mehr als fünf Jahren, oder eine Geldstrafe von nicht weniger als 500 Pfund und nicht mehr als 1.000 Pfund für jeden, welcher in Reden, durch Schreiben oder auf andere Weise, mit extremen Ideen Streit anzettelt, um eine der drei „himmlischen" Religionen (d.h. Islam, Christentum und Judentum) oder eine ihrer Sekten zu diffamieren oder zu beleidigen und dadurch die nationale Einheit oder den sozialen Frieden gefährdet."

Nach den Artikeln 160 und 161 sind überdies strafbewehrt,

> „Wer die Abhaltung von Ritualen eines Glaubensbekenntnisses oder einer damit verbundenen religiösen Zeremonie stört oder diese mit Gewalt oder Bedrohung behindert",

sowie

> „Druck und Veröffentlichung eines Buches, das von Mitgliedern einer Religion, deren Rituale als heilig angesehen wird sind öffentlich zugänglich, wenn ein Text dieses Buches in einer Weise widergegeben wird, der pervertierend ist oder seine Bedeutung ändert. sowie: Imitieren einer religiösen Feier an einem öffentlichen Ort oder in einer öffentlichen Gemeinschaft mit dem Ziel, diese Ritual lächerlich zu machen."

Das Strafmaß liegt damit zwar weit unter der Forderung der Shari´a und eher auf jener „gelassenen" des Korans, doch allein die Strafandrohung grenzt die freie Meinungsäußerung ein, zumal das Verb „diffamieren" nicht definiert ist und dadurch einer breiten, bisweilen auch willkürlichen Auslegung Tür und Tor geöffnet sind. Dadurch eignet sie sich grundsätzlich als Werkzeug zu Zensur und als Hebel, um - politische, private oder berufliche - Gegner, die man auf anderer Weise nicht ausschalten kann, mundtot zu machen. So kann die Veröffentlichung eines Buches ohne vorherige Genehmigung durch das „Islamic Research Council" (IRC) der Al-Azhar-Universität zu dessen Verbot führen. Auch der Tatbestand der Gefährdung von öffentlicher Ordnung und Sicherheit unterliegt der Interpretation. Befürworter der Blasphemie hingegen argumentieren, dass diese eine Verletzung der Meinungsfreiheit wäre und dadurch ihr durch die Verfassung garantierter Schutz verloren ginge. Die parlamentarische Opposition, Minderheiten und Atheisten in Ägypten versuchen seit langem, Paragraph 98 F zu ändern; bisher jedoch vergeblich. So wurde im Februar 2016 ein diesbezüglicher Antrag der Abgeordneten Mona Mounir (في حب مصر;Fi hub misr - „For the Love of Egypt"-Liste) und weiterer 50 Parlamentarier postwendend von der Regierung zurückgewiesen. Fairerweise muss man einräumen, dass dadurch - selbst, wenn es zu einer gesetzlichen Änderung käme - die Alltagswirklichkeit und die Mehrheitsmeinung in der Bevölkerung nicht schlagartig geändert würde. So ist z.B. in Deutschland trotz seit jahrzehntelanger verbriefter Trennung von Staat und Religion die Meinung weit verbreitet, dass Religion und religiöse Gefühle durch sog. künstlerische Aktionen und Satirebeiträge bisweilen arg strapaziert und die Grenzen der sog. Freiheit der Kunst dabei überschritten werden, selbst, wenn Gerichte dies anders beurteilen. In Ägypten wird durch fanatische Extremisten der muslimischen Mehrheitsgesellschaft bisweilen übersehen, dass Paragraph 98 F nicht nur den Islam vor Angriffen schützt, sondern auch dann greift und angewandt werden sollte, wenn Muslime Christen diffamieren. Hier aller gibt es ein Ungleichgewicht: Von den 36 Verfahren, die wegen Verletzung des Paragraphen 98 f in den Jahren 2011 und 2012 vor Gericht verhandelt wurden, waren 35 (d.h. 97%) wegen Beleidigung des Islams und nur einer wegen Beleidigung von Christen. Seit 2011 ist ein genereller Anstieg der Anzeigen zu beobachten. Nach einer Studie der „Egyptian Initiative for Personal Rights" (EIPR) wurden 41 % aller Gerichtsverfahren wegen des Tatbestands der Gotteslästerung (Blasphemie - التجديف ; At-tagdef oder auch: سبّ الله ; sabb allah oder سبّ الرسول sabb ar-rasul), - gemäß § 98 (f) des ägyptischen Strafgesetzbuches von 1937, ergänzt durch das Gesetz Nr. 147/2006 - die zwischen dem 25. Januar 2011 und dem 31. Dezember 2012 verhandelt wurden, gegen christliche Angeklagte geführt. So wurde z.B. ein Internet-Blogger und Tierschutz-Aktivist 2016 zu einer dreijährigen Freiheitsstrafe wegen „Beleidigung einer Religion" verurteilt, als er das Massenschächten von Schafen zum Opferfest am Ende des Pilgermonats als „Tierquälerei" bezeichnete.

Umso erstaunlicher war die Aussage des muslimischen und keineswegs als liberal geltenden[152] Justizministers Ahmed Al-Zind, der im März 2016 auf die Frage, ob auch Journalisten verhaftet werden könnten, antwortete:

> „Wir werden jeden bestrafen, der Gesetze verletzt, und wenn es der Prophet selbst wäre!"

Der Minister wurde daraufhin sofort entlassen.

Erschwerter Kirchenbau

Vor dem Bau oder auch nur der Renovierung von Kirchen müssen Christen in Ägypten viel Geduld aufbringen; in gewisser Weise erinnert dies an das langwierige

---

[152] So hatte er z.B. einerseits erklärt, Söhne der Zabbalin (Müllsammler) könnten kein Richteramt ausüben und verteidigte die Hinrichtungen von Muslimbrüdern, trat andererseits aber für traditionelle Shari´a-Strafvollstreckung wie Enthauptung und Amputation von Gliedmaßen bei Abfall vom Glauben, bzw. Ehebruch und Diebstahl ein.

Verfahren, wenn Muslime in Deutschland eine Moschee errichten wollen. Lange Jahre bestimmte ein Erlass des Osmanischen Reiches von 1856 (Hamayouni-Dekret), dass Nicht-Muslime für den Bau einer Gebetsstätte eine Genehmigung des Präsidenten benötigen.

Verwaltungsauflagen beim Kirchenbau in Ägypten
(Die sog. „El-Ezabi-Konditionen" von 1934)

1. Ist das zu bebauende Grundstück ungenutzt oder ist es Agrarland, und gehört das Grundstück dem Antragsteller?
2. Wie groß ist der Abstand zu den Moscheen der Umgebung?
3. Leben um die geplante Kirche überwiegend Christen oder Muslime?
4. Sofern auch Muslime dort wohnen: Sind diese mit dem Bau einverstanden?
5. Gibt es in dem Ort bereits eine Kirche dieser Glaubensrichtung?
6. Wie groß ist die Entfernung zwischen der geplanten Kirche und der bereits bestehenden?
7. Wie hoch ist die Zahl der dort lebenden Christen?
8. Ist die zu bauende Kirche nahe an Nil-Brücken, Einrichtungen des Ministeriums für Bewässerung oder Eisenbahnstrecken, so müssen auch diese Behörden dem Bau zustimmen.
9. Der Antrag muss alle obigen Fragen genau beantworten, überdies einen Lageplan beifügen, auf dem die Entfernung zu allen öffentlichen Gebäuden der Umgebung vermerkt ist und ist dann dem Ministerium vorzulegen.
10. Der Antragsteller muss entsprechende Bauzeichnungen im Maßstab von 1 : 1.000 beifügen, unterzeichnet vom Geistlichen der Gemeinde und dem zuständigen Ingenieur. Die örtliche Behörde prüft danach die Angaben, unterzeichnet sie und legt sie auf dem Dienstweg vor.

Quelle:
Fastenrath, Christian und Kazanjian, Corin, „Important Factors for Church Building in Egypt" in: Arab-West-Report Nr. 4, April 2008;

Abb. 30

1934 wurde dieser durch eine Verordnung des damaligen Innenministers Al-Ezabi Pascha in einer Zehn-Punkte-Liste geändert.

Geschäft mit Devotionalien in Heliopolis

Abb. 31

Anfang 1998 wurde die Entscheidung über Kirchenrenovierung auf die Provinzgouverneure delegiert, und Ende 1999 hob Präsident Mubarak auch diese Bestimmung auf. Seither unterlag die Renovierung allein den allgemein üblichen Bauvorschriften. Doch dies führte nicht zu einer Verkürzung der Genehmigungszeit, weil die - muslimisch dominierten - örtlichen Behörden oft zusätzliche Hürden aufbauten. Diese Vorschriften berührten aber nur die Renovierung und nicht den Neubau von Kirchen; dafür gelten noch die alten Regelungen.

Viele koptische Bischöfe hatten in der Vergangenheit darüber geklagt, dass es oft Monate dauerte, bis sie einen Termin bei ihrem örtlichen Gouverneur bekämen, um Anliegen oder Beschweren vortragen zu können. Der direkte Weg zum Präsidenten wäre oft schneller, doch sie möchten kein präsidiales Wohlwollen, sondern nur ihre gesetzlich verbrieften Rechte in Anspruch nehmen.

Manche koptischen Priester beklagten, dass sie selbst für eine bereits seit Jahrzehnten bestehende Kirche, die nur renoviert werden soll, die ursprüngliche amtliche Baugenehmigung beibringen müssten, was oft unmöglich ist, da diese zum Zeitpunkt der Errichtung - z.B. während der ägyptischen Monarchie - noch gar nicht erforderlich war.

Andere Behörden wiederum verlangten selbst für Routinemaßnahmen, wie den Neuanstrich einer Außenmauer oder einen neuen Wasseranschluss, einen Berg an Dokumenten.

In Dafesh bei Assiut[153] in Mittelägypten, einem mehrheitlich von Kopten bewohnten Ort, sollte die zu klein gewordene St. Georg-Kirche durch einen Neubau ersetzt werden. Im Jahre 2000 lag dafür die Genehmigung des zuständigen Gouverneurs vor. Doch kurz nach Baubeginn wurde die Baustelle verwüstet. Danach wurden die Baumaßnahmen mit der Begründung gestoppt, es hätte nur die örtliche Genehmigung, aber nicht die des Präsidenten vorgelegen. Seitdem ruht das Vorhaben.

Der Verfassungsentwurf von 2012, erarbeitet von einem sunnitisch-dominierten Gremium, trat zum Glück für die Kopten nicht in Kraft, denn er hätte christliche Baumaßnahmen weiter erschwert. Bischof Zakaria hatte den Entwurf als „Werk fundamentalistischer Muslime" bezeichnet und gesagt:

---

[153] 2017 hatte Assiut 462.061 Einwohner; sie ist eine der ägyptischen Städte mit dem höchsten Anteil koptischer Christen.

> *„Es war schon zu Zeiten von Präsident Mubarak schwierig, die Erlaubnis zur Reparatur einer Kirche zu erhalten, aber jetzt wird es noch schwieriger sein. Und es wird noch schlimmer für die schiitischen Muslime, die Bahai, die Buddhisten und andere, die von der Verfassung noch nicht einmal anerkannt werden."*

2014 wurden die Bauauflagen unter Präsident As-Sisi zunächst gelockert, bevor das ägyptische Parlament im August 2016 ein Gesetz erließ, das die bisherigen Beschränkungen weitgehend aufhob. Tatsächlich ist dies inzwischen offenbar wirksam; so sah der Autor doch bei einem Besuch im Mai 2019 mehrere Kirchenneubauten in New Cairo.

Schranken bei Ehe und Familie

Zwar waren im 19. Jahrhundert große Teil des ägyptischen Rechtssystems säkularisiert worden, doch im Familienrecht blieb die Bindung an den Islam bestehen. Das ägyptische Recht kennt keine Zivilehe, und so bestimmt die Zugehörigkeit zur jeweiligen Religion die Anwendung der dafür geltenden Rechtsnormen.

Für muslimische und nicht-muslimische ägyptische Paare gilt gleichermaßen der ungeschriebene Grundsatz:

> *„Ohne religiösen Segen findet die eheliche Gemeinschaft keinerlei gesellschaftliche Anerkennung und ist zum Scheitern verurteilt."*

Das islamische Recht - unabhängig von Sunniten und Schiiten, aber auch von der jeweiligen Rechtsschule[154] - sieht eine Rangabstufung

---

[154] Im Islam gibt es folgende 8 Rechtsschulen: 4 sunnitische Schulen: Hanafiten, Malikiten, Shafiiten und Hanbaliten; 2 schiitische Schulen:

- zwischen Mann und Frau und
- zwischen Muslim und Nicht-Muslim

vor. Danach besitzt der Mann innerhalb der Ehe die Autorität (ولاية; wilaya) über die Frau. Dies ist zwar nicht expressis verbis im ägyptischen Recht verankert, aber Teil der Rechtspraxis und inzwischen durch Artikel 280 des Dekrets zur Organisation der Shari´a-Gerichte bezüglich der Personenstandsangelegenheiten festgeschrieben und wird bei Muslimen und Nicht-Muslimen gleichermaßen angewandt. Dies bedeutet, dass es eine freie Partnerwahl nur bei Erfüllung bestimmter Vorgaben gibt; Beispiele dazu:

- Möchte ein nicht-muslimischer Mann eine muslimische Frau heiraten, so ist dies - wegen der erwähnten „wilaya", nach der ein Nicht-Muslim keine Autorität über einen Muslim ausüben darf - nur dann möglich, wenn der Mann vorher zum Islam konvertiert.

- Tritt die muslimische Frau hingegen zum Christentum über, so wird die Ehe nicht anerkannt, was bereits mehrfach höchstrichterlich[155] entschieden wurde.

- Heiratet im umgekehrten Fall ein muslimischer Mann eine nicht-muslimische Frau, so muss diese nicht zum Islam konvertieren. Allerdings werden die Kinder aus dieser Ehe automatisch als Muslime betrachtet. Eine Umgehung dieser Regelung durch Eheschließung im westlichen Ausland zu umgehen, ist zwar möglich,

---

Dshafariten und Zaidite, sowie je eine Schule bei den Ibaditen und den Salafiten.

[155] z.B. durch das Appellationsgericht von Alexandria 1972 und 2008 durch das oberste Verwaltungsgericht.

jedoch müsste die Ehefrau bei Rückkehr nach Ägypten mit Bestrafung wegen Abfalls vom Glauben (Apostasie) rechnen, und die Kinder würden einem muslimischen Vormund zugeteilt.

Über den Prozentsatz von Mischehen in Ägypten, auch solchen mit Ausländern, liegen keine Daten vor; sie dürften aber selten sein, denn die meisten Ehen in Ägypten sind auch heute noch arrangiert, und das soziale Ansehen einer Familie und ihre Einbettung in die Gesellschaft erfolgt - wie erwähnt - primär über die sie umgebende Religionsgemeinschaft.

Allerdings praktiziert auch die Koptisch-orthodoxe Kirche strenge Regeln hinsichtlich der Partnerwahl:

- Koptinnen, die einen Muslim zum Manne nehmen, werden exkommuniziert.
- Nicht-Kopten, die einen koptischen Ehepartner nehmen, müssen zur orthodoxen Kirche übertreten.
- Koptische Männer dürfen keine Muslimin heiraten.
- Selbst nicht-koptische Christen, die einen Kopten heiraten möchten, müssen vorher zum koptischen Ritus wechseln.

Die Zivilehe wird seitens der Kirchenleitung strikt abgelehnt.

Wie überall auf der Welt scheitern Ehen auch in Ägypten. Für Muslime ist die Scheidung relativ einfach. Die koptische Gemeinde hingegen ist in dieser Frage zerstritten. Vor allem der verstorbene Papst Shenouda III. lehnte eine Scheidung strikt ab und beharrte auf seinen Befugnissen, da die Ehe nach koptischer Lehre ein Sakrament und kein Verwaltungsakt ist, und er überdies befürchtete, seine Autonomie in dieser Frage würde durch die Einführung der Zivilehe ausgehöhlt. Nur in den folgenden neun Ausnahmefällen[156]

- Ehebruch,
- Abkehr vom christlichen Glauben,
- mehr als fünfjährige, unbekannte Abwesenheit eines Ehepartners
- Haftstrafe von mehr als sieben Jahren,
- unheilbare Geisteskrankheit,
- Impotenz,
- Schwere Misshandlungen eines Partners mit anschließender Trennung von mehr als drei Jahren,
- Unmoralischer Lebenswandel eines Partners und
- Wechsel ins Mönchleben

ist eine Scheidung möglich. Da diese Kriterien aber von einem Laiengremium stammen, wurden sie von der Geistlichkeit, die nur zwei Kriterien - Ehebruch und Konversion zum Islam - anerkennt, abgelehnt. Koptische Paare, deren Trennung am restriktiven koptischen Scheidungsrecht scheitert, konvertieren daher nicht selten zum Islam, um ihre Absicht rechtsgültig durchzusetzen.

Ein Folgeproblem nach Scheidungen ist die Frage nach dem Sorgerecht für die Kinder. Auch hier greift in Ägypten das islamische Recht mit der erwähnten Autorität des Vaters, die auch gegenüber den Kindern bis zu deren Volljährigkeit im Alter von 21 Jahren wirksam ist und deren religiöse Orientierung einschließt. So werden die Kinder aus einer koptischen Ehe dem Vater zugesprochen, auch, wenn dieser zum Islam konvertierte, um sich scheiden zu lassen.

---

[156] Die ägyptische Regierung legte diese Gründe bereits 1938 verbindlich fest. Papst Shenouda verweigerte ihnen jedoch später die Anerkennung.

Das ägyptische Erbrecht basiert auf dem islamischen Recht, wonach muslimischen weiblichen Erben nur die Hälfte des Erbteils männlicher Erben zusteht. Christliche Witwen von Muslimen haben kein unmittelbares Erbrecht, können aber testamentarisch bedacht werden.

In einem Punkt sind sich Kopten und Muslime einig: In der Frage vorehelicher, bzw. außerehelicher Kontakte zwischen den Geschlechtern. Zwar sind sexuelle Reize in der Kairoer Öffentlichkeit allgegenwärtig, doch ihre Befriedigung ist schwierig und erfordert Mut und Phantasie.

- In der Anonymität der Millionenstadt einfach untertauchen? Nicht möglich.
- Als Student oder Studentin in einer WG leben? Undenkbar!
- Eigene Wohnung als Single? Nein!
- Ungestörtes Treffen mit Freund oder Freundin? Möglich, aber höchst riskant!
- Allein in den Urlaub fahren? Nicht möglich!
- Freie Partnerwahl? Eher selten!
- Liebesheirat steht gegen Tradition der Vernunftehe - kommt vor, ist aber Ausnahme.
- Zärtlichkeit in der Öffentlichkeit? Bestenfalls Händchenhalten. Küssen ist tabu.
- Der Kuss gilt als Heiratsversprechen.

Gefühle stören das Konzept der ehelichen Verbindung, das traditionell auf Vernunft basiert. Liebe gilt als unkalkulierbarer Störfaktor einer Heirat. Ebenso wie man im Vollrausch keinen Vertrag unterschreiben sollte, lehnen es Muslime wie Kopten ab, die gemeinsame Zukunft ihrer Kinder auf Gefühlen zu gründen. Doch moderne Arbeitswelt und die Kommunikationstechniken des 21. Jahrhunderts erschweren sehr zu deren Leidwesen die moralische Wächterrolle strenger

Eltern, Verwandter, Nachbarn und Geistlicher bezüglich weitgehender Geschlechtertrennung, doch der gesellschaftliche und soziale Grundkonsens ist in dieser Frage in Ägypten religionsübergreifend noch weitgehend intakt.

Abb. 32

So wird z.B. den Mädchen von Kindesbeinen an eingetrichtert, Gefühle auch dann nicht zu zeigen, wenn man dies möchte und sich nicht leichtfertig in ein Abenteuer zu stürzen. Das arabische Verb „thaluqa (ثلق) bedeutet - u.a. neben „belasten" und „erschweren" - auch „belästigt werden". Es wird überdies benutzt, um das Verhalten einer jungen Frau auf das Werben eines Mannes zu beschreiben, in dem sie - im wohldosierten Wechsel zwischen Stopp und Go - mit Gleichgültigkeit reagieren soll, selbst, wenn ihre Gefühle eine andere Sprache sprechen. Auch in ihrer strikten Ablehnung der Prostitution herrscht Einigkeit zwischen Kopten und Muslimen. Im Bericht des „US-Department of State" (Außenministerium) von 2018 wird Ägypten als „Quelle, Durchgangsland und Ziel" für Sexdienstleistungen bezeichnet; besonders Kinder und Jugendliche der armen Bevölkerung wären als deren Opfer gefährdet. Unter Umgehung des verbotenen, mit hohen Strafen belegten Sex-Tourismus würden vor allem reiche Männer aus den Golfstaaten häufig die legale Form der „Ehe auf Zeit" (auch- „Sommer-Ehe") wählen, welche - als Nikah Al-mutt'ah (نكاح المتعة) bezeichnet - bei Schiiten erlaubt ist. Sie wird gegen Zahlung eines auszuhandelnden Brautpreises für eine Dauer ab einer Stunde ohne Formalitäten, d.h. auch nicht vor einem Qadi, geschlossen. Pflichten und Rechte, wie Unterhalt und Erbschaft, bleiben ausgeklammert.

In Ägypten erlaubt die Regierung offiziell keine Konversion vom Islam zu einer anderen Religion. Für solche, die diesen Schritt (ردة ; Ridda oder Irtidad; ارتداد - Apostasie) dennoch vollziehen, wird von zahlreichen Politikern und Religionsgelehrten sogar die Todesstrafe gefordert.[157] Über Zahlen einer Konversion vom Christentum zum Islam schweigen beide Seiten. Patriarch Antonios nannte zwar die Zahl von „zwischen 10.000 und 20.0000 pro Jahr, wies aber einschränkend darauf hin, dass dies nur die Schätzungen einiger und überdies die Hintergründe im Dunkeln wären. Oft ist hier allerdings, wie erwähnt, das

---

[157] Im Koran wird der Abfall vom Glauben etwa 13-mal erwähnt, aber ohne Strafbewehrung; in der Sunnah, der Überlieferung hingegen, ist er in fast allen Rechtsschulen mit der Todesstrafe belegt.

Familienrecht der Auslöser und nicht religiöse Überzeugung. Konvertiten vom Islam zum Christentum verlieren jegliches Erbrecht.

Spuren der Gewalt

Im Verhältnis zur muslimischen Mehrheit und der Tatsache, dass der Islam in Ägypten Staatsreligion ist, heißt die Devise der koptischen Kirche: „Wir verstecken uns nicht, fordern aber die muslimische Mehrheit auch nicht heraus". Doch diesen Kurs zu verfolgen, ähnelt einer Gratwanderung.

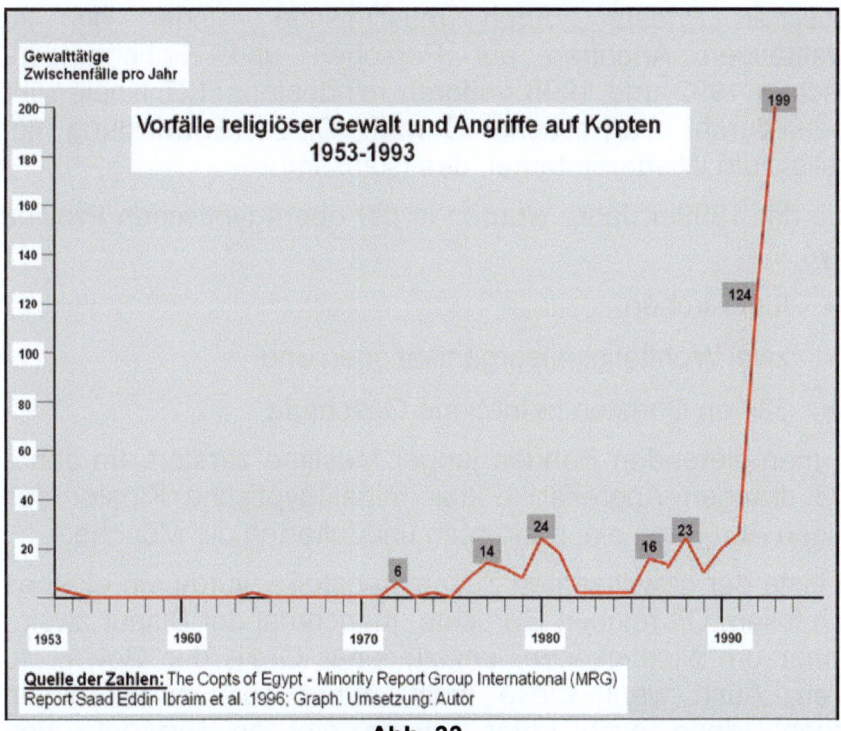

Abb. 33

Dies trifft in besonderer Weise auf christliche Feste zu, die, wie z.B. Prozessionen, in der Öffentlichkeit begangen werden.

Musik und Tanz sind strenggläubigen Muslimen generell suspekt. Da stößt deren brüchige Toleranz, wie in manchen Dörfern Oberägyptens, wo viele heimgekehrte Gastarbeiter aus Saudi-Arabien leben, schnell an ihre Grenzen. Kirchen, Geschäfte und Wohnhäuser von Kopten werden geplündert und zum Raub der Flammen.

Die Abbildung 33 zeigt allerdings auch, dass das Zusammenleben in der zweiten Hälfte des 20. Jahrhunderts über Jahre weitgehend friedlich verlief. Erst in den letzten zwei Jahrzehnten des 20. und im ersten Jahrzehnt des 21. Jahrhunderts kam es zu einer massiven Verschlechterung.

Die Bandbreite reichte von alltäglichen Beleidigungen koptischer Priester durch muslimische Kinder bis zu gewalttätigen Angriffen auf Personen und Einrichtungen; zwischen 1992 und 1998 verloren mindestens 127 Kopten ihr Leben durch islamistische Gewalt. Diese Entwicklung lief parallel zum Wiedererstarken des Islamismus.

Ende der 1990er Jahre wurden in der oberägyptischen Provinz Minya

- fünf Kirchen,
- zwei Wohltätigkeitsorganisationen und
- 38 von Christen betriebene Geschäfte

von marodierenden Banden junger Muslime zerstört. Im Jahre 2008 drangen Angreifer in das mittelägyptische Kloster des heiligen Abu Fana ein, bedrohten und folterten die Mönche.

Die Liste der gewaltsamen Zusammenstöße würde ein eigenes Buch füllen. Oft reichen Gerüchte, manchmal der Disput zweier Männer um Nichtigkeiten, um zu einer Orgie der Gewalt zu führen. Auch wenn diese nicht immer nur von Muslimen ausgeht, denn auch unter Kopten gibt es Hitzköpfe und Aufwiegler, tragen die Kopten allein wegen der schieren zahlenmäßigen Übermacht der Muslime, nahezu allein die daraus resultierenden Opfer in menschlicher und materieller Hinsicht.

Enthauptung von insgesamt 21 jungen koptischen Gastarbeitern nahe der libyschen Stadt Sirte durch Mörder der Terror-Organisation des sog. „Islamischen Staates" (IS) im Februar 2015

Abb. 34

Das Hauptrisiko hinsichtlich des Zusammenlebens lauert in der ägyptischen Unterschicht. Arm, arbeitslos und ungebildet ist sie leichte Beute für religiöse Scharfmacher, zumal, wenn die Aggressivität der anonymen Masse durch finanzielle Zuwendungen beeinflusst und gesteuert wird. Eine kleine Minderheit radikaler Muslime nimmt das Postulat „Staatsreligion" als Freibrief für Gewalt gegen Nicht-Muslime.

Nach Angaben des vormaligen Bischofs von Minja, Naguib, dem späteren Koptisch-katholischen Patriarchen, verloren allein zwischen 1992 und 1997 etwa 220 Christen durch islamistische Extremisten ihr Leben. Danach war - nach inoffiziellen

Schätzungen - die Zahl der Todesopfer zunächst rückläufig und auf unter 80 gesunken, bevor sie seit 2015 wieder anstieg.

Die weltweite Renaissance des Islamismus, gepaart mit terroristischen Anschlägen, wirkte sich auch in Ägypten aus. Nicht übersehen werden kann allerdings, dass ein Zusammenhang zwischen dem Agieren des Westens, insbesondere der USA, gegenüber muslimischen Ländern (z.B. Afghanistan, Irak, Pakistan, Palästina und Syrien) und dem Aufstieg des Islamismus besteht. Mit der Anwendung islamischer Gesetze und Normen auf alle Gruppen der Gesellschaft mehrten sich in den letzten Jahren in Ägypten Gräueltaten und Gewalt gegen koptische Christen. Die Liste ist lang, und ihre Aufzählung würde den Rahmen dieser Darstellung sprengen.

Als Beispiele seien die Unruhen von 1998 und das Massaker in der oberägyptischen Stadt Kosheh im Jahre 2000 erwähnt. Koschehs Bevölkerung besteht aus etwa 35.000 Personen, die zu ca. 70 % koptische Christen sind. Bei der ersten blutigen Auseinandersetzung wurden 1998 zwei Kopten ermordet. Zunächst wurden zahlreiche Kopten, darunter auch der Bischof und mehrere Priester, verhaftet. Die Aufklärung der Tat verlief im Sande. Zwölf Jahre später, am 2. Januar 2000, kam es zu einem Blutbad durch aufgehetzten muslimischen Mob, bei dem 21 Kopten und etwa 19 Muslime ihr Leben verloren. Verurteilt wurde nur ein einziger Muslim - wegen fahrlässiger Tötung eines anderen Muslims. Die Sicherheitskräfte griffen - wie sooft - nicht ein. Offenbar sehen sich nicht wenige muslimische Polizisten in erster Linie ihrer Religion und erst in zweiter Linie der Sicherheit aller Bürger ihres Landes gegenüber verpflichtet. Auch dies ist zweifelsohne ein Grund, weshalb koptische junge Männer Armee und Polizei als Berufsfelder eher meiden.

Einer der traurigen Höhepunkte in jüngster Zeit war die Enthauptung von 21 entführten koptischen Gastarbeitern im Nachbarland Libyen durch den sog. „Islamischen Staat" (IS) im Februar 2015. Ihrem Märtyrertum zu Ehren wurde auf Weisung von Staatspräsident As-Sisi in dem oberägyptischen Ort Al-Or eine Kirche errichtet, in der sie beigesetzt wurden, nachdem man ihre im Sande verscharrten Leichen 2 ½ Jahre später gefunden hatte.

Touristinnen im Khan Al-Khalili Souq der Altstadt von Kairo

Abb. 35

Auch Gewalt gegen Frauen kann hier lediglich als Schlagwort angeführt werden. Frauen werden in der patriarchalisch strukturierten arabischen Welt, d.h. nicht nur in Ägypten, doppelt diskriminiert - als Bürgerinnen und als Frauen; für Koptinnen kommt eine dritte Form, die wegen ihrer Religion, hinzu. Immer wieder gibt es Meldungen, dass koptische Frauen und selbst minderjährige Mädchen entführt werden, um danach, zwangsweise zum Islam konvertiert, mit muslimischen Männern verheiratet zu werden. In der oberägyptischen Region um Nag Hammadi wurden zwischen 2011 und 2014 72 Kopten Opfer von Entführungen mit Lösegeldforderungen, drei davon wurden von ihren Entführern ermordet.

Zu Übergriffen und Gewaltausbrüchen kommt es bisweilen auch gegenüber Touristen, wobei der Grund häufig in deren Nichtbeachtung landesüblicher Gepflogenheiten zu suchen und daher nur vordergründig religiös motiviert ist. Für Ägypter ist es abstoßend und in gewisser Weise auch beleidigend und daher kaum nachvollziehbar, wenn z.B. Touristen in westlich-legerer, bisweilen nicht allzu geschmackvoller Freizeitkleidung durch den Souq der Kairoer Altstadt flanieren, ganz zu schweigen von dem Nackt-Auftritt eines dänischen Paares auf einer Pyramide Ende 2018. Solch ein Auftreten, bisweilen gepaart mit einem „Für-billiges-Geld-die-Sau-raus-lassen" in den Touristenzentren am Roten Meer, bestärkt Muslime und koptische Christen in ihrem Vorurteil von dekadenter westlicher Kultur.

3. Die Kopten

Das Wort „Kopte" ist vom griechischen Wort für Ägypter - „Aigyptios" (Αιγύπτιος) - abgeleitet. Die koptische Kultur - von Mentalität, Denken, Kunst und Architektur bis hin zum Handeln im Alltag - ist bis heute von der altägyptischen, pharaonischen Vergangenheit geprägt und beeinflusst. Daher verstehen sich die Kopten als die Ureinwohner des Landes, als die wirklichen Ägypter und Nachfahren der Pharaonen, denn die arabischen Eroberer kamen erst im 7. Jahrhundert. Sie brachten ihre Religion, ihre Kultur und ihre Sprache mit und bezeichneten das Land am Nil als „Haus der Kopten" (دار القبط; Dar Al-qibt). Heute nennen sich die Ägypter auf Arabisch „Misryun" (مصريون) und die Kopten sich selbst nicht als Kopten, sondern als Christen.

Seltener hingegen wird das alt-ägyptische, mit vier Hieroglyphen geschriebene Wort „Kemet"[158] für Ägypten benutzt, das „schwarzes Land" bedeutet, nach dem fruchtbaren, schwarzen Nilschlamm.
Die koptische Kirche, als älteste Kirche Afrikas, ist zugleich eine der ältesten christlichen Gemeinschaften der Welt, deren Einfluss auf das übrige Christentum in vielfältiger Hinsicht sehr bedeutend war. Heute ist sie die größte christliche Kirche in den arabisch-muslimischen Staaten und in drei unterschiedliche Bekenntnisse aufgeteilt:

- Koptisch-orthodoxe Kirche (als mit Abstand zahlenmäßig größte und einflussreichste Gruppierung),
- Koptisch-katholische Kirche und
- Koptisch-evangelische Kirche.

---

[158] Es ist auch der Name einer, seit 1992 in Berlin herausgegebenen, populärwissenschaftlichen Zeitschrift über Ägypten in deutscher Sprache.

Die Bevölkerungszahl Ägyptens lag 2004 bei etwa 76 Millionen, und liegt heute 2019, - fünfzehn Jahre später - dicht an der 95 Millionen-Grenze. Die Kopten stellen davon etwa 5 bis 8 %, d.h. zwischen 4,8 und 7,6 Millionen; die meisten gehören zur Koptisch-orthodoxen Kirche; diese hingegen beziffert ihren Anteil mit 12 % bis 20 %[159] und gibt die Zahl ihrer Gläubigen mit mehr als 10 Millionen, zuzüglich mehr als einer Million im Ausland lebenden Kopten an. Die großen Unterschiede liegen auch daran, dass die offiziellen Stellen nicht sonderlich interessiert sind, sie zu veröffentlichen. Staatliche Erhebungen sprechen von 8 Millionen, nach einer jüngeren Statistik (2017) der Koptisch-orthodoxen Kirche beläuft sich die Zahl der Christen auf 12 Millionen. Ihre regionale Verteilung ist unterschiedlich und liegt

- im Raum Minya-Assiut (Oberägypten) bei etwa 17 %,
- im Raum Assiut-Souga bei 15% und
- im Großraum Kairo bei etwa 9,4 %.

Nach einer Information des ägyptischen Innenministeriums (Januar 2018) soll es in Ägypten insgesamt 2.626 christliche Kirchen geben.

---

[159] Die Angabe „20%" basiert auf einer Aussage des US-Präsidenten Jimmy Carter, der 1977 bei einem Besuch in Ägypten Papst Shenouda als „Oberhaupt von 7 Millionen Kopten" bezeichnete. Belegt ist dieser Prozentsatz jedoch nicht. Die koptische Kirche hatte mehrfach eigene Zählungen ihrer Mitglieder angekündigt, die allerdings bisher nicht durchgeführt wurden. Die Wissenschaftlichen Dienste des Deutschen Bundestages schätzen den Anteil der Angehörigen der Koptisch-orthodoxen Kirche in Ägypten bei einer Gesamtbevölkerung von 80 Millionen auf maximal 10 %, wegen beständiger Emigration eher auf 6-7 %. (vgl. Wissenschaftliche Dienste - Deutscher Bundestag, 31.01.2011.http://www.bundestag.de/dokumente/analysen/2011/koptisch-orthodoxe_Kirche.pdf

Die koptische Sprache ist die jüngste Form des Ägyptischen, eines eigenständigen Zweiges der afro-asiatischen Sprachfamilie.[160] Es ist eine Lautschrift mit Vokalen und Konsonanten und wird mit griechischen Lettern geschrieben, ergänzt durch acht Zusatzzeichen, die aus dem Ägyptisch-Hieroglyphischen bzw. dessen Spätform, dem Demotischen, übernommen wurden; es gibt insgesamt einunddreißig Buchstaben. Der Wortschatz ist aus früheren Phasen des Ägyptischen und aus dem Griechischen entlehnt.

Mit der Eroberung Ägyptens durch die Araber wurde sie Zug um Zug vom Arabischen verdrängt. Bis zum 17. Jahrhundert wurde Koptisch zwar von der Mehrheit der Ägypter noch verstanden und gesprochen, verschwand danach aber vollständig aus dem täglichen Gebrauch. Seither dient sie nur noch als Liturgie-Sprache. Die Entzifferung der ägyptischen Hieroglyphen wäre ohne die Kenntnis des Koptischen nicht möglich gewesen. Heute ist es als Erstsprache nahezu ausgestorben und wird nur noch von wenigen hundert Muttersprachlern beherrscht, die sich auch im Alltag auf Koptisch verständigen. Als Liturgiesprache im religiösen Leben der Kirchen und Klöster wird es verwendet, ähnlich wie das Lateinische im Vatikan und in der Liturgie der katholischen Kirche. Die Predigten hingegen werden auf Arabisch gehalten.

---

[160] Diese Sprachfamilie ist in Nord- und Ostafrika, sowie in Vorderasien verbreitet und besteht aus sechs Zweigen: dem Ägyptischen. Berberischen, Semitischen, Kuschitischen (am Horn von Afrika gesprochen), Omotischen (im Südwesten Äthiopiens gesprochen) und dem Tschadischen.

Abb. 36

Auch der koptische Kalender und die koptischen Monatsnamen folgen dem altägyptischen Vorbild. Es gibt zwölf Monate zu je 30 Tagen, plus fünf Zusatztage, um das Kalenderjahr zu komplettieren; in Schaltjahren gibt es einen weiteren Tag.

3.1 Die Koptisch-orthodoxe Kirche
3.1.1 Patriarchat

Die koptische (auch: alexandrinische) Kirche gehört zu den orientalisch-orthodoxen Kirchen.[161] Sie führt ihren Ursprung auf das Wirken des ältesten der Evangelisten, Johannes Markus, zurück. Bereits Jahre zuvor sollen gemäß der Apostelgeschichte (Apg. 2,9-10) bei der Predigt des Petrus am ersten Pfingsttag in Jerusalem, d.h. fünfzig Tage nach Passion und Auferstehung im Jahre 33, Ägypter unter den Zuhörern gewesen sein:

> *„Parther und Meder und Elamiter und die da wohnen in Mesopotamien, ... Ägypten und der Gegend von Kyrene in Libyen und Römer, die bei uns wohnen, Juden und Proselyten, Kreter und Araber: Wir hören sie in unsern Sprachen die großen Taten Gottes verkünden."*

Somit liegen die Wurzeln des ägyptischen Christentums bereits in der Mitte des 1. Jahrhunderts, und die koptische Kirche betrachtet sich - wie erwähnt - nicht ohne Grund als Säule der Christenheit.

Seit dem 6. Jahrhundert tragen die koptischen Patriarchen von Alexandria den Ehrentitel „Papst". Heute gibt es - leicht verwirrend - drei Patriarchen von Alexandria, den Koptisch-orthodoxen, den Koptisch-katholischen und den Griechisch-orthodoxen.

Um näher am Herrscher zu sein, verlegte der koptische Patriarch Christodulos (1046-1078) im 11. Jahrhundert seinen Sitz von Alexandria endgültig nach Kairo, das seit 973

---

[161] Die orientalisch-orthodoxen Kirchen umfassen die äthiopische, die syrisch-jakobitische, die syrische Kirche von Indien und die armenische Kirche; ihnen gehören etwa 60 Millionen Gläubige weltweit an.

Alexandria als Hauptstadt des Fatimiden-Reiches abgelöst hatte und nach Rom zur zweitgrößten Stadt der Welt geworden

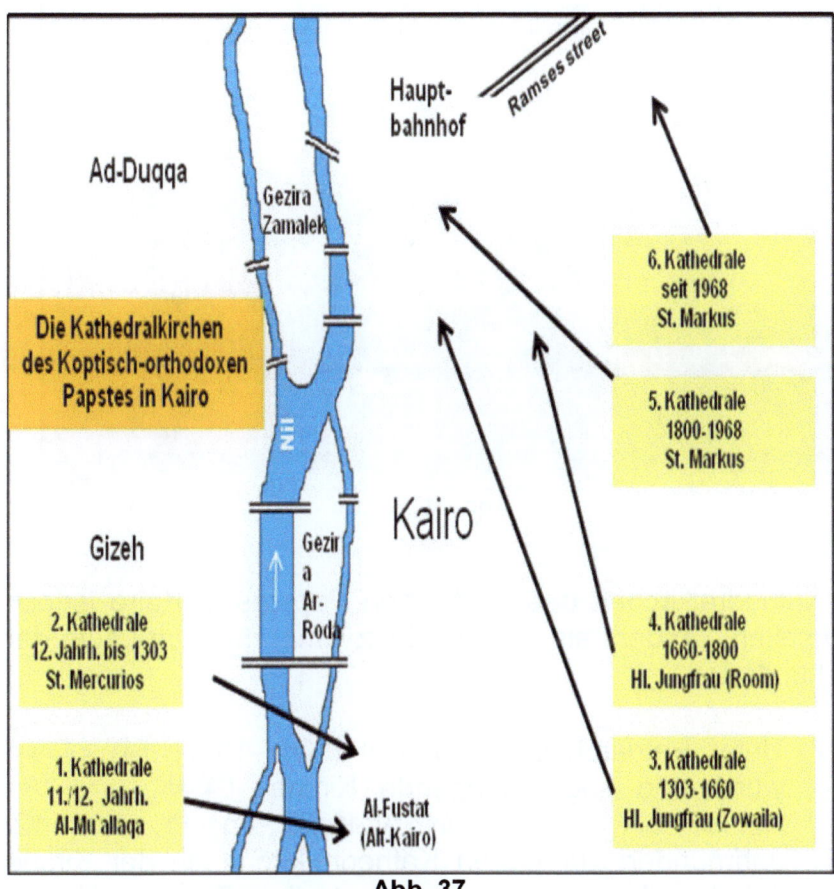

Abb. 37

war. Der Titel hingegen blieb. Als Residenz wurde die weitläufige Klosteranlage Deir Al-Amba Rueiss (دير الامبا رويس) gewählt, die im Nordosten und damals noch mehrere Kilometer außerhalb der Stadt lag. Im Zuge der Ausdehnung Kairos rückte jedoch die Stadt immer weiter an das Kloster heran, und heute gehört es im Stadtteil Abbasiya, nahe der heutigen Ramses Avenue gelegen, fast zum Stadtkern Kairos.

Abb. 38

Die Kathedralkirchen des koptischen Papstes in Kairo jedoch wechselten - anders als die Residenz - mehrfach im Laufe der Jahrhunderte:

- Unter Patriarch Christodoulos (1047-1077; خرستود ولس) wurde die sog. „Hängende Kirche" (الكنيسة المعلقة ;Al-Kanisa al-Mu`allaqa) in Alt-Kairo im 11. und 12. Jahrhundert zur ersten Kathedralkirche. In der Kirche soll der Überlieferung nach die Heilige Familie während ihres Aufenthaltes in Ägypten einige Zeit gelebt haben.

- Mitte des 12. Jahrhunderts wechselte Patriarch Michael (1145-1146; مخا ئيل) seinen Patriarchensitz und erhob die Kirche St. Mercurius (auch: ابو سايفاين Abu Saifain - Vater der beiden Schwerter)[162], ebenfalls in Alt-Kairo, zur - zweiten - Kathedralkirche.

- Patriarch Yoannis VIII. (1300-1320; يوانس الثامن) wählte 1303 die Kirche Heilige Jungfrau (سيدة العذراء - Sayeda Al-Adra) in Haret Zowaila[163] zu seiner Hauptkirche, und sie behielt diese Funktion bis 1660. Mit über 350 Jahren war sie als dritte diejenige, die am längsten als Kathedralkirche diente. Allerdings war sie mehrfach das Ziel von Angriffen fanatischer Muslime. 1321 wurde sie teilweise zerstört, aber wieder aufgebaut, und 1559 verfügten die osmanischen Behörden für einige Zeit ihre Schließung.

- Patriarch Matthäus IV. (1660-1675; متأوس الرابع) nahm die Kirche Jungfrau Maria (كنيسة العذراء المغيثة ; Kanisa Al-Adra-al-mughitha) in Haret Ar-Rum (Römer Straße) in der Nähe des Bab Al-Zuweila zu seiner neuen Kathedrale. Die Kirche in den engverwinkelten Gassen nahe der Al-Azhar-Moschee gelegen, diente von 1660 bis 1800 als vierte koptische-orthodoxe Bischofskirche. Auch sie wurde mehrfach durch Feuer zerstört und ebenso oft wieder aufgebaut.

---

[162] Die Sankt Mercurius Kirche liegt etwa 500 Meter nördlich der Festung Babylon neben dem Friedhof und der Klosteranlage St. Mercurius; es ist - neben den Kirchen Jungfrau Maria und St. Georg - die größte der drei koptischen Kirchen in Alt-Kairo. Zahlreiche Patriarchen fanden dort ihre letzte Ruhestätte.
[163] Der Stadtteil Zuweila ist nach einer aus Marokko stammenden Familie benannt, die während der Dynastie der Fatimiden in diesem Teil der Stadt wohnte.

Abb. 39

- 1794 begann Papst Marcos VIII., eine neue Kathedrale zu errichten, was nur durch die Unterstützung des einflussreichen koptischen Finanzministers Ibrahim Al-Gohari gelang, denn bis dato erteilte die Hohe Pforte Genehmigungen für Renovierung, geschweige denn Neubauten christlicher Kirchen, nur überaus selten.

Al-Gohari hatte einer der Frauen des osmanischen Sultans zu einer Pilgerreise nach Mekka verholfen, und diese verschaffte ihm als Dank dafür die

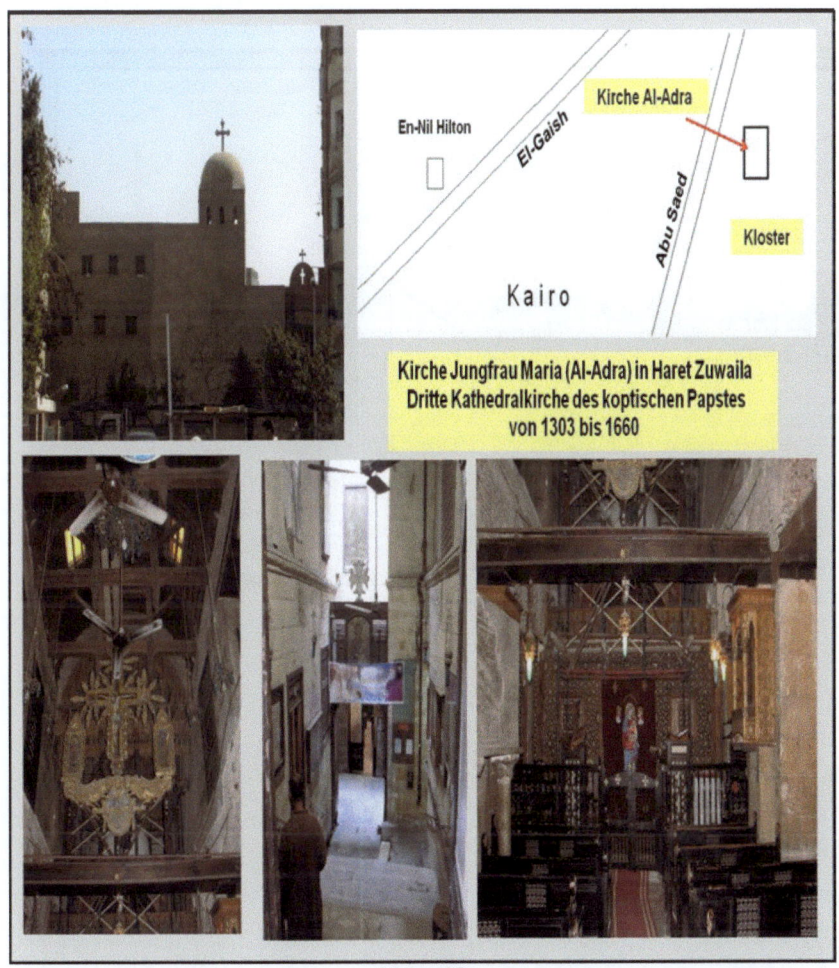

Abb. 40

Baugenehmigung. Das Baugrundstück wurde von zwei Kopten, General Mu´allim Ya´qub Tadrus und dem Richter Mu´allim Malati Yusuf, zur Verfügung gestellt. Da Ibrahim Al-Gohari bereits 1795 verstorben war, vollendete sein Bruder Girgis, der dessen Nachfolge angetreten hatte, den Bau, und im Jahre 1800 weihte Patriarch Marcos VIII. sie ein - es wurde die fünfte Kathedralkirche.

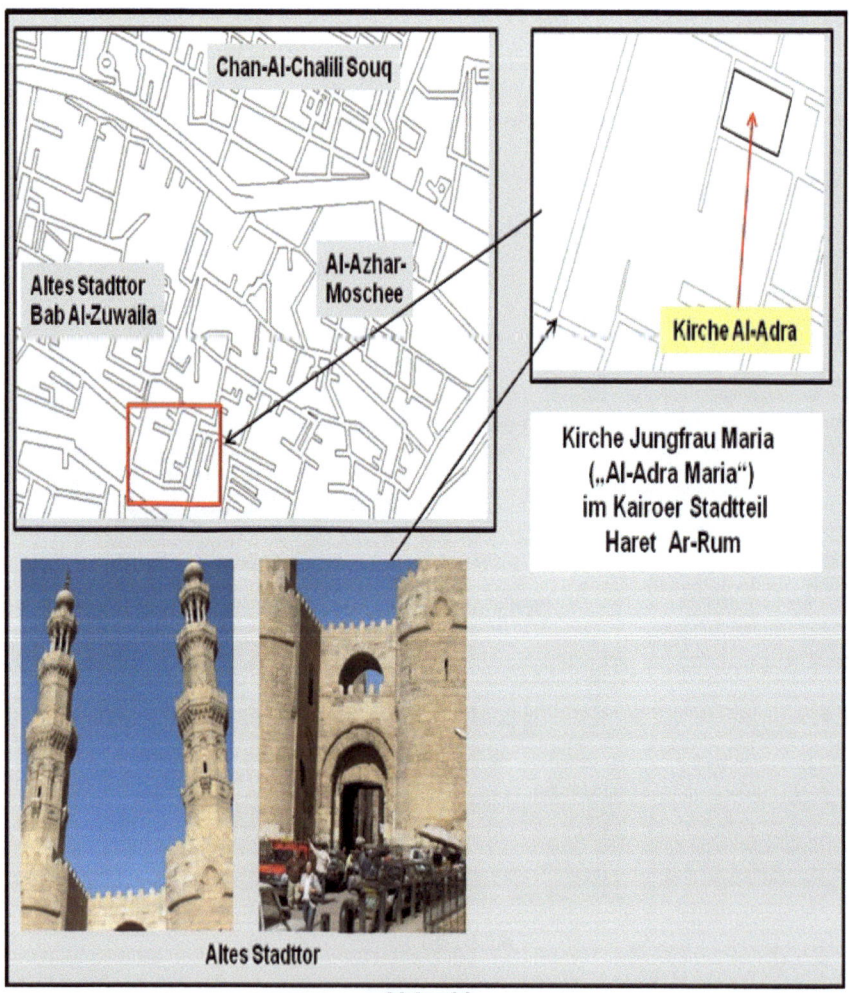

Abb. 41

Abb. 42

Kirche Jungfrau Maria in Haret Al-Room
Vierte Kathedralkirche
des koptischen Papstes
in Kairo von 1303 bis 1660

Papst Petros VII. (بطرس السابع),[164] der 109. Patriarch, führte die koptische Kirche von 1809 bis 1852 - 42 Jahre, 3 Monate und 12 Tage. Auf seinen Tod folgte eine einjährige Vakanz, bevor der in Sawamaa bei Girga geborene und auf den Namen David (Daoud) getaufte Mönch 1854 die Nachfolge als 110. Oberhaupt der Kopten antrat. David war 1816 im Alter von 22 Jahren ebenfalls in das Kloster St. Antonios eingetreten und hatte es später erfolgreich als Abt geleitet. Papst Petros hatte ihn auf eine längere, heikle Mission nach Äthiopien entsandt,

---

[164] Nicht zu verwechseln mit dem gleichnamigen Griechisch-orthodoxen Patriarchen von Alexandria, Petros VII. (1949-2004), der bei einem Hubschrauberabsturz ums Leben kam.

nachdem dort Streitigkeiten innerhalb des Klerus aufgetreten waren. Als er im Juli 1852 zurückkehrte, wurde er mit der Nachricht konfrontiert, dass Papst Petros bereits drei Monate zuvor verstorben war. Die Suche nach einem geeigneten Nachfolger gestaltete sich schwierig. Erst 1854 konnte Abt David die Mehrheit der Stimmen auf sich vereinen, wurde zum 110. Patriarchen gewählt und gab sich den Namen Kyrillos IV. (كيرلس الرابع).

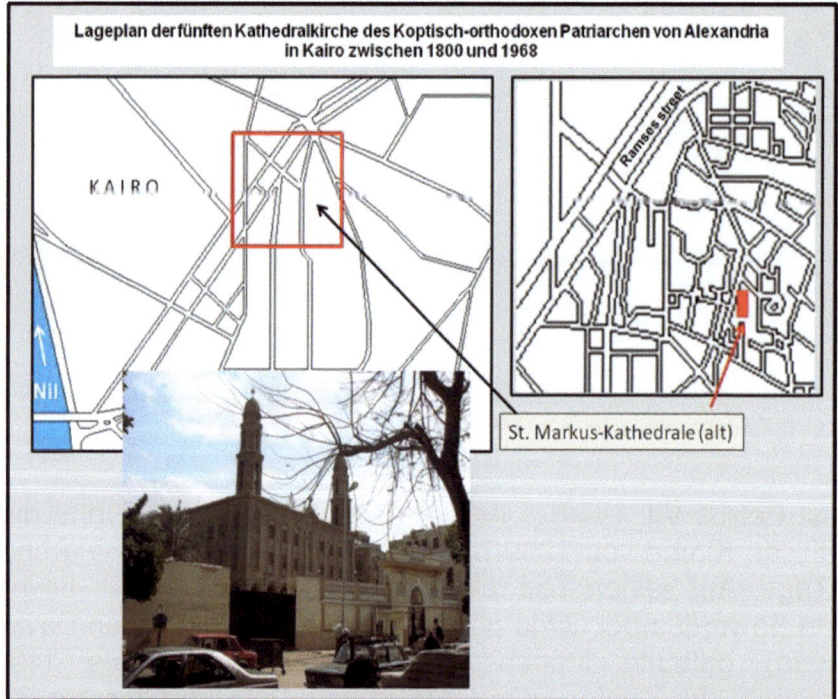

Abb. 43

Trotz seines nicht allzu langen Patriarchats von nur sechseinhalb Jahren ging Kyrillos IV. als „Vater der Reformen" in die Geschichte der koptischen Kirche ein. Er förderte besonders den Druck theologischer Bücher und deren Verbreitung unter den Gläubigen.

Im Juni 1861 folgte auf Papst Kyrillos IV. der in der Provinz Al-Minya geborene Papst Demetrius II., der Abt des Klosters St. Macarios - ca. 90 km nordwestlich von Kairo. Am 17. November 1869 nahm er an der Eröffnung des Sues-Kanals teil.

- Als die fünfte Kathedrale Mitte des 20. Jahrhunderts zu klein wurde, baute man in den 1960er Jahren eine neue, die sechste Kathedrale.

Blick auf die Einfahrt zur St. Markus-Kirche im Kairoer Stadtteil El-Ezbekiya, der Kathedralkirche des koptisch-orthodoxen Patriarchen von Alexandria zwischen 1800 und 1968
(Blick von der Straße Al Kanisa Al-Morqusia)

Abb. 44

Die Koptisch-orthodoxen Patriarchen von Alexandria residieren seit dem 11. Jahrhundert in dem verschachtelten Kloster- und Gebäude-Komplex „Deir Al-Amba Rueiss" im Stadtteil Al-Abbasiya. Auf dem Areal - von einer acht Meter hohen Steinmauer umgeben und von ägyptischer Polizei streng bewacht - befinden sich neben der - verglichen mit anderen Prachtbauten - sehr spartanischen Residenz des Papstes und mehreren gepflegten, kleineren Gärten ein theologisches Seminar, eine Bibliothek und zahlreiche Wirtschaftsgebäude.

Mit der Einweihung der neuen Kathedralkirche - ebenfalls dem heiligen Markus geweiht - wurden 1968 päpstliche Residenz und Kathedralkirche wieder zusammengeführt. Damals war das Gelände rund um den Kirchenneubau noch weitgehend unbebaut. Heute hingegen liegt der „koptische Vatikan" eingezwängt in ein nicht allzu ansprechendes enges Häusermeer der Mega-Stadt.

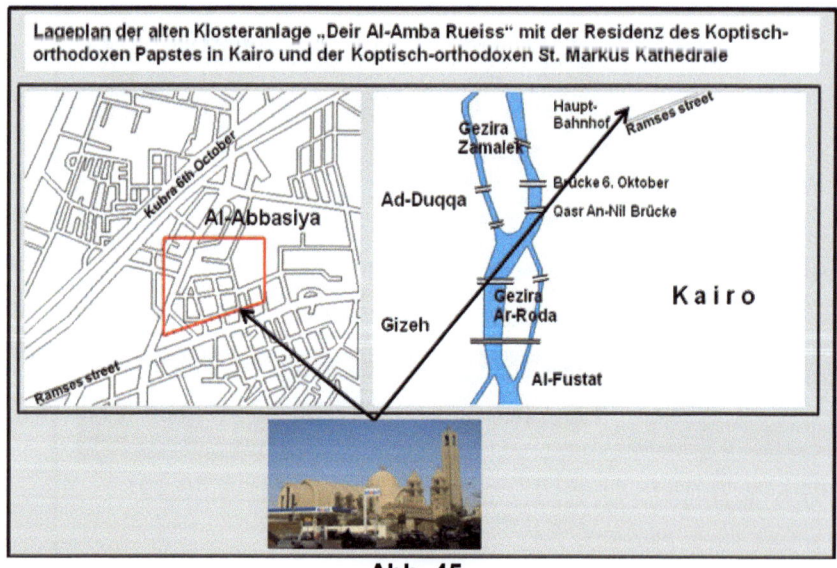

Abb. 45

Die der Kathedrale direkt gegenüber liegende Residenz des Patriarchen - über eine breite Freitreppe erreichbar - ist schmucklos und einfach, die Bezeichnung „Palast" weit übertrieben. Die über 100 m lange Kathedrale ist eine der größten Kirchen auf dem afrikanischen Kontinent. In ihrer nüchtern-kalten Betonbauweise wirkt sie klobig und wenig ansprechend.

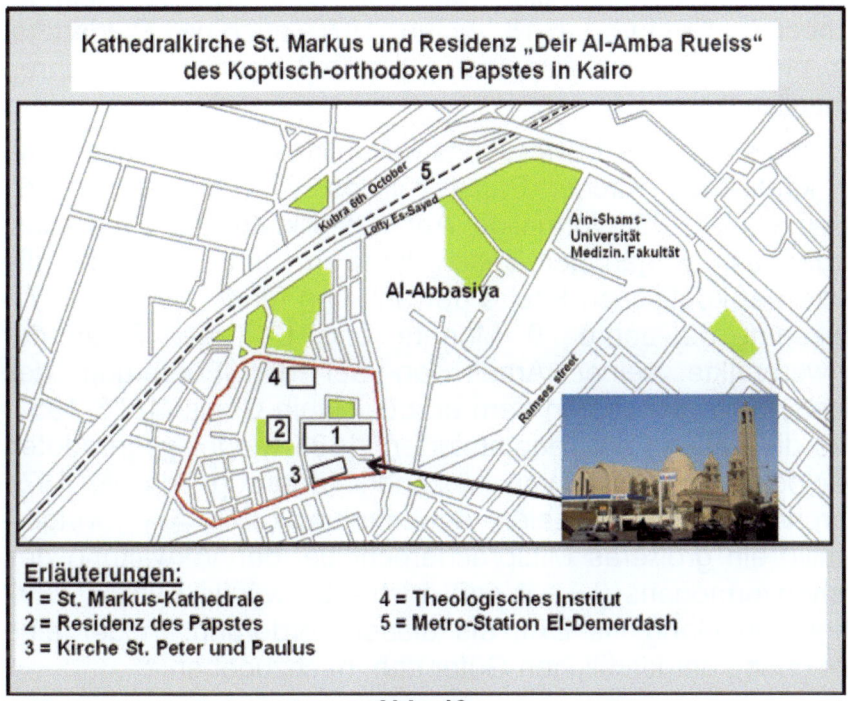

Abb. 46

Die Innenausstattung folgt den traditionellen Vorgaben koptisch-orthodoxer Kirchen. Der Patriarchenstuhl ist ein schlichter, mit rotem Samt überzogener Holzthron - kein Gold, keine Juwelen, kein Glanz. Erhabenheit und Größe stellen sich in anderen Religionen prunkvoller dar. Links und rechts zu Füßen des Patriarchenthrones wachen zwei geschnitzte, und lackierte sitzende Löwenskulpturen, in der Rückenlehne prangt das ebenfalls geschnitzte Relief des heiligen Markus, und nach oben wird der Thron durch einen kleinen, hölzernen, kuppelförmigen Baldachin abgeschlossen. Es ist der bauliche Ausdruck einer Kirche, die nur selten aus dem Vollen schöpfen konnte und über Jahrhunderte ums Überleben kämpfen musste.

Patriarch Demetrius vollendete den Bau der St. Markus-Kathedrale. Er starb am 18. Januar 1870; auch das Patriarchat des 111. koptischen Papstes währte mit neuneinhalb Jahren nicht allzu lang.

Ihm folgte nun das bisher längste Pontifikat in der Geschichte der koptischen Kirche: Papst Kyrillos V. (ca. 1830-1927; كيرلس الخامس), der vormalige Abt des Klosters Al-Baramous, wurde nach vierjähriger Sedisvakanz im Jahre 1874 an die Spitze der koptischen Kirche gewählt und führte sie bis 1927 - insgesamt 52 Jahre, 9 Monate und 6 Tage. Einer der Schwerpunkte seiner Arbeit lag auf der Förderung des Priesternachwuchses, in dem er z.B. Habib Girgis (1876-1951) 1918 die Leitung der renommierten, 1893 wieder gegründeten Theologischen Schule von Alexandria übertrug. Als die 1874 gegründete koptische Laien-Versammlung (مجلس الملّي ; Maglis-Al-milli) ein größeres Mitspracherecht bei der Verwaltung des Kirchenvermögens (وقف; Waqf) anstrebte, wählte Kyrillos 1892 lieber den Gang ins Exil, als dieser Forderung, in der eine Enteignung der kirchlichen Güter sah, nachzugeben.[165]

---

[165] Papst Kyrillos wurde auf Weisung des britischen Generalkonsuls, Evelyn Baring Cromer (1841-1917), ins Exil geschickt. Die Gründe sind bis heute nicht eindeutig. Einige Historiker deuten die Maßnahme als innerkirchlichen Disput, andere wiederum als einen Machtkampf zwischen koptischer Kirche und britischer Besatzung.

Kuppelbau der St. Markus Kathedrale
(im Vordergrund rechts: Die 1911 erbaute koptisch-orthodoxe Kirche St. Boutros wa Bola (St. Peter und Paulus), auf die am 11. Dezember 2016 ein Sprengstoffanschlag verübt wurde, bei dem 28 Menschen starben.

Abb. 47

Abb. 48

Abb. 49

Papst Yoannis XIX. (1855-1942; يوانس عشر التاسع), der 113. Patriarch, trat als Mönch in das Kloster Baramos im Wadi Al-Natrun ein und wurde danach zu theologischen Studien nach Griechenland entsandt.

Abb. 50

Nach seiner Rückkehr berief ihn Papst Kyrillos V. zum Metropoliten von Beheira. Als er 1927 zu dessen Nachfolger gewählt wurde, war er der erste Bischof und Metropolit in der fast zweitausendjährigen Geschichte der koptischen Kirche, der dieses hohe Amt übernahm. Damit wurde jedoch zugleich eine heftige Diskussion darüber entfacht, ob dies mit der bisherigen Tradition übereinstimmte, war es doch bis dahin gängige Praxis, nur einen Mönch oder einen Laien an die Spitze der koptischen Kirche zu wählen; der Streit währte bis 1928.

Die koptischen Päpste seit 1745

Name	Lebensdaten	Pontifikat	Dauer des Pontifikats (in etwa)
Marcos VII.	um 1700 -1769	1745 - 1769	25 Jahre
Yoannis XVIII.	um 1720-1796	1769 - 1796	27 Jahre
Marcos VIII.	um 1730-1809	1796 - 1809	13 Jahre
Petros VII.	um 1770-1852	1810 - 1852	34 Jahre
Kyrillos IV.	ca. 1816-1861	1854 - 1861	7 Jahre
Dimitrios II.	um 1820-1870	1862 - 1870	8 Jahre
Kyrillos V.	ca. 1831-1927	1874 - 1927	**53 Jahre**
Yoannis XIX.	1855-1942	1929 - 1942	13 Jahre
Makarios III.	1872-1945	1944 - 1945	2 Jahre
Yusab II.	1880-1956	1946 - 1955	10 Jahre
Kyrillos VI.	1902-1971	1959 - 1971	12 Jahre
Shenouda III.	1923-2012	1971 2012	**41 Jahre**
Tawadros II.	1952	seit 2012	

Abb. 51

Im Jahre 1944 wurde Makarios III. (1872-1944; مكاريوس الثالث) zum Nachfolger und 114. Patriarchen gewählt; es war wieder ein Metropolit, diesmal von Assiut. Er selbst hielt seine Wahl offenbar für falsch, denn er weihte in seiner nur zweijährigen Amtszeit keinen einzigen zum Bischof oder Metropoliten. Der

Schwerpunkt seines Wirkens lag auf der Erneuerung des Klosterlebens und der Verbesserung der geistigen und wissenschaftlichen Ausbildung der Mönche. Dies führte zu einem Konflikt mit dem Rat der Laienorganisation „Maglis Milli." 1944 verfasste die Heilige Synode, als oberstes kirchliches Organ, einen Appell an den Patriarchen und an das Justizministerium hinsichtlich des Rechtsstatus nichtmuslimischer Ägypter, welche die Rechtslage der koptischen Kirche und die beiden Sakramente, Ehe und Priesterweihe, gefährdet sahen.

Papst Makarios konnte und wollte keine Einigung herbeiführen und wählte daher den Weg ins Exil nach Helwan. Von dort ging er in das Kloster St. Antonius und danach in das Kloster St. Paul des Anchoriten. Schließlich schaltete sich sogar Premierminister Mostafa Al-Nahhas Pascha (1879-1965) ein, der als Muslim der Wafd-Partei nahestand und den Kopten gewogen war. Er erinnerte Makarios an dessen Verantwortung als Oberhirte, woraufhin dieser nach Kairo zurückkehrte, aber dort bereits am 31. August 1945 starb.

Nach nur kurzer Vakanz trat Yusab II. (1880-1956; (يوساب الثاني) 1946 dessen Nachfolge als 115. Patriarch an. Yusab war als Siebzehnjähriger in das Kloster St. Antonios eingetreten, 1901 zum Priester geweiht worden und - nach einem vierjährigen Theologiestudium in Athen - ab 1905 Abt des Klosters St. Antonios und zugleich Metropolit in der oberägyptischen Stadt Girga gewesen. Zweimal hatte er in dieser Zeit das Amt des Stellvertretenden Patriarchen ausgeübt - einmal während einer längeren Europa-Reise von Papst Yoannis XIX. und einmal 1942 nach dessen Tod. Im Juli 1948 weihte er in der alten Kairoer St. Markus-Kathedrale den äthiopischen Mönch Gebre Giyorgis zum ersten, in Äthiopien geborenen Erzbischof; dieser gab sich den Namen Abuna Basilios (1891-1970). Zwei Jahre später, 1950, gewährte er der Äthiopisch-orthodoxen

Tewahedo[166] Kirche die Unabhängigkeit als autokephaler (= regional selbständiger) Kirche, was jedoch auf den Widerstand der äthiopischen Geistlichkeit stieß. Papst Yusab II. gründete das Institut für koptische Studien in Kairo. Während seines Patriarchats begann der Bau der neuen, jetzigen St. Markus-Kathedrale in Kairo-Abbesiya. Während seiner Amtszeit wurde - auf Druck von Präsident Nasser - die jahrhundertelang Selbstisolierung der koptischen Kirche aufgegeben; so entsandte Yusab 1954 drei Delegierte zum „World Council of Churches" (WCC- Weltkirchenrat).

Papst Yusab galt als schwacher, unentschlossener Kirchenführer, in dessen Amtszeit sich Korruption und Vetternwirtschaft innerhalb der Geistlichkeit ausbreiteten und die Kirche schwächten. So soll sein Sekretär z.B. Geld für Papstaudienzen erhalten haben und bei sechzehn von neunzehn Bischofsernennungen sollen Bestechungsgelder geflossen sein. Die innerkirchlichen Spannungen bewogen sogar Präsident Nasser zu intervenieren, um die Ruhe in der koptischen Bevölkerung wenigstens nach außen hin sicherzustellen. Doch die Lage eskalierte, als im Juli 1954 eine Gruppe koptischer Laien (امة القبطية ; Umma Al-Qibtiya - Gesellschaft der koptischen Nation)[167] ultimativ die Absetzung des Patriarchen forderte. Als dieser Appell wirkungslos verhallte, entführten sie den Papst in einer bis dato einmaligen, bizarr anmutenden Aktion und brachten ihn in den Koptischen Konvent von St. Georg in Alt-Kairo, wo er gezwungen wurde, seine Abdankung zu unterzeichnen. Allerdings griff die Polizei ein, befreite den Patriarchen und brachte ihn in seine Residenz zurück. Ein Jahr später, 1955, kam es zu einer Übereinkunft zwischen der Heiligen Synode und dem Laiengremium des Allgemeinen Kongregationsrats, die beide einstimmig der Absetzung zustimmten. Im September 1955 versuchte der

---

[166] Das Wort bedeutet Einheit.
[167] 1952 gegründet, forderte sie die Anerkennung als Nation (umma).

zwanzigjährige Abdel Massih Nasr, der offenbar der Umma Al-Qibtiya angehörte, den Papst zu ermorden. Yusab II. wurde seines Amtes enthoben, in ein Kloster gebracht und verbrachte, schwer krank, seine letzten Tage im Koptischen Hospital in Kairo, wo er am 14. November 1956 starb. In der nun folgenden dreijährigen Sedisvakanz bis 1959 führte ein Komitee von drei Metropoliten - die Bischöfe Mikhail von Assiut, Agapius von Dairut und Qasqam, und Benjamin von Monufia - die kirchlichen Angelegenheiten.

Papst Kyrillos VI. und Präsident Sadat im Januar 1971

Abb. 52

Erst 1959 wurde der unbekannte Mönch Mina zum neuen, 116. koptischen Patriarchen gewählt. Am 2. August 1902 war er unter dem Namen Azar Yussef Atta als Sohn eines Diakons im Nildelta geboren worden. Nach seiner Schulzeit hatte er in einer Schifffahrtsgesellschaft in Alexandria gearbeitet. Gegen den Willen seiner Familie gab er seinen zivilen Beruf auf, trat er im

Juni 1927 als Mönch unter dem Namen Mina in das Kloster Al-Baramous im Wadi Al-Natrun ein, studierte am Theologischen Institut von Helwan und wurde am 18. Juli 1931 zum Priester geweiht. 1936 beendete Vater Mina Al-Baramousy sein Leben als Einsiedler und übernahm für acht Jahre seelsorgerische Aufgaben in Alt-Kairo. 1944 trat er als Abt an die Spitze des Klosters St. Samuel im Wadi Al-Muweilih, südwestlich von Kairo.

Am 10. Mai 1959 wurde er zum neuen koptischen Oberhirten gewählt. In Erinnerung an seinen großen Vorgänger Kyrillos V., der die Kirche ins 20. Jahrhundert und sie 53 Jahre geführt hatte, nannte er sich Kyrillos VI. (1902-1971; كيرلس السادس). Doch die Wahl des asketischen Mönchs

Abb. 53

Mina war unter einigen Metropoliten umstritten, die sogar Unterschriften sammelten, um dessen Wahl annullieren zu lassen. So soll er eines Tages nach der Vesper zum heiligen Markus gefleht haben: „Wenn Du diese Angriffe nicht beendest, werde ich in Deinem Dom nicht mehr beten!" Am nächsten Tag verunglückte der Anführer der Metropoliten. Die zwölf Bischöfe, die gegen ihn waren, starben alle innerhalb eines Jahres. Nur einer von ihnen, Bischof Aghabius, kam zu Papst Kyrillos, um ihn um Vergebung zu bitten. Tags darauf starb auch er.

Bereits unter dem Patriarchat des Vorgängers Yusab hatte der koptische Kongress Oktober 1956 während der Sues-Krise die einmütige Unterstützung der Politik Nassers proklamiert.

Vizepräsident Iskandar Damian sagte damals:

> *„Der Sicherheitsrat der Vereinten Nationen soll wissen, dass alle Ägypter ein Herz und eine Seele sind, erfüllt vom gleichen Patriotismus. Wir stehen alle hinter Gamal Abd en-Nasser und sind bereit, unser Blut zu vergießen."*

Unter Kyrillos verstärkten die Kopten ihre Solidarität mit der Regierung in Fragen der nationalen Einheit, und auch im Inneren erholte sich die koptische Kirche dank des vorbildlichen Lebens und Wirkens ihres Oberhauptes. Am 25. Juni 1968 wurde die neue Kathedralkirche in Kairo im Beisein von Staatspräsident Nasser, dem äthiopischen Kaiser Haile Selassie, dem Griechisch-orthodoxen Patriarchen von Alexandria, Nicolaos VI. (1913-1986) und dem Koptisch-katholischen Patriarchen, Stephanos I. Kardinal Sidarouss (1904-1987) feierlich eingeweiht. Die Zeremonie war einer der Höhepunkte seines Pontifikats.

Bei der Einweihung der neuen koptischen Kathedrale St. Markus im Juni 1968 (von rechts: Papst Kyrillos VI., Präsident Nasser, Kaiser Haile Selassie und Vizepräsident Sadat)

Abb. 54

Die Anwesenheit des äthiopischen Kaisers war eine Geste, mit der dieser - trotz kirchenrechtlicher Unabhängigkeit der äthiopischen Kirche - dem alexandrinischen Papst als Ehrenoberhaupt Respekt erwies. Zugleich krönte Kyrillos VI. bei diesem Anlass Abuna Basilios,[168] der seit 1948 als Erzbischof

---

[168] Abuna Basilios starb am 13. Oktober 1971, nur ein halbes Jahr nach Papst Kyrillos. Nachfolger in Adis Abeba wurde Abuna Tewophilos (1910-1979). Kaiser Haile Selassie wurde 1974 durch eine marxistische Militärjunta gestürzt, Abuna Tewophilos verhaftet und 1979 ermordet. Die Beziehungen zwischen der koptischen und der äthiopischen Schwesterkirche wurden beendet und erst 2007 wieder aufgenommen.

der Äthiopisch-orthodoxen Tewahedo Kirche vorstand, zum ersten Patriarchen von Äthiopien. Präsident Nasser hatte den Neubau der Kathedrale als „Projekt staatlicher Einheit" sehr gefördert - ähnlich wie Präsident As-Sisi ein halbes Jahrhundert später bei Errichtung der Kathedrale „Christi Geburt".

Präsident Nasser und Papst Kyrillos VI.

Papst Kyrillos VI. hoch „zu Esel"

Das schlichte Grab von Papst Kyrillos VI. im Wadi Al-Natrun

Abb. 55

Bereits in seiner Rede anlässlich der Grundsteinlegung der Kathedrale drei Jahre zuvor, 1965, hatte Nasser auf „die schon im Koran erwähnte Freundschaft zwischen den Christen und

Muslims" hingewiesen und betonte nun bei der Einweihung, „dass es keinen Unterschied zwischen Christen und Muslims gäbe". An diesem Tag kehrten auch Teile der sterblichen Überreste des heiligen Markus, dem Gründer der christlichen Kirche am Nil, von Venedig nach Kairo zurück und fanden dort ihre letzte Ruhe.[169]

Auch der Bau der beindruckenden Höhlenkirchen unterhalb der Muqattam-Höhen am Südostrand Alt-Kairos (siehe Kapitel 4) wurde während der Amtszeit von Kyrillos VI. begonnen.

Am 29. Oktober 1956 begann Israel mit der Invasion des Gazastreifens und der Sinai-Halbinsel und stieß in Richtung des Kanals vor, und seit dem verlorenen Sechs-Tage-Krieg 1967 verschärfte die koptische Geistlichkeit ihren anti-jüdischen Kurs, betonte ihre nationale Verbundenheit und der koptische Patriarch erinnerte daran, dass die Bekämpfung der Zionisten eine christliche Aufgabe wäre. Er ging dabei sogar so weit, die Juden als Gottesmörder zu bezeichnen.

Zwischen 1968 und 1971 verfolgten unzählige Menschen die Marienerscheinungen in Kairo-Zeitun. Papst Kyrillos VI. starb am 9. März 1971 nach kurzer Krankheit. Sein Patriarchat verlief nahezu zeitgleich mit der Präsidentschaft von Gamal Abdel Nasser, der ein halbes Jahr zuvor, am 28 September 1970 einem Herzinfarkt erlegen war. Beide Männer verband, trotz aller Unterschiede, eine Beziehung, die man durchaus als Freundschaft bezeichnen kann, was sich überaus positiv auf das Verhältnis zwischen Kirche und Staat übertrug. So soll Nasser ihn eines Tages gefragt haben, wie viele neue Kirchen

---

[169] Im Jahre 828 sollen zwei venezianische Händler dessen Gebeine von Alexandria nach Venedig in die Chiesa di San Marco gebracht haben, um sie vor dem Zugriff der Muslime zu schützen. Die Lagunenstadt war deshalb gewählt worden, weil der heilige Markus das norditalienische Erzbistum Aquileia gegründet haben soll, in dem später Venedig gebaut wurde. Nachdem die Kirche aber 976 abgebrannt war, galten sie lange als verschollen, sollen aber 1094 im Markus-Dom wieder entdeckt worden sein.

er benötigte. Kyrillos hatte geantwortet, zwischen 20 und 30, und Nasser soll erwidert haben: „Gut, einigen wir uns auf 25!" Tatsächlich lockerte Nasser die aus osmanischer Zeit stammenden Restriktionen beim Bau neuer Kirchen. In der Rückschau ist festzustellen, dass es ein nahezu „goldenes Zeitalter" hinsichtlich des Verhältnisses zwischen Kirche und Staat in Ägypten war.

3.1.2 Kirchenstruktur und Geistlichkeit

Die Struktur der Koptisch-orthodoxen Kirche ist hierarchisch. Ihr Oberhaupt, „Seine Heiligkeit, der Papst von Alexandrien und Patriarch des Stuhles des Heiligen Markus in ganz Afrika und dem Orient", war in der altkirchlichen Rangordnung wegen seines apostolischen Ursprungs - nach dem römischen Papst - der zweithöchste Bischof der Christenheit. Erst als dem Ökumenischen Patriarchen von Konstantinopel wegen seiner besonderen Stellung als Metropoliten Ostroms der zweite Platz zugewiesen wurde, „rutschte" Alexandria auf Platz drei. Innerhalb der koptischen Hierarchie besitzt er jedoch „nur" den Rang eines „primus inter pares" - eines Ersten unter Gleichen, nicht aber die absolute Vorrangstellung des „primus inter omnes". Deshalb erhebt er - anders als der römische Papst - auch keinen dogmatischen Anspruch auf Unfehlbarkeit in Glaubens- und Sittenfragen. Zwei Stellvertreter - einer in Kairo und einer in Alexandria - stehen ihm zur Seite.

Der Koptische-orthodoxe Papst leitet - unterstützt von einem Generalsekretär als Vorsitzender die „Heilige Synode", die höchste Autorität der Kirche Alexandrias. Sie besteht aus etwa 130 Mitgliedern[170] und entscheidet letztgültig in allen Fragen der kirchlichen Organisation, des Glaubens und der kirchlichen Ordnung.

Der Papst führt den Vorsitz im - 1883 gegründeten - sog. „Allgemeinen Kongregationsrat" (Maglis Al-milli) der koptischen Laien, und er leitet den seit 1928 bestehenden gemeinsamen Ausschuss von Laien und Klerikern, dem die Überwachung der Verwaltung der kirchlichen Stiftung hinsichtlich der Übereinstimmung mit dem ägyptischen Recht obliegt.

---

[170] Neben dem Papst gehören zu ihr alle Bischöfe der Koptisch-orthodoxen Kirche.

Die Heilige Synode der koptisch-orthodoxen Kirche mit Papst Tawadros II.

Abb. 56

Die koptische Kirche ruht auf drei Säulen:

- Dem Klerus,
- der Einbindung der Laien und
- der Jugend.

Die Mönche als Träger kirchlicher Tradition und Disziplin bilden zugleich das Reservoir, aus dem die Bischöfe ausgewählt werden. Die breite Einbindung und Mitarbeit der Laien umfasst neben karitativen und administrativen Tätigkeiten auch die Mitwirkung bei allen wichtigen kirchlichen Entscheidungen, so z.B. beim Vorschlagsrecht der Pfarrer, der Bischöfe und sogar des Patriarchen (siehe Kapitel 3.1.6). An den Auslandsreisen des Papstes nehmen stets Laienvertreter teil. Die Jugendarbeit vollzieht sich vor allem in den 1918 gegründeten

Sonntagsschulen. Abertausende ehrenamtliche Sonntagsschullehrer und -lehrerinnen betreuen die Kinder jeden Alters. Beim sonntäglichen Unterricht erlernen sie Gebete und Gesänge und werden mit der alten koptischen Sprache vertraut gemacht.

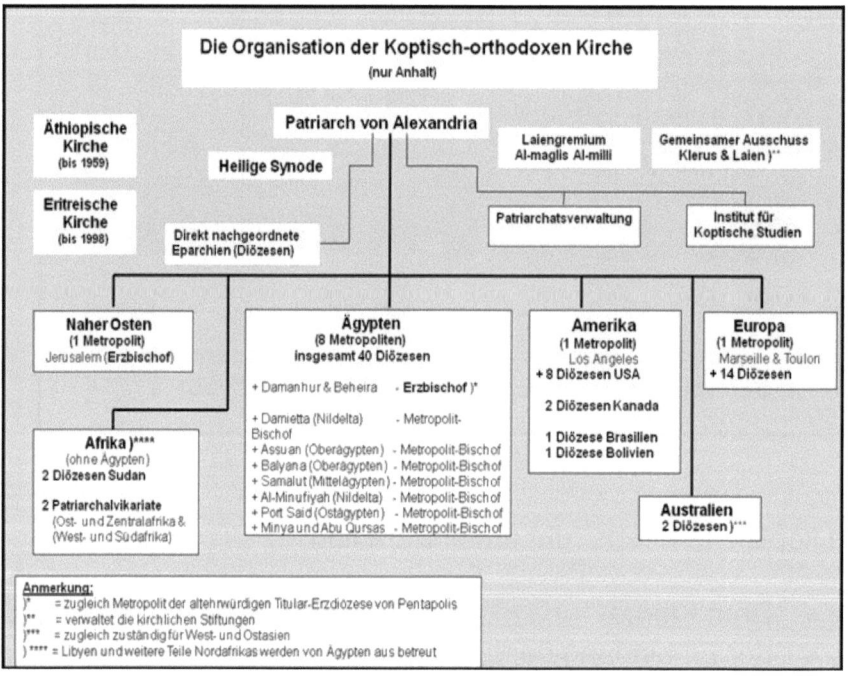

Abb. 57

Bisweilen spielen die Jungs auch während des Gottesdienstes Fußball auf dem kircheneigenen Sportplatz, während die Eltern in der Kirche beten. Der Andrang ist groß, die Kirchen sind gefüllt, und dadurch ist die koptische Kirche jung und lebendig - kein Vergleich mit den meist dürftig besuchten sonntäglichen Gottesdiensten in Deutschland. Durch die Sonntagsschulen rekrutiert sich auch der Nachwuchs an Priestern und Mönchen.

An den Universitäten werden koptische Studenten durch eigene Jugendgruppen betreut.

Die kirchliche Hierarchie der Koptisch-orthodoxen Kirche kennt folgende Titel:
- Metropolitan-Erzbischöfe (je 1 in Ägypten und Jerusalem),
- Metropolitan-Bischöfe (auch: Metropoliten - 7 in Ägypten und je 1 in Europa und in den USA),
- Diözesanbischöfe (sog. „Thron-Bischöfe"; davon 40 in Ägypten),
- Allgemeine (General-) Bischöfe (z.B. als Abteilungsleiter im Kairoer Patriarchat),
- Chor- oder Suffraganbischöfe (Weihbischöfe),
- Patriarchal-Exarchen (3 in Ägypten, 2 in Afrika, 2 in Nordamerika und 1 in Europa),
- Bischofsäbte (für Klöster in Ägypten und in der Diaspora) und
- Hegumen (Abt; Klostervorsteher).

Die etwa 8-12 Millionen koptischen Christen in Ägypten werden von 8 Metropoliten[171] (vergleichbar mit einer Kirchenprovinz) und 40 Diözesanbischöfen betreut; d.h. zu jeder dieser Verwaltungseinheiten (Diözese, Bistum, Eparchie) gehören durchschnittlich knapp 190.000 Gläubige. Im Vergleich dazu: Die katholische Kirche Deutschlands hat nur 27 Bistümer für die etwa 23 Millionen Katholiken, d.h. pro Bistum liegt die durchschnittliche Zahl der Kirchenmitglieder bei ca. 852.000 Gläubigen, ist somit um das 4 ½ fache höher.

---

[171] Vergleichbar mit Erzbischöfen, die eine Erzdiözese leiten. Die Amtsinhaber werden mit „Eminenz" angesprochen.

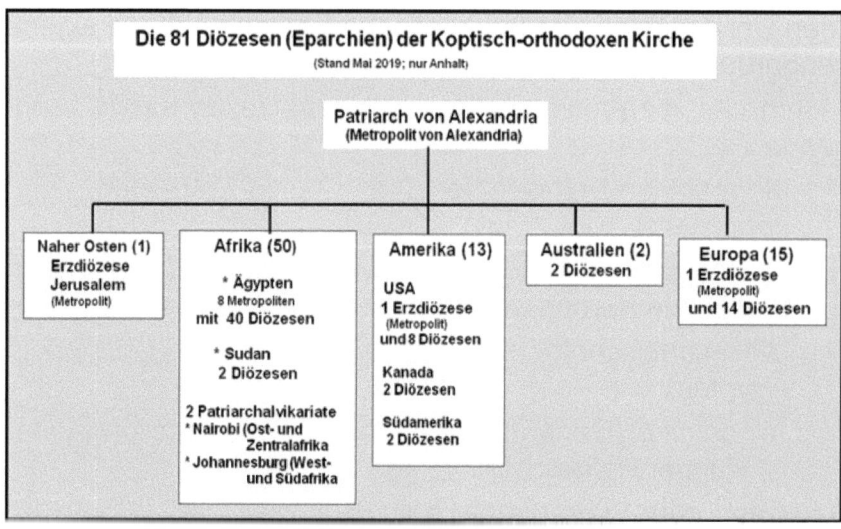

Abb. 58

Die aufsteigende Hierarchie innerhalb der Bischöfe ist wie folgt:

- Niedrigster Bischofsrang: Chorbischof (auch: chorepiscopus, auxiliary-bishop, Hilfsbischof; Khoury)
- Allgemeiner (General-) Bischof,
- Diözesan- oder Klosterbischof,
- Metropolit und
- Metropolit-Erzbischof (Höchster Bischofsrang).

Den Titel „Metropolit-Erzbischof" tragen in der Koptisch-orthodoxen Kirche traditionell nur

- der Erzbischof von Jerusalem und
- der Erzbischof von Damanhur und Bereira, der in Personalunion die beiden altehrwürdigen Erzdiözesen von Pentapolis (Cyrenaika) und von Libyen leitet.

Der Metropolit-Erzbischof von Jerusalem ist der einzige Amtsinhaber innerhalb der koptischen Hierarchie, dem dieses Amt übertragen wird, ohne dass er zuvor Bischof oder Metropolit-Bischof war; dies ist traditionell bedingt, seitdem im 13. Jahrhundert Papst Kyrillos III. (1175-1243) mit Basilius den ersten Metropolit-Erzbischof von Jerusalem ernannte.

Abb. 59

Der Ehrentitel „Metropolitan-Bischof" wird dem Oberhirten einer Hauptstadt (Metropole) übertragen, zu dessen Kirchenprovinz eine Reihe von Suffraganbistümern gehört. Er kann auch einem Diözesanbischof für dessen langjährige Verdienste vom Papst verliehen werden, unabhängig von der Größe oder Bedeutung der jeweiligen Diözese; dies bedeutet, dass der Titel wechselt.

Ein sog. „Allgemeiner Bischof" (auch: Generalbischof) ist ein Priester, der keine Diözese leitet, sondern

- dem nur ein bestimmter Teilbereich der Jurisdiktion über ein Gebiet übertragen ist, das noch nicht den Status einer Diözese hat, oder
- der als Weihbischof einem Diözesanbischof zur Seite gestellt ist,[172] oder
- der im Patriarchat in Kairo einen eigenen Arbeitsbereich, wie Jugend, Soziale und ökumenische Dienste, wissenschaftliche Forschung und Höhere Koptische Studien leitet (ähnlich der einer Kongregation in der römischen Kurie), oder
- einem Kloster als Abt vorsteht, sofern er zum Bischof geweiht wurde (Bischofsabt).

Neben dem Bischofsamt gehört zu den kirchlichen Ämtern das Amt

- des Priesters (Presbyter bzw. Archipresbyter) und das
- des Diakons.

Bei den Diakonen kennt die koptische Kirche fünf Stufen, die den jeweiligen liturgischen Aufgaben zugeordnet sind:

- Epsaltos (Vorbeter und -sänger),
- Anaghnostos (Vorleser),

---

[172] Innerhalb Ägyptens tragen sie den Titel „Patriarchalvikar", im Ausland „Thronexarch".

- Epidiakon (als Subdiakon unterstützt er den Diakon bei dessen Aufgaben),

- Diakon (Diener) ist der engste Gehilfe des Priesters, sowohl während des Gottesdienstes als auch bei Erfüllung der zahlreichen Aufgaben innerhalb und außerhalb der Gemeinde.

- Erzdiakon.

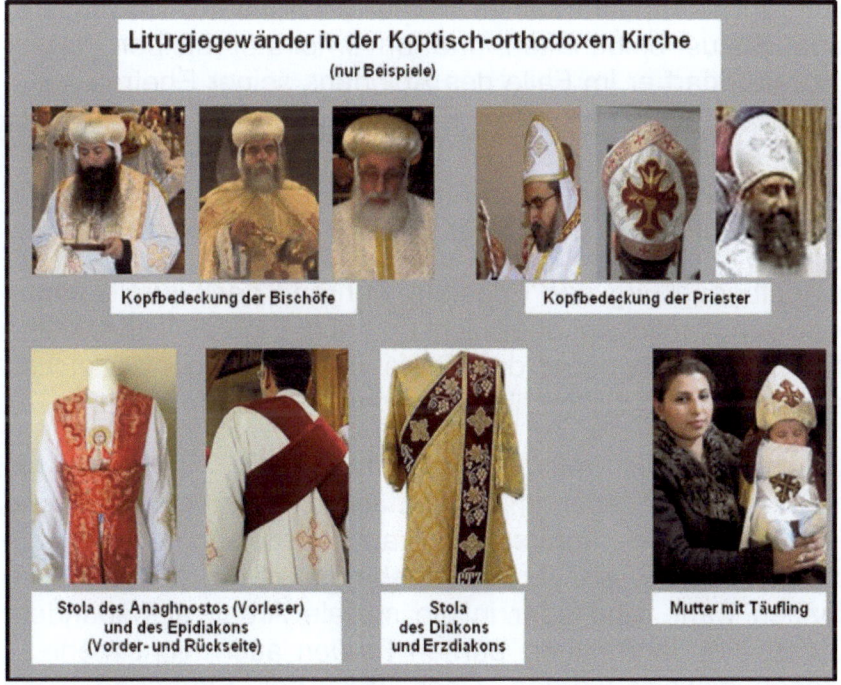

Abb. 60

Der Epsaltos leitet die Gebete und Gesänge und trägt eine weiße Tunika ohne Stola. Das Amt kann auch Kindern übertragen werden.

Der Anaghnostos, erkennbar an einer weißen Tunika mit einer roten Stola, die er über beide Schultern trägt und die am Rücken gekreuzt ist, rezitiert die im Rahmen der Meßfeier vorgesehenen Lesungen. Er soll nicht unter 18 Jahre alt sein. Bei der Weihe durch den Bischof schneidet dieser ihm fünf schmale Strähnen aus dem Haar. Der Epidiakon trägt die gleiche Zeremonialkleidung wie der Vorleser. Der Diakon trägt die rote Stola auf der linken Schulter über der weißen Tunika und eine mit Kreuzen bestickte Kopfbedeckung. Sofern der Diakon zum Zeitpunkt seiner Weihe unverheiratet ist, muss er diesen Status beibehalten und unverheiratet bleiben. Ist er verheiratet, darf er im Falle des Ablebens seiner Ehefrau keine zweite Ehe eingehen. Der Erzdiakon ist der ranghöchste Diakon; er trägt die gleichen liturgischen Gewänder wie ein Diakon; er darf nicht unter 28 Jahre alt sein. Für Ihn gelten die gleichen Regeln hinsichtlich der Ehe wie beim Diakon.

Die Kopfbedeckung des Priesters während der Liturgie ähnelt einer Bischofsmitra, ist aber nicht so hoch. Eine ähnliche, kleine „Mitra" wird Kindern bei der Taufe und Firmung als Zeichen ihrer Aufnahme in die kirchliche Gemeinschaft aufgesetzt.

Koptische Priester müssen verheiratet sein, Bischöfe und Mönche hingegen leben im Zölibat. Jegliche Einmischung in die Politik ist ihnen untersagt. Frauen-Ordination lehnt die koptische Kirche ab. Frauen nehmen keine priesterlichen Aufgaben wahr, sind aber in die soziale Arbeit eingebunden. Seit dem 13. Jahrhundert durften Frauen auch nicht mehr zu Diakonen geweiht werden. Doch 1981 hob Shenouda diese Regelung gegen massiven Widerstand auf, als die Zahl jener Koptinnen, die sich zwar zur Ehelosigkeit verpflichten, jedoch nicht im Kloster leben, sondern der Gemeinschaft dienen wollten, wuchs. Shenoudas Auffassung stieß in der koptischen Amtskirche anfangs auf Widerstand, da deren Mönchs- und Nonnentradition ausschließlich auf das Klosterleben, nicht aber den Dienst für die Gemeinschaft ausgerichtet ist. Als aber viele dieser Frauen zur Koptisch-katholischen Kirche wechselten, beugte sich die Kirchenführung diesem Trend; seitdem ist sowohl die Zahl geweihter Diakonissinnen, als auch die der Nonnen sprunghaft gestiegen; heute gibt es mehr als 400 weibliche Diakone.

Etwa 2.000 Priester stehen - oft unterstützt von Diakonen - den etwa 1.000 ägyptischen Gemeinden vor. Priestern müssen vor ihrer Weihe die Theologische Schule besucht haben. Nach eigener Darstellung wird die Aufgabe des Priesters mit den Begriffen Vaterschaft, Liebe und Dienst an und in der Gemeinschaft, nicht aber mit Verwaltung und Autorität umschrieben. Und so sieht man den Priester nach dem Gottesdienst mitten unter seinen Gläubigen.

3.1.3. Die Klöster
3.1.3.1 Klöster in Ägypten

Eine der wichtigsten Kraftquellen der koptischen Kirche war und ist das Mönchtum. Im 4. Jahrhundert erlebte es in Ägypten seine Blütezeit, breitete sich von dort über die Sinai-Halbinsel weiter nach Palästina und Syrien in die östlichen und westlichen Provinzen des römischen Reiches aus, strahlte in das gesamte Christentum hinein und wurde von diesem letztlich adaptiert.[173]

Abb. 61

---

[173] Benedikt von Nursia (* um 480-547)

Der Überlieferung nach verschenkte Antonios (251-356), ein junger Mann aus wohlhabender koptischer Bauernfamilie, der bereits als junger Mann Vollwaise geworden war, sein Hab und Gut und zog in die Wüste, um dort als asketischer Eremit zu leben. Er soll mit 105 Jahren ein biblisches Alter erreicht haben und gilt als Begründer des koptischen Mönchtums.

Abb. 62

Im 4. Jahrhundert setzte ein regelrechter Klostertourismus ein. Christliche Laien und Priester aus Ost und West besuchten die asketischen Mönche in der Wüste, wie den heiligen Paul von Theben oder Pachomios, und saugten ihre Ratschläge hinsichtlich christlicher Lehre und Lebensweise auf. Der spätere Bischof und Kirchenlehrer Basilius der Große (ca. 330-379) reiste aus Caesarea in der heutigen Zentraltürkei an und lebte fünf prägende Jahre in der Wüste. Die Söhne des römischen Gouverneurs Walendianus, Maximus und Domadius, wurden Mönche in Ägypten; in der koptischen Kirche werden sie als Heilige verehrt. Askese schien offenbar - zumindest kurzzeitig - ein Trend der damaligen Zeit zu sein. Und so entstanden Hunderte von Klöstern und Tausende von Einsiedeleien, von denen einige zu religiösen und intellektuellen Zentren wurden, deren immense Zahl archivierter theologischer Schriften bis heute einen nicht unbeträchtlichen Teil des Gedächtnisses der Christenheit bilden. Allerdings orientiert sich die koptische Klostertradition vor allem auf das kontemplative Leben, kaum aber - und damit anders als bei europäischen Klöstern - auf soziale Aktivitäten. Der Mönch Pachomios der Ältere (+ ca. 346), ein ehemaliger römischer Soldat im Heer Kaiser Konstantins, ließ sich taufen und wurde Schüler eines Eremiten. Später verfasste er die ersten Regeln des Zusammenlebens in der Verbindung von geistiger Hingabe, Askese, Studium und körperlicher Arbeit. Seine Schwester gründete zeitgleich eine weibliche Klostergemeinschaft.

Geographisch liegen die meisten Klöster in drei Regionen:

- In der sketischen Wüste nordwestlich von Kairo mit dem Wadi Al-Natrun und den Klöstern Deir Amba Makar, Deir Amba Bischoy, Deir Amba Surian und Deir Amba Baramus,
- in der thebaischen Wüste südlich von Kairo mit den Klöstern Deir Anba Antonios und Deir Anba Bula, und

- auf der Halbinsel Sinai.

Abb. 63

Das Kloster des Heiligen Antonios, in einer Oase der thebaischen Wüste im südlichen Teil der Provinz Sues, tief in den Bergen des Roten Meeres, etwa 330 Kilometer südostwärts von Kairo ist das älteste christliche Kloster der Welt. Es wurde zwischen 298 und 300 n.Chr. von Weggefährten des Heiligen Antonios (ca. 251-356),[174] des

---

[174] Er stammte aus einer reichen Familie in Unterägypten, wurde aber bereits mit acht Jahren Vollwaise.

ersten christlichen Mönchs, erbaut; dieser hatte das Konzept des Klosterlebens mit seinen Regeln eines spartanischen Zusammenlebens und der Kombination aus Meditation, Arbeit und Gebet entwickelt.

Das weltberühmte, der heiligen Katharina geweihte Kloster auf dem Sinai gehört nicht zur koptischen, sondern zur Griechisch-orthodoxen Kirche.

Abb. 64

Heute gibt es in Ägypten wieder 68 koptische Männer- und 6 Frauenklöster mit etwa 1.000 Mönchen (Eremit - abgeleitet vom griechischen Wort „eremia" = Wüste) und 300 Nonnen.

Diözese Alexandria:	4
Diözese Assiut	4
Diözese Assuan	2
Diözese Beni Suef	1
Diözese Fayyum	4
Diözese Kairo	12
Diözese Minya	4
Diözese Luxor	8
Diözese Östliche Wüste	3
Diözese Qena	7
Diözese Sohag	13
Diözese Wadi Al-Natrun	6

Die Wüstenklöster sind Gebets- und Meditationsstätte, Landwirtschaftsbetrieb und Trutzburg zugleich. Mit ihren Wohntürmen, hohen Mauern und eigener Wasserversorgung sind sie wie Festungen angelegt, denn in der Vergangenheit waren sie häufig Ziel von Überfällen - durch Nomadenstämme und Plünderer aller Schattierungen. Noch heute gewährt die Bauweise einen gewissen Schutz, denn bevor z. B. im Falle eines überraschenden Angriffs erste Polizeikräfte bei den abgelegenen Klöstern eintreffen, können sich die Mönche vor dem Zugriff verstecken. Die oft weitläufigen Oasen, welche die Klöster umgeben, dienen den Mönchen zur Landwirtschaft und Viehzucht.

1998 gründete Bischof Thomas[175] die sog. „Anaphora-Bewegung",[176] die sich dem kontemplativen Leben und sozialen

---

[175] Er trat 1985 in das St. Pachomius-Kloster ein, wurde 1987 Priester und Ende 1988 zum Bischof von El-Qussia in Oberägypten gewählt.

Aufgaben zugleich widmet. Ab 1999 entstand etwa 75 km nördlich von Kairo inmitten der kargen Wüste auf einer Fläche von 120 Hektar das „Anaphora Retreat Center". Diese Kombination von Kloster, Farm und einem modernen weitläufigen Wohn- und Tagungsbereich arbeitet auf der Grundlage wirtschaftlicher Selbstversorgung, spendenfinanziert und ohne Gewinnabsicht.

Abb: 65

---

[176] Abgeleitet vom koptischen Wort für „Angebot" und „Erhebung".

Ziel ist es, Menschen - unabhängig von deren Religion, Herkunft und Beruf - zusammenzuführen und sie unter Zuhilfenahme spiritueller Mittel mit Aspekten jenseits ihrer natürlichen Grenzen und Einschränkungen vertraut zu machen. Zu dem Center gehört eine Ausbildungswerkstatt, in der Mädchen aus entlegenen Gebieten in Oberägypten eine qualifizierte Berufsausbildung erhalten. Die Farm wird nach neuesten ökologischen Grundsätzen als Bio-Betrieb geführt. In den ersten zehn Jahren nahmen etwa 70.000 Menschen an den verschiedenen Veranstaltungen - Konferenzen, Seminare und Exerzitien - teil.

Bis zur Wahl von Patriarch Yoannis XIX. im Jahre 1928 wurde das Oberhaupt der koptischen Kirche grundsätzlich aus den Reihen der Mönche und Äbte und nicht aus der der Bischöfe gewählt. Dies hat sich seitdem geändert: Unter den letzten sechs Patriarchen waren vier Bischöfe - Yoannis XIX., Makarios III., Shenouda III. und Tawadros II.; nur Yusab II. und Kyrillos VI. waren zuvor Äbte gewesen.

Die Diskussion über den richtigen Weg des Mönchtums ist alt. Während die einen das strenge, asketische Leben in Einsamkeit bevorzugten, glaubten andere wiederum - zu ihnen zählte z.B. Pachomios -, an die Kraft des geregelten und militärisch straff organisierten Gemeinschaftslebens in einem Kloster. Als Pachomios starb, soll es neun Männer- und zwei Frauenklöster mit über zehntausend Mönchen und Nonnen gegeben haben. In der Folgezeit ebbte der Boom ab. Danach galt das Mönchtum lange als überholte, belächelte und anachronistische Lebensform, doch Mitte des 20. Jahrhunderts kam es zu einer Wiederbelebung.

„In der Wüste stirbt der Mönch für diese Welt, um ein anderes Leben zu finden, er verwirft die irdische Weisheit, um geistige zu erlangen, er gibt sich selbst auf, um sich in Gott wiederzufinden." (Bischof Youssef)

Papst Shenouda äußerte sich dazu einmal wie folgt:

> *"Wir zwingen keinem Mönch einen bestimmten Lebensstil auf. Für jene, die in einem Kloster als Teil der klösterlichen Gemeinschaft leben möchten, ist es ebenso in Ordnung, wie für jene, die innerhalb des Klosters die Einsamkeit erfahren möchten. Wer in einer Zelle außerhalb des Klosters oder in den Bergen leben möchte, kann auch dies tun. Wer in einem cave leben möchte, erhält dazu die Erlaubnis. Wir sind allen Formen des Klosterlebens gegenüber aufgeschlossen."*[177]

Wer Mönch werden will, muss
- ein abgeschlossenes Studium oder
- eine Berufsausbildung nachweisen und
- Wehrdienst geleistet haben.

Diese Voraussetzungen führen dazu, dass die heutigen koptischen Mönche keine weltfremde Geistliche sind, sondern mitten im Leben standen, bevor sie freiwillig einen anderen Lebensentwurf wählten.

Ehelosigkeit ist für den Mönch, anders als für den koptischen Priester, Pflicht. Im Kloster durchläuft der Novize eine dreijährige Zeit der Prüfung, bevor er in die Reihe der Mönche aufgenommen wird. Er wählt einen Vornamen und hängt diesen dem seines jeweiligen Klosters an - z.B. Marcos (= Vorname) Al-Antonios (= Name des Klosters, in dem er lebt). Mönche werden mit „Abuna" (Vater) angesprochen.

---

[177] Papst Shenouda III. nahm hier Stellung zu der, seit fast zweitausend Jahren, d.h. seit dem Beginn des klösterlichen Lebens im Christentum, geführten Diskussion darüber, welche Form zu bevorzugen ist- jene des asketischen Eremiten (Anachoreten) oder die innerhalb der klösterlichen Gemeinschaft (Konoibiten); in: On the monastic life (Über das klösterliche Leben).

Dass Klöster keine Orte frei von menschlicher Schuld sind, zeigte sich 2018: Bischof Anba Epiphanios (1954-2018), der Abt-Bischof des reichen koptischen St. Makarios-Klosters (auch: Deir Abu Makar; etwa 90 km nordwestlich von Kairo), wurde am 29. Juli 2018 ermordet aufgefunden. Als Täter kamen zwei Mönche in Haft. Bischof Epiphanios spielte in der Koptisch-orthodoxen Kirche und beim ökumenischen Dialog eine große Rolle. Er war 1984 in das berühmte Kloster im Wadi Al-Natrun eingetreten und 2013 zum Abt gewählt worden. Die Ermittlungen ergaben, dass es zwischen Abt und Tätern offenbar einen Streit gegeben hatte, dem finanzielle Gründe und mehrere Verstöße der Mönche gegen die Ordensregeln zugrunde lagen. Einer der beiden Mönche war im Rahmen eines langen kanonischen Prozesses von der Ordensgemeinschaft ausgeschlossen worden. Im Februar 2019 verhängte ein Gericht in Damanhur als erste Instanz Todesurteile gegen die beiden ehemaligen Mönche.

Im August 2018 beschloss das „Monastic Affairs Committee" der Heiligen Synode daher eine Reihe strengerer Regeln für das Klosterleben. So wurde u.a.

- der Bau neuer Klöster zugunsten der Restaurierung ehemaliger Klöster gestoppt,
- eine Obergrenze für Mönche pro Kloster festgelegt,
- Personen, die ein Kloster ohne kirchliche Genehmigung errichten, wird der geistliche Status aberkannt,
- die Priesterweihe für Mönche für drei Jahre ausgesetzt,
- Laien der dauerhafte Aufenthalt in Klöstern untersagt; die Besuchszeit von Freitag bis Sonntag begrenzt, und
- Mönche, die sich nicht-autorisiert an Medien wenden und nicht genehmigte Finanzgeschäfte tätigen, wird ihr Status aberkannt.

3.1.3.2 Klöster in der Diaspora

Auch in der Diaspora wurden zahlreiche Klöster eingerichtet:
Asien : 10

- Israel: 7
  - St. Mary Konvent (Betlehem),
  - St. Anthony Kloster (Jerusalem),
  - Deir As-Sultan Kloster (Jerusalem),
  - St. Georg Konvent (Jerusalem; Nonnenkloster),
  - St. Anthony Kloster (Jericho),
  - St. Bischoy Kloster (Jericho) und
  - St. Zacchaeus Kloster (Jericho).

- Jordanien: 1
  - St. Anthony Kloster (Madaba)

- Syrien: 2
  - St. Abraham Kloster (Maaret, Saidnaya) und
  - St. Georg Kloster (Homs).

Australien: 4
  - St. Anthony Kloster (Heathcote, Victoria),
  - St. Shenouda Kloster (Putty, New South Wales),
  - St. Mary & St. Anthony und
  - Archangel Michael Kloster (Donvale, Victoria).

Europa :   6

- Deutschland: 2
  - St. Anton Kloster (Kröffelbach) und
  - St. Maria & St. Mauritius Kloster (Höxter)

- England: 1

- St. Athanasius Kloster (Scarborough, North Yorkshire)

- Irland: 1
  - St. George Konvent (Dublin)

- Italien: 1
  - St. Shenouda Kloster (Mailand)

- Österreich: 1
  - St. Anton Kloster (Obersiebenbrunn, Niederösterreich)

Amerika : 8

- Kanada: 2
  - St. Anthony Kloster (Perth, Ontario) und
  - St. Mary, St. George & St. Philopateer Kloster (Paisley, Ontario)

- USA: 6
  - St. Anthony Kloster (Newberry Springs, Kalifornien),
  - St. Mary & St. Moses Abtei (Sandia, Texas),
  - St. Mary & St. Demiana Konvent (Dawsonville, Georgia),
  - St. Mary & St. John The Beloved Konvent (Warren, Ohio),
  - St. John The Beloved Kloster (Canadensis, Pennsylvania) und
  - St. Paul Bruderschaft (Murrieta, Kalifornien).

Ein Beispiel für den Ablauf des Erwerbs: Die koptische Diözese Südliche Vereinigte Staaten erwarb im Jahre 2005 die vormalige Abtei „Corpus Christi Abbey and Benedictine Retreat Center" in der kleinen südtexanischen Gemeinde Sandia, welche von der katholischen Kirche mangels mönchischen Nachwuchses aufgegeben werden musste und belebte in ihr als „St. Mary & St. Moses Abbey" das Klosterleben neu. In den ersten sechs Jahren wuchs der Konvent auf über 20 Mönche und Novizen.

3.1.3.3 Koptische Nonnen

Die Rolle der Frau in der Koptisch-orthodoxen Kirche wird von zwei Faktoren bestimmt und hinsichtlich ihrer freien Entfaltung begrenzt:
- Die eigene männerdominierte Kirche und
- die ebenfalls männerdominierte muslimische Gesellschaft Ägyptens.

Zwar hatte es in der Frühzeit der Kirche zahlreiche weibliche Klostergemeinschaften und auch Eremitinnen gegeben; so sollen zur Zeit des Mönchs Pachomios im 4. Jahrhundert z.B. in Nonnenklöstern in Oberägypten (Akhmim, Sohag) 1.800 Frauen gelebt und die Gemeinschaften um Beni Suef etwa 20.000 Nonnen - doppelt so viel wie Mönche - versammelt haben. Doch sie gerieten in Vergessenheit, und so stand die heutige Kirchenleitung diesen lange skeptisch gegenüber. In einem Artikel über das koptische Klosterleben konstatierte sogar die ägyptische Zeitung „Al-Ahram" in ihrer Wochenausgabe vom 8. bis 14. April 1999, dass das Frauenbild unter koptischen Mönchen bisweilen „an der Grenze zur Frauenverachtung" (Misogynie) angesiedelt wäre.[178] Gleichwohl waren bereits unter Papst Kyrillos VI. in einigen ägyptischen Diözesen „dienende Nonnen" berufen worden. Bereits 1960 richtete der koptische Priester Salib Suryal (1916-1994),[179] einer der Vordenker der koptischen Erneuerung, ein

---

[178] „In fact, the image of women sometimes stands on the borderline of implicit or explicit misogyny. One monk at the Monastery of Baramous, asked what was the best thing about monastic life, grinned: „Not having to be nagged by a woman first thing in the morning." (Ich werde nicht gleich am Morgen vom Gezeter einer Frau belästigt.)

[179] Geboren als Wahib Zaki Sourial in der Region Menoufiya im Nildelta, studierte er zunächst Rechtswissenschaften und arbeitete mehrere Jahre als Rechtsanwalt, bevor er sich entschloss, Priester zu werden. In den 1970er

Haus für jene Frauen ein, die ihr Leben dem Dienst in der Gemeinschaft widmen wollten. Gefördert von Bischof Athanasios fand sich 1965 in Beni Suef eine kleine Gruppe von Frauen, die sich im „Deit Banat Maryam" zu einer klösterlichen Gemeinschaft zusammenschlossen und in Schulen und Krankenhäusern arbeiteten. Die Einbindung von Frauen als Diakone, die seit dem 13. Jahrhundert untersagt war, wurde 1981 gelockert, als 28 Frauen zu Diakonissinnen berufen wurden, allerdings ohne - wie die Männer - eine formale Weihe empfangen zu haben.

Zahlreiche junge Koptinnen, die sich einem Leben als Nonne verpflichten und neben ihrem kontemplativen Klosterleben sich auch sozial engagieren wollten, wechselten von der Koptisch-orthodoxen zur Koptisch-katholischen Kirche, die ihnen - anders als ihre eigene Kirche - diese Option bot. Daraufhin gab die orthodoxe Kirchenführung nach. Das Klosterleben in der Kombination von Spiritualität und sozialer Arbeit gewann unter den Koptinnen zunehmend an Attraktivität, weil sie dort eine Nische erblickten, sich in der Männerwelt durchzusetzen und Ansehen und Autorität aufzubauen.[180]

Koptische Frauen, die sich für ein geistiges Leben entscheiden, haben die Wahl zwischen einem Leben als

- Nonne oder als

Jahren lebte er im Kloster Kröffelbach und wirkte beim Aufbau der koptischen Gemeinde in Deutschland mit.

[180] Siehe: Doorn-Harder, Pieternella van „Contemporary Coptic Nuns" (University of Southern Carolina; 1956) und „Imagined Antiquity: Coptic Nuns Living Between Past Ideals and Present Realities", a paper given at „Living for Eternity: The White Monastery and its Neighbourhood. Proceedings of a Symposium at the University of Minnesota" - Minneapolis, März 2003.

- „Geweihte Schwester" (consecrated[181] sister - المكرّسات; Al-mukarrasat)

doch es sind zwei gänzlich unterschiedliche Konzepte und Lebensentwürfe. Gleich ist für beide nur, dass sie zunächst - wie die Mönche - eine Zeit, meist drei Jahre, als

- Novizin (auf koptisch „Tasony" - Schwester),

in einem Konvent absolvieren, während der ihre Eignung und Berufung geprüft wird. Mit der Entscheidung, das künftige Leben als Nonne oder Geweihte Schwester zu führen, ist zugleich das Gelübde der Jungfräulichkeit oder bei verwitweten Frauen das der Ehelosigkeit bis ans Lebensende verbunden. Mit der Weihe zur Nonne oder zur Geweihten Schwester werden sie von „Tasony" (Schwester) zur „Umina" (Mutter) und auch so angesprochen; der vorherige Mädchenname wird meist gewechselt.

Während Nonnen primär ein Leben des Gebets, der Besinnung und Askese führen, liegt der Schwerpunkt der Geweihten Schwestern auf Gebet und Dienst am Nächsten. Daher legen die Geweihten Schwestern zusätzlich zum dreifachen Gelübde der Nonnen - Armut, Keuschheit und Gehorsam - ein viertes Gelübde ab - das des Dienens. Geweihte Schwestern leben in der offenen Gemeinschaft der Gläubigen ihrer Diözese, wohingegen Nonnen den abgeschlossenen Bereich ihres Konvents nicht verlassen dürfen.

Die vielfältigen Aufgaben einer Geweihten Schwester umfassen u.a.:

- Unterstützung des Priesters beim Umgang mit jungen Mädchen und erwachsenen Frauen während der Aktivitäten der Sonntagsschule, bei Taufen und sonstigen Treffen,
- Kinderbetreuung,

---

[181] Die genaue Übersetzung ist eher „devoted" (hingegeben; gewidmet).

- Unterstützung und Besuch von Kranken, Witwen, Waisen und Bedürftigen.
- Verwaltungsaufgaben in der Gemeinde und in Kliniken, sowie
- Führung von Betreuungseinrichtungen für Mädchen.

Nach ihrer Weihe kann eine Geweihte Schwester, so sie dies möchte und dafür als geeignet beurteilt wird,

- frühestens nach fünf Jahren zur Subdiakonissin und
- nach weiteren fünf Jahren zur Diakonissin

berufen werden; die Entscheidung darüber trifft ein Gremium. Die Weihe (Aufnahme) vollzieht ein Bischof, dabei wird diese - anders als bei der Priesterweihe - nicht durch Handauflegen vollzogen. Mit dieser formellen Geste soll ausgedrückt werden, dass es sich nicht um eine Weihe im eigentlichen Sinne handelt. Über Frauenordination wird in der koptischen Kirche nicht diskutiert. Da es weder einen Mangel an Priestern noch an Mönchen gibt, wird dieses Thema auch nicht indirekt unter dem Aspekt des Lückenfüllens angesprochen.

Wegen der Schutzbedürftigkeit der Nonnen lehnt die koptische Kirche weibliche Eremiten und das Konzept der sog. „Wüstenmütter", die als Einzelperson („anchoress" - abgeleitet vom altgriechischen Wort ἀναχωρητής – anachoretes; jemand, der sich von der Welt abgewandt hat) in der Einöde lebt, ab und betreibt fünf ihrer sechs Nonnenklöster in Ägypten nicht in der Abgeschiedenheit, sondern in Anlehnung an Städte, wie z. B. in Alt.Kairo, wo der „St. George Convent" beheimatet ist, der bis zu ihrem Tod im Jahre 2006 von Mutter (Umina) Tamay Irene Yassa als Äbtissin geführt wurde. Die Nonnen des 1965 gegründeten Ordens „Töchter der heiligen Maria" leben in einem Kloster in Beni Suef, südlich von Kairo. Im oberägyptischen Dairout bei Assiut besteht der „Konvent der heiligen Maria und des Erzengels Michael". Nur das im 3. Jahrhundert erbaute und seit 1978 wieder bewohnte Kloster

„Deir Al-sitt Demiana"[182] mit etwa 60 Nonnen liegt nordwestlich von Abydos in der Abgeschiedenheit Mittelägyptens.

In den letzten Jahren wurden auch im Ausland mehrere Nonnenklöster eingerichtet - in den USA, in Australien und in Irland. Ähnlich wie beim Kauf der ehemaligen Abtei „Corpus Christi Abbey and Benedictine Retreat Center" in der texanischen Gemeinde Sandia lief auch der Erwerb eines Frauenklosters: Im Jahre 2011 hatte die koptische Kirche in den USA das vormalige Kloster der Benediktiner-Schwestern der Byzantinisch-katholischen Kirche in Warren (Ohio) gekauft, es zum Nonnenkloster umgebaut und „St. Mary & St. John The Beloved" benannt; es wurde das erste Nonnenkloster außerhalb Ägyptens. Bereits 2006 hatte sich in Daytona (Florida) ein kleiner Konvent „St. Mary" mehrerer Nonnen aus Ägypten konstituiert und 2011 ein zweiter in San Antonio (Texas). Im Jahre 2013 wurden beide in die Kleinstadt Dawsonville in Georgia - nördlich von Atlanta - verlegt und dort als „St. Mary & St. Demiana Convent" vereint. Am 7. Oktober 2015 besuchte Papst Tawadros II. das zur Diözese der Südlichen Vereinigten Staaten gehörende Kloster, und 2016 wurde die erste Nonne geweiht, die als Novizin eingetreten war. In Dawsonville gibt es einen weiteren Konvent, den der „St. Mary & St. Phoebe Consecrated Sisters".

Im September 2017 weihte Papst Tawadros II. das koptische Nonnenkloster „Al-Malak Michael" in Melbourne ein; es ist das erste in Australien. Im Mai 2018 erkannte die Heilige Synode das Kloster des heiligen Georg in Irland offiziell als erstes koptisches Nonnenkloster in Europa an.

---

[182] Demiana, die Märtyrerin und Heilige, gilt als Gründerin der koptischen Nonnentradition. Kaiser Diokletian ließ sie und 40 ihrer Nonnen enthaupten, weil sie ihrem Glauben nicht abschwören wollten. Ihr Jahrestag wird am 1. Januar begangen.

3.1.4 Lehre und Liturgie

Trotz Anfeindungen und Verfolgung nach dem Konzil von Chalkedon hielt die koptische Kirche an ihrer Lehre von der vollkommenen Einheit der zwei vollkommenen Naturen Christi - Gottheit und Menschsein - fest und galt seitdem bei den Christen außerhalb der koptischen Gemeinschaft als monophysitisch und abtrünnig (häretisch). Erst in unserer Zeit wurde dieser Streit im Wissen um die menschliche Unfähigkeit, göttliche Mysterien in Worten auszudrücken, beigelegt. Die damaligen Gründe der Kirchenspaltung sind geklärt und überwunden und die Unterschiede hinsichtlich der Lehre zwischen der Koptisch-orthodoxen und den übrigen christlichen Kirchen gering. Dennoch wurde die Trennung nicht völlig überwunden, zu lange währte die Zeit gegenseitiger Kränkung und Ächtung.
Die Koptisch-orthodoxe Kirche feiert heute drei Liturgien,

- jene des Hl. Basilios des Großen (330-379),
- die des Hl. Gregorios von Nazianz und
- die Liturgie Hl. Markus, des Evangelisten; letztere wird auch nach dem Papst Kyrillos dem Großen (412-444) benannt.

Die Ursprünge gehen auf die griechische Liturgie des Heiligen Markus zurück; später wurden sie in die koptische Sprache übersetzt. Die altägyptische - koptische - Sprache ist bis heute Liturgiesprache. Da diese Sprache aber nur noch von wenigen Familien als Muttersprache gesprochen wird, erfolgen Lesungen und Predigt auch auf Arabisch. Überdies lernen die Kleinsten nach jedem Gottesdienst eine halbe Stunde die koptischen Gebete und Gesänge auswendig. Die Kopten in der Diaspora feiern die Liturgie in der Regel in der Landessprache ihrer neuen Heimat.

Die Kopten pflegen - wie die römische Kirche - die sieben Sakramente als Zeichen göttlicher Heilswirkung äußerst traditionsbewusst:
- Taufe,
- Firmung,
- Abendmahl (Eucharistie - Danksagung),
- Bußsakrament (Beichte),
- Priesterweihe,
- Eheschließung und
- Krankensalbung.

Durch sie empfängt der Gläubige reelle göttliche Gnade. Es würde diese Darstellung sprengen, in die Tiefe der koptischen Liturgie vordringen zu wollen, daher sollen nur einige Grundzüge[183] charakterisiert werden.

Mit der Taufe wird der Täufling von der Erbsünde und von jeder Sünde befreit und in die Kirche aufgenommen. Neugeborene werden wenige Wochen nach der Geburt - ein Junge 40 Tage und ein Mädchen 80 Tage danach - getauft,[184] in dem sie mit dem ganzen Körper dreimal in ein Becken getaucht werden.[185]

Die Firmung (Konfirmation) erfolgt - anders als im römischen Ritus - unmittelbar nach der Taufe durch das Salben mit Öl (griech.: Myron); dadurch erlangt der Getaufte das allgemeine Priestertum. Die Taufe ist im Kirchengebäude zu spenden; nur in seltenen Ausnahmefällen ist dies außerhalb der Kirche erlaubt. Vor der Taufspendung müssen Priester, Diakone,

---

[183] Andere liturgische Feiern erstrecken sich u. a. auf die Taufe, die Eheschließung, die Weihe von Bischöfen, Priestern und Diakonen, sowie die von Kirchen.

[184] Ist ein Kind in Todesgefahr, darf der Priester die Taufe unmittelbar nach der Geburt spenden.

[185] Neben der Taufe mit Wasser kennt die koptische Kirche auch die sog. „Bluttaufe"; sie bezieht sich auf Märtyrer, die getötet wurden, bevor sie getauft werden konnten.

Eltern und Paten des Kindes mindestens neun Stunden fasten. Die Beschneidung wird bei vielen Kopten noch traditionell praktiziert, wenngleich nur aus hygienischen Gründen; eine zeitliche Verbindung mit der Tauffeier hingegen ist untersagt. Die weibliche Genitalverstümmelung (femal genital mutilation - FGM; ختان;khitan) - in Ägypten nach der Weisung Nr. 261 von 1996 strafbewehrt - wird auch seitens der Kirche strikt abgelehnt, ist aber gleichwohl auch unter Koptinnen verbreitet.

Eine eigene „Erstkommunion", wie in der katholischen Kirche, kennt die koptische Kirche nicht. Daher können bereits Kleinkinder, weil sie getauft und gefirmt sind, am Arm der Mutter die Kommunion empfangen. Eucharistie und Abendmahl werden als Teilhabe am Leib und Blut Christi und als Erneuerung des Bundes mit Gott verstanden. Der Gottesdienst wird - wie im alten lateinischen Ritus der römischen Kirche - mit dem Rücken zu den Gläubigen zelebriert, dabei hält der koptische Priester fast immer ein kleines Silber-Kreuz in seiner Hand. Bei der Kommunion werden keine Hostien, sondern kleine Brotstückchen ausgeteilt, die von einem großen, flachen und runden Brot stammen; das Brot ist rund als Zeichen, dass Gott keinen Anfang und kein Ende hat. Zu Beginn des Gottesdienstes wird das Brot als Sinnbild der Taufe Christi durch Johannes mit Wasser benetzt. Die koptische Kirche kennt keine Hand-, sondern die Mundkommunion. Die Gläubigen gehen bis vor die Ikonostase und empfangen dort vom Priester ein kleines Brotstück. Die z.B. in Deutschland oft zu beobachtende Praxis, dass Laien - Männer wie Frauen - in legerer Freizeitbekleidung - die Kommunion austeilen, ist in der koptischen Kirche unvorstellbar. Die Kelchkommunion ist den Priestern vorbehalten. Der Gottesdienst wird in vier Teilen zelebriert:

- Vormesse (ca. 30 Minuten) mit Vorbereitung, Gebeten, Bereitung der Gaben, Gesängen und Weihrauch).

- Eucharistiefeier (ca. 30 Minuten), u.a. mit Glaubensbekenntnis, den Hochgebeten (Anaphoren), Vaterunser, der Wandlung und der Kommunion.
- Wortgottesdienst (u. a. mit Lesung aus dem Alten und Neuen Testament und Predigt) und
- Segens- und Versöhnungsgebet, sowie Entlassung (ca. 10 Minuten).

Abb. 66

Dadurch kann die Liturgie des Gottesdienstes durchaus zwischen zwei und drei Stunden, an Festtagen sogar noch länger dauern. Vor allem im Vorweihnachtsmonat Koiak werden Nachtgottesdienste - vom Samstagabend bis Sonntagmorgen - zelebriert. Während der Messfeier sitzen Männer (linke, nördliche Seite) und Frauen (rechte, südliche Seite) voneinander getrennt. Zum Empfang der Kommunion bedecken die Frauen ihr Haar. Vor Einnahme der Kommunion gilt ein neunstündiges Fastengebot. Obwohl der Sonntag in Ägypten kein offizieller Feiertag ist, sind die meisten Kirchen bis auf den letzten Platz gefüllt.

Eine koptische Kirche ist nach Osten hin ausgerichtet und kann drei Grundformen aufweisen:

- Kreuzform (nur zu byzantinischer Zeit),
- Rundbau (als Zeichen von Endlosigkeit) und
- Schiffform (Sinnbild für Arche Noah).

Das größere Hauptschiff der Kirche teilt sich in
- Chorraum der Diakone und
- Chorraum der Gläubigen.

Das Allerheiligste mit dem Altar ist durch eine Trennwand (Ikonostase) vom Hauptschiff getrennt. Die Ikonostase - eine architektonische Besonderheit in allen orthodoxen Kirchen - besteht aus einer Wand aus Holz oder Marmor, geschmückt mit zahlreichen Heiligenbildern. Sie ist durch drei Türen durchbrochen, die mit Vorhängen verschlossen sind. Die mittlere, breite Haupttür („Königstür") wird bei der Messfeier geöffnet; durch sie verfolgen die Gläubigen die Feier der Eucharistie. Hinter der Ikonostase liegt das Allerheiligste (Sanctuarium), das nur von Geistlichen barfüßig betreten werden darf.

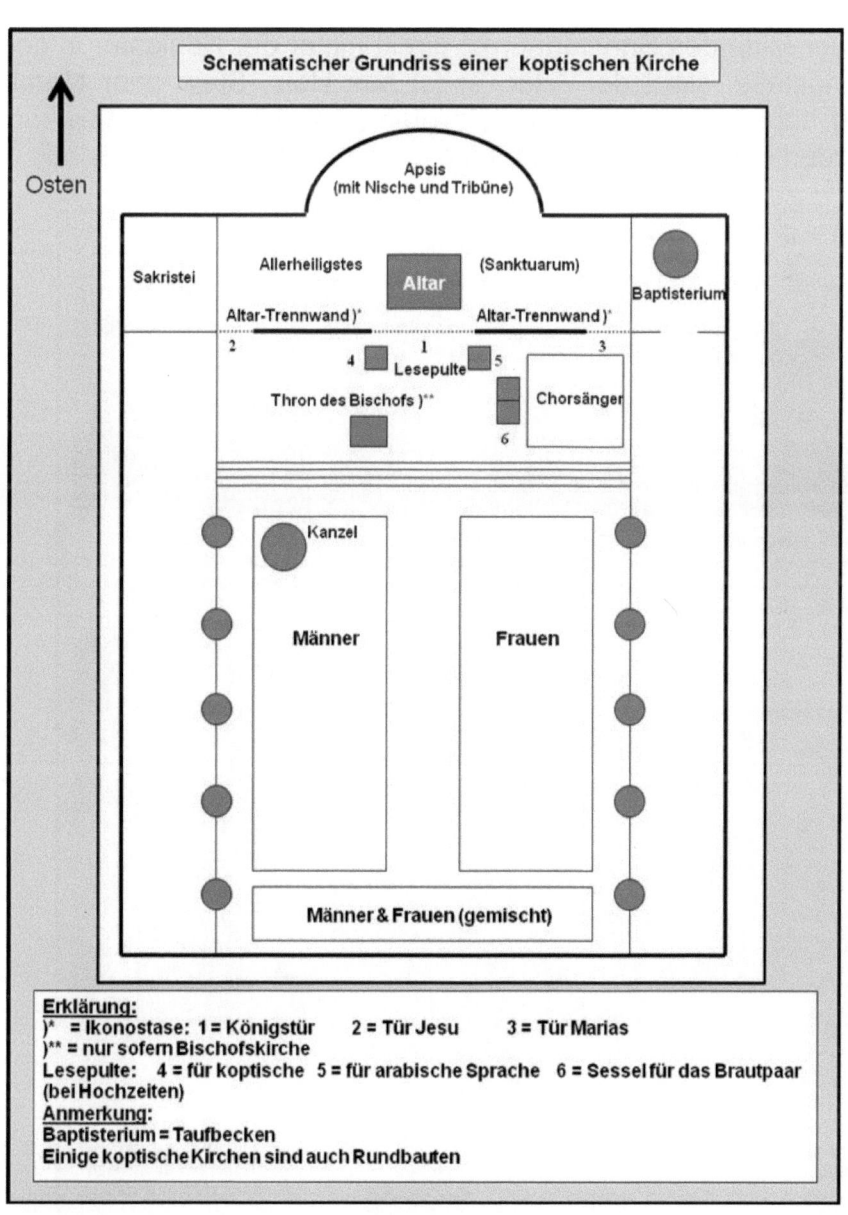

Abb. 67

In der Mitte des Sanctuariums, direkt hinter der Königstür in der Ikonostase, steht der Altar; er ist aus Holz, Stein oder Metall und hohl, damit in ihm die Reliquien von Heiligen aufbewahrt werden können. Er wird dreifach mit gestickten Linnen verhüllt.

Abb. 68

Auf dem Altar dürfen nur
- ein vier- oder achteckiger, mit Ikonen geschmückter Kasten aus Holz als Thron für den Kelch,
- Die Patene (Teller mit Hostien),
- die Kuppel für die Patene (Asteriskos) und
- die Heilige Schrift

liegen. Viele Altäre sind von einem sog. „Ciborium", vier Säulen aus Stein oder Marmor, umbaut. Hinter dem Altar liegt die sog. „Tribüne", sieben halbrunde Treppenstufen, ebenfalls aus Stein oder Marmor, die von der „Nische" abgeschlossen werden.
Die koptische Kirche kennt folgende liturgischen Geräte, die vor der ersten Benutzung durch den Bischof mit heiligem Öl (Myron) geweiht werden:

- Heilige Tafel, ein rechteckiges Brett, in dessen vier Ecken und in der Mitte sich ein Kreuz befindet; ohne diese Tafel kann keine Liturgie gefeiert werden.
- Kelch,
- Kelchthron (Kasten aus Holz), der sich auf dem Altar befindet; er hat oben eine runde Öffnung, in die der Kelch eingelassen wird;
- Eucharistielöffel (zum Austeilen des heiligen Blutes),
- Patene (Teller, auf den das heilige Brot gelegt wird),
- Stern (zwei überkreuzförmige Bügel, die in der Mitte verbunden sind); der Stern wird auf die Patene gesetzt und mit gestickten Tüchern (Velen) bedeckt;
- Weihrauchgefäß aus Metall,
- Karaffe (Gefäß für den Wein),
- Gabenträger (zum Transport der heiligen Gaben zu Schwerkranken),
- Evangeliar,
- Velum (Tuch, das mit gestickten Kreuzen verziert ist); dient zur Abdeckung des Altars, der Patene und des Kelches;

- Großes Velum (Abrosfarin; Tuch zur Abdeckung des Kelchthrones und der Patene nach der Opfergabe);
- Altar zur Darbringung der Opfergaben.

Oft sieht man, dass koptische Geistliche ein Kreuz[186] in der Hand halten. Es besteht aus zwei gleich langen Balken, die sich in der Mitte im rechten Winkel kreuzen. Das Ende jedes Balkens hat drei Zacken; sie symbolisieren die Dreifaltigkeit und

Abb. 69

die insgesamt 12 Zacken die 12 Apostel. Bei einer anderen Form (Henkelkreuz; Anch-Symbol) ist der obere Teil des vertikalen Balkens zu einem offenen, hohlen Tropfen geformt.

Ungewohnt und erfrischend ist die spielerische, enge Einbindung der Kinder in das kirchliche Leben. Kaum war der Abschlusssegen nach dem Weihnachtsgottesdienst am 7. Januar 2007 in der Kirche St. Georg (Mar Girgis) der Kairoer Vorstadt Nasr City erteilt, hallten Explosionen durch die hohe Vorhalle der Kirche. In den Duft des Weihrauches mischte sich der von Schwarzpulver. Doch es war kein Angriff militanter

---

[186] Viele Kopten lassen sich dieses Kreuz auch auf die Innenseite ihres rechten Handgelenks tätowieren.

Muslime. Die Jungen und Mädchen begingen das Fest auf ihre Weise - mit hunderten von Feuerwerkskörpern. Die hohen Mauern verstärkten die akustische Wirkung der Böller. Doch niemand hob warnend und pikiert den Finger oder verbot gar die wilde Knallerei - im Gegenteil. Priester, Diakone und Eltern schauten lächelnd und amüsiert dem Treiben ihres Nachwuchses zu. Spiel- und Fußballplatz findet man auf nahezu jedem größeren Kirchengelände. Die koptische Kirche ist nicht nur Ort des Gebets und der Andacht, sowie der Ruhe in der hektischen Großstadt, sondern - ähnlich einer Moschee - auch der soziale und gesellschaftliche Mittelpunkt der Gemeinde. Das stärkt den Gemeinsinn der Gläubigen und lässt vergessen, dass die meisten modernen Kirchenbauten auch in Ägypten in ihrer erdrückenden und eintönigen Betonarchitektur keinen Preis der Kategorie „Schöner beten" gewönnen.

Die regelmäßige Beichte (Bußsakrament) bei einem persönlichen Beichtvater ist erforderlich, um an der Eucharistiefeier teilzunehmen. Es ist üblich, dass die ganze Familie sich ein und denselben Priester zum Beichtvater aussucht, der damit zu einer Art „Familienpriester" wird. Die Eheschließung ist das einzige Sakrament, das nicht während der Fastenzeit gespendet werden darf. Vielehe ist auch dann verboten, wenn diese durch die Gesetze des Landes erlaubt sein sollte. Dies gilt auch für die Ehescheidung, mit Ausnahme im Falle des Ehebruchs. Eine Scheidung kann vom Mann und von der Frau beim zuständigen Bischof beantragt werden. Die koptische Kirche erkennt die staatliche Rechtsprechung im vollen Umfang an, es sei denn, diese widerspräche den kirchlichen Sakramenten. Bei kontrovers diskutierten Sachverhalten, wie z.B. bei Abtreibung, verhält sie sich eher pragmatisch. Zwar lehnt die Kirche Abtreibung offiziell als Verstoß gegen den Willen Gottes ab, praktiziert aber eine Art Delegierung auf den Beichtvater, der den jeweiligen Fall individuell als eine Art der Schwangerschaftsberatung behandelt.

Abb. 70

Die Anbetung von Heiligen ist untersagt, doch deren Verehrung und Anrufung zum Zwecke der Fürbitte fester Bestandteil jeder koptischen Messfeier. Jede koptische Kirche ist einem Heiligen als Namenspatron gewidmet, wobei die Jungfrau Maria als Mutter Jesu eine besondere Rolle einnimmt, was nicht nur an der großen Zahl der Kirchen, die ihr geweiht sind, deutlich wird, sondern auch daran, wie die Marienerscheinungen zwischen 1968 und 1971 in Kairo von der Bevölkerung wahrgenommen wurden.

Am frühen Abend des 2. Aprils 1968 bemerkte der muslimische Sicherheitsbeamte Abed al-Aziz Ali, der in der Werkstatt der öffentlichen Transportgesellschaft in der Sharah Tomanbay in Zeitun, einem Stadtteil im Nordosten Kairo, arbeitete, erstmals ein helles Licht, das über einer der fünf Betonkuppeln der kleinen, koptischen Marienkirche zu schweben schien. Ali stutzte und holte seine Kollegen aus der Werkstatt, die direkt neben der Kirche lag, hinzu. Zunächst meinten sie, ein junges Mädchen zu sehen, das auf das Kirchendach geklettert und durch die Straßenbeleuchtung erhellt war. Aus Sorge, sie könne herabstürzen, riefen sie ihr zu, sie möchte vorsichtig sein. Dann traf ein Streifenwagen der Polizei ein. Die Beamten in ihren klobigen, dunkelblauen Uniformen waren ratlos, vermuteten aber einen Trick der Kopten, die mit elektrischen Lampen der muslimischen Bevölkerung ein christliches Wunder vortäuschten. Sie ließen deshalb die Stromversorgung im ganzen Stadtteil unterbrechen. Doch die Lichtgestalt über der Kuppel, die einer Frau ähnelte, blieb unverändert. Innerhalb kürzester Zeit waren die Straßen mit Menschen verstopft - Kopten und Muslime, und schnell wurde kolportiert, es wäre die Jungfrau Maria, die dort schwebte.

Die Erscheinungen waren von unterschiedlicher Dauer - manchmal waren es nur Minuten, bisweilen aber auch Stunden, und sie wiederholten sich in unregelmäßigen Zeitabständen bis 1971. Teilweise drängten sich mehr als zweihunderttausend Menschen in den Straßen um die Kirche. Es soll zu mehreren Krankenheilungen gekommen sein. Eine schlüssige Erklärung dafür gibt es bis heute nicht. 1988 kam es erneut zu Erscheinungen, und bis heute begehen die Kopten deren Jahrestag. Seitdem wird die kleine, schneeweiße Wallfahrtskirche Tag für Tag von einem unablässigen Strom junger und alter, gesunder und kranker Menschen besucht.

St. Mary´s Kirche im Kairoer Stadtteil Zeitun

Abb. 71

Aber auch in anderen Marienkirchen beten die Menschen und bitten Maria um Hilfe. Interessant dabei ist, dass es offenbar nicht nur Christen sind, die im Halbdunkel der Kirche ihre Gebete flüstern und Trost suchen, wie es das folgende Beispiel zeigt: Am 3. März 2007 bemerkte meine Frau in der Gruft der Kirche der Heiligen Theresa im Stadtteil As-Shubra vor dem stilisierten Sarkophag eine in schwarz verhüllte Frau, die bitterlich weinte. Meine Frau ging auf sie zu, fragte ob sie helfen könnte und nahm sie in den Arm.

Eine gläubige Koptin berührt das Gnadenbild in der St. Mary´s Kirche in Zeitun

Abb. 72

In einem Gemisch aus Englisch und Arabisch schluchzte die Frau, dass sie Muslimin wäre und eigentlich gar nicht hier sein dürfte. Ihr Mann arbeitete in Saudi-Arabien, wäre aber schwer erkrankt. Nun suche sie Hilfe bei der heiligen Jungfrau, denn schließlich wäre sie die Mutter eines Propheten. Der Kummer der Frau war offenbar groß, denn es ist keineswegs ungefährlich, als Muslim oder Muslimin eine nicht-muslimische Gebetsstätte zu besuchen. Schnell können Menschen, die ihr nicht wohlgesonnen sind, oder Fanatiker, dies als ersten Schritt einer Abkehr vom Islam interpretieren, mit fatalen Folgen.

Die koptische Kirche feiert sieben Hauptfeste, sog. „große Herrenfeste":

- Verkündigung Marias,
- Geburt Christi (Weihnachten; am 7. Januar; zugleich staatlicher Feiertag),[187]
- Taufe Christi im Jordan (Epiphanie) und Erscheinung der Dreifaltigkeit (Theophanie); am 19. Januar,
- Palmsonntag (Hosianna),
- Ostern (Auferstehung Christi),
- Himmelfahrt Christi und
- Pfingsten,

sowie sieben Nebenfeste, sog. „kleine Herrenfeste" im Kirchenjahr:

- Beschneidung des Herrn (14. Januar),
- Eintritt Christi in den Tempel (15. Februar),
- Christi Ankunft in Ägypten (1. Juni),
- Erstes Wunder bei der Hochzeit in Kanaa (21. Januar),
- Verklärung Christi (19. August),
- Gründonnertag und
- Thomassonntag (1. Sonntag nach Ostern).

Der koptische Kirchenkalender nennt eine Fülle weiterer Feste, so z.B.:

---

[187] Entsprechend verschieben sich im Verhältnis zum gregorianischen Kalender alle mit dem Weihnachtsfest zusammenhängenden Feste um 13 Tage.

- 5 Marienfeste,
- das Petrus- und Paulusfest,
- Michaeli-Tag,
- Kreuzfest und
- Neuruz (koptisches Neujahr), sowie
- Feste, an denen des Märtyrertums koptischer Heiliger (z.B. St. Markus, St. Georg, St. Barbara) gedacht wird.

Die Fastenzeit spielt in der koptischen Kirche eine besondere Rolle, die sich z.B. von jener der römischen Kirche unterscheidet, denn von den 365 Tagen im Jahr fasten die Kopten an 210 Tagen (= 57 % des Jahres), nämlich während

- der großen Fastenzeit (sie beginnt 55 Tage vor Ostern, mit 7 Tagen Vorbereitung, 40 Fastentage und 7 Tage Karwoche),
- der Fastenzeit der Apostel (im Juni),
- der Marienfastenzeit (im August) und
- der Fastenzeit vor dem Weihnachtsfest.

Beim Fasten wird auf alle tierischen Produkte (wie Fleisch, Geflügel, Fisch, Milch, Eier und Butter) verzichtet. Ähnlich den muslimischen Fastengeboten im Ramadan ist der Verzehr von Speisen und Getränken zwischen Sonnenaufgang und Sonnenuntergang nicht erlaubt. Diese Auflagen haben dazu geführt, dass sich eine besondere „koptische Küche" entwickelte. Ausnahmen von diesen strengen Regeln gibt es z.B. bei Krankheit. Während der auf den Ostersonntag folgenden 50 Tage bis Pfingsten wird nicht gefastet. Einige Kopten fasten regelmäßig auch am Mittwoch und an Freitagen.
Die koptische Kirchenmusik ist ohne melodieführende Musikinstrumente (a capella) - in Form eines einstimmigen (monophonen) Wechselgesanges zwischen dem zelebrierenden Geistlichen, dem assistierenden Diakon, einem

Kantor und einem kleinen Chor - geprägt und nahezu ausschließlich vokal. Orgelmusik gibt es in der Tradition der koptischen Kirche nicht; die einzigen „Instrumente" sind Messingzimbeln (kleine Becken) und Rahmentrommeln (Tamburin); auch Triangel und Cymbal kommen gelegentlich zum Einsatz. Die Melodieführung basiert dabei auf dem halbtongeprägten orientalischen Tonsystem. Fehlt der Chor, wird er durch „Kirchenmusik vom Band" ersetzt. Da es, anders als bei westlicher Musik, kein Notensystem gibt, das die gefühlvollen Melodien der Gesänge - etwa 300 Hymnen sind bekannt - festhält, werden diese bis heute nur nach Gehör überliefert. Die musikalische Struktur baut dabei auf einer Fünf-Tonleiter auf.

Die Haltung der koptischen Kirche zu einigen ethischen Fragen soll nur skizziert werden:
- Freitod zählt grundsätzlich als schwere Sünde, jedoch nicht, wenn er verübt wird, um z.B. ein Reinheitsgelübde nicht zu verletzen (wie z.B. bei dem gemeinsamen Freitod jener 40 Nonnen in Assiut im 12. Jahrhundert).
- Abtreibung: Leben beginnt im Augenblick der Empfängnis. Nur, wenn das Leben der Mutter in Gefahr ist, erlaubt die Kirche offiziell den Abbruch der Schwangerschaft.
- Empfängnisverhütung ist erlaubt, sofern diese nicht den Charakter einer Abtreibung hat (wie z.B. die sog. „Pille danach").
- Sexualmoral: Sex außerhalb der Ehe ist untersagt.
- Nicht-koptische Ehepartner müssen vor der Eheschließung zur koptischen Kirche übertreten.
- Die koptische Kirche kennt die Verlobung mit dem Austausch der Ringe und der Segnung des Paares.

Jedoch sind damit zum einen keine finanziellen Verpflichtungen verbunden, und zum anderen kann diese Form der Bindung widerrufen und damit gelöst werden.

- Scheidungsgründe sind u.a. Ehebruch, Konversion zu einem anderen Glauben, Bigamie, Misshandlung des Ehepartners, Geisteskrankheit und Unfruchtbarkeit (siehe Seite 172). Eine erneute Heirat ist nur demjenigen Ehepartner erlaubt, der z.B. im Falle von Ehebruch oder Konversion schuldlos ist.

- Homosexualität gilt als sündiges Vergehen. 2003 gab Papst Shenouda III. eine formelle Erklärung heraus, in der er sich strikt gegen die sog. „Homo-Ehe" aussprach. Von daher ist auch die Weihe Homosexueller zu Geistlichen nicht erlaubt.

Die Kopten lebten ursprünglich nach dem altägyptischen Kalender, den ihre Vorfahren bereits aus pharaonischen Zeiten kannten und der bis heute noch auf dem Lande als Grundlage landwirtschaftlicher Planung dient.

Er basiert auf drei Jahreszeiten zu je vier Monaten, d.h. er ist in zwölf Monate mit je 30 Tagen eingeteilt. Hinzu kommt ein so genannter „kleiner Monat" mit nur 5 Tagen (bzw. 6 in Schaltjahren). Ende des 3. Jahrhunderts stellten sie ihn in Erinnerung an den Märtyrertod unzähliger Gläubiger unter der grausamen Herrschaft des römischen Kaisers Diokletian um, legten den Beginn ihrer neuen Zeitrechnung auf das Jahr 284 n.Chr., das erste Jahr der Regierungszeit dieses Kaisers[188] und nennen ihn seitdem „Märtyrerkalender", versehen mit dem Kürzel „A.M." („anno martyrum"). Der Widerspruch, dass damit

---

[188] Am Ende des dritten Jahrhunderts erreichten die Verfolgungen der Kopten unter Kaiser Diokletian einen Höhepunkt; etwa 800.000 Menschen sollen für ihren Glauben gestorben sein. Die koptische Kirche spricht von etwa einer Million Märtyrern allein seit dem 7. Jahrhundert.

zugleich indirekt der römische Kaiser geehrt wird, bleibt unberücksichtigt.

Die Monatsnamen des koptischen Kalenders

Gregorianischer Kalender

für die Jahre 1999 bis 2099

Thout	11. September	- 10. Oktober
Paopi	11. Oktober	- 9. November
Hathor	10. November	- 9. Dezember
Koiak	10. Dezember	- 8. Januar
Tobi	9. Januar	- 7. Februar
Meshir	8. Februar	- 9. März
Paremhat	10. März	- 8. April
Parmouti	9. April	- 8. Mai
Pashons	9. Mai	- 7. Juni
Paoni	8. Juni	- 7. Juli
Epip	8. Juli	- 6. August
Mesori	7. August	- 5. September
„Kleiner Monat" Pi Kogi Enavot	6. - 10. September	

Abb. 73

Das koptische Jahr beginnt mit dem Fest „Neyrouz" im Monat „Thou",[189] und so trägt das Jahr 2018 nach dem koptischen Kalender ab dem 11. September die Jahreszahl 1735 A.M.

---

[189] Die Bezeichnung stiftet bisweilen Verwirrung, da das Wort nicht vom persischen Wort „Nowruz" (Neujahr), sondern dem Fest „Ni-Yarou" (Fest der Flüsse) der alten Ägypter abgeleitet ist.

3.1.5 Papst Shenouda III.

Am 31. Oktober 1971 - acht Monate nach dem Tod von Papst Kyrillos VI. - zog ein kleiner Junge namens Ayman Munir Kamil, die Augen mit einer schwarzen Binde verdeckt, den Zettel mit dem Namen des 48-jährigen Bischofs Anba Shenouda aus dem Wahlkelch. Damit bekam die Koptisch-orthodoxe Kirche wieder ein neues Oberhaupt, das als 117. Patriarch von Alexandria den Namen Shenouda III. (شنودة الثالث) wählte. Zwei Wochen danach, am 14. November 1971, fand in Kairo die feierliche Inthronisation des neuen Papstes statt.

Abb. 74

Shenouda war am 3. August 1923 als Nazir Gayid Rafail in dem mittelägyptischen Dorf Aboub der Provinz Assiut geboren worden und hatte bereits früh beide Elternteile verloren.

Zunächst studierte er Philosophie, sowie später bis 1949 noch Archäologie und Theologie, lehrte er als Dozent für „Exegese und Dogmatik" und absolvierte zwischenzeitlich die Ausbildung zum Reserveoffizier bei der Infanterie. Im ersten Arabisch-Israelischen Krieg 1948 führte er einen Infanteriezug an der Sinai-Front. Mit 31 Jahren trat er 1954 in das Kloster Deir As-Suryan im Wadi Al-Natrun ein und nannte sich Abuna (Bruder) Antonius. Sein wohl einflussreichster Lehrer war der Mönch Matta Al-Meskeen (1919-2006), einer der Schlüsselfiguren der Wiederbelebung des mönchischen Lebens, der sich zweimal - 1959 und 1971 - zur Papstwahl gestellt hatte, aber beide Male nicht gewählt worden war.

In späteren Jahren kam es zu einem tiefgreifenden Zerwürfnis zwischen Shenouda und Matta über die Rolle der Kirche in der Gegenwart. Während Matta die Auffassung vertrat,[190] die Kirche dürfe sich nicht als Repräsentantin und quasi staatliche Organisation, welche die Rechte ihrer Gläubigen vertritt, verstehen, sondern müsse sich allein auf deren Fähigkeit und Bereitschaft zur Bußfertigkeit gegenüber Gott konzentrieren. Papst Shenouda hingegen betonte seine politische Aufgabe, um dadurch auch das Leben seiner Gläubigen in der Gesellschaft zu erleichtern. Der Streit führte soweit, dass Shenouda seinem einstigen Lehrer und Beichtvater, der zur Mystik neigte, sogar der Verbreitung häretischen Gedankengutes bezichtigte.

Im Jahre 1955 empfing der Mönch Antonios die Priesterweihe. Nach mehreren Klosterjahren berief ihn Papst Kyrillos VI. 1958 zu seinem Sekretär. Anschließend blieb er im Patriarchat in Kairo und diente - am 30. September 1962 mit 39 Jahren zum Bischof ernannt - als sog. Allgemeiner Bischof in der koptischen Kurie, wo er für die Erarbeitung der Grundsätze christlicher Erziehung zuständig war. Zusätzlich übernahm Anba Shenouda

---

[190] U.a. in seinem Buch „The Church and The State".

das wichtige Amt des Präsidenten des Theologischen Koptischen Seminars.

Abb. 75

Die Überwindung des Grabens innerhalb der christlichen Kirchen war dem neuen Papst nicht nur ein theoretisches Herzensanliegen. Noch als Bischof hatte er im September 1971 in Österreich an der ersten, von der Stiftung „Pro Oriente" veranstalteten, inoffiziellen Begegnung zwischen katholischen und altorientalischen Theologen in Lainz teilgenommen und jene „Wiener Christologische Formel" vorgeschlagen, die später zur Grundlage der Normalisierung beider Kirchen beitrug.

Bereits im zweiten Jahr seines Pontifikats reiste er nach Istanbul und besuchte den Ökumenischen Patriarchen Demetrios I. (1914-1991).[191] Es war das erste Spitzengespräch

---

[191] Patriarch Demetrios I. reiste später zu einem Gegenbesuch nach Kairo. Im Jahre 1987 weilte der Ökumenische Patriarch auch zu einem ersten,

zwischen byzantinischer und koptischer Kirche seit dem Konzil von Chalkedon im Jahre 451. Auch mit Rom suchte der junge Patriarch den Kontakt. Durch die Annahme der sog. „Wiener christologischen Formel" hatten Vertreter beider Kirchen bereits kurz nach Shenoudas Amtsantritt den theologischen Streit zwischen Orthodoxen und Katholiken über das Verhältnis von göttlicher und menschlicher Natur in Christus beigelegt und waren dabei maßgeblich von der österreichischen Kirche - besonders vom damaligen Wiener Oberhirten, Franz Kardinal König (1905-2004), unterstützt worden.[192] Der nächste Schritt folgte 1973. Nur eineinhalb Jahre nach seinem Amtsantritt nahm er eine Einladung des lebens- und dienstälteren römischen Oberhauptes Papst Paul VI. (1897-1978) nach Rom an. Im Mai 1973 kam es zum ersten Treffen des römischen und des koptischen Oberhauptes seit dem Jahre 451 - ein historisches Ereignis. Shenoudas Delegation bestand aus acht ägyptischen und zwei äthiopischen Metropoliten, sowie einem Bischof aus Libyen. In seinem Pontifikat bemühte sich Shenouda III., auch die seit vielen Jahrhunderten erkalteten Beziehungen zu den anderen orthodoxen Kirchen aufzubrechen; so besuchte er die orthodoxen Patriarchen in Istanbul, Moskau, Damaskus, Bukarest und Sofia. Zu einer Begegnung mit Papst Johannes Paul II. kam es erst mehr als zwei Jahrzehnte nach dessen Wahl zum römischen Papst, als dieser im Februar 2000 nach Ägypten reiste. Auch mit der anglikanischen Kirche knüpfte Papst Shenouda freundschaftliche Kontakte.

---

historischen Besuch in Rom bei Johannes Paul II., den er zuvor 1979 in Istanbul empfangen hatte.

[192] Die guten Beziehungen besonders zum österreichischen Klerus setzten sich auch unter Königs Nach-Nachfolger, Christoph Kardinal Schönborn (* 1945) fort. So war Papst Shenouda 1997 für fast eine Woche Gast im Erzbischöflichen Palais zu Wien, sowie 1998 zur Grundsteinlegung und im Jahr 2004 zur Weihe der Koptischen Kirche der heiligen Jungfrau von Zeitun in Wien-Donaustadt.

1973 führte Ägypten Krieg mit Israel, und Anwar As-Sadat war nach dem plötzlichen Tod von Präsident Nasser erst kurze Zeit im Amt.

Der neu gewählte Papst Shenouda III. stattet Präsident Sadat im November 1971 seinen Antrittsbesuch ab

Abb. 76

Shenoudas Verhältnis zu Israel war gespannt, stand er doch auf Seiten der Palästinenser bei deren Kampf gegen Israel. Überdies verübelte er der israelischen Regierung, dass sich diese geweigert hatte, das „Sultan-Kloster" auf dem Dach der Grabeskirche in Jerusalem der koptischen Kirche zurückzugeben. Und so drohte er unmissverständlich jedem Kopten mit Exkommunikation, der nach Jerusalem reiste; 2006 wiederholte er dieses Verbot. Als Präsident Sadat ihn daher bei einem Treffen fragte, ob er ihn nach Jerusalem begleiten möchte, denn schließlich lebte dort seinerzeit die größte koptische Gemeinde im Nahen Osten außerhalb Ägyptens, lehnte Shenouda sowohl seine Teilnahme, als auch das Vorhaben Sadats schroff ab. Er kritisierte zum einen, dass Sadats Annäherung an Israel zu Lasten der Araber ausgetragen würde, und sich Ägypten erst nach einer Einigung im Konflikt mit den Palästinensern gegenüber Israel kompromissbereit zeigen sollte. Zum anderen war er besorgt über den zunehmend diktatorischen Kurs von Sadat und

Papst Shenouda III. mit Präsident Sadat (Mitte) und Vizepräsident Mubarak
(undatierte Aufnahme, vermutlich zwischen 1972 und 1978)

Abb. 77

dessen Förderung der islamistischen Strömungen im Lande. 1977 hatte Shenouda ein außerordentliches fünftägiges Fasten für alle Kopten verfügt, um gegen die geplante Anwendung des islamischen Rechts zu protestieren. Im April 1977 reiste Shenouda als erster koptischer Papst zu einem 40 Tage dauernden Besuch seiner damals noch kleinen koptischen Gemeinde in die USA und nach Kanada und traf u.a mit US-Präsident Jimmy Carter (* 1924), UN-Generalsekretär Kurt Waldheim (1918-2007) und dem New Yorker Kardinal Terence Cooke (1921-1983) zusammen.

Im Jahre 1989 unternahm er - von August bis Dezember - eine 112-tägige Reise, auf der er alle koptischen Gemeinden in Europa, den USA, Kanada und Australien besuchte. In Washington wurde er von Präsident George W. H. Bush (1924-2018) empfangen.

Abb. 78

Im Juni 2009 kam es zu einer kurzen Begegnung zwischen Papst Shenouda und US-Außenministerin Hillary Clinton in Kairo. 2008 weilte Shenouda vier Monate zu medizinischen Behandlungen in den USA.

In Shenoudas über vierzigjähriger Amtszeit als koptisches Oberhaupt standen - von Nixon bis Obama - insgesamt acht Präsidenten an der Spitze der USA;[193] mit nur dreien von ihnen

---

[193] 1969-1974: Nixon (1913-1994); 1974-1977: Ford (1913-2006); 1977-1981: Carter; 1981-1989: Reagan (1911-2004); 1989-1993: Bush, sen. ; 1993-2001; Clinton (* 1946); 2001-2009: Bush, G.W. (* 1946); 2009-2017: Obama.

- Carter, Bush, sen. und Obama - traf Papst Shenouda zusammen.

Als Präsident Barack Obama (* 1961) in der Halle der US-Universität in Kairo am 4. Juni 2009 eine Rede an die muslimische Gemeinschaft weltweit richtete, war Papst Shenouda zwar anwesend; ob es aber darüber hinaus zu einer längeren persönlichen Begegnung kam, blieb offen, erscheint aber möglich. Die kurze Kondolenzmitteilung des Weißen Hauses am 17. März 2012 zum Ableben von Papst Shenouda deutet allerdings nicht daraufhin.

> „We will remember Pope Shenouda III as a man of deep faith, a leader of a great faith, and an advocate for unity and reconciliation. His commitment to Egypt's national unity is also a testament to what can be accomplished when people of all religions and creeds work together."

Mit den US-Präsidenten Nixon, Ford, Reagan, Clinton und George W. Bush (* 1946) kam es zu keinem Treffen.

In den ersten Jahren seiner Amtszeit erhob das Oberhaupt der Koptisch-orthodoxen Kirche wiederholt seine Stimme, wenn Christen in Not gerieten. Als Ende der 1970er Jahre islamistische Fundamentalisten zahlreiche Kirchen zerstörten und damit zugleich die nach ihrer Auffassung zu weltliche Herrschaft Ägyptens verdammten, wandte sich Papst Shenouda mit scharfen Worten dagegen, klagte zugleich die ägyptische Regierung der Gleichgültigkeit an und untersagte Ostern 1980 die Feierlichkeiten im ganzen Lande, um die laschen Maßnahmen der Regierung gegen die Attentate auf Kopten anzuprangern. Im Juni 1981 wüteten fanatische Islamisten in Zawya-al-Hamra, einem Stadtviertel von Kairo, wo Christen und Muslime seit langem beisammen wohnten, zwei Tage lang ungehindert, bevor die Polizei einschritt; etwa 20 Menschen kamen ums Leben. Nun war die Konfrontation mit Sadat unausweichlich. Als Shenouda sofortige Aufklärung einforderte, warf Präsident Sadat ihm vor, Hass und Zwietracht zwischen Christen und Muslimen zu säen, stellte ihn unter Hausarrest und enthob ihn am 3. September 1980 von seinem Amt. Daher musste der Papst einen geplanten Besuch seiner australischen Diaspora absagen. Nach einigen *Tagen* verbannte Sadat ihn in das Kloster Deir Anba Bishoy[194] im Wadi Al-Natrun zwischen Kairo und Alexandria, nachdem Shenouda ein Exil im Ausland abgelehnt hatte und ließ 150 Kopten, unter ihnen Bischöfe, Priester und andere Würdenträger, inhaftieren. Vier Jahre lang wohnte Shenouda als einfacher Mönch in der Wüste. Auch den obersten Führer der Muslimbruderschaft - stellte Sadat unter Hausarrest. Es war ausgerechnet Abuna Matta, der geistige Vater Shenoudas, der in einem Interview mit dem TIME-Magazin im September die Maßnahme Sadats begrüßte:

> *„Ich kann zwar nicht behaupten, dass ich glücklich wäre, aber es hat mir Frieden gebracht. Jeden Morgen erwartete ich neue blutige Zusammenstöße. Sadats Aktion schützt die Kirche und die Kopten; sie ist gottgewollt.*

Am 5. September 1981 - einen Monat vor seiner Ermordung - verfügte der Präsident die kirchenrechtlich ungültige und innenpolitisch brisante Amtsenthebung von Papst Shenouda. Zudem wandte er sich an fünf koptische Bischöfe und bat sie, einen neuen Papst zu wählen, was diese jedoch ablehnten. Die Kopten protestierten friedlich gegen diese Einmischung, die Islamisten hingegen verschärften ihren Kampf, der in dem erfolgreichen Attentat auf Sadat mündete.

---

[194] Benannt nach dem heiligen Mönch Bishoy, der dort bis 417 gelebt hatte und im Kloster beigesetzt ist.

Abb. 79

Husni Mubarak, Sadats Nachfolger, ließ sich mit der Aufhebung des Arrests Zeit - erst 40 Monate später, Ende 1984 - durfte Shenouda zurückkehren, allerdings mit der dezenten Auflage, sich künftig politischer Aktivitäten zu enthalten. Zwei Tage später, am 4. Januar 1985, verließ Shenouda sein Exil und kehrte, begleitet von 14 Bischöfen, nach Kairo zurück, gerade noch rechtzeitig, um nach vier Jahren das Weihnachtsfest wieder in seiner Kathedralkirche feiern zu können. Danach vermied er - der Auflage Mubaraks entsprechend - jahrzehntelang nicht nur öffentliche Kritik, sondern stellte sich bisweilen auch auf die Seite der Muslime. So war z.B. sein Urteil über Selbstmordattentäter verhalten und ließ ein gewisses Verständnis anklingen. Erst die Anschläge vom 11.

September 2001 in den USA bezeichnete er als Verbrechen und verurteilte sie scharf.

Als Präsident Mubarak Anfang April 2001 - kurze Zeit nach gewalttätigen Übergriffen, bei denen in Oberägypten 20 Christen und ein Muslim starben - in die USA reiste und dort Demonstrationen gegen ihn erwartet wurden, appellierte Shenouda in einem bisher einmaligen Schritt an seine Gläubigen in den USA, „sich zu keinerlei Handlungen hinreißen zu lassen, die geeignet wären, das Ansehen Ägyptens oder die Interessen der Kirche zu verletzen". Shenouda, der frühere Reserveoffizier und Autor von mehr als 100 Büchern war ein Patriot. Beinahe spiegelbildlich vermied die offizielle Politik der ägyptischen Regierung nicht nur jede Form offener Konfrontation mit den Christen, sondern bemühte sich entsprechend der Verfassung um gute Zusammenarbeit. 2002 wurde das koptische Weihnachtsfest am 7. Januar zum ägyptischen Nationalfeiertag erklärt. Als Papst Shenouda im Juni 2006 in einer Münchner Klinik behandelt wurde, musste der ägyptische Botschafter in Deutschland, Mohammed Orabi (* 1951), auf Weisung Mubaraks einen Krankenbesuch abstatten, und bei seinen Auslandsreisen wird Shenouda durch die ägyptischen Diplomaten vor Ort stets hochrangig wahrgenommen.

Trotz zunehmender Gewalt gegen Christen und obwohl die Kopten auch z.B. beim Kirchenbau von der Regierung diskriminiert wurden, hielt sich Shenouda III. weiterhin mit Kritik an Präsident Mubarak, mit dem er ein gutes Verhältnis pflegte, zurück. Der koptisch-orthodoxe Bischof für Deutschland, Anba Damian, sagte dazu:[195]

---

[195] Interview vom 22. Januar 2007 mit dem katholischen Hilfswerk „Kirche in Not" in der Radio-Sendung „Weltkirche aktuell".

„Unser Präsident Mubarak hilft uns. Wir beten, dass er uns noch jahrelang erhalten bleibt, so dass wir weiterhin in Ägypten existieren können".

Doch dieser beiderseitige Kurs der Harmonie war nicht unumstritten. Besonders junge Kopten warfen ihrem religiösen Oberhaupt vor, mit solchem Taktieren die Lage der Kopten zu schwächen, die Augen vor Mubaraks Diktatur zu verschließen und kritisierten die Vermischung von Religion und Politik. Statt selbstbewusst die in der Verfassung verbrieften Rechte einzufordern, beuge er sich dem Druck radikaler Muslime. Jedoch wurde Shenoudas Konzept von der Mehrheit der Gläubigen getragen, und damit behaupteten sich die Christen - trotz einer Vielzahl von gewalttätigen Übergriffen - vor allem in ländlichen Gebieten.

Äthiopiens Kirche gehörte über Jahrhunderte zur Jurisdiktion des Papstes von Alexandria und wurde daher bis 1959 von einem koptischen Bischof geführt; letzter Amtsinhaber war Metropolit Kyrillos IV.; erst nach seinem Tod im Jahre 1950 weihte das koptische Oberhaupt Kyrillos VI. neben einigen einheimischen Bischöfen auch Anba Basilios zum ersten äthiopischen Patriarchen.[196] Im Gegenzug erkannt die

---

[196] Zwischen 1920 und 1974 prägte Kaiser Haile Selassie Staat und Kirche in Äthiopien. 1926 wurde die Heilige Synode als oberste Versammlung der Kirchenoberen eingerichtet, und im selben Jahr genehmigte Kairo, dass der äthiopische Metropolit nunmehr auch Bischöfe weihen durfte. 1929 wurden die ersten fünf äthiopischen Mönche zu Bischöfen geweiht. Während der italienischen Besatzung von 1936 bis 1941 ging Kaiser Haile Selassie mit einigen hochrangigen Klerikern ins Exil; der Metropolit hingegen blieb. Die katholischen Besatzungstruppen Italiens führten einen zum Teil blutigen Kampf gegen ihre orthodoxen Glaubensbrüder. 1941 wurde Äthiopien befreit. 1948 war die Äthiopisch-orthodoxe Kirche Gründungsmitglied des Weltkirchenrates und wurde auch Mitglied in der All Africa Conference of Churches (AACC). 1951 ernannte Papst Yusab II. Abuna Baselios als ersten Äthiopier zum Erzbischof und acht Jahre später, 1959, weihte ihn Papst Kyrillos VI. zum ersten Äthiopisch-orthodoxen Patriarchen. Dadurch wurden

Äthiopisch-orthodoxe Tewahedo-Kirche den koptischen Papst als Ehrenoberhaupt und die koptische Kirche als ihre Mutterkirche an. Heute zählt die Äthiopisch-orthodoxe Kirche ca. 35-40 Millionen Gläubige und ist somit die zahlenmäßig nicht nur größte aller altorientalischen Kirchen, sondern zugleich auch etwa viermal so groß wie ihre Koptisch-orthodoxe Mutterkirche.

Nachdem 1993 auch Eritrea[197] unabhängig geworden war, baten die eritreischen Bischöfe ebenfalls um Trennung. Shenouda gab dem Antrag statt und inthronisierte ein Jahr später den greisen Abuna Phillipos (1901-2002) in Asmara zum ersten eritreischen Patriarchen; zugleich weihte er fünf Bischöfe. 1998 erhielt sie als „Eritreisch-orthodoxe Tewahedo-Kirche" ebenfalls den Status der Autokephalie, d.h. ihre etwa zwei Millionen Christen wurden als Nationalkirche selbständig.

---

koptische und äthiopische Kirche formal getrennt. Kaiser Selassie förderte auch den Dialog der Kirchen untereinander. 1965 lud er erstmals alle orientalisch-orthodoxen Kirchenoberhäupter der Kopten, Syrer, Armenier, Äthiopier und Inder nach Addis Abeba ein, und 1970, drei Jahre vor Papst Shenouda, besuchte er Papst Paul VI.; doch die Reformen in Kirche und Staat waren zu schnell. 1974 revoltierte eine kommunistische Militärjunta. Die äthiopische Kirche verlor ihren Rang als Staatskirche. Patriarch Tewophilos wurde abgesetzt und fünf Jahre später hingerichtet. Das Regime setzte 1977 mit Bischof Takla Haymanot einen eigenen Patriarchen ein. Die Kirchenverfolgung dauerte bis zum Sturz des Regimes 1991. Als Eritrea 1993 von Äthiopien unabhängig wurde, erlangte auch die dortige Kirche ihre Selbstständigkeit.

[197] Eritrea wurde 1947 - nach formeller Aufgabe durch Italien - britisches Mandatsgebiet. Die Vereinten Nationen bildeten aus dem Kaiserreich Äthiopien und der Provinz Eritrea eine Föderation. In den 1960er Jahren begann ein blutiger Bürgerkrieg, der erst 1991 endete und dem Land 1993 nach einer Volksabstimmung die Unabhängigkeit brachte.

Abb. 80

Als Abuna Phillipos im Alter von 101 Jahren 2002 starb, trat Abuna Yacoub dessen Nachfolge an. Doch er verschied nach nur eineinhalbjähriger Amtszeit. Am 04. März 2004 wurde Bischof Anba Antonios (* 1927), der vormalige Abt des Klosters Debre Tsege Abuna Andrias und Erzbischof von Asmara, einer jener fünf eritreischen Mönche, die 1994 von Papst Shenouda zum Bischof geweiht worden waren, zum 3. Patriarchen der eritreisch-orthodoxen Kirche gewählt und am 23. April 2004 von Papst Shenouda in Asmara inthronisiert. Danach jedoch geriet die Rechtslage ins Wanken, nachdem sich der neue Patriarch Antonios dem Eingriff der Regierung in Kirchenangelegenheiten widersetzte und unter Hausarrest gestellt wurde. 2005 entzog die Heilige Synode dem Patriarchen die Amtsgewalt und beantragte bei Papst Shenouda dessen Absetzung. Als dieser den Antrag wegen der Unabhängigkeit der eritreischen Kirche ablehnte, wurde Abuna Antonios unter Hausarrest gestellt. schließlich setzten die eritreischen Machthaber 2007 Abuna Dioskoros Hagos Mendefera (1935-2015) eigenmächtig als neuen Patriarchen ein, der demzufolge von der koptischen Mutterkirche nicht anerkannt wurde. Seit dem Tod des umstrittenen Patriarchen Dioskoros im Jahre 2015 ist das Amt vakant.

Papst Shenouda III. weiht Abuna Philippos 1994 zum 1. Patriarchen der Eritreischen Kirche

Papst Shenouda III. weiht Abuna Antonios 2004 zum 3. Patriarchen der Eritreischen Kirche

Abb. 81

Im Juni 1994 übertrug Papst Shenouda der koptischen Kirche in Frankreich den Status einer eigenen, autonomen Kirchenprovinz (siehe Kapitel 3.1.9) mit einem Metropoliten an ihrer Spitze. Während seines Silber-Jubiläums als Papst 1996 reiste er zu seiner kleinen Gemeinde nach Hawaii. 1998 unterzeichneten der koptische und der syrische Patriarch, sowie der armenische Katholikos im Wadi Al-Natrun eine

Gemeinsame Erklärung, mit der sie eine engere Zusammenarbeit ihrer Kirchen vereinbarten.

Abb. 82

Am 24. Februar 2000 reiste Papst Johannes Paul II. als erster römischer Papst in das Land am Nil, wo er - neben Präsident Mubarak, dem Groß-Sheikh der Al-Azhar-Universität Tantawi und der Führung der Koptisch-katholischen Kirche - erstmals auch mit Papst Shenouda zusammentraf. Zu Recht verstehen sich die koptischen Christen als „Front-Kirche" zum Islam. Und so wies Papst Johannes Paul II. auf diese - im Westen kaum beachtete - Rolle hin:

> „Um dieses Erbe treu zu wahren und zu lehren, brachte und bringt die Kirche in Ägypten große Opfer."

Shenouda ist somit der einzige koptische Papst, der mit zwei römischen Päpsten zusammentraf. Mit Papst Benedikt XVI., der im April 2005 zum römischen Papst gewählt worden war, kam es zu keiner persönlichen Begegnung. Zwar war dieser nur vier Jahre jünger als Shenouda, aber als der Ägypter 1971 an die

Spitze der koptischen Kirche trat, war Joseph Ratzinger noch nicht einmal Bischof.[198]

Papst Johannes Paul II. und Papst Shenouda III. am 25. Februar 2000 in Kairo

Abb. 83

---

[198] Joseph Ratzinger wurde 1977 zum Erzbischof von München und Freising berufen. Als Papst traf er nur mit zwei orthodoxen Oberhäuptern in Rom zusammen: Am 18. Mai 2006 mit dem Metropoliten der Russisch-orthodoxen Kirche, Patriarch Kyrill I. (* 1946), sowie am 29. November 2006 und am 28. Juni 2008 mit dem Ökumenischen Patriarchen von Konstantinopel, Bartholomaios I.

Von daher betrachtete sich der selbstbewusste Shenouda, was sein hohes Kirchenamt betraf, wohl nicht auf Augenhöhe mit Ratzinger. Shenouda kritisierte im Jahre 2007 sowohl die - missverstandenen - Äußerungen über den Propheten Mohammed und den Islam am 12. September 2006 in Regensburg[199] als auch die Erklärung der römischen Glaubenskongregation vom 10. Juli 2007, in der die orthodoxen Kirchen als „Teilkirchen" bezeichnet wurden, weil sie zwar „in der Apostolischen Nachfolge" stünden, aber den „Mangel" fehlender Gemeinschaft mit der römischen Kirche und dem Papst aufwiesen, in ungewöhnlicher Schärfe. Shenouda stand hier als koptischer Christ und Araber seinen muslimischen Landsleuten näher als der römischen Kirche.

> *„Der Mann macht sich ständig Feinde. Zuerst verlor er einige Monate zuvor die Muslime. Und nun verliert er einen Teil der Christen",*

sagte Shenouda gegenüber der ägyptischen Zeitung Al-Ahram. Am 28. Mai 2001 traf Shenouda bei einem Besuch der koptischen Gemeinde in Damaskus auch den syrischen Präsidenten Bashar As-Assad (* 1965). Im Mai 2003 besuchte Shenouda III. seine Gläubigen in Österreich,[200] nachdem der österreichische Nationalrat der Koptisch-orthodoxen Kirche den

---

[199] Benedikt XVI. hatte in seiner Vorlesung an der Universität Regensburg lediglich die im 14. Jahrhundert gemachte Aussage eines Dritten, des byzantinischen Kaisers Manuel II. im Gespräch mit einem persischen Gelehrten, zur Rolle der Gewalt im Islam zitiert: „Zeig mir doch, was Mohammed Neues gebracht hat, und da wirst du nur Schlechtes und Inhumanes finden wie dies, dass er vorgeschrieben hat, den Glauben, den er predige, durch das Schwert zu verbreiten." Dies wurde vor allem von Muslimen als Beleidigung aufgefasst. Der Vatikan entschuldigte sich für das Missverständnis.
[200] Die Kopten sind vor allem in Wien und Graz vertreten, in Obersiebenbrunn bei Wien entsteht ein koptisches Kloster und im Kärntner Drautal gibt es einen koptischen Wallfahrtsort.

Status einer gesetzlich anerkannten Religionsgemeinschaft übertragen hatte.

Abb. 84

41 Jahre lang stand Shenouda an der Spitze der koptischen Kirche Trotz seiner erwähnten Nähe zu Mubarak, dessen dreißigjährige Amtszeit zwei Drittel des Pontifikats von Shenouda abdeckte, war er ein überaus politischer Kirchenführer, der seine Gemeinde sicher durch schwere Zeiten geführt hatte.

Lang ist die Liste der ausländischen Auszeichnungen und Ehrungen, die Shenouda zuteilwurden; als Beispiele mögen die vier Ehrendoktorhüte, darunter die 1990 verliehene Ehrendoktorwürde der Katholisch-Theologischen Fakultät der

Rheinischen Friedrich-Wilhelm Universität in Bonn, die Ehrenbürgerschaft von sechs US-Städten und der - 1991 gestiftete - „Kardinal-König-Preis 2012" für seine Verdienste um ein „friedliches und gleichberechtigtes Zusammenleben von Kopten und Muslimen" dienen; letzteren konnte er nicht mehr persönlich entgegennehmen.

Innerkirchlich förderte Shenouda die Sozial-, Jugend- und Gemeindearbeit. Mit dem Motto „Eine Kirche ohne Jugend ist eine Kirche ohne Zukunft" galt seine Sorge vor allem der Bildung der Jugend und ihrer Einbindung in den Glauben - mit großem Erfolg, wenn man die Zahl von Kindern und Jugendlichen in koptischen Gottesdiensten sieht. Er forcierte auch die Seelsorge für die vielen Exil-Kopten, vor allem in den USA und in Europa.

In den letzten Lebensjahren steuerte er einen eher regierungsfreundlichen Kurs. Als sich jedoch die Regierung im Sommer 2010 in die inneren Angelegenheiten der Kirche einmischte und Christen das Scheidungsrecht geben wollte, kam es zum Bruch. Die koptische Kirche ging auf Abstand zur herrschenden Klasse am Nil. Als im Januar 2011 die Revolution gegen Mubarak begann, stellte sich Shenouda III. noch einmal hinter seinen Präsidenten und verbot seinen Priestern, auf dem Tahrir-Platz im Zentrum der Hauptstadt die Messe zu lesen. Erst als die Militärpolizei brutal gegen christliche Demonstranten vorging und mindestens 27 Menschen starben, kritisierte Shenouda die Militärführung.

Der Autor begegnete dem koptischen Oberhaupt in der Nacht vom 6. auf den 7. Januar 2007, dem Vorabend des koptischen Weihnachtsfestes eher zufällig. Ob es mit einem Besuch des Weihnachtsgottesdienstes klappen würde, war keineswegs sicher. Gegen 20.00 Uhr fuhr ich mit einem klapprigen Taxi von unserer Wohnung in Heliopolis zur Metro-Station Qubbah. Schnell überbrückte die Schnellbahn die drei kurzen Stationen zur Haltestelle Demerdash. Nach wenigen Minuten zu Fuß war ich am Hintereingang der Kathedrale St. Markus und musste die erste Sicherheitsschleuse passieren - ohne Probleme. An der 2. Schleuse jedoch, vor der breiten Freitreppe, die zum Eingang der Kathedrale führt, fragte man mich nach meiner Einladung. Ich bedauerte, eine Einladung zum Gottesdienst? Ich hätte keine, sagte ich wahrheitsgemäß und befürchtete, mein Weihnachtsausflug wäre nun zu Ende. Doch der Sicherheitsposten ließ mich nach einem strengen, prüfenden Blick passieren - mit dunklem Dreiteiler und Krawatte sieht man eben „offiziell" aus. Die abgedunkelte Kathedrale war erst zum Teil gefüllt. Ich suchte mir einem Platz auf der linken, den Männern vorbehaltenen Seite – nur knappe 15 Meter von Ikonostase und Papstthron entfernt. Gegen 21.00 Uhr begann die Vormesse. Gegenüber dem Thron waren zahlreiche Fernsehkameras aufgebaut. Ein Männerchor sang koptische Kirchenlieder, Geistliche durchquerten die Königstür der Ikonostase in das dahinterliegende Allerheiligste, und die Luft war weihrauchgeschwängert. Ab 22.00 Uhr füllte sich die Kirche. Mehrere koptische Bischöfe mit ihren silbernen, turbanähnlichen Kopfbedeckungen betraten die Kathedrale. Dann kamen andere christliche und politische Würdenträger, dem Griechisch-orthodoxen Patriarchen wurde ein Ehrenplatz neben dem Thron angewiesen. Mehrere hochrangige Politiker, unter ihnen Dr. Boutros Ghali, der Finanzminister, erschienen und nahmen in der ersten Reihe Platz. Um 22.30 Uhr begannen die Glocken zu läuten - ein Geräusch, das ich bislang in Kairo nicht gehört hatte. Papst Shenouda im Festornat mit einer Art Rundtiara, zog ein - leider von der Seite und nicht durch den nahen Mittelgang.

Abb. 85

Der Papst begrüßte vom Thron aus die Ehrengäste und predigte - nunmehr ohne die schwere Kopfbedeckung - bis etwa Mitternacht. Die Fernsehkameras surrten, zahlreiche Scheinwerfer tauchten Teile der Kirche in gleißendes Licht. Doch dann war es plötzlich zu Ende, die Ehrengäste verließen die Kirche, und alles schien sich aufzulösen. Papst Shenouda und sein geistliches Gefolge zogen sich in die Sakristei zurück.

Die Fernsehleute bauten ihre Kameras ab und verschwanden. Auf einmal kam Bewegung in die männlichen Gläubigen. Mein Nebenmann stieg einfach über die ca. 80 cm hohe Holzwand in den breiten Mittelgang. Ich war unschlüssig, machte es ihm dann aber nach und drängte mich nach vorn bis zu den Treppenstufen, die zur Ikonostase führten und durch eine dicke Kordel - bewacht von Uniformierten - abgesperrt waren. Als die Sicherheitsposten meine Kamera sahen, hielten sie mich offenbar für einen übriggebliebenen Journalisten und sagten mir, ich solle mich oben direkt neben den Chor stellen - drei Meter gegenüber dem hölzernen Papstthron. Das tat ich gern, obwohl ich nun der einzige auf dieser Plattform gleich neben dem Chor war. Von dort aus verfolgte ich aus unmittelbarer Nähe und mit Blick durch die geöffnete Königstür auf den Altar den letzten Teil des Gottesdienstes - die Darbietung der Gaben und die Kommunion. Die zahlreichen Geistlichen hatten - bis auf wenige - ihre liturgische Kopfbedeckung abgelegt. Als der Papst, das Haupt nur mit einer weißen Leinenkapuze bedeckt, den Schlusssegen vor der Ikonostase erteilte, stand er unmittelbar vor mir. Zerbrechlich und irgendwie entrückt, aber straff und gestählt zugleich. Jahreslanges asketisches Leben macht zweifelsohne widerstandfähig, denn Shenouda hielt die stundenlange Zeremonie ohne Anzeichen von Schwäche durch - eine beeindruckende Persönlichkeit. Zu Fuß ging ich danach durch die finsteren, engen, leeren Gassen des ärmlichen Viertels zur Metro-Station zurück. Doch diese war um diese Zeit bereits geschlossen. Und so stellte ich mich auf einen Fußmarsch von mehreren Kilometern ein, als ich erleichtert eine einsame Taxe heranfahren sah, dessen Fahrer sehr überrascht war, einen Nicht-Ägypter um diese Uhrzeit zu Fuß zu begegnen. Gegen 02.30 Uhr kam ich wieder in unserer Wohnung an, wo meine Frau - bereits in heller Aufregung ob meiner stundenlangen Abwesenheit - mich überaus erleichtert begrüßte.

Am 11. Januar 2012 - zwei Monate vor seinem Tod - traf Shenouda mit dem Führer der Muslimbrüder, Dr. Mohammed Badi´e, (* 1943) in Kairo zu einem Meinungsaustausch zusammen.

Abb. 86

Am 17. März 2012 starb Anba Shenouda im hohen Alter von 88 Jahren; wiederholt war er in den vergangenen Jahren über Wochen in den USA und Deutschland zur medizinischen Behandlung gewesen. Die Gläubigen nahmen von ihrem geistlichen Oberhaupt „Baba" - nach alt-orientalischer Sitte tot auf dem Patriarchenthron sitzend - Abschied. Am 20. März fand der Trauergottesdienst in Kairo unter großer Anteilnahme der Bevölkerung statt. Bei dem Andrang vor der St.-Markus-Kathedrale kamen drei Menschen zu Tode. Der Chef der Muslimbruderschaft, Mohammed Badi´e und der Groß-Sheich der Azhar-Universität, Ahmed Mohammed Al-Tayeb (* 1946) erwiesen ihm die letzte Ehre und nahmen als Vertreter der Muslime an den mehrstündigen Trauerfeierlichkeiten teil. Ägyptens Großmufti Ali Gomaa (* 1952) beschrieb das Ableben

Shenoudas als „Tragödie und großes Leid für Ägypten und sein Volk". Staatlicherseits war Generalmajor Mahmoud Hegazy, der Befehlshaber des Militärbezirks West und Mitglied des Obersten Rats der ägyptischen Armee, vertreten. Feldmarschall Mohammed Hussein Tantawi hatte als dessen Vorsitzender dem aufgebahrten Patriarchen bereits am 18. März die letzte Ehre erwiesen und Staatstrauer angeordnet.
Zahlreiche Kirchenführer wie Kurienkardinal Walter Kasper (* 1933) als Repräsentant von Papst Benedikt XVI., sowie Bischof Yohanna Qulta, der Vertreter des schwer erkrankten Koptischkatholischen Patriarchen Antonios Kardinal Naguib und weitere Patriarchen der orientalischen Kirchen bekundeten ihre Anteilnahme. Unter den Trauergästen waren auch der ägyptische Milliardär und koptische Christ Naguib Sawiris, sowie der Bauunternehmer Abdel Hakim Abdel Nasser (* 1956), der jüngste Sohn des früheren Präsidenten Nasser. Um 12.24 Uhr wurde Shenoudas Sarg geschlossen und der Leichnam danach mit einem Militärflugzeug ins Wadi Al-Natrun geflogen, wo der Verstorbene bereits als Mönch gelebt hatte und nun seine letzte Ruhestätte fand. Etwa zwei Millionen Gläubige nahmen dort von ihrem geistlichen Oberhaupt Abschied.

Der frühere US-Präsident Jimmy Carter weilte im Mai 2012 zu einem Besuch in Kairo und traf während der Vakanz mit dem amtierenden Patriarchen und Metropoliten Bachomios zusammen.

3.1.6 Die Papstwahl 2012
„Habemus Papam am Nil"

Das Warten auf ein neues Oberhaupt ist in der Koptisch-Orthodoxen Kirche nicht neu. In den letzten 200 Jahren währte die Sedisvakanz, jene Zeit, in welcher der Stuhl des Heiligen Markus, des Evangelisten und ersten Bischofs von Alexandria, verwaist war, zweimal zwei Jahre und einmal sogar vier.[201]

Metropolit-Erzbischof von Damanhur & Beheira, Anba Bachomios

Abb. 87

Auch der Mitte März 2012 verstorbene Papst Shenouda III. war 1971, erst acht Monate nach dem Tod seines Vorgängers Kyrill VI., gewählt worden. Und so ließ die Wahl seines Nachfolgers ebenfalls auf sich warten. Die Amtsgeschäfte wurden zwischenzeitlich vom Metropoliten von Beheira, Bachomios Antonios El Suriani, geführt. Nicht zuletzt wegen der instabilen und unklaren politischen Lage am Nil nach dem Rücktritt von Präsident Mubarak im Februar 2011 und der kurzen Amtszeit von

---

[201] Die längste Sedisvakanz der koptischen Kirche dauerte, wie im Kapitel 1 erwähnt, 19 Jahre - von 1216 bis 1235.

Mursi, ließen sich die Kopten mit der Wahl ihres neuen Oberhauptes Zeit.

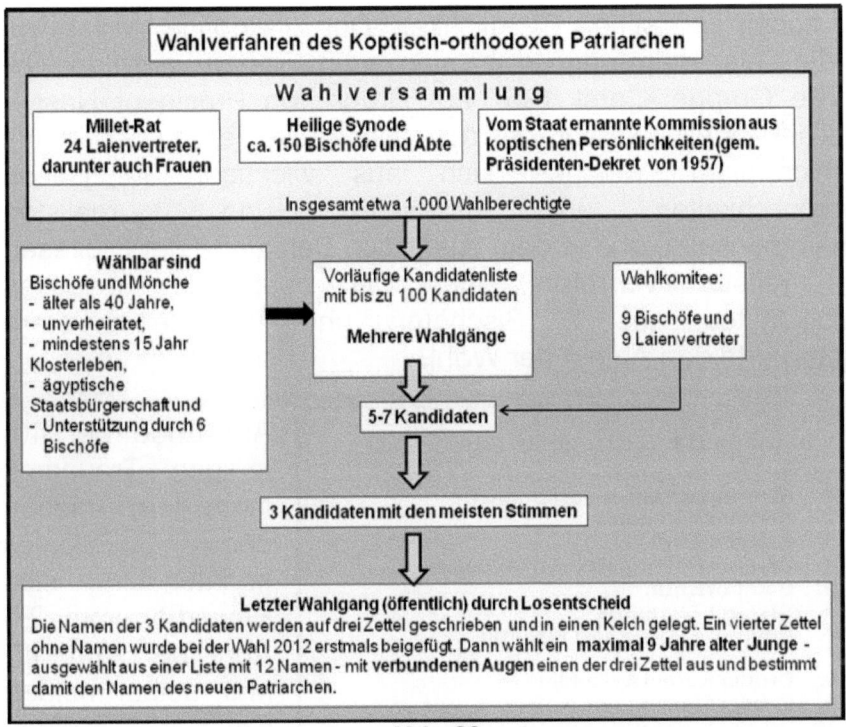

Abb. 88

Das Wahlverfahren - grundsätzlich anders als das Konklave in der Römisch-katholischen Kirche - ist hier skizziert dargestellt.

Der neue Papst wird von einer Wahlversammlung gewählt, die aus drei unterschiedlichen Gremien besteht:

- Der Heilige Synode,
- einem weltliches Laien-Gremium („Millet-Rat") und
- einem Wahlmänner-Organ, das von der ägyptischen Regierung bestimmt wird

- insgesamt etwa 1.000 Personen.

Die Heilige Synode als geistliches Element konstituiert sich aus der hohen koptischen Geistlichkeit. Der 24-köpfige „Millet-Rat" ist die Laienvertretung; in ihr sind auch Frauen vertreten. Die größte Gruppe - erst 1957 auf Druck von Präsident Nasser gebildet - stellt das von der ägyptischen Regierung bestimmte Wahlgremium, welches sich aus wichtigen koptischen Persönlichkeiten, wie Professoren und Journalisten zusammensetzt, und in dem zusätzlich Delegierte der Diözesen und Klöster vertreten sind. Ein paritätisch besetztes Wahlkomitee aus 9 Bischöfen und 9 Laienvertretern organisierte den Ablauf der Wahl.

Vorläufige Kandidatenliste (Juni 2012)

1. Metropolit Bishoy von Damiette
2. Bischof Youannes
3. Bischof Roufail
4. Bischof Pavnotious von Samalout
5. Bischof Boutros
6. Bischof Tawadros
7. Bischof Kyrillos von Mailand
8. Bruder Rafael Avva-Mina
9. Bruder Maximos Al-Antony
10. Bruder Shenouda Anba-Bishoy
11. Bruder Pakhomous El-Souriani
12. Bruder Daniel El-Souriani
13. Bruder Anastasi El-Samuely
14. Bruder Bishoy Anba-Paula
15. Bruder Sawaries Anba-Paula
16. Bruder Seraphim El-Souriani
17. Bruder Pigol Anba-Paula

Am Ende der 40-tägigen Trauerzeit nach dem Ableben des Papstes konnten sich Bewerber vom 27. April bis zum 17. Mai selbst melden bzw. einen Vorschlag für eine andere Person dem Wahlkomitee übermitteln.
Anfang Juni wurde

Abb. 89

dann eine vorläufige Kandidatenliste mit 17 Namen veröffentlicht. Unter ihnen waren sieben Bischöfe, darunter prominente Kirchenführer wie Bischof Kyrillos (1952-2017), das

Oberhaupt der koptischen Diözese in Mailand, Bischof Roufail, der General-Bischof für die Kirchen in Mittel-Kairo, sowie der vormalige päpstliche Sekretär, Bischof Youannes (* 1960) und zehn Mönche. Die Liste wurde im Juni in drei großen ägyptischen Tageszeitungen und in den koptischen Internet-Foren veröffentlicht. Jeder Kopte hat das Recht, gegen einen oder mehrere Kandidaten begründeten Einspruch erheben; Ende Juni lief die Frist ab. So legten z.B. der Bischof von Los Angeles und sein gesamter Klerus Einspruch gegen die Namen jener drei Kandidaten ein, die das Amt eines Diözesanbischofs ausübten. Als Begründung wurde angeführt, dass deren Wahl gegen den kirchlichen Kanon verstieße.

Abb. 90

In der langen Geschichte der koptischen Papstwahl wären nur dreimal Diözesanbischöfe zu Patriarchen gewählt worden, alle drei im 20. Jahrhundert, und die Amtszeit aller drei wäre mit massiven Problemen belastet gewesen. Auch in Internet-Blogs wurde heftig gestritten.

Nach Berücksichtigung der Einsprüche und nachdem Bischof Kyrillos von Mailand seine Kandidatur zurückgezogen hatte - war eine bereinigte Liste mit 14 Namen übrig geblieben. Diese 14 Kandidaten stellten sich Anfang Oktober dem 18-köpfigen Wahlkomitee. So sehr auch die Endphase der Wahl transparent und frei von Außeneinflüssen war - die ägyptischen Zeitungen nannten sie „Altar-Lotterie" - so trifft dies für die einzelnen Vor-Wahlgänge nicht unbedingt zu. So scheiterten zum großen Erstaunen im drittletzten Wahlgang drei bisherige Favoriten, der populäre Bischof Bishoy, der Sekretär der Heiligen Synode und Metropolit von Damietta, sowie die beiden früheren Sekretäre von Papst Shenouda III., die Bischöfe Youannes und Boutros.
Dadurch schrumpfte die Zahl der Kandidaten der vorläufigen Liste weiter.
Erzbischof Bachomios, der Metropolit der Erzdiözese Beheira und Interimsvertreter, verkündete im Oktober auf einer Pressekonferenz im Kloster St. Bishoy im Wadi Al-Natrun, die Namen derjenigen fünf Kandidaten, die im drittletzten Wahlgang durch das Wahlkomitee die meisten Stimmen erhalten hatten:

- Vater Bachomios Al-Syrian (* 1963),
- Bischof Raphael (* 1954),
- Vater Raphael Ava Mina (* 1942),
- Vater Seraphim Al-Syrian (* 1959) und
- Bischof Tawadros (* 1952).

Diese 5 Namen wurden der Wahlversammlung durch das Wahlkomitee vorgelegt.
Am Montag, dem 29. Oktober, fand der vorletzte Wahlgang in der Kairoer Kathedrale statt. Die 2.411 Männer und Frauen der Wahlversammlung wählten zwischen 09.00 und 17.00 Uhr in

der St. Markus-Kathedrale in geheimer Wahl aus diesen fünf verbliebenen Kandidaten diejenigen drei mit den meisten Stimmen aus, deren Namen in den Kelch zum letzten Wahlgang gelegt wurden.

Abb. 91

Nachdem die acht gläsernen Wahlboxen geleert und alle Stimmen ausgezählt waren, stand das Ergebnis fest: Bruder Raphael Ava Mina und die beiden Bischöfe Raphael und Tawadros. Einer von ihnen würde der 118. Patriarch auf dem Stuhl des Heiligen Markus werden.

Sechs Tage später schließlich, am Sonntag, dem 4. November 2012, folgte der letzte und entscheidende Wahlgang während einer öffentlichen Zeremonie in der Kathedralkirche in Kairo. Die Namen der drei Kandidaten lagen - auf eingerollten, verschnürten und versiegelten Papyrusrollen geschrieben - in dem gläsernen Wahlkelch. Dieses Verfahren mag in westlichen Augen einem Glücksspiel ähneln. Tatsächlich aber wird auf diese Weise jeglicher Einfluss von außen, z.B. durch politische Kräfte, verhindert. Das Wahlverfahren von 1957 war vor wenigen Jahren in einigen Punkten geändert, aber nicht in allen vom damaligen Papst Shenouda III. akzeptiert worden. Darunter war auch der Vorschlag, erstmals zu den Zetteln mit den Namen der drei Kandidaten einen vierten ohne Namen hinzuzufügen.

Der letzte Wahlgang

Verkündung des Namens des 118. koptischen Patriarchen am 4. November 2012 durch den Metropoliten Bachomios.

Der Priester auf der rechten Bildseite hebt die beiden Namen der anderen Kandidaten in die Höhe.

Abb. 92

Würde dieser namenlose Zettel gezogen, wäre damit erkenntlich, dass keiner der drei Vorgeschlagenen dem Willen Gottes entspräche, und dann müsste das Wahlverfahren in Teilen wiederholt werden. Doch wurde dieser Vorschlag bei der Wahl 2012 noch nicht umgesetzt.

Bischoy Girgis Musaad, ein neunjähriger Junge, zog unter Aufsicht von Erzbischof Bachomios und beobachtet von zahlreichen Fernsehkameras - mit verbundenen Augen den

Zettel mit dem Namen des neuen Papstes aus dem Kristall-Kelch. Auch er war - um jeglichen Verdacht einer Einflussnahme auszuschließen - willkürlich aus einer Liste von 12 Knaben ausgewählt worden. Der Junge überreichte dem Bischof die mit rotem Wachs versiegelte und mit weißen Bändern zugebundene Namensrolle.

Abb. 93

Acht Monate hatten die koptisch-orthodoxen Christen sehnlich auf diesen Moment, auf den „weißen Rauch" aus Kairo, gewartet. Dann entrollte Metropolit Bachomios den Zettel und hielt den auf Arabisch geschriebenen Namen unter dem Jubel tausender Gläubiger in die Kameras: „Eminenz, Al-Anba

Tawadros - allgemeiner Bischof" (= Bischof, der keine eigene Diözese führt) stand auf Arabisch auf dem weißen, von rechts nach links zu lesenden Papyrusblatt. Der Name Tawadros ist die arabische Version des griechischen Namens Theodoros (= Geschenk Gottes).[202]

Dass es mit Metropolit Bachomios ausgerechnet jener Geistliche war, der vierzig Jahre zuvor den Jungen, der damals noch Wagih hieß, mit der Kirche vertraut gemacht hatte, erscheint vor diesem Hintergrund fast als Fügung.

Die schriftliche Anrede von Bischof Tawadros auf dem Wahlzettel mit „Eminenz" erfolgte wohl aus Höflichkeit gegenüber dem Kandidaten. Tatsächlich ist die offizielle Anrede für die Bischöfe in der koptisch-orthodoxen Kirche „Your Grace" (Euer Gnaden") und nur für die Erzbischöfe (Metropoliten) „Eminenz". Kurz nach der Verkündung wurden auch die anderen beiden Namensrollen aus dem Kelch genommen, aufgerollt und von einem Priester den Gläubigen gezeigt, um jegliche Vorwürfe einer Manipulation zu vermeiden.

Die koptische Kirche hatte einen neuen Oberhirten, der am Tag der Wahl seinen 60. Geburtstag feierte und damit zum Zeitpunkt der Wahl 12 Jahre älter war als sein Vorgänger.

---

[202] Der erste koptische Patriarch mit diesem Namen stand als 45. Patriarch von 730 bis 742 n. Chr. an der Spitze der Gemeinde.

3.1.7 Papst Tawadros II.

Bischof Tawadros (طواضروس) war - trotz seiner zwölf Bücher, die er geschrieben hatte - in der Vergangenheit selten an die Öffentlichkeit getreten und zählte deshalb nicht zu den bekannten geistlichen Führern seiner Kirche. Gleichwohl hatten sechs Bischöfe - darunter der Bischof der koptischen Gemeinde in Deutschland, Anba Damian, und der Bischof von Melbourne, Anba Suriyal, ihn als geeigneten Kandidaten für das Amt des Patriarchen gesehen und auf die Liste der Kandidaten gesetzt. Auch Anba Raphael, der Weihbischof von Zentral-Kairo und zugleich derjenige seiner Mit-Kandidaten, der in den Vorwahlen die meisten Stimmen erhalten hatte, hatte den Vorschlag unterstützt.

Abb. 94

Der neue Papst war mit dem Namen Wagih Sobhy Bakky Suleiman in der kleinen Stadt Mansura im Nildelta am 4. November 1952 geboren worden. Das Ehepaar mit einem Sohn und zwei Töchtern war sehr religiös. Viele der zahlreichen Onkel und Neffen dienten in der Kirche als Priester und Mönche. Bedingt durch den Beruf des Vaters - Abu Wagih war Landschaftsingenieur - zog die Familie mehrfach um: 1957 von Mansura nach Sohag in

Mittelägypten und 1960 wieder in den Norden nach Damanhur, etwa 50 Kilometer südöstlich von Alexandria. Dort besuchte der Junge eine koptische Schule, die von der Schwester des damaligen Papstes Kyrillos VI. geleitet wurde.

„Unser ganzes Leben war der Kirche gewidmet",

sagte Tawadros in einem Interview. 1967 starb der Vater, und sein Sohn Wagih beschloss, nach Abschluss seiner Schulzeit im Jahre 1969 für begrenzte Zeit in den Dienst der Kirche zu treten. Vom Wehrdienst wurde Tawadros befreit, weil er nach dem frühen Tod seines Vaters der einzige Mann in der Familie war.[203]
In der koptischen Kirche besitzt diese zeitliche Einbindung von Laien eine lange Tradition. Zwei Jahre später, im Jahre 1971, wurde der Priester Bachomios zum Bischof seiner Heimatdiözese Beheira (auch: Buhayrah) geweiht, dessen Zentrum die Stadt Damanhur ist. Da es damals dort jedoch noch keine Kathedrale gab, nutzte Bischof Bachomios die kleine Gemeindekirche, in der Wagih und dessen Familienangehörige jeden Sonntag den Gottesdienst besuchten, als seine Bischofskirche. Wagih hatte inzwischen an der Universität von Alexandria das Studium der Pharmazie begonnen und schloss dieses 1975 ab. Danach arbeitete er in einem staatlichen Pharma-Unternehmen und stieg in die Führungsebene des Betriebes auf. Seit 1971 traf er Bischof Bachomios regelmäßig, da dieser engen Kontakt zur Jugend seiner Diözese pflegte. Und so war es ein folgerichtiger Schritt, dass Wagih sich 1981 entschied, parallel am Theologischen Kolleg von Alexandria Theologie zu studieren und dieses im Jahre 1983 abschloss. Danach aber vertiefte er seine Pharmazie-Kenntnisse durch ein ergänzendes Studium in England und wurde 1985 Mitglied der „British International

---

[203] E-Mail von Bischof Anba Damian am 28.05.2019

Health Care Association". Ein Jahr später jedoch beschloss er, seine weltliche Karriere zu beenden und sein Leben Gott zu weihen. Im August 1986 trat er in das Kloster St. Bishoy im Wadi Al-Natrun ein und erhielt den Namen Tawadros Al-Bishoy. 1988 wurde er zum Mönch und 1990 zum Priester geweiht. Dann aber kehrte er dem kontemplativen Leben den Rücken und übernahm in seiner Heimatgemeinde Damanhur die Aufgabe eines Priesters für die Jugendarbeit. Im Jahre 1997 wurde er von Bischof Bachomios zum Weihbischof („Allgemeiner Bischof") berufen. 1999 reiste er für längere Zeit zu Studienzwecken nach Singapur. Innerhalb der Heiligen Synode war Bischof Tawadros zuständig für Glaubensfragen, Erziehung und Seelsorge. Zum engeren Kreis von Papst Shenouda III. gehörte er jedoch nicht.

Abb. 95

Papst Benedikt XVI. sandte dem gewählten koptischen Oberhaupt am 5. November eine Grußbotschaft, in der der Heilige Vater auf die Verdienste des Vorgängers als eines „wirkungsvollen Partners" hinwies und die Bedeutung der Zusammenarbeit aller Christen „in diesen herausfordernden Zeiten" betonte. Erzbischof Robert Zollitsch (* 1938), der Vorsitzende der deutschen Bischofskonferenz würdigte in seinem Glückwunschschreiben den Beitrag der koptischen Kirche zum Aufbau einer friedlichen Gesellschaft in Ägypten.

Abb. 96

Am Sonntag, dem 18. November 2012, bestieg Papst Tawadros II. als 118. Koptisch-orthodoxer Patriarch in der überfüllten Kathedrale in Kairo den St. Markus-Thron von Alexandria. Aus der Hand von Erzbischof Bachomios empfing

er - mit Tränen in den Augen - während der vierstündigen Zeremonie als Zeichen seiner Würde die Krone, das Kreuz und den Stab, nachdem ihm dieser zuvor eine Bibel auf den Kopf gelegt und damit dessen Treue zum Glauben bekräftigt hatte.
Während der Inthronisation ergriff der neue Papst selbst nicht das Wort, sondern ließ eine Botschaft verlesen, in der seine Heiligkeit gelobte, für das Wohl ganz Ägyptens zu arbeiten - für Christen und Muslime.

Unter den zahlreichen Ehrengästen, die der feierlichen Amtseinführung beiwohnten, waren hohe Würdenträger der orientalischen und abendländischen Kirchen, wie z.B.

- das Oberhaupt der Malankara Orthodoxen-syrischen Kirche in Südindien, Katholikos Baselios Mar Thoma Paulose II. (* 1946),
- der Griechisch-orthodoxe Patriarch von Alexandria, Theodoros II. (* 1954),
- Kurienkardinal Kurt Koch (* 1950) und
- der Wiener Weihbischof Franz Scharl (* 1958),[204] sowie
- der oberste Geistliche der sunnitischen Muslime in Ägypten, Groß-Mufti Sheikh Mohammed Ali Gomaa.
- Die Spitze der ägyptischen Politiker führte Premierminister Hisham Qandil (* 1962) an, begleitet von seinem Innenminister Ahmed Gamal al-Din (* 1952), sowie
- der vormalige Generalsekretär der Arabischen Liga und Präsidentschaftskandidat, Amr Moussa und

---

[204] In Vertretung des Wiener Erzbischofs Christoph Kardinal Schönborn (* 1945), der seit vielen Jahren sehr enge Beziehungen zur koptischen Kirche pflegt. Kardinal Schönborn nahm später an einer Gedenkfeier für den verstorbenen Papst Shenouda III. in der Koptisch-orthodoxen Kathedrale in Wien teil.

- der frühere Generaldirektor der Internationalen Atomenergiebehörde (IAEO) und heutige Oppositionspolitiker Mohamed Al-Baradei (* 1942).

Der Präsident des päpstlichen Rates für die Einheit der Christen, der Schweizer Kurt Kardinal Koch, übergab ein Glückwunschschreiben von Papst Benedikt XVI. Der ägyptische Präsident Mursi nahm an der Inthronisation nicht teil. Er hatte - möglicherweise wegen der Gaza-Krise, aber vielleicht auch wegen der Aufkündigung der christlichen Mitarbeit in der Verfassungskommission - nur seinen Premierminister Qandil geschickt, der allerdings erst mit zweistündiger Verspätung eintraf.

Das neue Oberhaupt der Koptisch-orthodoxen Kirche steht vor großen Herausforderungen. Es muss in einer schwierig gewordenen politischen Lage in Ägypten den Dialog mit der Regierung, den stärker gewordenen muslimischen Parteien und den religiösen Führern pflegen. Gleichwohl wird erwartet, dass er eine mehr pastoral und weniger politisch geprägte Rolle im neuen Ägypten verfolgen wird als sein Vorgänger. Dieser hatte der koptischen Kirche durch enge Bindung an Mubarak zwar einen gewissen Freiraum verschafft, ohne dass dadurch allerdings die Benachteiligung der Kopten in vielen Feldern des Alltagslebens aufgehoben worden wäre.

In seinem Verhältnis zu den Muslimen hatte Tawadros - noch als Bischof - stets die gemeinsamen Wurzeln betont.

> *„Betrachten Sie die Schönheit unserer Vielfalt: Der Obelisk aus pharaonischer Zeit, der christliche Kirchturm und das Minarett sind das Erbe unseres Landes und unsere Botschaft an die Welt."*

Allerdings warnte er während der Diskussion um die neue Verfassung - ebenfalls noch als Bischof - im Fernsehsender

ONTV vor einem zu islam-lastigen Entwurf; dies wäre in Ägypten nicht nur für Kopten nicht hinnehmbar.

Die ersten Äußerungen als Papst waren behutsam. So kündigte er an, seine Aufmerksamkeit zunächst dem „Haus im Inneren" zu widmen. In der Tat kommt z.B. durch den Weggang vieler Kopten aus ihrem Heimatland der Verbindung zwischen der Mutterkirche und ihren Gläubigen im Exil eine wachsende Bedeutung zu, um ein Auseinanderdriften und eine Entfremdung zu vermeiden. Tawadros betonte, wie wichtig ihm der Dialog wäre. „Es reicht nicht mehr, einfach zu sagen: >Hier geht es lang!<", äußerte er jüngst. Aus seiner Jugendarbeit weiß er um die Bedeutung der Einbindung der jungen Generation. Bereits in der Vergangenheit war die koptische Kirche in dieser Hinsicht vorbildlich und wird diesen zweifelsohne Weg fortsetzen.

2012 und 2018 reiste er zu seiner schnell wachsenden Gemeinde in Australien und weihte im japanischen Kyoto die erste koptische Kirche.

Papst Tawadros II. mit dem ägyptischen Staatspräsidenten, General As-Sisi

Abb. 97

Als US-Präsident Barack Obama (* 1961) am 12. September 2014 sieben Patriarchen des Nahen Ostens[205] zu Gesprächen über die Lage der Christen im Nahen Osten im Weißen Haus in Washington empfing, wurde Papst Tawadros durch Bischof Anba Angaelos (* 1967)[206] vertreten. Als Tawadros ein Jahr später zum ersten Mal als koptisches Oberhaupt in die USA reiste, kam es zu keiner Begegnung mit Präsident Obama. Trotz der großen Zahl in den USA lebender Kopten sind die Beziehungen offenbar wegen der engen Verbindungen zwischen Washington und Israel nicht spannungsfrei; dies war bereits unter Papst Shenouda ähnlich. Ein gewisser politischer Nachteil mag auch darin liegen, dass der koptische Patriarchenstuhl - anders als der Vatikan des römischen Papstes - kein eigenes Völkerrechtssubjekt und damit kein eigenständiges politisches Element ist.

Mit großer Energie führt Papst Tawadros die ökumenischen Bestrebungen seines Vorgängers fort, setzte aber hinsichtlich seiner Haltung zu Jerusalem behutsam andere Akzente. Zwar lehnt auch er - anders als Papst Franziskus - Begegnungen mit israelischen Politikern strikt ab, reiste aber - trotz heftiger Proteste auch vieler Kopten - am 27. November 2015 Jerusalem als erster koptischer Oberhirte seit 1832 in die heilige Stadt und brach damit das noch gültige Besuchsverbot und die Androhung mit Exkommunikation seines Vorgängers, den dieser nach dem Yom-Kippur-Krieg verhängt hatte. Grund

---

[205] 1. Mar Bechara Boutros Kardinal Raï, maronitischer Patriarch von Antiochia; 2. Gregorius III. Laham, Melkitisch-katholischer Patriarch of Antiochia; 3. Mor Ignatius Aphrem II, Syrisch-orthodoxer Patriarch von Antiochia; 4. Ignatius Youssef III Yonan, Syrisch-katholischer Patriarch von Antiochia und 5. Aram I Keshishian, Katholikos des Heiligen Stuhls von Cilicia der Armenisch-apostolischen Kirche. Der Griechisch-orthodoxe Patriarch Johannes X, von Antiochia wurde durch Metropolitan-Erzbischof Joseph Al-Zehlaoui von New York vertreten.

[206] Vormals Privatsekretär von Papst Shenouda III.; seit 1999 Bischof und seit dem 18. November 2017 Erzbischof von London

seines überraschenden Besuches war die Teilnahme an der Beisetzung des koptischen Metropolit-Erzbischofs Anba Abraham (1943-2015), und so wollte Tawadros seine Reise auch nur pastoral und nicht etwa als politisches Signal verstanden wissen. Denn hinsichtlich seiner Haltung in der Palästinenser-Frage verfolgt Tawadros die bisherige patriotische Linie der koptischen Kirche und der ägyptischen Politik. So sagte er Ende 2017 ein Treffen mit US-Vizepräsident Mike Pence (* 1959) in Kairo aus Protest gegen die Entscheidung des US-Präsidenten Trump, die Botschaft der USA nach Jerusalem zu verlegen, ab.

Die Ägypten-Reise von Papst Franziskus im April 2017, einer Einladung von Präsident As-Sisi und des Groß-Imams der Al-Azhar-Moschee folgend, stand unter dem Motto „Der Papst des Friedens im Ägypten des Friedens".

Papst Franziskus und Papst Tawadros II.
Links: Am 8. Mai 2013 in Rom und rechts bei einem Höflichkeitsbesuch des römischen Papstes in Kairo am 28. April 2017

Abb. 98

Es war ein besonderes Spitzentreffen am Nil in jenen Apriltagen 2017: Erstmals seit über eintausend Jahren trafen sich drei christliche Oberhäupter

- der römische Papst Franziskus,
- der Ökumenische Patriarch von Konstantinopel, Bartholomaios I.
- und der koptische Papst Tawadros II.

mit Ahmed Mohammed al-Tayyeb, dem Groß-Imam der Al-Azhar-Moschee, der höchsten Autorität des sunnitischen Islams. Bedauerlich ist nur, dass die Auswirkungen solcher Treffen, denen eine hohe Symbolkraft innewohnt, auf die Gläubigen und in den westlichen Medien letztlich äußerst gering bleiben.

Die beiden Päpste Franziskus und Tawadros II., unterschrieben am 28. April 2017 in Kairo eine ökumenische Erklärung, in der das Leiden verfolgter Christen aller Konfessionen als „Zeichen und Werkzeug der Einheit" bezeichnet wir. Das Dokument erinnert an die Übereinstimmungen in der Glaubenslehre und würdigt besonders die Gemeinsame Erklärung vom 10. Mai 1973 zwischen den Päpsten Paul VI. und Shenouda III., die nach jahrhundertelanger Trennung einen theologischen Dialog zwischen den beiden Kirchen eröffnet hatten. In der Erklärung betonten sie, dass diese ein „Meilenstein auf dem Weg der Ökumene" darstelle und zugleich den Weg zu einem ausgedehnteren Dialog zwischen der katholischen Kirche und der ganzen Familie der orientalischen orthodoxen Kirchen eröffnete. Beide Kirchen anerkannten – „im Gehorsam gegenüber den Heiligen Schriften und dem Glauben der drei Ökumenischen Konzile in Nicaea, Konstantinopel und Ephesus –, dass sie getreu der apostolischen Tradition

> „einen Glauben an den einen, dreifaltigen Gott" und „an die Gottheit des einziggeborenen Sohnes Gottes … vollkommener Gott in Bezug auf seine Gottheit, vollkommener Mensch in Bezug auf seine Menschheit"

bekennen. Das Sakrament der Taufe wurde gegenseitig ebenso anerkannt, wie die Verehrung der im 5. Jahrhundert von Patriarch Nestorios bestrittenen Rolle Marias als „Theotókos" (Gottesmutter).

Abb. 99

Die Erklärung hielt zugleich jedoch fest, dass noch ein weiter Weg bis zur Kircheneinheit vor ihnen läge. Papst Franziskus trug bei seinem Aufenthalt in Ägypten ein Brustkreuz in der Form des koptischen Kreuzes als Zeichen der Ehrerbietung; der Ökumenische Patriarch von Konstantinopel, Bartolomaios I., war ebenfalls in Kairo anwesend.

Abb. 100

2017 führten weitere Reisen Papst Tawadros zu seiner weltweit verstreuten Gemeinde nach Großbritannien, Irland und Australien. Im Mai 2017 folgte ein Besuch beim russischen Patriarchen Kirill I. (* 1946) von Moskau und ganz Russland, währenddessen das koptische Oberhaupt auch von Präsident Wladimir Putin (* 1952) empfangen wurde.

Im Oktober 2017 reiste Papst Tawadros[207] auf Einladung der Evangelischen Kirche in Deutschland zu einer Konferenz über die Zukunft der Christen im Nahen Osten nach Berlin, traf dort u.a. mit dem Katholikos aller Armenier Karekin, dem Syrisch-orthodoxen Patriarchen Ignatius Aphrem und dem Indisch-orthodox-syrischen Katholikos Baselios Marthoma Paulose (* 1946) zusammen. Nach einem Ökumenischen Gottesdienst im Berliner Dom wurden sie von Bundespräsident Frank-Walter Steinmeier (* 1956) empfangen. Auch zu den muslimischen Herrschern der Golfstaaten pflegt er freundschaftliche Beziehungen, so reiste er im April 2017 zu seinem ersten Besuch nach Kuwait und traf sich mit Palästinenserpräsident Mahmoud Abbas (* 1935) am 9. November 2015 in Kairo. Am 6. März 2018 empfing Papst Tawadros den neuen Kronprinzen des strenggläubigen wahhabitischen Nachbarlandes Saudi-Arabien, Mohammed Bin Salman (* 1985), als dieser auf seinem ersten Auslandsbesuch nach Ägypten reiste. Während des Besuches machte Prinz Salman einen Rundgang durch die St. Markus-Kathedrale und lud „den Papst und alle Kopten" zu einem Besuch nach Saudi Arabien ein. Tatsächlich wurde am 1. Dezember 2018 im Privathaus eines dort arbeitenden Kopten von Bischof Anba Morkos, dem Metropoliten von Shobra Al-Kheima, ein Gottesdienst abgehalten; historisch war daran, dass dieser zuvor erstmals durch die saudischen Behörden

---

[207] Zu seiner Delegation gehörten der Bischof von Alt-Kairo, Anba Yulius, der Sekretär des Papstes, Pater Angaelos Ishaq und zwei Vertreter der koptischen Laien-Organisation, Anis Eissa und Irene Thabet.

genehmigt worden war.[208] Der Bischof hielt sich auf Einladung von Kronprinz Salman zu einem dreiwöchigen Pastoralbesuch im Königreich Saudi Arabien auf.

Im Juli 2018 kam es auf Einladung von Papst Franziskus in der Nikolaus-Basilika im süditalienischen Bari zu einer Begegnung mit Patriarch Bartholomaios I. (* 1940), dem Ökumenischen Patriarchen von Konstantinopel[209], Ignatius Aphrem von Antiochia (* 1965) und Katholikos Aram I. (* 1947), dem Oberhaupt der armenischen Kirche von Cilicia.

---

[208] Bislang waren christliche Zeremonien in Saudi Arabien streng verboten. Während der Zeit des Autors in Saudi Arabien von 1991 bis 1994 konnten christliche Geistliche nur verdeckt, d.h. mit einem Diplomatenpass einreisen, und diese durften Messen, wie z.B. die Erstkommunion der Kinder des Autors 1993 auf dem exterritorialen Gelände der deutschen Botschaft, nur heimlich ohne Wissen der Behörden zelebrieren. Von daher gleicht diese Nachricht einer kleinen Sensation. Tatsächlich scheint sich hier ein Wandel abzuzeichnen. So weilte im November 2017 das Oberhaupt der maronitischen Christen, Kardinal Rai, zu einem offiziellen Besuch in Saudi Arabien, und im April 2018 reiste mit Kurienkardinal Tauran erstmals ein Vertreter des Heiligen Stuhles in das Königreich. Interessant ist dabei, dass Kardinal Tauran - anders als die deutschen Geistlichen Kardinal Marx und der evangelische Bischof Bedford-Strohm 2016 beim Besuch des Tempelbergs - sein Brustkreuz offen trug.

[209] Der Titel „Ökumenischer Patriarch" wird auf das sechste Jahrhundert datiert; historisch gesehen ist er ausschließlich dem Erzbischof von Konstantinopel vorbehalten. Der Ökumenische Patriarch Bartholomaios hat als Erzbischof von Konstantinopel, dem Neuen Rom, den Vorsitz der Orthodoxen christlichen Kirche weltweit und steht im Rahmen seines historischen Ehrenvorrangs und im Geiste der Brüderlichkeit allen orthodoxen Kirchenführern, den Patriarchen der alten Patriarchate von Alexandria, Antiochia und Jerusalem ebenso wie den Patriarchen der jüngeren Patriarchate von Moskau, Serbien, Rumänien, Bulgarien und Georgien vor.

Abb. 101

Zunehmend bemüht sich auch die Russisch-orthodoxe Kirche um eine Zusammenarbeit mit den orientalisch-orthodoxen Kirchenführern. So telefonierte der russische Patriarch Kirill im April 2018 nach dem Raketenangriff der USA, Großbritanniens und Frankreichs auf Syrien neben dem römischen Papst mit den führenden Oberhirten der orthodoxen Kirchen, darunter auch mit Papst Tawadros, um einen gemeinsamen Friedensaufruf zu initiieren.

Mit der Amtsübernahme von Staatspräsident As-Sisi veränderten sich die Beziehungen zwischen ägyptischer Regierung und koptischer Kirche zum Besseren.

Abb. 102

Am 6. Januar 2017 nahm As-Sisi als erster Staatspräsident[210] am Weihnachtsgottesdienst in der St. Markus-Kathedrale teil.

---

[210] Am 4. Januar 2014, wenige Tage vor dem koptischen Weihnachtsfest, stattete der sunnitische Interimspräsident Adly Mansour (* 1945) Papst Tawadros zwar einen Besuch in dessen Residenz ab, nahm aber nicht am Gottesdienst teil.

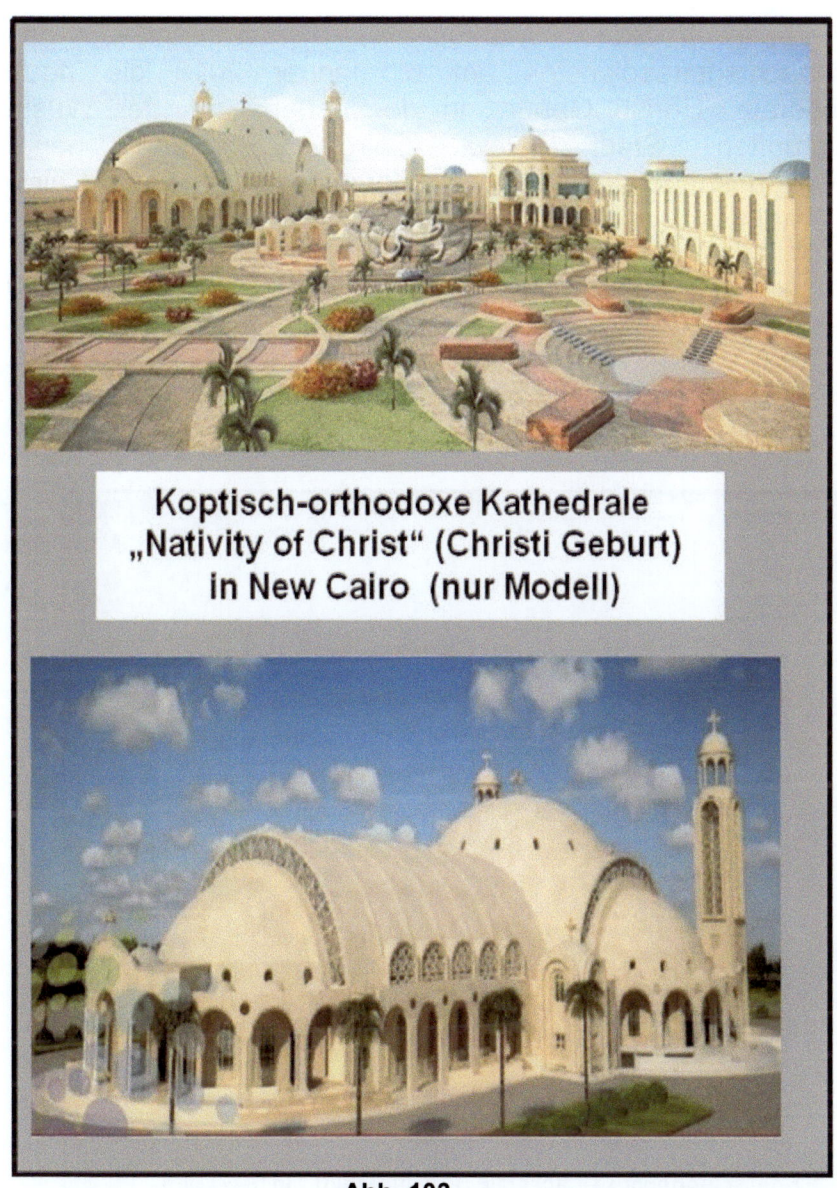

Koptisch-orthodoxe Kathedrale „Nativity of Christ" (Christi Geburt) in New Cairo (nur Modell)

Abb. 103

Ein Jahr später wurde, ebenfalls in Anwesenheit von Präsident As-Sisi und symbolträchtig 50 Jahre nach Einweihung der

Kathedrale St. Markus - während des Weihnachtsgottesdienstes am 6. Januar 2018 die neue Kathedrale „Christi Geburt" in der neuen, aus der Wüste gestampften Stadt „New Cairo", Ägyptens neuer Verwaltungshauptstadt etwa 45 Kilometer ostwärts von Kairo, eingeweiht.

„Ihr seid unsere Familie, Ihr gehört zu uns, wir sind eins und niemand wird uns auseinander bringen",

versicherte der Staatschef in seiner Rede den koptischen Gläubigen.

Koptisch-orthodoxe Kathedrale „Christi Geburt " in New Cairo
(Bauzustand am 26.05.2019)

Abb. 104

In Rekordzeit war der Rohbau ab 2015 durch das ägyptische Bau-Konsortium Orascom und das Pionier-Korps der ägyptischen Armee - in drei Schichten rund um die Uhr durch etwa 3.000 Arbeiter - errichtet worden - sehr zum Missfallen von Muslimbrüdern und Salafisten, obwohl zeitgleich in der Nachbarschaft, nur wenige Kilometer entfernt, die „Al-Fattah Al-Alim"-Moschee" gebaut wurde. Ende November 2018 besuchte As-Sisi die Baustelle und ließ sich von Architekt Faweil Saber über den Fortgang der Arbeiten an der neuen Kathedrale unterrichten. Kathedrale und Moschee wurden am selben Tag, am 7. Januar 2019, eingeweiht.

In der größten Kirche im Nahen Osten finden mehr als 8.000 Gläubige Platz. Neben zwei 70 Meter hohen Glockentürmen verfügt die Kirche über eine Tiefgarage, die den Gläubigen zusätzlichen Schutz bietet, weil deren Fahrzeuge nun nicht mehr ungeschützt auf öffentlich zugänglichem Grund geparkt werden müssen. Zwar liegt sie heute noch weit außerhalb der Millionenmetropole - etwa eine 1 ½ Fahrstunden mit einem PKW von der Innenstadt Kairos - mitten in der Einöde der Wüste, doch dies war vor einem Jahrhundert auch bei der römisch-katholischen Kathedrale Notre Dame in Heliopolis der Fall.

Setzen sich die guten Beziehungen zwischen As-Sisi und Tawadros fort, könnte dies zu einer Neuauflage jenes nahezu ideal zu nennenden Verhältnisses zwischen Kirche und Staat kommen, wie damals zwischen Nasser und Papst Kyrillos VI. Anlässlich der Bekanntgabe des „National Social Construction Plan" genehmigte Präsident As-Sisi im Dezember 2018 die Renovierung von 500 koptischen Kirchen, die durch fanatische Muslime in den letzten Jahren beschädigt und zerstört worden waren.

3.1.8 Das Verhältnis zur römischen Kirche

Über Jahrhunderte waren die Beziehungen zwischen Rom und Alexandria trotz einiger Versuche, die Kluft zu überbrücken, eingefroren und blieben ohne Erfolg. Überdies stellten die Missionierung der römischen Kirche durch den Franziskaner-Orden[211] und das 1899 gegründete Koptisch-katholische Patriarchat von Alexandria (siehe Kapitel 3.2) weitere Hürden dar, die eine Zusammenarbeit verhinderten. Auch der italienische Kapuzinermissionar und spätere Kardinal Guglielmo Massaia, OFMCap. (1809-1889) bekam diesen verständlichen Widerstand zu spüren, als er Mitte des 19. Jahrhunderts in Abessinien, das zum Einflussbereich der koptischen Kirche gehörte, einige koptische Priester im lateinischen Ritus weihte.[212] Er wurde daraufhin des Landes verwiesen und musste fliehen. Auf dem Ersten Vatikanischen Konzil 1870 unternahm der melkitische Patriarch von Antiochia, Grégoire II Youssef-Sayour (1823-1897) einen Vorstoß Richtung Annäherung der Kirchen, doch auch dieser Versuch blieb im Kern erfolglos.[213]

---

[211] Der Schutz der Franziskaner wurde 1875 in einem Abkommen zwischen Wien und dem Khediven der einzigen katholisch orientierten europäischen Großmacht, Österreich-Ungarn, übertragen.

[212] Die damals noch zur Koptisch-orthodoxen Kirche gehörende äthiopische Kirche war, als Pater Massaia 1846 nach Abessinien kam, in einem Stadium der Auflösung. Zum einen war der Islam auf dem Vormarsch, und zum anderen war das Oberhaupt der Äthiopisch-orthodoxen Kirche, Abuna Qerellos III. bereits seit mehr als zwanzig Jahren tot - vermutlich ermordet worden. Daher gab es zahlreiche äthiopische Christen, die einen Anschluss an die römische Kirche anstrebten, um diese desolate Lage zu bereinigen.

[213] Erst 24 Jahre später stellte das Apostolische Schreiben „Orientalium dignitas" vom 30.11.1894 Regeln für den Umgang der Kirchen untereinander auf - so wurde es z.B. Missionaren des lateinischen Ritus strafbewehrt untersagt, einen Priester der orthodoxen Kirchen zum Wechsel in den lateinischen Ritus zu zwingen. Doch andererseits beharrte der römische Papst auf seiner Vorrangstellung als „primus inter omnes".

Erst in der zweiten Hälfte des 20. Jahrhunderts kam es zu einer ersten Annäherung. Zunächst aber verschärften die Erklärungen des Zweiten Vatikanischen Konzils in den 1960er Jahren, welche die Juden hinsichtlich ihrer Rolle bei der Kreuzigung Christi von Schuld freisprachen, die Beziehungen zwischen Kopten und dem Vatikan. Papst Kyrillos VI. verurteilte sie als Verrat an der Bibel und an christlicher Tradition, sowie als imperialistisch-zionistisches Komplott gegen die arabischen Welt und die arabischen Christen. Den Durchbruch brachte die Reise des neuen koptischen Papstes Shenouda 1973 nach Rom. Erstmals seit eineinhalb Jahrtausenden kam es zu einer persönlichen Begegnung des alexandrinischen und des römischen Patriarchen. Seitdem ist die Zeit gegenseitiger Beschuldigungen und Polemik vorüber, die Meinungsverschiedenheiten sind weitgehend ausgeräumt. Allerdings ist die Brücke noch nicht allzu tragfähig. Ein wichtiger Schritt war die sog. „Wiener Christologische Formel"[214] von 1971, die - als Neuinterpretation der Christologie des Konzils von Chalkedon - auf einem Vorschlag des damaligen koptischen Bischofs Shenouda basierte. Die österreichische Stiftung „Pro Oriente", 1964 vom Wiener Erzbischof Franz Kardinal König gegründet, war katholischerseits treibende Kraft und Vorreiter.

In dieser bemerkenswerten Erklärung der Gemeinsamen Katholisch-Koptischen Kommission im Wiener Stadtteil Lainz vom August 1971 versicherte man sich wechselseitig des rechten Glaubens und fügte eine kurze Anweisung ein, wie die

---

[214] Die Formel lautet: „Wir glauben, dass unser Gott und Erlöser, Jesus Christus, Gottes fleischgewordener Sohn ist; vollkommen in seiner Gottheit und vollkommen in seiner Menschheit. Seine Gottheit war von seiner Menschheit keinen einzigen Moment, nicht einen Augenblick getrennt. Seine Menschheit ist eins mit seiner Gottheit, ohne Vermischung, ohne Vermengung, ohne Teilung, ohne Trennung."

Lehre von zwei Naturen bzw. einer Natur zu verstehen ist.[215] Am 21. Juni 1986 entschied die Synode der Koptisch-orthodoxen Kirche über den weiteren Weg des Dialogs, auf dem u.a. noch folgende Fragen definiert wurden, die einer Klärung bedürften:

- Hervorgang des Heiligen Geistes (filioque),
- das Fegefeuer (latein.: Purgatorium - Ort der Läuterung)[216]
- das Dogma von der Unbefleckten Empfängnis Mariens (immaculata conceptio),[217]
- Ablässe,
- Misch-Ehen und
- Verhältnis zur und die Rolle der Koptisch-katholischen Kirche.

Zur Christologie schlug die Synode eine kurze Formel vor, um die früheren Übereinstimmungen vom 10. Mai 1973 pastoral umzusetzen. Diese Formel wurde am 12. Februar 1988 unterschrieben und damit eine vor-chalkedonische Formulierung, die aus der Liturgie der koptischen Kirche stammt, zum gemeinsamen Bekenntnis erhoben. Ausdrücklich verurteilte man die Lehren des Nestorius und Eutyches. Die Differenzierungen, die noch in der Wiener Formel von 1971 enthalten waren, insbesondere die wechselseitige Anerkennung des rechten Glaubens, fehlen in dieser Formel, die nachträglich von Papst Johannes Paul II. am 30. Mai 1988 gebilligt wurde.

---

[215] Ähnlich auch das „Agreed Statement on Christology" von 1994 mit der „World Alliance of Reformed Churches".
[216] In der Bibel kommt das Wort „Fegefeuer" kein einziges Mal vor.
[217] Verkündet durch Papst Pius IX. am 8. Dezember 1854 mit der Dogmatischen Bulle „Ineffabilis Deus" (Der unbegreifliche Gott); danach war Maria - als Ausdruck vollkommenster Reinheit - von dem Augenblick an, als sie im Leib ihrer Mutter Anna - in den vier kanonischen Evangelien wird ihr Name nicht genannt - empfangen wurde, ohne den Makel der Erbsünde.

Damit waren ihre im 5. Jahrhundert entstandenen Meinungsverschiedenheiten nach über 1500 Jahren weitgehend ausgeräumt. Aus koptischer Sicht sind beide Kirchen gleichberechtigt. Die Reisen der römischen Päpste Johannes Paul II. und Franziskus nach Ägypten, sowie der 2006 verfügte Verzicht von Papst Benedikt XVI. auf den Titel „Patriarch des Abendlandes" trug zur weiteren Normalisierung der Beziehungen bei.

Am 11. März 1998 unterzeichneten die drei Patriarchen der orientalisch-orthodoxen Kirchen im Nahen Osten,

- Papst Shenouda III. von der Koptisch-orthodoxen,
- Patriarch Zakka I. von der Syrisch-orthodoxen und
- Katholikos Aram I. von der Armenisch-apostolischen Kirche,

im Wadi Al-Natrun, eine Gemeinsame Erklärung, die auf einem Treffen im Juni 1996 in der libanesischen Stadt Antelias beruhte. Damit konstituierten sie eine enge Zusammenarbeit ihrer Kirchen und sprachen die Hoffnung aus, sie möge sich auf andere Kirchen der orientalisch-orthodoxen Familie ausweiten. Seither agieren diese drei Kirchen als eine konfessionelle Familie mit einer gemeinsamen dogmatischen und theologischen Haltung. Bei der vierten Konferenz vom 15. bis 17. März 2001 in Kairo wurde der bilaterale theologische Dialog - römischerseits durch die Kardinäle Cassidy und Kasper geführt - zwar begrüßt, zugleich aber festgestellt, dass einige Aussagen des päpstlichen Dokumentes „Dominus Jesus"[218] („Über die Einzigkeit und die Heilsuniversalität Jesu Christi und der Kirche") auf ernsthafte Bedenken gestoßen wäre. Es folgten weitere Treffen; so fand vom 27. Januar bis zum 2. Februar 2019 in Rom bereits das 16. Treffen statt.

---

[218] Durch die römische Glaubenskongregation herausgegeben und von dessen damaligem Präfekten, Kardinal Ratzinger, am 6. August 2000 unterschrieben.

Schwierig hingegen gestalteten sich die Kontakte zwischen der Koptisch-orthodoxen und der Assyrischen Kirche des Ostens. Als diese 1985 um Aufnahme in das „Middle East Council of Churches" (MECC)[219] bat, wurde das Ersuchen schroff abgewiesen. Die Zusammenarbeit mit der Anglikanischen Kirche stockte wegen der Weihe des homosexuellen anglikanischen Bischofs Gene Robinson (* 1947) im Jahre 2003 in den USA.

In Folge der Unruhen auf dem Tahrir-Platz und des dort häufig skandierten Slogans „Muslime und Christen sind eine Hand" (المسلمين و المسيحيين يد و حدة ; Al-Muslimeen wa al-Messaheen yid wahdah), mit dem die Einheit des ägyptischen Volkes jenseits religiöser Orientierung betont werden sollte, kam es im Oktober 2011 - maßgeblich gefördert durch den Groß-Sheikh von Al-Azhar Al-Tayeb und Papst Shenouda - zur Gründung des Projektes „Egyptian Family House" (بيت العيلة مصري ; Bait Al-Aela Misri), das die persönliche Begegnung von Geistlichen der Koptisch-orthodoxen und anderer christlichen Kirchen mit muslimischen Imamen zum Ziel hat. Allerdings werden die Erwartungen realistisch eingeschätzt, denn noch lange sind am Nil - abgesehen von hochrangigen, medial gepuschten Treffen - weder Priester in Moscheen willkommen noch Imame in Kirchen.

---

[219] Das MECC, 1974 gegründet, besteht aus folgenden vier Konfessionsfamilien: Orientalisch-orthodoxe Kirchen, Orthodoxe Ostkirchen, Katholische und Protestantische Kirche mit insgesamt 12-14 Mill. Christen im Nahen Osten.

3.1.9 Kopten in der Diaspora

Mit dem Leben als religiöse Minderheit in einem fremden Land - das griechische Wort „Diaspora" bedeutet „Zerstreutheit" - wurden die Kopten, im Vergleich zu anderen christlichen Gemeinschaften und Juden, erst im 20. Jahrhundert, d.h. relativ spät, konfrontiert. Nur kleinere koptische Gemeinden existierten im nahen Ausland, so z.B. im Nahen Osten und in den Nachbarstaaten Äthiopien, Libyen und dem Sudan.

Als die Erzdiözese Jerusalem im 13. Jahrhundert gegründet wurde, führte dies zu einem Streit zwischen koptischer und syrischer Kirche. Daher unterstand sie zunächst auch nicht der Jurisdiktion des Patriarchen von Alexandria.

In Äthiopien existiert bereits seit dem 1. Jahrhundert eine christliche Gemeinde, die ab dem 4. Jahrhundert dem koptischen Patriarchen von Alexandria unterstand. Erst mit der Berufung des ersten einheimischen Geistlichen zum Erzbischof im Jahre 1930 erhielt die äthiopische Kirche einen autonomen Status, und 1950 wurde sie mit der Weihe des ersten eigenen Patriarchen Abuna Basilios selbständig und von Alexandria unabhängig. In den beiden Nachbarländern Sudan und Libyen leben und arbeiten traditionell viele Kopten; ihre Zahl wird im Sudan auf etwa 300.000 und in Libyen ca. 60.000 geschätzt; deren Tätigkeit trat ins Bewusstsein, als im Jahre 2015 21 von ihnen in Libyen Opfer der islamistischen Terror-Miliz IS wurden.

Im 19. Jahrhundert war etwa eine halbe Million Kopten ins südliche Nachbarland Sudan ausgewandert. Durch das Vordringen des militanten Islam in den letzten Jahrzehnten sank ihre Zahl um etwa die Hälfte. Ein Beispiel für die Diskriminierung war die Verhängung des Todesurteils gegen den koptischen Piloten Giorgis Boutros Yustus der sudanesischen Fluggesellschaft Sudan Airways wegen des verbotenen, angeblichen Besitzes ausländischer Währung. Um der Vollstreckung der Strafe zu entgehen, war ihm angeboten worden, zum Islam zu konvertieren, doch Yustus weigerte sich und wurde am 5. Februar 1991 hingerichtet.

Die Auswanderung der Kopten als Reaktion auf Verfolgung und Verschlechterung der Lebensverhältnisse in ihrem Mutterland Ägypten setzte sich in größerem Umfang nach dem „Sechs-Tage-Krieg" 1967 fort. Beim Amtsantritt von Papst Shenouda im Jahre 1971 gab es nur 7 koptische Kirchen außerhalb Ägyptens:

- Je zwei in den USA, Kanada und Australien und
- eine in Europa.

Danach ebbte der Exodus zwar ab, nahm aber ab den 1990er Jahren infolge von permanenter Diskriminierung und Gewalt wieder zu. Seit dem wuchs ihre Zahl stetig und war Ende der 1990er bereits auf

- 80 in den USA und Kanada;
- 26 in Australien und
- 30 in Europa

angewachsen. Der zunehmende Einfluss islamistischer Kräfte in Staat und Gesellschaft, verbunden mit Übergriffen islamischer Extremisten auf Christen, sowie einer labilen Sicherheitslage führten nach 2012 zur bisher größten Auswanderungswelle der Kopten aus Ägypten. So entstanden in Kanada, USA und Australien, aber auch in den westeuropäischen Ländern, insbesondere in Deutschland, Frankreich, Italien Holland und der Schweiz, große koptische Gemeinden. Die Mehrzahl der Kopten konnte dank guter akademischer und beruflicher Qualifikation im neuen Umfeld schnell und reibungslos Fuß fassen. Diese permanente Migration führt letztlich aber zu einer Schwächung der Kopten in ihrem Heimatland und zu einem Verlust für Ägypten selbst.

Die koptische Kirche reagierte auf diese veränderten Bedingungen und passte ihre Struktur im Ausland der geistlichen Betreuung ihrer Gläubigen an, in dem sie neue Diözesen schuf. So entstanden z.B. in

- den USA   9,
- in Kanada   2,
- in Australien   2,
- in Europa   9,
- in Südamerika   2 und
- in Afrika   2 Diözesen.

In den 1960er Jahren waren die meisten koptischen Gläubigen in den USA junge Ägypter, die dort studierten. 1963 feierte Bischof Samuel den ersten koptischen Gottesdienst auf amerikanischem Boden und ein Jahr später wurde Pater Marcos zum ersten koptischen Geistlichen in den USA berufen. Die erste eigene Kirche der koptischen Gemeinde in den USA - St. Markus - wurde Ende der 1960er Jahre in New Jersey geweiht. Dreißig Jahre später, 1993, wurde die erste koptische Diözese in den USA („Southern United States") eingerichtet, die für 11 Bundesstaaten - von Alabama bis Texas - zuständig wurde; heute arbeiten dort 75 Priester in 36 Gemeinden mit insgesamt 53 Kirchen. Die Diözese „New York und Neu-England" wurde erst 2013 geschaffen. Die Zahl der koptischen US-Gemeinden stieg bis 2019 auf über 200 an.

1991 wurden die ersten zwei koptischen Kirchen in Südamerika - je eine in Brasilien und Argentinien - errichtet. Im Jahre 2000 entstand die erste Gemeinde in Bolivien. Auch in der Karibik und den Westindischen Inseln gibt es inzwischen koptische Gemeinden, wenngleich nur mit wenigen Gläubigen.

Bereits zu Beginn des 19. Jahrhunderts ließen sich die ersten Kopten in Europa nieder, die nach dem ägyptischen Feldzug Napoleons nach Frankreich ausgewandert waren. Im Jahre 1974 richtete Papst Shenouda III. die erste koptische Diözese auf französischem Boden ein. Die koptischen Christen in Frankreich erhielten 1994 als „Französisch-koptisch-orthodoxe Kirche" (Métropole copte orthodoxe de France) den Status der Autonomie. Zugleich trat Bischof Marcos als erster koptischer Bischof mit dem Titel „Primas der Heiligen Metropole von Toulon und ganz Frankreich" an die Spitze der Diözese von Marseille und führte diese bis zu seinem Tod 2008; nach längerer Sedisvakanz wurde 2013 Bischof Athanasios zum Nachfolger bestellt, der zuvor das Amt eines Weihbischofs (Chorbischof) ausgeübt hatte.

1975 entstand die koptische Gemeinde in der Bundesrepublik Deutschland. Fünf Jahre später, 1980, wurden mehrere Mönche aus dem Baramous-Kloster im Wadi Al-Natrun entsandt, die im Solmsbachtal in Waldsolms-Kröffelbach am Nordrand des Taunus ein zwei Hektar großes Grundstück erwarben und in zwei Altbauten ein Kloster einrichteten, das dem Heiligen Antonius gewidmet wurde. Dort weihte Papst Shenouda III. 1990 die erste koptische Kirche in Deutschland, die ganz im koptischen Stil gebaut und nicht von einer anderen Religionsgemeinschaft übernommen worden war. Später kam ein Institut für koptisch-orthodoxe Theologie hinzu, das Ende 2002 den Lehrbetrieb aufnahm.

1993 kaufte die koptische Kirche die Ruine des ehemaligen Zisterzienserklosters Brenkhausen nahe der nordrhein-westfälischen Stadt Höxter und baute sie zu einem Kloster um. Es wurde zugleich zum Sitz von Anba Damian,[220] des koptischen Generalbischofs in Deutschland.

---

[220] Bischof Anba Damian, geboren 1955 in Kairo als Refaat Ramzi Mikhail Fahmi, studierte zunächst Medizin und arbeitete u.a. als Facharzt für Strahlentherapie, Nuklearmedizin und Röntgendiagnostik in Ludwigsburg

Die koptische Gemeinde in Deutschland ist inzwischen auf 31 Gemeinden angewachsen. Dies führte dazu, dass 2013 die koptische Diözese in Deutschland in Nord und Süd geteilt wurde: Bischof Damian wurde die Verantwortung für Norddeutschland und Bischof Anba Michael Al-Baramousy, der bislang als Abt das Kloster Kröffelbach leitete, jene für Süddeutschland übertragen.

Die koptischen Christen in der Schweiz werden von Deutschland, bzw. von Frankreich aus betreut. Kleine koptische Gemeinden existieren auch in den skandinavischen Ländern. In Norwegen und Finnland sind es nur wenige Gläubige ohne eigene Kirche und ohne pastorale Betreuung. In Dänemark leben seit den 1970er Jahren etwa 400 Kopten, die eine eigene Kirche haben. Die größte koptische Gemeinde Skandinaviens gibt es in Schweden mit etwa 5.000 Personen und fünf Kirchen. Organisatorisch sind sie zu einer von Stockholm geführten Diözese zusammengefasst, die seit von Anba Abakir (* 1962)[221] geführt wird. Papst Tawadros II. besuchte die Länder im Juni 2014 (Norwegen und Finnland) und im September 2015 (Dänemark und Schweden) und wurde bei seinen Pastoralbesuchen u.a. von der dänischen Königin Margarete,

---

und als Oberarzt in der Radiologie am Krankenhaus Mühlacker im Enzkreis. 1991 entschied er sich für ein Leben als Mönch, wurde 1992 im Kloster Amba Bischoy in Ägypten durch Papst Shenouda III. geweiht und dann als Seelsorger nach Deutschland entsandt, wo er in München, Trier und Hannover arbeitete. Vom Wehrdienst wurde er befreit, weil er nach dem
frühen Todes seines Vaters als einziger Sohn der Familie für seine Mutter und seine vier Schwestern die Verantwortung übernehmen musste. 1993 übernahm er den Aufbau der Klosterruine in Brenkhausen. 1995 wurde er zum Bischof geweiht und zum Generalbischof von Deutschland berufen. 2013 folgte die Ernennung zum Diözesanbischof für Norddeutschland.

[221] Abuna Abakir Alanba Bishoy wurde unter dem Namen Nadi Samir Gobran in Kairo geboren und trat als Mönch in das Kloster St. Bishoy im Wadi Al-Natrun ein. Zunächst übernahm er die Seelsorge der Gemeinde in Abu Dhabi, bevor er 2004 zum Allgemeinen Bischof ernannt wurde und 2009 die Diözese in Stockholm übernahm.

dem norwegischen König Harald V. und dem schwedischen König Karl Gustav empfangen. Die Bindungen zwischen koptischer Kirche und Österreich wurden früh durch den engen persönlichen Kontakt zwischen dem Wiener Kardinal König und Papst Shenouda III. gefördert. Die österreichische Kirche stellte den koptischen Gläubigen die Markuskirche (sog. „Russenkirche") in der Wagramer Straße in Wien-Donaustadt für Gottesdienste zur Verfügung. Als durch das Anwachsen der Gemeinde auf etwa 5.000 Personen diese Kirche zu klein wurde, legte man 1998 in Anwesenheit von Papst Shenouda in Wien den Grundstein der Kirche „Heilige Jungfrau von Zeitun", welche der erste österreichische Kirchenneubau nach koptischer Tradition ist; sie wurde 2004 eingeweiht und Bischofskirche der vier Jahre zuvor eingerichteten koptischen Diözese für Österreich mit Bischof Anba Gabriel (* 1959)[222] an der Spitze. Ab 2002 entstand das koptische Kloster „St. Antonius" im niederösterreichischen Obersiebenbrunn. Seit 2003 ist die koptische Gemeinde in Österreich offiziell staatlich anerkannt.

Das koptische Leben in Großbritannien begann im Februar 1969, als der Bischof für christliche Erziehung und spätere Papst Shenouda, den Grundstein der ersten Kirche in London legte. Zwei Jahre später übernahm der koptische Mönch Antonios Al-Suryani, der später zum Metropoliten von Beheira aufstieg, die reguläre Seelsorge in der St. Andrew´s Kirche in Holborn. 1979 wurde im Stadtteil Kensington die St. Markus-Kirche - ein ehemaliges Gotteshaus der Presbyteraner - als erste koptische Kirche in Europa geweiht. Ab 1981 breitete sich die Gemeinde schnell über Großbritannien und Irland aus. 1985

---

[222] In der Region Minya geboren, studierte Bischof Gabriel zunächst Medizin, promovierte 1982 und arbeitete als Chirurg in Ägypten, bevor er 1991 als Mönch in das Kloster St. Bischoy eintrat und 1995 zum Priester geweiht wurde. Danach betreute er Gemeinden in Deutschland und der Schweiz, bevor er 2000 zum Bischof in Österreich berufen und 2004 inthronisiert wurde.

nahm der erste koptische Bischof seinen Wohnsitz dauerhaft in England, und sechs Jahre später wurde in Mittelengland die erste Diözese („Diocese of the Midlands") mit Sitz in Birmingham eingerichtet; sie verfügt über 9 Kirchen. 1995 folgte die zweite Diözese, die für Irland, Schottland und Nordost-England zuständig wurde; heute betreibt sie 13 eigene Kirchen (Irland: 7; Schottland: 2 und Nordost-England: 4). Bischofskirche ist St. George und St. Athanasius in Newcastle.

Abb. 105

Im November 2017 wurde die dritte Diözese etabliert und erhielt als regionalen Seelsorgebereich die Region der Hauptstadt London und Südengland mit 7 Kirchen. Ihren Sitz hat sie in der St. Georgskathedrale in Stevenage, ca. 40 km nördlich von

London. Anba Angaelos,[223] der seit 1999 u.a. als Allgemeiner Bischof in England wirkte, übernahm die Diözese als erster koptischer Erzbischof. Heute, im Jahre 2019, umfasst die koptische Gemeinde in Großbritannien etwa 20.000 Gläubige in 32 Gemeinden mit 29 eigenen und 8 angemieteten Gotteshäusern - die Tendenz ist steigend.
In Ost- und Südosteuropa lebt nur eine kleine Zahl koptischer Christen; 2011 wurde in Budapest die erste koptische Kirche eingeweiht und der Jungfrau Maria und dem Erzengel Michael gewidmet.

Im Jahre 1976 begannen koptischen Missionare in Kenia zu arbeiten; gleichzeitig wurde in der Hauptstadt Nairobi die erste Kirche gebaut. Von dort dehnten sich die koptischen Aktivitäten mit Schworpunkt auf Bau und Betrieb von Schulen und Krankenhäusern nach Sambia, Tansania, in den Kongo und nach Nigeria, sowie nach Südafrika aus.
Diese Einrichtungen förderten zugleich die Schul- und Berufsausbildung der Einheimischen, boten ihnen eine stabile ökonomische Lebensgrundlage und trugen damit letztlich auch zur innenpolitischen Stabilität der jeweiligen Länder bei.

Viele koptische Christen wanderten auch in moderate muslimische Staaten, wie z.B. in die Vereinigten Arabischen Emirate, aus. Migration[224] ist ein Ventil, das die koptische Kirche

---

[223] Geboren 1967 in Ägypten, wanderte seine Familie nach Australien aus, wo er aufwuchs. Er studierte zunächst Politische Wissenschaften, Philosophie und Soziologie, bevor er 1990 nach Ägypten zurückkehrte und in das Kloster St. Bischoy im Wadi Al-Natrun eintrat. Danach wurde er Privatsekretär von Papst Shenouda III., bis er 1995 als Seelsorger nach England entsandt und 1999 dort zum Generalbischof geweiht wurde.

[224] Nach Schätzungen der Nicht-Regierungsorganisation „Egyptian Union for Human Rights" sollen allein im Jahre 2011 nach dem Sturz von Präsident Mubarak mehr als 100.000 koptische Christen Ägypten verlassen haben und zumeist in die USA ausgewandert sein.

einerseits zwar vor dem Aussterben rettet, die Lage der im Lande verbliebenen Gläubigen jedoch schwächt.

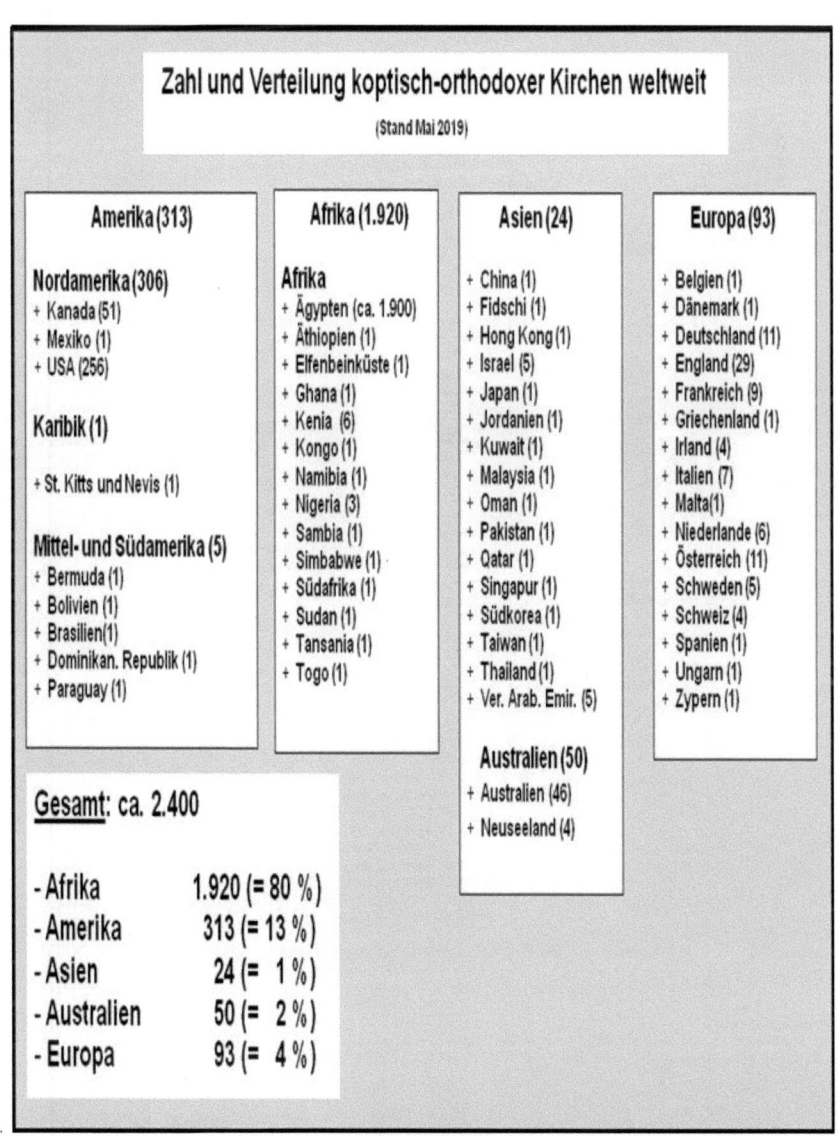

Abb. 106

\multicolumn{4}{c}{Die Koptisch-orthodoxe Kirche außerhalb Ägyptens}			
Region	Gläubige	Diözesen	Klöster
Afrika	Sudan: 500.000 Libyen: 60.000 West-, Ost- und Südafrika: 11.000	2 (Sudan) 1 (Kenya)	
Asien	ca. 114.000	1 Erzdiözese (Jerusalem))* Ost-Asien (u.a Singapur und Thailand): durch Diözese Sidney West-Asien (u.a. Pakistan): durch Diözese Melbourne	7 (Israel) 2 (Syrien) 1 (Jordanien)
Australien	100.000	2 (Melbourne und Sidney)	4 1 (Nonnen)

Europa	109.000	15
		1 Erzdiözese (Marseille und Toulon)
		2 (Genf und Südfrankreich;
		   Paris und Nordfrankreich)
		2 (Nord- und Süddeutschland)
		1 (Wien und Österreich)
		3 (Midlands und England;
		   Irland, Schottland & Nordost-England;
		   London)
		2 (Turin, Rom und Süd-Italien;
		   Mailand und Nord Italien)
		1 (Amsterdam und Niederlande)
		1 (Stockholm und Skandinavien)
		1 (Athen und Zypern)
		1 (Mitteleuropa: Polen, Rumänien,
		   Slowenien, Tschechien und Ungarn)
			
			2 (Deutschland)
			1 (Österreich)
			1 (England)
			1 (Irland)
			
			1 (Italien)

Amerika	> 1 Million		
Kanada	35.000	2 (West-Kanada und Ost-Kanada)	2

USA	ca.1 Million	1 Erzbistum
		   Nordamerika
		   mit 20 Bundesstaaten;
		8 (Alexandria & Virginia;
		   Los Angeles, South California & Hawaii;
		   Southern United States
		   mit 11 Bundesstaaten;
		   New York & New England
		   mit 7 Bundesstaaten;
		   Ohio, Michigan & Indiana;
		   Pennsylvania, Delaware, Maryland & West Virginia;
		   South Carolina, North Carolina & Kentucky;
		   Northern California & the Pacific Northwest
		   mit 3 Bundesstaaten
			
			6

Südamerika	ca. 2.000	1 (Sao Paolo & Ganz Brasilien) 1 (Santa Cruz und Ganz Bolivien)	
			28

Anmerkungen:
)* = zuständig u.a. für Bahrain, Irak, Iran, Israel, Jemen, Kuwait, Libanon, Oman, Palästinensische Autonomiebehörde, Qatar, Syrien und Vereinigte Arabische Emirate

Abb. 107

In Sambia wurde 1987 die erste Kirche eingeweiht, in der Demokratischen Republik Kongo und in Tansania 1997, sowie in Nigeria im Jahre 2005. Die Missionierung in Südafrika begann bereits 1948, als Ayoub Al-Anba Bischoy entsandt wurde, um die Errichtung einer südafrikanischen Diözese zu planen; das Vorhaben scheiterte zwar, weil kein Grunderwerb für den Kirchenbau möglich war, aber Bischoy, der das Land 1968 wieder verließ, taufte den ersten Zulu, Simon Khobe, der, obwohl kein Geistlicher, während der Apartheid, als u.a. Ägypter keine Visa erhielten, das geistige Überleben der Kopten sicherstellte. Erst 1991 wurden die Restriktionen gelockert, und 1992 konnte die koptische Kirche in Johannesburg das erste Grundstück kaufen. 2002 wurden die ersten zwei Südafrikaner zum Priester geweiht, einer aus Sotho und der andere aus Xhosa. Einer der Missionierungserfolge der koptischen Kirche im südlichen Afrika ist darin zu sehen, dass sie als einzige christliche Kirche nicht durch den Makel der Kolonialisierung belastet ist. Der zweite Grund liegt wahrscheinlich darin, dass sie ihre - eher indirekt wirkende und dadurch dezente - Missionierung durch flankierende Maßnahmen, wie Schul- und Berufsausbildung wirkungsvoll betreibt und unterstützt.

Die Zahl der Kopten in Australien wächst rasant. Die beiden Diözesen in Melbourne und Sidney betreuen zusätzlich alle Gläubigen, die in asiatischen Ländern, wie Malaysia, Oman, Pakistan, Singapur, Hongkong und Japan, leben. In Japan wurde 2004 und in Hongkong ein Jahr später die erste koptische Kirche eingeweiht.

Unter Papst Shenouda III. war wegen dessen zentralistischer Führung die Jurisdiktion der in der Diaspora wirkenden Diözesanbischöfe eingeschränkt. Einige Diözesen in der Diaspora werden nicht von Diözesanbischöfen, sondern „nur" von Allgemeinen (oder General-) Bischöfen geleitet, wie z. B.

die Diözese von Mailand oder jene für Mitteleuropa in Ungarn (Stand: 2017).

Die Zahl der in der Diaspora lebenden Kopten liegt geschätzt bei etwa 1,7 Millionen; im Einzelnen:

Asien: **114.000**, davon in:
- Israel   3.000
- Jordanien   8.000
- Kuwait   60.000
- Libanon   3.000
- Oman   500
- Ost- und Westasien 30.000 (ohne Naher Osten)
- VAE   10.000

Australien: **100.000**

Europa   **109.000**, davon in:
- Deutschland   12.000
- Frankreich   45.000
- Großbritannien 20.000
- Niederlande   2.000
- Österreich   5.000
- Italien   25.000
- Südeuropa   2.000

Amerika: **> 1 Million**, davon in:
- Kanada   35.000
- USA   > 1 Million
- Südamerika   2.000

Afrika: **371.000**; davon in:

(ohne Ägypten, Äthiopien, Algerien, Eritrea, Marokko und Tunesien)
- Kenya   8.000
- Libyen   60.000
- Sudan   300.000
- Südafrika   1.000
- Westafrika   1.000
- Zentralafrika 1.000

Heute bieten die Auslandsgemeinden den koptischen Emigranten Geborgenheit und ein Stück Heimat in der Fremde.

3.2 Die Koptisch-katholische Kirche
3.2.1 Patriarchat

Zwar verloren die Oberhirten sowohl in Rom als auch in Alexandria die Einheit der Kirche nie ganz aus den Augen, aber ein Erfolg war ihnen nicht beschieden. Im Heiligen Land gab es im 13. Jahrhundert lose Kontakte zwischen Dominikanermönchen und der dortigen koptischen Diözese, die aber nicht in einer institutionalisierten Zusammenarbeit mündeten.
Der byzantinische Kaiser Johannes VIII. Paleiologos (1392-1448), Mitte des 15. Jahrhunderts militärisch durch die aufstrebenden Osmanen ernsthaft bedroht, hoffte, seine Macht durch eine Einigung der Kirchen wieder stabilisieren zu können. Anfangs schien sein Plan tatsächlich aufzugehen, denn auf dem Konzil, das von 1438 bis 1441 in der oberitalienischen Stadt Ferrara unter Papst Eugen IV. (1383-1447) tagte, und an dem Kaiser Johannes ebenfalls anwesend war, nahm - neben dem Patriarchen von Konstantinopel[225] - auch eine Delegation koptischer Mönche aus dem ägyptischen Antonius-Kloster teil, die das Unionsdekret „Cantate Domino" am 4. Februar 1441 ebenfalls unterzeichnete. Doch das Dokument, welches „dem Herrn zum Lobe singen" sollte, wurde von den orthodoxen Oberen, so auch vom koptischen Oberhaupt Yoannis XI. (+ 1452), wegen seines theologischen Alleinvertretungsanspruches, niemand könne außerhalb der römischen Kirche das Heil erlangen (Kurzform: „extra ecclesiam nulla salus") - verworfen.[226] Kaum ein knappes Jahrzehnt später, 1453, fiel Byzanz in osmanisch-muslimische Hand. Ein weiterer Versuch,

---

[225] Patriarch Joseph II. (1360-1439)
[226] Das Dekret wurde von Kaiser Johannes VIII., Papst Eugen und 31 weiteren Bischöfen unterzeichnet; bis 1445 widerriefen allerdings 21 von ihnen ihre Unterschrift und ihre Zustimmung.

1582, blieb ebenfalls erfolglos, und so wurde die Spaltung nicht überwunden, sondern verhärtete sich.

Erst Mitte des 18. Jahrhunderts ging die Saat der Missionierung auf und trug erste Früchte, wenngleich nicht in Ägypten selbst, sondern im Heiligen Land, als eine kleine koptische Gemeinde in Jerusalem unter Leitung des koptischen Bischofs Anba Athanasios ihre Bereitschaft erklärte, sich wieder der Gemeinschaft des römischen Papstes anzuschließen. Papst Benedikt XIV. (1675-1758) sah darin offenbar eine Chance, die Kopten auf diese Weise sukzessive in die römische Kirche zurückführen zu können und berief Anba Athanasios im Jahre 1741 zum Apostolischen Vikar. Der Plan einer völligen Einigung hingegen scheiterte, denn Bischof Athanasios wollte weiterhin in Jerusalem residieren, was eine Arbeit in Ägypten selbst schwierig machte. Daher übernahm sein Generalvikar Giustu Maraghi dessen Aufgaben in Alexandria vor Ort, wo er von dem ägyptischen, in Rom ausgebildeten Mönch Raphael Al-Tokhi unterstützt wurde. Allerdings wurde Tokhi schon bald nach Rom zurückberufen, zum Titular-Bischof von Arsinoe geweiht und leitete dort die Bearbeitung mehrerer liturgischer Bücher in koptischer Sprache,[227] die zwischen 1746 und 1764 gedruckt wurden. Doch Athanasios wollte überdies seine Bindung zur koptischen Kirche nicht aufgeben, und so übernahm Generalvikar Giustu Maraghi, dessen Aufgaben. Das Vikariat in Jerusalem wurde in den eineinhalb Jahrhunderten von 1748 bis zu seiner Auflösung 1895 von insgesamt 19 Vikaren geleitet.[228]

---

[227] Missale (1746); Psalter (1749); Brevier (1750); Pontificale (1761); Rituale (17639 und Theotokise (1764).

[228] Jacques de Kremsier (1748-1751); Paolo d`Angnone (1751-1757); Giuseppe de Sasello (1757-1761); Sabak de Ghirga (1761-1778); Gervais d`Ormeal (1778-1781); Sabak de Ghirgha (1781); Jean Faragi (1781-1783); Sabak de Ghirgha (1783-1785); Bishai Nosser (1785-1787); Michelangelo Pacelli de Tricario (1787-1788); Mathieu Righet (1788-1822); Maximos Jouwed (1822-1831); Théodore Abu Karim (1832-1855); Athanasios Kyriakos Khouzam (1855-1864); Agapios Bishai (1866-1876); Antonio di

Der Koptisch-orthodoxe Papst Yoannis XVIII. betrachtete das Agieren Roms mit Misstrauen und lehnte Verhandlungen generell ab.

Einige Jerusalemer Vikare, wie z.B. Mathieu Righet (+ 1822), der Titular-Bischof von Uthina, der das Amt von 1788 bis 1822 mit 34 Jahren am längsten innehatte, nahm die Aufgabe von Alexandria aus wahr. 1824 wurde das Vikariat von Alexandria möglicherweise auf Drängen der Hohen Pforte von Rom in den Rang eines Patriarchats erhoben und dem Priester Maximos Givaid (auch: Jouwed; 1778-1831) übertragen. Zwar wurde Givaid im Jahr darauf zum Bischof geweiht, aber wegen innerkirchlichen Widerstandes erlangte das päpstliche Dekret, mit dem die Rangerhöhung zum Patriarchat hätte wirksam werden sollen, keine Rechtskraft. Und so blieb Théodore Abu Karim (+ 1855), der nach dem Tode Givaids das Amt 1832 übernahm, der Patriarchentitel verwehrt, wenngleich er vier Jahre später noch zum Bischof geweiht wurde. 1761 wurde - parallel zu Alexandria und Jerusalem - in Kairo ein drittes Apostolisches Vikariat errichtet und mit dem vormaligen koptischen Erzbischof Antonius Fulaifil als Vikar besetzt. Da dieser jedoch als koptischer Geistlicher nicht in der katholischen Tradition der ununterbrochenen Bischofsweihe stand, seine Gemeinde aber auf einer solchen bestand, blieb seine Arbeit wirkungslos. An sein Wirken erinnert nur dessen Öl-Porträt in der Residenz des Patriarchen. Vor diesem Hintergrund erscheint das Koptisch-katholische Patriarchat wie der Belag eines Sandwiches, eingeklemmt zwischen einer übermächtigen koptisch-orthodoxen Kirche und den Versuchen Roms, den Einfluss auszubauen. Mit erst 120 Jahren zählt das

---

Marco (1876-1887); Antoun Nabad (1887-1889); Simon Barraia (1889-1892) und Antoun Kabes (1892-1895).

Koptisch-katholische Patriarchat von Alexandria[229] zu den jungen orientalischen Kirchen.[230]

Für die Hohe Pforte hatten all diese innerkirchlichen Ereignisse keinerlei Bedeutung, denn die neue, mit Rom wieder unierte Gruppierung der koptisch-katholischen Christen zählte nach osmanischem Recht bis 1829 unverändert zur koptischen „millet" und blieb daher dem Koptisch-orthodoxen Patriarchen weiterhin unterstellt. 1824 wandelte Rom zwar das de facto nicht bestehende Apostolische Vikariat in Kairo um und erhob es zum ersten Koptisch-katholischen Patriarchat von Alexandria, aber auch dieses existierte nur auf dem Papier, waren doch die meisten katholischen Kopten inzwischen in den Westen emigriert.

Im Jahre 1895 kam schließlich der Durchbruch. Die Zahl der in Ägypten lebenden koptischen Katholiken war - nicht zuletzt durch den Bau des Sues-Kanals - angewachsen und hatte etwa die Zahl 5.000 erreicht. Nun berief Papst Leo XIII. mit dem Päpstlichen Dekret „Christi Domini" Kyrillos Marcaire (1867-1921; كيرلس مقار), der erst vier Jahre zuvor zum Priester geweiht worden war, mit nur 28 Jahren unter gleichzeitiger Übertragung des Titels eines Titular-Erzbischofs von Caesarea Philippi zum Apostolischen Administrator von Alexandria. Damit erlosch zugleich das koptische Apostolische Vikariat in Jerusalem. Als Kyrillos am 17. April 1895 durch Erzbischof Guido Corbelli, OFMObs., (1841-1903), der dem Franziskanerorden angehörte und seit 1888 als Apostolischer Delegat in Ägypten fungierte, zum Bischof gesalbt wurde, stand er in der Tradition der

---

[229] Vier Kirchen führen/bzw. führten diesen Titel: Koptisch-orthodoxe Kirche, Griechisch-orthodoxe Kirche, Koptisch-unierte (katholische) Kirche und Griechisch-melkitische Kirche (bis 2000).
[230] Jünger sind nur die Syro-malabarische Kirche (Erzbistum Ernakulam-Angamaly/ Indien) und die Syro-malankarische Kirche (Erzbistümer Trivadrum & Tiruvalla/ Indien).

ununterbrochenen Bischofsweihe, die er auf Scipione Kardinal Rebiba (1504-1577), den Titular-Patriarchen von Konstantinopel, zurückführen konnte. Der junge Erzbischof Kyrillos reiste unmittelbar danach mit einer Delegation nach Rom und erhielt von Papst Leo XIII. die schriftliche Aufnahme in die kirchliche Gemeinschaft (communio ecclesiastica). Erzbischof Kyrillos leitete als Apostolischer Vikar 1898 das erste Konzil von Alexandria für die Koptisch-katholische Kirche. Im Juni 1899 wurde diese schließlich in den Rang eines Patriarchats erhoben und Kyrillos Macaire, der sich den Namen „Kyrillos II." gab, zum Koptisch-Katholischen Patriarchen von Alexandria ernannt. Damit stand an der Spitze beider koptischer Schwesternkirchen ein Oberhaupt mit dem Namen „Kyrillos":

- Der im Volke verehrte Kyrillos V. - mittlerweile im 60. Lebensjahr - leitete inzwischen seit 25 Jahren die koptisch-orthodoxen Christen, und
- der noch nicht einmal halb so alte, erst 32jährige Kyrillos II. jene „abtrünnigen" Kopten, die ihre Bindungen nach Rom orientierten.

Doch dies war die einzige Gemeinsamkeit; von einem Verhältnis auf Augenhöhe konnte keine Rede sein. Überdies überlebte der orthodoxe „Fünfte Kyrillos" seinen „Zweiten" Amtsbruder noch um sechs Jahre. Als Kathedralkirche wählte der neue Oberhirte der kleinen mit Rom vereinten Gemeinde die gerade erbaute Kirche „St. Antonius von Padua" in Kairos Innenstadt, und auch seinen Amtssitz verlegte er, wie Jahrhunderte zuvor das Koptisch-orthodoxen Oberhaupt, trotz der Bezeichnung „Patriarch von Alexandria" - in die ägyptische Hauptstadt.

Das Patriarchat umfasste die Patriarchaldiözese Alexandria und zwei Suffragan-Bistümer:

- Die Diözese Alexandria (mit Unterägypten und Kairo): 4 Kirchen mit 14 Priestern, von denen 2 verheiratet waren, ein kleines, von Jesuiten geleitetes Seminar und 1 Jungenschule mit insgesamt 2.500 Gläubigen.
- Die Diözese Hermopolis (Mittelägypten): 7 Kirchen mit 10 Priestern, von denen 4 verheiratet waren, 9 Jungenschule und 1 Mädchenschule mit insgesamt 2.000 Gläubigen.
- Die Diözese Theben (Oberägypten) als größte: 35 Kirchen mit 31 Priestern, von denen 15 verheiratet waren, 1 Theologisches Seminar, 21 Jungenschulen, 5 Mädchenschulen mit insgesamt etwa 15.000 Gläubigen.

Kyrillos II. vollzog die Weihe der beiden ihm unterstellten Bischöfe an der Spitze der Suffraganbistümer am 29. März 1896 persönlich:

- Bischof Dr. Joseph-Maximos Sedfaoui (1863-1925; مكسيمس صد فاوي) in Hermopolis (Minya) und
- Bischof Ignacio Gladès Berzi (1867-1925; برزي) in Theben (Luxor) mit.

Papst Leo XIII. sah das Patriarchat als wichtigen Schritt in Richtung Wiedervereinigung, und politischerseits wurde die römische Idee einer Annäherung, wenn nicht gar einer Einigung, durch Abbas Hilmi II., den osmanischen Vizekönig in Ägypten, durchaus unterstützt, der darauf hoffte, mit einem Erstarken des „römischen Gegenpols" das verhasste osmanische Joch wenn nicht abzuwerfen, so doch wenigstens mindern zu können. Die Rechnung ging aber nicht auf, denn zum einen wurden die katholischen Aktivitäten vom Koptisch-orthodoxen Papst Kyrillos V. misstrauisch beobachtet, bedeuteten sie doch aus seiner Sicht eher Schwächung und Rivalität. Insofern brachte er die angestrebte Einheit der Kirche nicht voran. Überdies kollidierten die Vorstellungen des neuen Patriarchen Kyrillos II. am Nil und jene der Kurie am Tiber unter anderem in der Frage des Ritus. Rom wollte die lateinische Liturgie, Kyrillos hingegen bestand auf dem koptisch-alexandrinischen Ritus.

Die ehemalige Kathedralkirche des Koptisch-katholischen Patriarchen von Alexandria, „St. Antonius zu Padua" in Kairo

Abb. 108

Unter Papst Pius X. (1835-1914), der im Jahre 1903 Leo XIII. gefolgt war, kam es zum Bruch. 1908 demissionierte Kyrillos, verließ Kairo und siedelte nach Beirut über. Sein Andenken jedoch wird bewahrt und in Ehren gehalten, hängt doch sein

Porträt noch heute in der Residenz des Patriarchen direkt neben dessen bescheidenem Thronsessel. Nach seinem Tod im fernen Libanon wurde er nach Kairo überführt und fand seine letzte Ruhestätte schließlich in der kleinen Gruft der neuen Kathedrale „Unsere Liebe Frau von Ägypten" in Nasr City.

Nach der unerwarteten Demissionierung von Patriarch Kyrillos II. blieb der Patriarchenstuhl fast vier Jahrzehnte lang verwaist und wurde durch Apostolische Administratoren verwaltet. Weder Papst Pius X. (1835-1914) noch seine Nachfolger Benedikt XV. (1854-192) und Pius XI. (1857-1939) ernannten einen Nachfolger. Die Gründe dafür können nur vermutet werden. Zum einen überschatteten natürlich die zwei Weltkriege jegliches Handeln. Vielleicht schien der Kurie die Zahl der Gläubigen auch noch zu gering, um sie mit der Patriarchenwürde auszustatten. Möglicherweise kam darin auch eine gewisse Geringschätzung der Orthodoxie gegenüber insgesamt zum Ausdruck. Auch die Frage nach der Zuständigkeit der Ernennung des Patriarchen könnte eine Rolle gespielt haben. Der erste Amtsinhaber wurde noch von Rom bestimmt, später wurde das Oberhaupt der Koptisch-katholischen Kirche von Alexandria - dem orthodoxen Beispiel folgend - von der Synode der Bischöfe gewählt. Und so verwaltete Bischof Dr. Joseph-Maximos Sedfaoui - in Ägypten als Youssef Sedfaoui geboren, 1889 in Beirut zum Priester und 1896 zum Bischof geweiht - auf Weisung von Papst Pius X. das hirtenlose Patriarchat als Apostolischer Administrator.

Die Oberhirten Kyrillos II. und Sedfaoui hatten den Schwerpunkt ihrer Arbeit auf schulische Bildung gelegt, was durch die große Zahl von Schulen in den beiden Koptisch-katholischen Bistümern eindrucksvoll belegt wird. Dadurch erwarb sich die Kirche großes Ansehen und machte sie für viele Ägypter attraktiv. Dies führte zu einer steigenden Zahl von Kirchenübertritten, die wiederum die Koptisch-orthodoxe Kirchenführung beunruhigte, und die Beziehung belastete.

Möglicherweise gaben sie auch den Anstoß zur sog. „Sonntagskirchen-Bewegung", mit der die orthodoxe Seite diesem Trend erfolgreich entgegensteuerte.

Abb. 109

Als Sedfaoui 1925 starb folgte ihm Markos II. Khouzam (1888-1958; مركوس الثاني خوزم). Khouzam, im mittelägyptischen Sohag geboren und 1911 nach dem Theologiestudium in Kairo zum Priester geweiht, wurde im August 1926 zum Bischof von Luxor berufen und empfing Ende November die Bischofsweihe durch Erzbischof Andrea Cassulo (1869-1952), den Apostolischen Delegaten für Ägypten und Arabien. Nur ein Jahr später, am 30. Dezember 1927, wurde er von Papst Pius XI. (1857-1939) zum Apostolischen Patriarchal-Administrator von Alexandria ernannt, trat damit an die Spitze der Koptisch-katholischen Kirche und führte sie zwanzig Jahre lang - von 1927 bis 1947. Vielleicht war die jahrelange Nicht-Ernennung eines Patriarchen auch eine beleidigte römische Reaktion auf diesen ägyptischen Sieg, nach dem Motto: „Wie können diese Ägypter, die gerade erst zur >una sancta ecclesia< zurückgefunden haben, es wagen, sich gegen den erklärten Willen der mächtigen Riten-Kongregation[231] auszusprechen?!"

Erst am 10. August 1947 erfolgte schließlich durch Papst Pius XII. (1876-1958) die Ernennung Khouzams zum Patriarchen, und am 6. März 1948 fand die feierliche Inthronisation statt. Danach leitete der neue Oberhirte, der sich Markos II. nannte, die Gemeinde weitere elf Jahre bis zu seinem Tod am 2. Februar 1958; es ist mit insgesamt 31 Jahren die längste Amtszeit. In diesen drei Jahrzehnten erlebte er in der Koptisch-orthodoxen Schwesternkirche insgesamt drei Patriarchen - Yoannis XIX., Makarios III. und Yusab II. -, allerdings kann davon ausgegangen werden, dass das Verhältnis zwischen ihnen und ihm nach wie vor gespannt blieb. Zwar schwächelte die Koptisch-orthodoxe Kirche in jenen Jahren, dennoch betrachteten deren Gläubige ihre katholischen, mit Rom vereinten Glaubensbrüder unverändert als Abtrünnige und Verräter, und für die Muslime waren sie ohnehin sektiererische Ungläubige. Nachbarschaftshilfe und Entgegenkommen waren somit nicht zu erwarten. Da in den ersten drei Jahrzehnten des 20. Jahrhunderts die Kopten im politischen und gesellschaftlichen Leben Ägyptens eine wichtige Rolle spielten, blieben Anfeindungen aus der muslimischen Bevölkerungsmehrheit auf einem niedrigen Niveau, und daher gab es auch keinen Grund, weshalb die Christen enger zusammenarbeiten sollten.

---

[231] Die „Sacra Rituum Congregatio" war 1588 gegründet worden; ihr oblag u.a. die verbindliche Aufstellung von Grundsätzen für alle geistlichen Zeremonien (Riten) der Kirche. 1969 wurde sie aufgelöst.

Zudem waren es überaus schwierige Jahrzehnte des Aufbaues, denn Khouzam musste vor allem im kostenintensiven infrastrukturellen und organisatorischen Bereich bei Null beginnen. Dieses Manko wird an den Kirchenbauten deutlich. Viele koptisch-katholische Kirchen machen bis heute einen eher ärmlichen Eindruck, wie z. B. die in den vierziger Jahren des vorigen Jahrhunderts erbaute Kirche St. Teresa in der Nähe der Ramses-Straße in Kairo. Heute liegt sie in einem verwinkelten Viertel nahe dem Hauptbahnhof, baulich eingepfercht und von oben beinahe erdrückt durch einen der zahlreichen Stelzen-Highways der Metropole. Nur wenige Meter entfernt hoch über ihrem Dach quält sich ein nur selten abreißender Strom an Fahrzeugen vorbei. Spiegelbildlich fühlt sich der Besucher an manche Moschee in Deutschland erinnert, oft in einem heruntergekommenen Hinterhof eingerichtet. Das quirlige, junge und freudig-offene Gemeindeleben von St. Teresa steht im krassen Gegensatz zu den renovierungsbedürftigen Mauern.

Hinsichtlich der Diskussion um den Ritus und die Liturgie konnte sich die kleine Koptisch-katholische Kirche gegenüber Rom selbstbewusst behaupten, denn sie blieb - wie ihr erster Patriarch Kyrillos II. es vorgesehen hatte - alexandrinisch. Weder unter Sedfaoui noch unter Khouzam konnte die angestrebte Latinisierung durchgesetzt werden. In der Rückschau ist festzustellen, dass die Haltung Macaires, Sedfaouis und Khouzams Jahrzehnte später letztlich auf dem 2. Vatikanischen Konzil bestätigt wurde.
Die Liturgie ähnelt der orthodoxen Schwesterkirche. Die Liturgiesprache der Hochgebete (Anaphoren) und der Gesänge ist koptisch, die Gebete, Lesungen und Predigt hingegen erfolgen auf Arabisch; von daher wird Gott in der koptischen Kirche auch „Allah" genannt. Beim Datum der beiden Hochfeste fand man einen Kompromiss: Weihnachten wird am 25. Dezember gefeiert, Ostern hingegen nach dem alten

koptischen Kalender. Die koptisch-katholische Eucharistiefeier ist - wie bei der Schwesternkirche - durch den einstimmigen (monophonen) Kirchengesang geprägt. Zur Kommunion werden kleine Brotstücke in Wein getaucht und den Gläubigen vom Priester in den Mund gelegt. Kinder dürfen am Abendmahl teilnehmen, denn sie gehören bereits mit der Taufe und der zeitgleich erteilten Firmung zur Gemeinde. Auch eine koptisch-katholische Messe dauert mindestens eineinhalb Stunden, Festtagsgottesdienste weit länger. Priester und Bischöfe tragen beide beim Gottesdienst eine mitra-ähnliche Kopfbedeckung aus Stoff, deren Tradition auf die Pharaonen zurückgehen soll. Im Gegensatz zu den Rundkappen (Turban) koptisch-orthodoxer Bischöfe, tragen die koptisch-unierten Bischöfe eine schwarze Kopfbedeckung, „Kalusa" genannt,[232], ähnlich jener der Ostkirchen. Bei feierlichen Anlässen - jedoch nicht während der Liturgie - trägt der Patriarch als Zeichen seines Amtes eine hohe Krone aus Stoff, sowie einen Bischofsstab, bei dem zwei stilisierte Schlangen das Kreuz umrahmen.
Der Altarraum ist offen, denn anders als in den koptisch-orthodoxen Kirchen fehlt die Trennwand der Ikonostase.

Im Mai 1958, wurde der Titular-Bischof von Sais, Stephanos I. Sidarouss, CM, (1904-1987; إسطفانس الأول سيداروس), welcher der Ordensgemeinschaft der Vinzentianischen Lazaristen[233] (CM = Congregatio Missionis) angehörte, durch die Synode der koptisch-katholischen Bischöfe als Nachfolger von Marcos II. Khouzam zum neuen Patriarchen gewählt und vom Papst bestätigt. Sidarouss hatte 1939 die Priesterweihe empfangen, war 1947 zum Weihbischof von Alexandria berufen und von Patriarch Khouzam zum Bischof geweiht worden.

---

[232] Die Herkunft des Wortes ist unbekannt. In der Ostkirche wird es „Klobus" oder auch „Epanokamelauchion" genannt.
[233] Die Lazaristen wurden 1625 in Paris vom heiligen Vinzenz von Paul gegründet und widmen sich dem Dienst der Armen.

Patriarch Stephanos I. Kardinal Sidarouss (1904-1987)

Abb. 110

Hinsichtlich der Gestaltung der Beziehung zur orthodoxen Kirche hatte Stephanos I. es anfangs ähnlich schwer wie vormals sein Vorgänger Kyrillos II., denn an der Spitze der „Konkurrenz", der übermächtigen Koptisch-orthodoxen Kirche, stand zunächst von 1959 bis 1971 mit Papst Kyrillos VI. ein religiöses Schwergewicht, das bereits zu Lebzeiten als Heiliger verehrt wurde und überdies enge Kontakte zur ägyptischen Regierung unter Nasser pflegte. Als Zeichen der Verbundenheit mit Rom und wegen seiner Verdienste als Konzilsvater während des 2. Vatikanischen Konzils wurde Stephanos I. von Papst Paul VI. 1965 als erster koptischer Patriarch in das Kardinalskollegium berufen. Dies stärkte neben der innerkirchlichen Wirkung auch dessen Stellung und

Wahrnehmung als Oberhaupt sowohl durch die politische Führung in Kairo, wie auch durch die orthodoxe Kirche. Kardinal Stephanos nahm 1968 an der Einweihung der neuen koptisch-orthodoxen Kathedrale in Kairo teil. Als 1971 auf Kyrillos VI. der ebenso charismatische Shenouda III. folgte, der - wie Patriarch Stephanos - eine graduelle Verbesserung der Beziehungen unter den christlichen Kirchen und eine Annäherung mit Rom anstrebte, entspannte sich erstmals auch das Verhältnis zwischen orthodoxen und katholischen Kopten.

Abb. 111

Im Jahre 1973 - bereits zwei Jahre nach seinem Amtsantritt - reiste Papst Shenouda III., Stephanos´ koptisch-orthodoxer Amtsbruder, als erstes koptisches Oberhaupt zu Papst Paul VI. nach Rom. Beide Kirchenführer unterzeichneten eine Erklärung, in der sie die jahrhundertealten, gegenseitigen Vorwürfe ausräumten und eine gemeinsame Kommission ins

Leben riefen, welche die Details der Zusammenarbeit erarbeiten sollte. Mit dieser Reise machte das Oberhaupt der orthodoxen Kopten zugleich deutlich, wer sein adäquater Ansprechpartner war - nur der römische Papst und nicht etwa der Koptisch-katholische Patriarch. Daher nahm Patriarch Stephanos I. an dieser Reise auch nicht teil, aber Papst Paul VI. band ihn zumindest ein und erläuterte in einem Apostolischen Schreiben vom 12. September 1974 deren Ziele und schrieb ihm, der Besuch hätte eine neue Epoche im Verhältnis beider Kirchen eingeläutet. In der gemeinsamen Kommission, die zwischen 1974 und 1992 tagte, war die Koptisch-katholische Kirche mit einem Repräsentanten im Bischofsrang vertreten.

Auch während der Amtszeit von Kardinal Stephanos kam es wiederholt zu gewaltsamen Ausschreitungen militanter Muslime gegen koptische Christen beider Kirchen und deren Einrichtungen. Stephanos I. vertrat hinsichtlich des Agierens gegenüber der muslimischen Mehrheit im Lande die gleiche behutsame Linie wie Shenouda. 1986 trat Stephanos I. aus Altersgründen zurück und starb nur vierzehn Monate später, am 23. August 1987. Er ruht gemeinsam mit seinen Vorgängern in der Gruft der Kathedrale in Nasr City.

Dr. Stephanos II. Ghattas, CM, (1920-2009; إسطفانس الثاني غطاس ;), seit 1967 Bischof von Luxor (Theben), wurde von der Bischofssynode zum Nachfolger gewählt und 1986 inthronisiert. Am 16. Januar 1920 in dem oberägyptischen Dorf Cheikh-Zein-al-Dine bei Tahta in der Diözese Luxor als Andraos Ghattas geboren, studierte er zunächst am Seminar des Heiligen Leo des Großen in Maadi, sowie am Jesuiten-Kolleg der Heiligen Familie, bevor er 1942 nach Rom ging und seiner Studien am päpstlichen Institut „Collegio Urbano de Propaganda Fide" fortsetzte und den Doktorgrad in Philosophie und Theologie erwarb. Am 25. März 1944 empfing er in Rom die Priesterweihe.

Patriarch Stephanos II. Kardinal Ghattas
(1920-2009)

Abb. 112

Nach der Rückkehr in seine Heimat lehrte er am Seminar von Tahta. Am 2. Oktober 1952 trat er in das Noviziat der Kongregation der Vinzentianischen Lazaristen (CM = Congregatio Missionis) in Paris ein und legte das Zeitliche Gelübde (Profess) am 17. Oktober 1954 und das Ewige am 17. Oktober 1957 ab. Danach wurde er nach Beirut versetzt, wo er verschiedene Aufgaben übernahm, u.a. war er Leiter des dortigen Lazaristen-Seminars. 1960 kehrte er nach Alexandria zurück und wurde 1966 zum Hausoberen der dortigen Kommunität seines Ordens bestimmt. Am 8. Mai 1967 wählte ihn die koptische Synode zum Bischof von Luxor und am folgenden 9. Juni empfing er die Bischofsweihe. Neunzehn Jahre leitete er die Diözese im oberägyptischen Luxor und nahm zusätzlich das Amt des Sekretärs der Synode des Koptisch-katholischen Patriarchats wahr. Mit Blick auf das Alter und den Gesundheitszustand des amtierenden Patriarchen Stephanos I. ernannte Papst Johannes Paul II. Ghattas am 24. Februar 1984 zum Apostolischen Administrator des Patriarchats. Nachdem Stephanos I. am 18. April 1986 seinen

Rücktritt eingereicht hatte, berief Ghattas zum 9. Juni die Patriarchalsynode ein, auf er zum neuen Patriarchen gewählt wurde. Als Zeichen der Verehrung für seinen Vorgänger wählte er den Namen Stephanos II.; die Beziehung zu seinem drei Jahre lebensjüngeren, aber 15 Jahre dienstälteren, orthodoxen Amtsbruder Shenouda blieb distanziert-freundlich.

Abb. 113

Am 23. Juni 1986 gewährte Papst Johannes Paul II. dem neuen Patriarchen die „communio ecclesiastica", die Aufnahme in die Gemeinschaft der römischen Kirche. Im Februar 2001, fünfzehn Jahre nach seinem Amtsantritt, berief der Papst den bereits 81-jährigen Stephanos II. in das Kardinalskollegium. Er war der zweite koptische Patriarch, dem diese Ehrung zuteilwurde.

Ghattas war auch Präsident der Konferenz aller katholischen Oberhirten in Ägypten.

Der Patriarch leitete zwischen 1997 und 2003 den - alle fünf Jahre vorgeschriebenen - sog. „Ad Limina"-Besuch der koptisch-katholischen Bischöfe nach Rom; an letzterem nahm auch der damalige Apostolische Vikar von Alexandria, Bischof Giuseppe Bausardo, SDB (* 1951), teil.

Zu Weihnachten 1999 - einhundert Jahre nach Gründung des Patriarchats - weihte er die neue Kathedralkirche „Unsere liebe Frau von Ägypten" in der Kairoer Vorstadt Nasr City (39 rue Mustafa Fahmi) ein; sie wurde gerade rechtzeitig zum Besuch von Papst Johannes Paul II.[234] im Februar 2000 fertig. Es war zugleich Höhepunkt der Amtszeit von Stephanos II. Kardinal Ghattas. Staatspräsident Mubarak war bei der Einweihung der Kathedrale nicht anwesend. Dies wäre nicht weiter erwähnenswert, fände man in Kairo ein Hotel, ein Kaufhaus, einen Park oder sonst eine öffentliche Einrichtung, die nicht durch den Staatspräsidenten eingeweiht worden wären. Und so zählt das Fernbleiben des Präsidenten bei diesem für die koptisch-katholisch Gläubigen herausragenden kirchlichen Anlass zu den Indizien, die den niedrigeren Stellenwert dieser kleinen Gemeinde in der Wahrnehmung durch die ägyptische Regierung belegen. Nur eine Gedenktafel weist bescheiden darauf hin, dass die Kirche während der Amtszeiten von Präsident Mubarak und Papst Johannes Paul II. durch Patriarch Stephanos I. erbaut wurde.

---

[234] Allerdings war der junge Bischof Karol Wojtyla im Dezember 1963 auf einer Pilgerreise erstmals nach Ägypten gekommen und hatte eine Messe in der Kirche St. Joseph zelebriert.

Abb. 114

Die neue Kathedrale - von einer hohen, gelben Mauer umgeben - liegt in einem Stadtgebiet mit unansehnlichen, anonymen Wohnblocks. Auf dem etwa vier Hektar großen Grundstück ist auch ein College für Jungen untergebracht. Nur wenige Fußminuten entfernt wurde 2005 „City Stars", der größte Einkaufs- und Unterhaltungsstempel im Nahen Osten, erbaut und natürlich durch Mubarak eingeweiht. Die Kathedralkirche ist kein architektonisches Prunkstück. Zwei schmale Seitenschiffe sind durch Säulen vom Hauptschiff getrennt und durch eine weiße Flachdecke abgeschlossen.

Abb. 115

Auf einen Kirchturm wurde aus Kostengründen verzichtet. Der weite Altarraum in der Apsis ist offen und nicht - wie in orthodoxen Kirchen - durch eine Ikonostase abgeteilt. Die wenigen Teppiche sind verschlissen, der Thron des Patriarchen ist ein einfacher, mit Samt überzogener Sessel. Vor festlichen Gottesdiensten wird eine 80 cm hohe Madonnenstatue - „Unsere liebe Frau von Ägypten" - auf die oberste Stufe des Altarraumes gestellt. Doch die Kirche besticht durch die Weite ihres lichtdurchfluteten Raumes, in den die Sonnenstrahlen durch hohe, bunte Motivfenster und Deckenöffnungen dringen.

In einer kleinen Gruft, die nur durch eine einfache, stets verschlossene Tür an der rechten Seite der Kathedrale betreten werden kann, befindet sich die letzte Ruhestätte aller bisherigen Patriarchen, sowie einiger anderer Bischöfe, deren sterbliche Überreste überführt und hier beigesetzt wurden. Ihre eigentliche Weihe erhielt die neue Kathedrale durch den Besuch des Papstes am 25. Februar 2000, als er christliche Kirchenführer des Nahen Ostens zu einem ökumenischen Treffen dorthin einlud.

Abb. 116

Es war zugleich der erste Besuch eines römischen Papstes in Ägypten; allerdings kam er erst auf seiner 90. Auslandsreise im 12. Jahr seines Pontifikats dorthin. Der Besuch war auch nicht als Pastoralreise zu seinen koptisch-katholischen Gläubigen, sondern als „Jubiläumspilgerfahrt und Wallfahrt zum Berg Sinai" deklariert. Im November 2003 besuchte Kardinal Ignace Moussa I. Daoud (1930-2012), der Präfekt der Kongregation für die orientalischen Kirchen, das Institut für Religionswissenschaften von Sakakini in Maadi anlässlich dessen 50. Gründungsjubiläums.

Im März 2006 emeritierte Stephanos II. aus Altersgründen und lebte danach im Priesterseminar St. Stephan im Kairoer Vorort Maadi, wo er 2009 im Alter von 83 Jahren verstarb. An den Begräbnisfeierlichkeiten am 23. Januar nahm u.a. der maronitische Patriarch von Antiochia, Nasrallah Kardinal Sfeir (* 1920) als Päpstlicher Gesandter teil. Papst Shenouda war tags zuvor in die Kathedrale gekommen, um am Katafalk seines verstorbenen Amtsbruders Abschied zu nehmen.

Antonios I. Naguib (* 1935; أنطونيوس الأول نجيب), der Bischof seiner Geburtsstadt Minya, wurde von der Bischofssynode zu Ghattas Nachfolger gewählt. Im oberägyptischen Salamut geboren, studierte er ab 1953 für drei Jahre in Rom und empfing 1960 die Priesterweihe. 1977 wurde er zum Bischof von Minya gewählt und von Kardinal Sidarouss zum Bischof geweiht. Naguib stand ein Vierteljahrhundert als Oberhirte an der Spitze seiner Diözese. Doch 2002 erkrankte er und bat um Entbindung von seinem Amt. Danach erholte er sich und schien seine Krankheit überwunden zu haben.

Bei seiner Inthronisation am 1. Mai 2006 wies Patriarch Antonios Naguib auf die Bedeutung der nationalen Einheit Ägyptens hin und betonte, Muslime und Christen seien gleichermaßen aufgerufen, daran mitzuwirken. Am 6. April 2006 gewährte ihm Papst Benedikt XVI. - wie im „Codex Canonum

Ecclesiarum Orientalium" (CCEO)), dem Gesetzbuch aller 21 katholischen Ostkirchen vorgesehen - die kirchliche Gemeinschaft (communio ecclesiastica) und empfing den neuen Patriarchen am 15. Dezember 2006 im Clementina-Saal des Vatikans zum Antrittsbesuch. Vier Jahre nach seinem Amtsantritt nahm Papst Benedikt XVI. ihn am 21. November 2010 - als dritten Koptisch-katholischen Patriarchen - in das Kardinalskollegium auf und berief ihn als Mitglied in die Kongregation für die orientalischen Kirchen.

Amtswechsel von Patriarch Ghattas (rechts) zu Patriarch Naguib

Nur vierzehn Monate später, im Januar 2012, erlitt Kardinal Antonios einen Schlaganfall. Bischof Kyrillos Kamal William Samaan, OFM, von Assiut übernahm als

Abb. 117

Bischofskoadjutor. Am 18. Januar 2014 trat Antonios als Patriarch zurück, nahm aber zwei Monate später, im März 2013, an prominenter Stelle als Kardinalbischof am Konklave teil.

Patriarch Antonios Naguib und Groß-Sheikh Tantawi
Abb. 118

Wie ihre orthodoxen Glaubensbrüder, so haben auch viele koptische Katholiken in den letzten Jahren ihrem Heimatland den Rücken gekehrt und sind in den Westen emigriert. Dadurch entstanden inzwischen 14 koptisch-katholische Auslandsgemeinden.[235] Die kleine Gemeinde im Libanon wird durch den dortigen Erzbischof betreut.

Der ägyptische Franziskanerpater Milad antwortete auf die Frage, ob er sich koptisch-katholisch oder römisch-katholisch fühle, er verstünde sich als „Ägypter mit franziskanischer Spiritualität".

> „Wir sind bi-rituell, hauptsächlich koptisch-katholisch, wobei wir Gottesdienste und die Seelsorge auch in der römisch-katholischen Tradition betreiben. Alle unsere Priester sind im koptisch-katholischen Ritus geweiht."

---

[235] USA: 5; Kanada: 2; Australien: 2; Italien: 2; Frankreich: 1; Libanon: 1; Kuwait: 1.

Dr. Ibrahim Isaac Sedrak (* 1955; إبراهيم إسحاق سدراك) im oberägyptischen Dorf Beni-Cliker geboren, studierte zunächst Theologie und Philosophie am Priesterseminar in Maadi und wurde 1980 zum Priester geweiht. Vom Wehrdienst wurde er befreit. Es folgten zwei Jahre im Patriarchat und Studienjahre an der Päpstlichen Universität „Gregoriana" in Rom, wo er zum Doktor der dogmatischen Theologie promovierte. Nach Ägypten zurückgekehrt, lehrte er zunächst Dogmatik am Priesterseminar in Maadi und trat 1990 als Rektor an die Spitze des Theologischen Instituts in Kairo-Sakakini. Als Bischof Antonios Naguib von Minya 2002 aus gesundheitlichen Gründen um Entbindung von seinen Aufgaben bat, wurde Sedrak zu dessen Nachfolger gewählt. Kardinal Ghattas und Bischof Naguib spendeten ihm die Bischofsweihe.

Patriarch Naguib mit dem Autor am 27. März 2007

Patriarch Sedrak mit dem Ehepaar Kilian am 25. Mai 2019

Abb. 119

Am 15. Januar 2013 wurde Ibrahim Isaac Sedrak von der Synode der koptisch-katholischen Kirche zum Patriarchen gewählt und folgte Naguib ein zweites Mal. Nur drei Tage später gewährte ihm Papst Benedikt XVI. die kirchliche Gemeinschaft (communio ecclesiastica), und am 12. März fand die feierliche Inthronisation in der Kathedrale „Unsere Liebe Frau zu Ägypten" statt. Erstmals war bei dieser Zeremonie auch der Koptisch-orthodoxe Patriarch anwesend. Als Naguib 2006 inthronisiert worden war, hatte Shenouda noch von einer persönlichen Teilnahme abgesehen. Diese Geste von Papst Tawadros war ein deutliches Zeichen für die verbesserte Zusammenarbeit beider Kirchen.

Papst Franziskus am 29. April 2017 im Air Defence-Stadion im Osten Kairos

Papst Franziskus gedenkt im April 2017 mit Papst Tawadros II. und Patriarch Sedrak vor der „Wand der Märtyrer" in der Kirche St. Peter und Paul in Kairo der 29 Opfer des Anschlags vom 11. Dezember 2016.

Abb. 120

Am 6. Februar 2017 absolvierten die koptisch-katholischen Bischöfe ihren alle fünf Jahre vorgeschriebenen persönlichen

„Ad-limina-Besuch" beim Papst in Rom. Zweieinhalb Monate später, am 28. April, flog Papst Franziskus zu einem zweitägigen Besuch nach Ägypten. Es war - 17 Jahre nach Papst Johannes Paul II. - die zweite Reise eines römischen Papstes an den Nil und die 18. Pastoralreise von Papst Franziskus. Nur wenige Wochen zuvor waren 29 koptische Christen bei einem Bombenanschlag auf eine koptisch-orthodoxe Kirche in Kairo ums Leben gekommen, und so setzte dieser Aufenthalt ein Zeichen. Allerdings stand er unter strengen Sicherheitsauflagen, und der Gottesdienst mit tausenden Gläubigen musste im gut abgesicherten, 30.000 Zuschauer fassenden „30th June"-Air-Defence-Sportstadion des Olympischen Dorfes im Osten Kairos abgehalten werden. Patriarch Sedrak pflegt bereits seit seiner Studienzeit in Rom enge Beziehungen zu Deutschland und spricht auch Deutsch.

Unter den Katholiken Ägyptens, die den verschiedenen, mit Rom unierten Riten angehören, bilden die koptischen Katholiken die größte Gruppe. Das Patriarchat ist von ursprünglich zwei auf inzwischen sieben Diözesen angewachsen; ihm gehören etwa 200.000 Gläubige an, die von etwa 175 Priestern betreut werden. Es betreibt - neben einem kleinen Priesterseminar - eine große Zahl von Schulen und karitativen Einrichtungen. Allein aufgrund der geringen Zahl an Gläubigen - die überwiegende Mehrheit zählt überdies nicht zur begüterten Schicht der Kopten - ist die Kirche auf finanzielle Unterstützung von außen angewiesen, zumal der ägyptische Staat keiner Kirche Zuschüsse oder Hilfen gewährt. Dabei ist die koptisch-katholische Kirche mit

- etwa 400 Kindergärten, Grund- und Realschulen,
- 3 Colleges,
- 13 Krankenhäusern,
- 43 Waisenhäusern und
- über 100 ambulante Kliniken

überdurchschnittlich stark im sozialen Bereich engagiert und stellt vor allem für die Bevölkerung auf dem Land einen wichtigen Faktor schulischer und medizinischer Versorgung dar. Der Priesternachwuchs ist gedeckt.

Abb. 121

Die Heirat von Priestern ist - wie in der koptisch-katholischen Kirche, aber anders als in der römisch-katholischen - erlaubt, sofern sie vor der Weihe erfolgt ist. Eine Ordination von Frauen hingegen wird - wie in Koptisch-orthodoxer und Römisch-katholischer Kirche - abgelehnt. Eine ausschließlich auf klösterlich-kontemplatives Leben ausgerichtete Tradition gibt es in der Koptisch-katholischen Kirche - im Gegensatz zu ihrer Schwesternkirche, die diese sehr pflegt - nicht. Um einen Wettbewerb mit der orthodoxen Kirche zu vermeiden, wurde auf die Einrichtung von Klöstern verzichtet. Allerdings besteht eine eigenständige Provinz des Franziskanerordens mit etwa 60 Priestern, mehreren Brüdern, einer Anzahl von Novizen und Seminaristen, sowie drei kleinen Frauen-Orden, den:

- Koptischen Schwestern Jesu,
- Ägyptischen Schwestern von Heiligen Herz und
- Kleinen Schwestern Jesu.

Abb. 122

Die bescheidene Residenz des Patriarchen, das „Palais de Koubbeh", liegt etwa 8 km entfernt in Kairo-Abbesiya - nicht weit von der Residenz seines orthodoxen Amtsbruders. Der Patriarch übt zugleich das Amt des Vorsitzenden der Versammlung der ägyptischen Katholiken aus.

Erzbischof Morazo, Pro-Nuntius | Kardinal Sandri | Präsident As-Sisi | Patriarch Sedrak

Präsident As-Sisi empfing Kurienkardinal Leonardo Sandri am 4. März 2019

Abb. 123

Im Februar 2019 legte der Präfekt der römischen Kongregation für die Orientalischen Kirchen, der Argentinier Leonardo Kardinal Sandri (* 1943), den Grundstein einer neuen koptisch-katholischen Kathedrale in Assiut, die dem Heiligen Georg geweiht werden soll. Die alte Kathedrale war am 21. April 2016 aus unbekannten Gründen durch ein Feuer zerstört worden.

3.2.2 Das Verhältnis zur Koptisch-orthodoxen Kirche

Die Koptisch-katholische Kirche ist im Vergleich zur Koptisch-orthodoxen Kirche

- mit etwas mehr als einem Jahrhundert sehr jung und
- hat weit weniger Gläubige - etwa so viele wie die beiden deutschen, in der Diaspora gelegenen Bistümer Erfurt und Magdeburg zusammen.

Daraus ergibt sich eine eindeutige Rangfolge, die auch in der offiziellen protokollarischen Anrede der beiden Patriarchen deutlich wird: Das Oberhaupt der Koptisch-orthodoxen Kirche wird mit „Eure Heiligkeit" (Your Holiness) angesprochen, der Koptisch-katholische Patriarch hingegen mit „Eure Seligkeit" (Your Beatitude). Die daraus resultierende Spannung, die früher das Verhältnis belastete, ist gewichen. Zwar mündete dies nicht in Freundschaft, aber zumindest entwickelten sich Respekt, Verständnis und der Wille zum gemeinsamen Handeln. Dies wird zunehmend auch durch den Druck der muslimischen Mehrheit forciert.

Bei der Inthronisation von Patriarchen Antonios Naguib am 1. Mai 2006 waren - neben zahlreichen Würdenträgern anderer christlichen Kirchen[236] und muslimischen Vertretern der Kairoer Al-Azhar-Universität - von Koptisch-orthodoxer Seite drei Bischöfe, Bischof Youannes, der Sekretär von Papst

---

[236] Nersés Bédros XIX. Tarmouni, der Armenisch-katholische Patriarch von Cilicia; Michel Sabbah, der Lateinische Patriarch von Jerusalem; der Apostolische Nuntius in Ägypten, Erzbischof Michael L. Fitzgerald; Bischof Nicolas als Vertreter der Griechisch-orthodoxen, sowie hohe Würdenträger der protestantischen und anglikanischen Kirche in Ägypten.

Shenouda, sowie die Bischöfe Moussa und Marcos, anwesend. Papst Shenouda selbst nahm nicht teil. Die Oberhirten der beiden koptischen Schwesternkirchen trafen sich allerdings mehrfach im Jahr.

Papst Shenouda II. und Patriarch Naguib

Abb. 124

Gleichwohl gab und gibt es hier und da kleinere Konflikte. So sollen nach allerdings unbestätigten Quellen etwa 80 % der katholischen ägyptischen Nonnen von der Orthodoxie zur Koptisch-katholischen Kirche konvertiert sein. Der Grund lag darin, dass viele koptische Frauen ein Leben als Nonne anstrebten, dabei jedoch nicht in klösterlicher Abgeschiedenheit leben, sondern der Gemeinschaft dienen wollten. Dies aber stand seinerzeit noch im Widerspruch zur orthodoxen Mönchs- und Nonnentradition, die ausschließlich auf das Klosterleben ausgerichtet war. Als die Frauen daher auf Ablehnung ihrer Koptischen -orthodoxen Amtskirche stießen, wechselten sie zur Koptisch-katholischen Kirche. Seit die orthodoxe Kirchenführung dies jedoch toleriert, gibt es kaum noch Übertritte.

Unterschiedlich ist die Haltung zu Israel. 2005 hatte Papst Shenouda III. bei einem Besuch in Jordanien dem christlich-jüdischen Dialog eine klare Absage erteilt. Besuche Israels lehne er ab, solange das Land Jerusalem besetzt halte und lag mit dieser Haltung auf der arabisch-muslimischen Linie. Ungeklärte Immobilienrechte in Jerusalem, die die Koptisch-orthodoxe Kirche beansprucht, aber auch die Betonung nationaler Interessen mögen eine ergänzende Rolle spielen. Patriarch Antonios hingegen nannte gegenüber dem Autor Reisen nach Israel eine „private Entscheidung" und unterschied sich mit dieser konzilianteren Lesart von Shenouda. Überdies helfe der Pilgertourismus indirekt auch den Palästinensern. Die Haltung der Koptisch-katholischen Kirche decke sich mit der Auffassung Roms: Beide Völker, Israelis und die Palästinenser, hätten das Recht auf eine friedvolle, selbstbestimmte Gestaltung ihrer Zukunft. Kritisch hingegen sah er die derzeitige Politik Israels und verurteilte geteilte und widerrechtlich besetzte Gebiete ebenso wie gewaltsame Übergriffe auf die Zivilbevölkerung und willkürliche Zerstörung von Häusern und Eigentum. Er bezeichnete die Ausdehnung israelischer Siedlungen auf palästinensische Gebiete als Aggression und hielt Dialog, Friedfertigkeit, Gebet und einen Friedensvertrag als den einzig Erfolg versprechenden Weg.

Papst Tawadros II. und Patriarch Sedrak
Abb. 125

Unter Papst Shenouda III. gab es keine offizielle Zusammenarbeit der beiden Kirchen, sieht man von einer Gebetswoche für die Einheit der Christen ab, die aber eher als ökumenische „Feigenblattveranstaltung" gedacht war. Nach dem Amtsantritt des neuen Patriarchen, Papst Tawadros, verbesserten sich die Beziehungen. Erstmals umarmten sich beide Kirchenführer. Zahlreiche Projekte der Zusammenarbeit, auch auf lokaler Ebene, so z.B. zwischen koptisch-orthodoxen Mönchen und Franziskanern, fördern das Vertrauen. Die Bedrohung durch muslimische Fanatiker schweißt die Christen offenbar enger zusammen.

Als Oberhaupt der römischen Kirche kam Papst Johannes Paul II. - wie bereits erwähnt - erst auf seiner 90. Auslandsreise im 12. Jahr seines Pontifikats nach Ägypten. Sollte der päpstlichen Reiseabfolge eine Priorität innewohnen, steht Ägypten nicht in hohem Kurs; anderen muslimischen Ländern mit einer katholischen Minderheit wurde weit früher die Ehre eines Papstbesuches zuteil.[237] Das ägyptische Staatsfernsehen übertrug den gesamten Besuch auf einem Kanal.

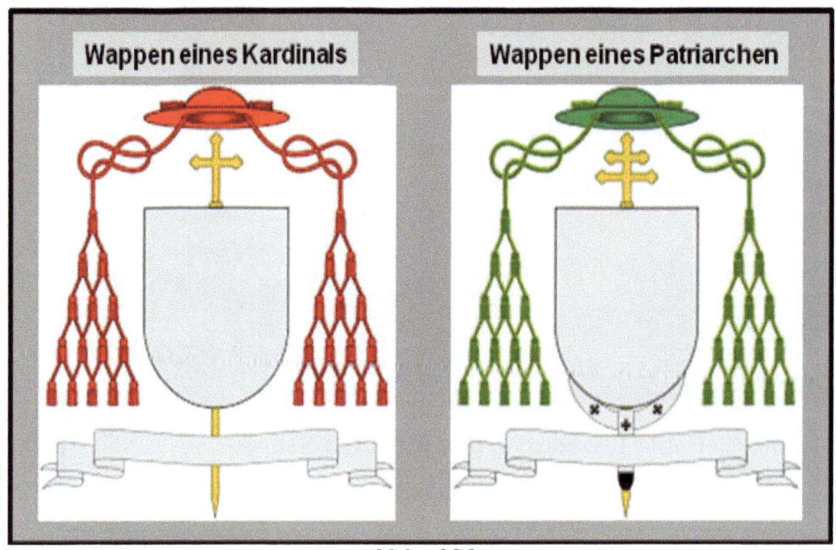
Abb. 126

Ein zweiter Aspekt der Wahrnehmung der Koptisch-katholischen Kirche Ägyptens ist die Kreierung ihrer Patriarchen zum Kardinal. Stephanos I. Sidarouss war das erste Oberhaupt der Koptisch-katholischen Kirche überhaupt, dem der Kardinalspurpur verliehen wurde. Seine Berufung durch Papst Paul VI. erfolgte 1965,

- sieben Jahre nach seiner Wahl zum Patriarchen.

---

[237] Türkei - 1979 (4. Reise); Pakistan - 1981 (9.); Marokko - 1985 (27.); Bangladesch - 1986 (32.); Sudan - 1993 (57.); Tunesien - 1996 (70.), Libanon - 1997 /77.)

- Sein Nachfolger Stephanos II. Ghattas musste 15 Jahre warten und wurde erst 2001, im Alter von 81 Jahren, von Papst Johannes Paul II. zum Kardinal ernannt.
- Patriarch Antonios, der bisher dritte Patriarch von Alexandria, dem das rote Birett verliehen wurde, empfing es im Jahre 2010, vier Jahre nach seinem Amtsantritt.
- Patriarch Sedrak ist bereits seit sechs Jahren im Amt, ohne, dass er bislang in das Kardinalskollegium aufgenommen worden wäre.

Im Durchschnitt sind dies acht Jahre. Sicher - die Erhebung in das römische Kollegium der Purpurträger ist - wie Patriarch Antonios gegenüber dem Autor mit Recht betonte - eine persönliche Auszeichnung, die der alleinigen Entscheidung des Papstes zusteht. Jedoch gibt es Metropolitensitze, die gleichsam einen geschichtlichen „Anspruch" auf den Purpur haben, der in der Regel seitens Rom auch erfüllt wird. So ist die „Wartezeit" der Inhaber traditioneller europäischer Erzbischofsstühle - z. B. Bologna, Köln, Madrid, Paris oder Wien - auf den Purpur zumeist kurz. Bei orientalischen Patriarchen,[238] die Oberhäupter ihrer Kirchen sind, war die Kardinalswürde - solange deren Zahl auf 70 begrenzt war - seltene Ausnahme.[239] Obwohl sich heute deren Gesamtzahl

---

[238] In der römischen Kirche führen die Erzbischöfe von Lissabon und Venedig den Titel eines Patriarchen. Seit 1524 gab es zusätzlich den Ehrentitel „Patriarch von Westindien", der zwischen 1540 und 1920 in der Regel dem Erzbischof von Toledo als Primas von Spanien und Großkaplan des spanischen Heeres übertragen wurde. Seit 1963 ist der Titel jedoch vakant. Allerdings gab es nie eine Diözese mit diesem Namen. Der Titel wurde im Jahre 642 von Papst Theodorus I. verwendet; eine konkrete Bedeutung hatte er aber nicht. Im „Annuario Pontificio", dem Päpstlichen Jahrbuch, wurde er erstmals 1863 genannt.

[239] Die Gesamtzahl des Kardinalskollegiums ist nirgendwo exakt festgelegt. Lange Zeit lag sie traditionsgemäß bei 70. In der Apostolischen Konstitution „Universi Dominici Gregis", die von Papst Johannes Paul II. am 22.02.1996 erlassen wurde, ist die Anzahl der zur Papstwahl Berechtigten, d.h. der unter

mehr als verdreifacht hat, wurden in den fast 140 Jahren zwischen 1880 bis 2018 nur 19 Patriarchen,[240] bzw. ehemalige Patriarchen von neun orientalischen Kirchen zum Kardinal ernannt. Zwar ist das Amt des Patriarchen weit älter als der Titel eines Kardinals und damit höherrangig. Gleichwohl besitzt die Aufnahme in das Kardinalskollegium heute eine nicht zu unterschätzende mediale Signalwirkung, zumal deren Trägern, solange sie jünger als 80 Jahre sind, die Aufgabe obliegt, die Geschäfte der Kirche während einer Sedisvakanz zu führen und danach den neuen Papst zu wählen. Eine häufigere Ernennung von Patriarchen orientalischer Kirchen könnte zumindest dazu beitragen, diese weltweit stärker in Erinnerung zu rufen und damit auch zu stärken.

Die Annäherung zwischen Rom und Koptisch-orthodoxer Kirche geht zwar grundsätzlich nicht zu Lasten der Koptisch-

---

80 -jährigen Kardinäle, in Nr. 33 auf maximal 120 festgelegt. Allerdings hatte Johannes Paul II. diese Zahl selbst mehrfach überschritten.

[240] **Armenische Kirche (2):** Andon Bédros IX Kardinal Hassounian (1809-1884;Kardinal 1880); Grégoire-Boutros XV. Kardinal Agagianian (1895-1971; Kardinal 1946). **Chaldäische Kirche (2):** Emmanuel III. Kardinal Delly (1927-2014: Kardinal 2007); Louis Raphael I. Kardinal Sako (* 1948 ; Kardinal 2018). **Koptisch-katholische Kirche (3):** Stephanos I. Kardinal Sidarouss, CM; Stephanos II. Kardinal Ghattas, CM und Antonios Kardinal Naguib. **Maronitische Kirche (4):** Paul Boutros Kardinal Méouchi (1894-1975; Kardinal 1965); Antoine Boutros Kardinal Khoraiche (1907-1994; Kardinal 1983);Nasrallah Boutros Kardinal Sfeir (* 1920; Kardinal 1994); Béchara Boutros Kardinal Rai (* 1940; Kardinal 2012). **Melkitische Kirche (1):** Maximos IV. Kardinal Sayegh, SMSP, (1878-1967; Kardinal 1965). **Syrisch-katholische Kirche (2):** Ignatius Gabriel I. Kardinal Tappouni (1879-1968; Kardinal 1935); Ignace Moussa I. Kardinal Daoud (1930-2012; Kardinal 2001). **Äthiopische Kirche (2):** Paulos Kardinal Tzadua (1921-2003; Kardinal 1985); Berhaneyesus Demerew Kardinal Souraphiel, CM, (* 1948; Kardinal 2015). **Syro-malankarische Kirche (1):** Baselios Cleemis Kardinal Thottunkal (* 1959; Kardinal 2012). **Syro-malabarische Kirche (2):** Antony Kardinal Padiyara (1921-2000; Kardinal 1988); Varkey Kardinal Vithayathil, CSSR, (1927-2011; Kardinal 2001).

katholischen Seite, da diese in die Zusammenarbeit eingebunden ist. Käme es allerdings irgendwann zu einer Anerkennung des römischen Primats durch die koptische Orthodoxie, so bliebe dies nicht ohne Konsequenzen für das Koptisch-katholische Patriarchat. Eine gewisse Aufwertung der koptischen Katholiken ist jedoch darin zu erkennen, dass 2014 mit Monsignore Yoannis Lahzi Gaid (* 1975) erstmals ein koptischer Priester zu einem der päpstlichen Privatsekretäre nach Rom berufen wurde.

Die mit Rom unierte, Koptisch-katholische Kirche spielt in der Wahrnehmung durch Regierung und Öffentlichkeit kaum eine Rolle. So ist der Name des Koptisch-katholischen Patriarchen in der Öffentlichkeit weitgehend unbekannt, selbst, wenn dieser - wie bisher dreimal - den Kardinalsrang bekleidete. Auch die guten Beziehungen zwischen Kairo und dem Heiligen Stuhl wirken sich auf die Koptisch-katholische Kirche kaum aus. Zwar wird sie offiziell wahrgenommen, jedoch auf einem niedrigen Niveau. So war z.B. Patriarch Naguib dem ägyptischen Präsidenten im ersten Jahr seiner Amtszeit nicht ein einziges Mal begegnet, und es gab auch keinen Antrittsbesuch. Er nahm es seinerzeit mit Gelassenheit, einem Lächeln und Humor: „But I meet him each day through the media".[241] Die Gründe für diese Distanz sind aber nicht im Religiösen zu suchen, sondern liegen verständlicherweise einfach in der „mangelnden Masse" jenem nur etwa 0,3 %-Anteil von Katholiken an der Bevölkerung. Dies drückt sich z.B. auch in „abgemagerter" Repräsentanz bei christlichen Festen und Anlässen aus. So fehlte 2006 bei der Amtseinführung des Koptisch-katholischen Patriarchen Antonios Naguib selbst „die zweite Garnitur" ägyptischer Politiker. Staatspräsident Mubarak ließ sich durch seinen Sekretär und Premierminister Ahmed Nazif (* 1952)

---

[241] „Aber ich sehe ihn täglich im Fernsehen!" Patriarch Antonios am 7. März 2007 auf die Frage des Autors, wann und wie oft er bisher den ägyptischen Präsidenten Mubarak persönlich getroffen hätte.

durch den Umweltminister vertreten. Anwesend waren jedoch die Gouverneure von Kairo, Gizeh und Kalyoubia, sowie einige Mitglieder der damaligen beiden Kammern des ägyptischen Parlaments. Allerdings werden zu Weihnachten und Ostern auch in die katholischen Kirchen muslimische Vertreter entsandt, zumeist die örtlichen Polizeichefs oder hochrangige Militärs, da durch deren Galauniform die Präsenz des Staates besonders ins Auge sticht.

Apostol. Pro-Nuntius | Bischof Philip Negm Chaldäische Kirche | Kardinal Raï, OMM | Staatspräsident As-Sisi | Kardinal Sako (fast verdeckt: Patriarch Sidrak)

Der ägyptische Staatspräsident As-Sisi empfängt eine Delegation katholischer Würdenträger, darunter den maronitischen Patriarchen von Antiochia, Béchara Pierre Kardinal Raï, OMM, den Patriarchen von Babylon der Chaldäisch-katholischen Kirche, Louis Raphaël I. Kardinal Sako am 2. März 2017

Abb. 127

Die Beziehungen der koptisch-katholischen Kirchenführung zu den Repräsentanten der Muslime in Ägypten sind freundlich und von gegenseitigem Respekt geprägt. „Groß-Sheikh Tantawi ist ein guter Mensch", hieß es 2007 im Patriarchat, allerdings mit der Einschränkung, dass auch er in seinem Handeln nicht frei ist vom Einfluss der Öffentlichkeit. Patriarch Naguib beurteilte damals die Beziehungen zwischen Christen und Muslimen verhalten optimistisch. Doch als Grund nannte er die Kontrolle der Regierung und nicht eine Verbesserung im Verhalten der muslimischen Mehrheit. Daran hat sich im vergangenen Jahrzehnt erwartungsgemäß wenig geändert, denn Distanz und Aversionen zwischen verschiedenen Religionen gibt es weltweit. Ägyptische Regierung und muslimische Bevölkerung betrachten die Koptisch-orthodoxe Kirche als einzige Vertretung der ägyptischen Christen und somit als „christliche Nationalkirche" Ägyptens. Durch hochrangige Besuche, wie jenen des römischen Papstes, wird die ägyptische Regierung quasi per Protokoll auf indirektem Wege gezwungen, auch zahlenmäßig kleinere Glaubensgemeinschaften zur Kenntnis zu nehmen.

Bei Begegnungen zwischen Präsident As-Sisi und christlichen Würdenträgern betont dieser stets die wichtige Rolle der Geistlichkeit bei der Bekämpfung religiösen Terrorismus. Papst Tawadros stellte in einem Interview fest:

> *Wir haben gute Beziehungen zur katholischen Kirche, dem Heiligen Vater in Rom und dem katholischen Patriarchen in Ägypten. Wir sind alle Mitglieder im Ägyptischen Rat der Kirchen, in welchem wir gemeinsame Veranstaltungen durchführen. Darüber hinaus bildet der andauernde ökumenische Dialog mit der katholischen Kirche eine Plattform, auf der theologische Fragen erörtert werden, die dem besseren Verständnis zwischen uns dienen."*

Während des Papstbesuches im April 2017 wurde ein „Ökumenisches Gebet" in der koptisch-orthodoxen Kirche St. Peter und Paul in Kairo abgehalten, in der nur wenige Wochen zuvor bei einem Bombenanschlag viele Menschen getötet und verletzt worden waren. Die christlichen Kirchen haben begriffen, dass sie den fanatischen Kräften unter den Muslimen nur dann erfolgreich die Stirn bieten können, wenn sie vereint auftreten.

Daher arbeiten die mit Rom unierten katholischen Kirchen in Ägypten enger zusammen.

Abb. 128

Als z.B. 2015/16 ein „Außerordentliches Heiliges Jahr" begangen wurde, feierten Chaldäische Kirche mit Bischof Philip Negm und Koptisch-katholische Kirche mit Patriarch Sedrak dieses Jubiläumsjahr in Anwesenheit des Apostolischen Pro-Nuntius, Erzbischof Bruno Musarò gemeinsam in der chaldäischen Kirche St. Fatima in Heliopolis.

3.3 Die Koptisch-evangelische Kirche

Die Koptisch-evangelische Kirche verdankt ihr Entstehen der Arbeit von Missionaren der „American Presbyterian Church", die ab 1854 in Ägypten tätig waren. 1863 nahm das erste Theologische Seminar für den Nachwuchs der Geistlichen seine Arbeit mit damals neun Studenten auf; Tadrus Yusuf war der erste ägyptische Pastor, der seine Studien 1871 abschloss. Bis 1927 studierten dort insgesamt 520 Geistliche.

Beispiele evangelischer Kirchenbauten in Kairo

Abb. 129

Im Jahre 1926 wurde die „Evangelical Presbyterian Church of Egypt" selbständig. Es war die evangelische Kirche, welche die erste Grundschule für Mädchen in Ägypten einrichtete. Im Jahre 1970 wurde die erste Pastorin ordiniert. Heute gibt es in Ägypten für die geschätzten 200.000 evangelischen Christen etwa 200 Kirchen und weitere 200 Gebetseinrichtungen, die von 340 Pastoren betreut werden.

Die Koptisch-evangelische Kirche in Ägypten betreibt

- 60 Schulen,
- 3 Krankenhäuser (Kairo, Tanta und Assiut),
- engagiert sich im sozialen Bereich und
- führt das größte Verlagshaus für christliche Bücher und Druckerzeugnisse.

4. Koptisch-orthodoxe Kirchen im Großraum Kairo (Beispiele)

4.1. Alt-Kairo

Seit der römischen Herrschaft existierte auf dem ostwärtigen Nilufer gegenüber der Südspitze der Nilinsel Ar-Rhoda eine Festungsanlage mit dem Namen „Babylon" (بابلون; Bablun), welche später die byzantinischen Statthalter übernahmen. Bereits zu dieser Zeit entstanden dort die ersten koptischen Kirchen. Im 7. Jahrhundert wurde die Festung durch den arabischen Heerführer Amr Ibn Al-´As erobert, der das Gebiet des heutigen Kairoer Stadtteils Al-Fustat zu seiner Residenzstadt erhob und die Stadt ausbaute. Zu seinen Ehren wurde in ihrem Zentrum u.a. die nach ihm benannte Moschee errichtet.[242] Auch die muslimischen Fatimiden-Herrscher lenkten ab dem 10. Jahrhundert ihr Reich von Al-Fustat aus. Die Spitze der koptischen Gemeinde hielt offenbar die räumliche Nähe zur politischen, wenngleich muslimischen, Führung für vorteilhaft, und so verlegte Patriarch Christodulos seinen Sitz im 11. Jahrhundert endgültig von Alexandria nach Kairo.

Heute erstreckt sich Alt-Kairo (auch: Alt-Ägypten - مصر القديمة ; Misr Al-qadima) von der Südgrenze der „Gartenstadt" bis hin zum sog. „Koptischen Viertel". Eingebettet in die Ruinen der römischen Festungsanlage Babylon" ist es geprägt von christlichen Sakralbauten, einem Friedhof, dem koptischen Museum und einer Synagoge. Nach der Überlieferung soll sich die heilige Familie eine Zeitlang dort aufgehalten haben.

---

[242] Es war der erste Moscheebau auf afrikanischen Boden; die heutige Moschee ist allerdings nicht der ursprüngliche Bau, sondern wurde erst 1796 errichtet.

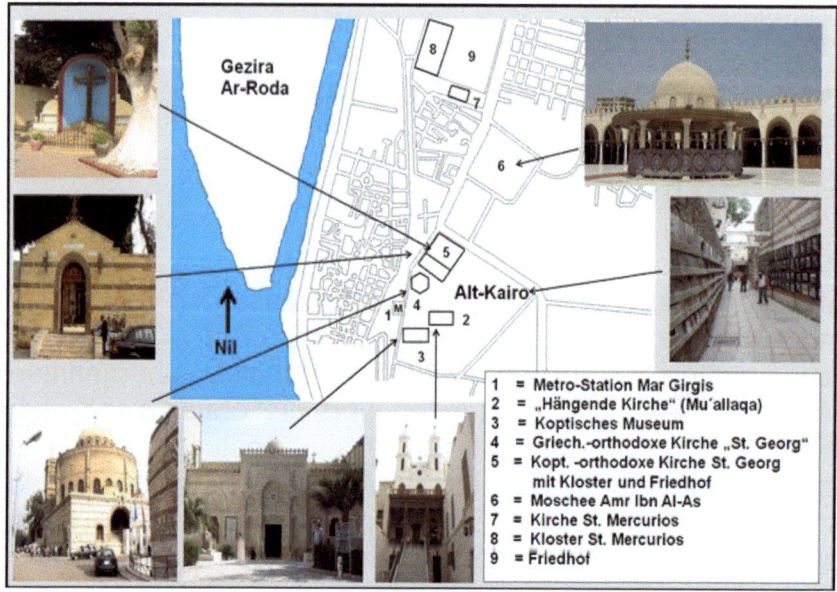
Abb. 130

Heute gibt es aus dieser Zeit im verwinkelten Alt-Kairo folgende Kirchen:

- St. Barbara (koptisch-orthodox),
- St. Elias (koptisch-orthodox),
- St. Georg (koptisch-orthodox),
- Heilige Jungfrau (koptisch-orthodox),
- St. Sergius und St. Bacchus (koptisch-orthodox) und
- St. Georg (griechisch-orthodox).
- Die kleine Synagoge „Ben Azra" ist ein nur winziges Überbleibsel der Jahrtausende alten Bindung des Judentums an Ägypten.

Das koptisch-orthodoxe Kloster St. Georg beherbergt einen Nonnen-Konvent. Auf dem Friedhof befindet sich die der Heiligen Familie geweihte Kirche.

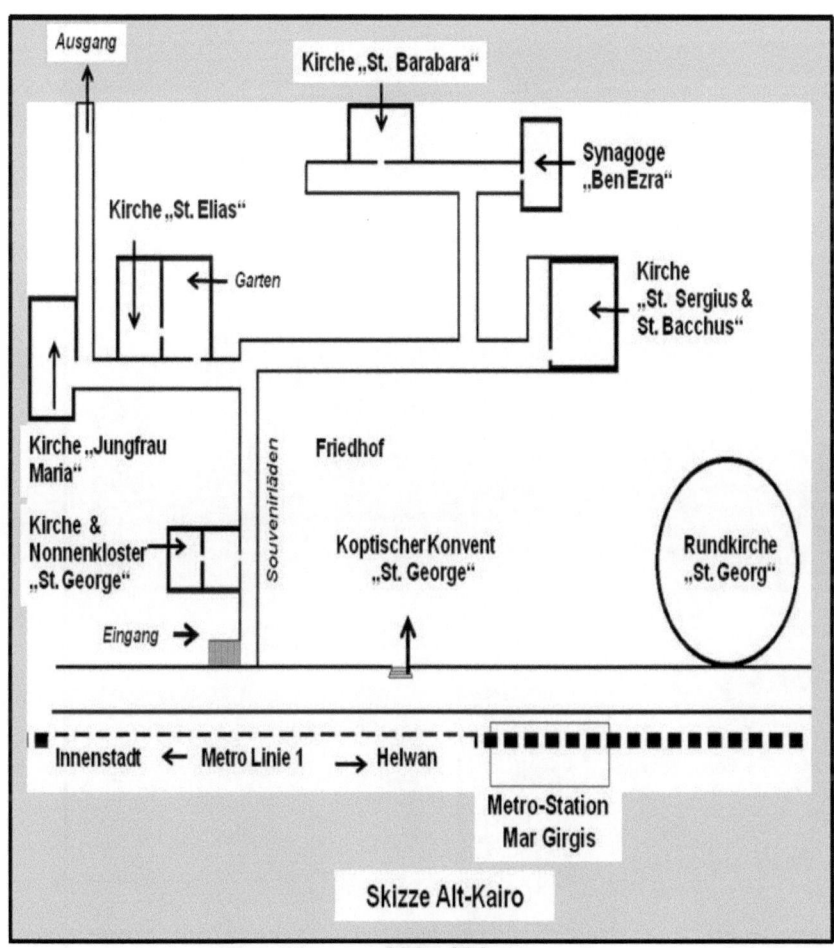

Abb. 131

Koptisch-orthodoxe Kirche „St. Barbara"

Abb. 132

Abb. 133

Abb. 134

Abb. 135

Abb. 136

Abb. 137

Die Rundkirche „St. Georg" ist zugleich die Kathedralkirche des Griechisch-orthodoxen Patriarchen von Alexandria.

Abb. 138

Südlich der Festung Babylon und der Straße „Al-Fustat" befindet sich „Bablun Ad-darag" (بابلون الدرج; Babylon der Stufen). Hier befinden sich - auf den Mauern des gleichnamigen ehemaligen Klosters - drei koptische Kirchen aus dem 7. und 8. Jahrhundert:

- „Jungfrau Maria" (Al-Adra Maryam),[243]
- „Heiliger Prinz Theodor" (Amir Tadrus) und
- „Heiliger Abakir und Johannes" (Abakir und Yuhanna).[244]

---

[243] In dieser Kirche ist der 64. koptische Patriarch Zacharias (1004-1032) beigesetzt.
[244] Abakir wirkte als Arzt, und Johannes war ein ehemaliger Soldat; beide wurden unter Kaiser Diokletian hingerichtet.

Abb. 139

Die drei Kirchen sind von einer hohen Mauer umgeben; nur der Zugang zur Kirche Jungfrau Maria liegt an der Straße, die anderen beiden Kirchen hingegen können nur über den Innenhof betreten werden. Die dreischiffige Kirche des Märtyrers „Prinz (Amir) Tadrus" wurde im 18. Jahrhundert neu erbaut.

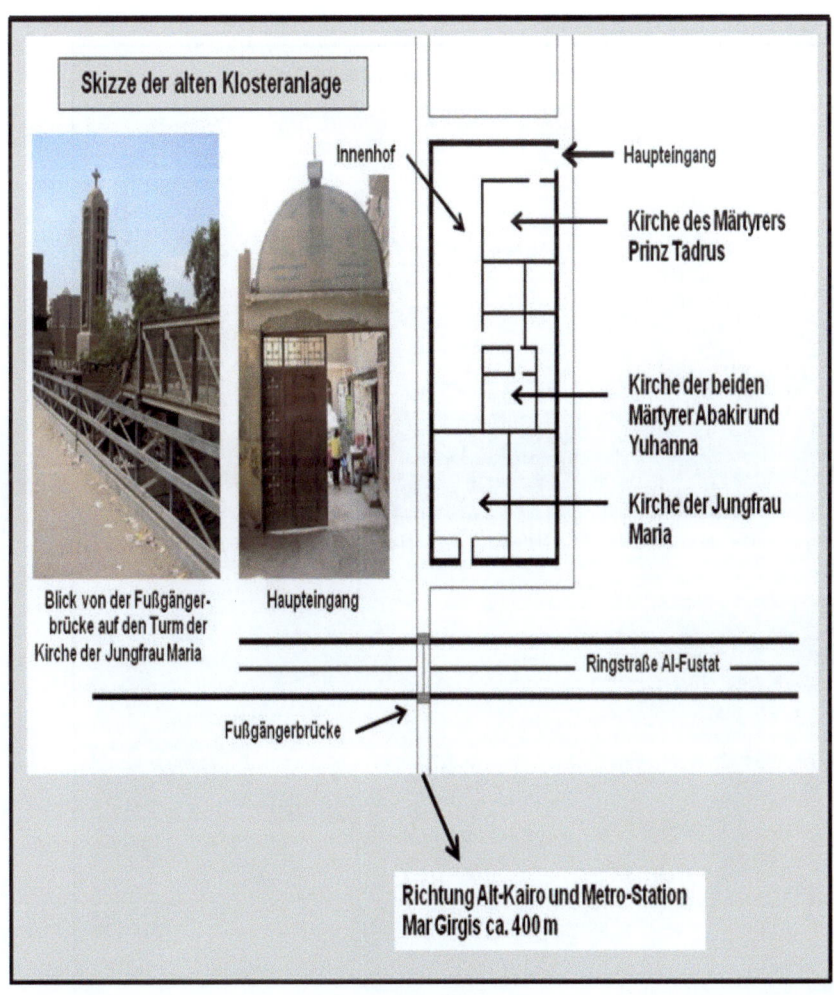

Abb. 140

Abb. 141

Auf der Nilinsel Gezira Ad-Dhahab Baina Al-Bahrain („zwischen zwei Flüssen"), die nur mit einer Fähre zu erreichen ist, überragt der Turm einer koptischen Kirche die beschauliche ländliche Idylle. Sie ist den heiligen Märtyrern St. Georg und Barbara geweiht.

Abb. 142

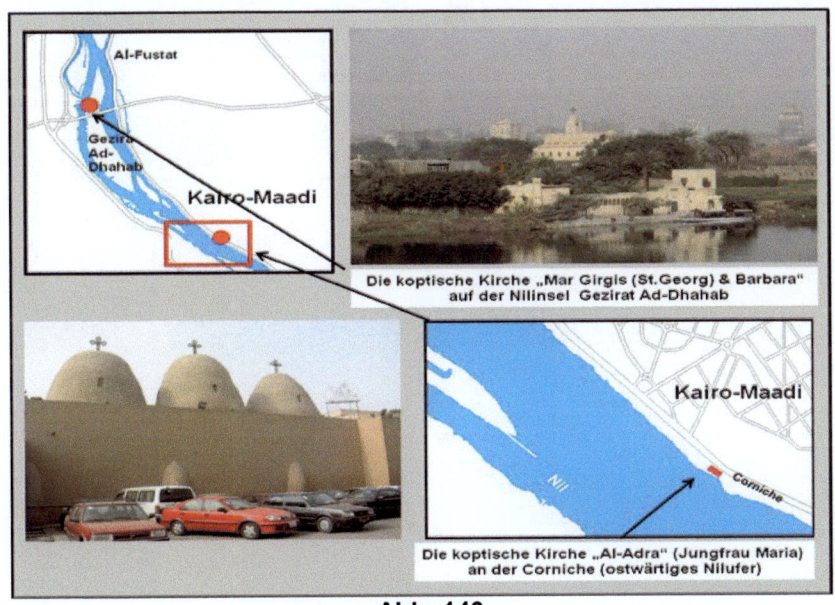

Abb. 143

An der Nilpromenade, der Corniche, im Kairoer Stadtteil Maadi, stechen die drei aus Lehm erbauten Kuppeltürme der Kirche „Al-Adra" (Jungfrau) ins Auge. Der Überlieferung nach soll die heilige Familie hier ebenfalls eine Zeitlang gelebt haben.

Die koptische Kirche „Al-Adra" (Jungfrau Maria) an der Corniche (ostwärtiges Nilufer)

Abb. 144

Abb. 145

Abb. 146

4.1.2 Die Muqattam-Höhlenkirchen

Im Südosten der Metropole am Nil ragt das kahle Plateau der rötlich schimmernden Muqattam-Berge (المقطم) aus der Ebene und überragt die Stadt und selbst die gewaltige Festung der Zitadelle Muhammed Ali Paschas, eines der Wahrzeichen Kairos. Zur Zeit der Pharaonen wurden sie als Steinbruch für Sandstein genutzt. Die Fatimiden-Herrscher ließen dort unzählige Moscheen und Mausoleen bauen, aus denen im Laufe der Zeit eine „Totenstadt" entstand, welche die südöstliche Stadtgrenze zum Muqattam-Plateau bildet, in welcher bis heute Ägypter zur letzten Ruhe gebettet werden. Die vielen Fernmeldemasten auf der Hochebene bilden einen wichtigen Teil der Kommunikationsinfrastruktur Ägyptens.

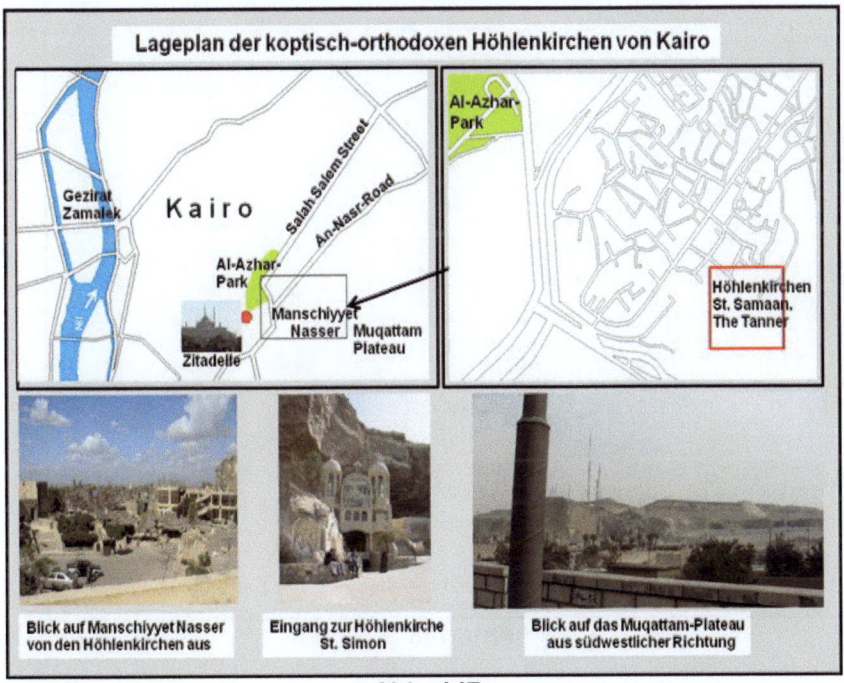

Abb. 147

Die Lücke zwischen Friedhofsmeer und Bergen ist schmal. Ende 1969 erließ der Gouverneur von Kairo eine Verfügung, mit welcher er den Müllsammlern, den sog. „Zabbalin" (زبالين), die bislang überall in der Metropole verstreut lebten, den Raum unterhalb des Muqattam-Plateaus als Siedlung zuwies, wo sie neben dem Sammeln von Abfall auch ungehindert die Muslimen untersagte Haltung von Schweinen ausüben durften. Die koptischen Zabbalin übernehmen seit Generationen nahezu die gesamte Abfuhr der gigantischen Müllberge der Mega-Stadt, die bei etwa 10.000 Tonnen am Tag liegen dürfte - Plastik, Glas, Flaschen, Sperrmüll - und führen es nach einer Vorsortierung meist per Hand der Wiederverwertung zu.

Blick von den Höhlenkirchen auf die Siedlung der Zabbalin

Abb. 148

Im Laufe der Zeit entstand so direkt am Fuße der an manchen Stellen senkrecht emporragenden Felsformationen die nicht sehr ansprechende Siedlung „Manshiyyet Nasr". Zahllose rote, unverputzte, verschachtelte Bausteinbauten - oft der Statik scheinbar widersprechend - wurden zur Unterkunft, in deren Höfen und auf deren Dächern Vieh gehalten wird, und die zugleich als Zwischenlager des verpackten Mülls genutzt werden. Die Zahl der Müllsammler belief sich 1987 auf etwa 15.000 Menschen und dürfte inzwischen auf ca. 60.000 Personen angewachsen sein.

Für die Kopten ist das Muqattam-Plateau ein Wallfahrtsort, wo sie den seit 1.000 Jahren verschollenen Heiligen Samaan (Simon), einen Gerber (oft auch Sattler oder Schuhmacher genannt), um Fürsprache bitten; seine Geschichte während der Regierungszeit des Fatimiden-Herrschers Kalif Al-Muizz und unter Papst Anba Abraham wurde im Kapitel 1.1 skizziert.

Im Jahre 1974 errichteten die Zabbalin eine erste kleine Kirche in der Nähe ihrer ärmlichen Siedlung. Es war ein provisorischer Lehmbau mit einem Dach aus Palmwedeln. Am ersten Gottesdienst sollen nur neun Gläubige teilgenommen haben. Doch als später mit einer Spende aus Finnland eine Sonntagsschule angegliedert wurde, wuchs die Gemeinde. Ebenfalls 1974 wurde eine riesige, bis unter die 17 Meter hohe Decke mit tausenden Tonnen Geröll gefüllte Höhle entdeckt. Ein koptisch-orthodoxer Priester - erstaunlicherweise mit dem gleichen Namen wie jener Heilige Samaan - begann, mit einigen Helfern, den herabgefallenen Schutt und die Felstrümmer auf dem etwa sechs Hektar großen Areal abzuräumen und das Material und den freiwerdenden Raum zu Bau von Kapellen zu verwenden. Später gruben sie sich in die Felsen hinein. Mangels schweren Geräts erfolgte dies ausschließlich mit Muskelkraft. Nach Fertigstellung wurden ein Teil zu einer Versammlungshalle und der andere zu einer Kirche. Da die Höhle nur durch einen schmalen Eingang betreten werden konnte, wurde sie 1991 umgestaltet:

- Im oberen Bereich wurde die „St. Simon-Halle" („St. Simon, the Tanner") eingerichtet, die etwa 2.000 Menschen Platz bietet. Die Wände sind mit Halbreliefs gestaltet, die Bibelszenen darstellen. „Kommt alle zu mir, die ihr mühselig und beladen seid!" (Matthäus 11:28).

- Im unteren Bereich wurde 1993 eine Kirche gebaut, die dem Heiligen Markus, dem Gründer der koptischen Kirche, geweiht ist.

Der Zugang zu größten Höhlenkirche des „Heiligen Simon, des Gerbers", erfolgt über die kleine Kirche St. Bola (Paulus); zwei Kirchtürme und ein übergroßes farbiges Mosaik mit drei Bibelszenen (Kreuzigung, Auferstehung und Himmelfahrt Jesu) bilden den Eingang. Die Kirche der Heiligen Jungfrau und des Heiligen Simon ist halbkreisartig und nach oben ansteigend wie ein Amphitheater angelegt. Ein Teil der Sitzfläche liegt unter dem Felsendach, der größere Teil jedoch unter freiem Himmel. Rechts der Altarwand werden seit 1992 die die Reliquien des heiligen Simon aufbewahrt, die 1991 in der „Hängenden Kirche" in Alt-Kairo entdeckt worden waren; er ist seitdem nicht nur ihr Schutz-, sondern auch ihr „Schutt-Heiliger".

Nach und nach entstanden weitere Kirchen, Kapellen und Versammlungsräume unterschiedlicher Größe, Bauweise und Ausstattung. Heute besteht die Klosteranlage „St. Simon, the Tanner" (القد س سمعان الد باغ ; Al-quds Samaan ad-dabagh) aus:

- Der Höhlenkirche St. Simon, der Gerber und Heilige Jungfrau,
- der Höhlenkirche St. Markus,
- der St. Simon-Halle,
- der Kirche St. Bola (Paulus),

- der Kapelle St. Ibrahim (Anba Abraham-Ibn Zara; der koptische Patriarch zur Zeit des Heiligen Samaan; 1997 als fünfte Kirche eingeweiht),
- einem Krankenhaus,
- einem „Garten der Erinnerung" (Garten Gethsemane) und
- einem Gästehaus.

Es ist die größte Kirchenanlage des Nahen Ostens. An den Wänden der Kirchen und im Außenbereich sind mehr als fünfzig Halbreliefs mit biblischen Szenen aus dem hellen Sandsteinfelsen gehauen und auf Arabisch und Englisch mit dem dazugehörigen Bibelvers versehen.

Abb. 149

Diese Werke wurden von den polnischen Allroundkünstler mit Erfahrung als Bergsteiger Mariusz Dybich (* 1967) geschaffen. Am 18. Juni 1977 besuchte Papst Shenouda III. die Klosteranlage.

Die Kirchen liegen sehr geschützt, denn zum einen wissen die meisten Einwohner Kairos nichts von ihrer Existenz, und zum anderen kann die Anlage nur auf einer schmalen Straße, die durch die übelriechende, verschachtelte Siedlung führt, erreicht werden. Taxifahrer trauen sich selten, und wenn, nur gegen ein kräftiges Aufgeld, dorthin zu fahren - vorbei an stinkenden Müllbergen und an Schweinen, die in dunklen Hinterhöfen und auf den Dächern gehalten werden. Hier fühlen sich die Kopten selbst vor den militantesten Muslimen sicher. Doch dann biegt man durch ein enges Tor, und auf einmal ist man in einer sauberen Welt, ohne Abfall, ohne Plastikflaschen.

Blick von der Umgehungsstraße Salah Salem nach Osten auf das Muqattam-Plateau

Abb. 150

Die koptische Kirche ist nicht nur Ort des Gebets und der Andacht, sowie der Ruhe in der hektischen Großstadt, sondern - ähnlich einer Moschee - auch der soziale und gesellschaftliche Mittelpunkt der Gemeinde. Das stärkt den Gemeinsinn der Gläubigen und lässt vergessen, dass die meisten modernen Kirchenbauten auch in Ägypten in ihrer erdrückenden Betonbauweise keine architektonischen Augenweiden sind.

Blick auf die Kirche St. Bola (Paulus), zugleich Eingang zur Höhlenkirche der Heiligen Jungfrau und des heiligen Simon

Abb. 151

Manche Kirchen mit ihren verschwiegenen Winkeln dienen nicht selten als unverfängliche Treffpunkte für geheime Rendezvous, haben junge Ägypter beiderlei Geschlechts - gleich, ob Muslime oder Christen - doch nahezu keine Möglichkeit, sich ungestört, unbeobachtet und fern von den misstrauischen Blicken der Eltern, Verwandtschaft und von Freunden und Bekannten „en deux" zu treffen.

Heilige Jungfrau und St. Simon - Die größte Höhlenkirche mit ca. 20.000 Sitzplätzen

Abb. 152

Abb. 153

Eingang zur St. Simon-Halle (nach oben) und St. Markus Kirche (nach unten)

Abb. 154

Halle „St. Simon, the Tanner"

Abb. 155

Kirche „St. Ibrahim"

Abb. 156

Die Kirchenanlage ist nur an Wochentagen ein beschaulicher Rückzugsort. An Sonn- und Feiertagen hingegen strömen Tausende dorthin, und selbst die größte der Höhlenkirche kann dann die Masse der Gläubigen kaum noch aufnehmen. Ausgestattet mit modernster Übertragungstechnik finden dort sowohl Gottesdienste als auch Veranstaltungen und Filmvorführungen statt.

Besonders beliebt sind auch die inzwischen traditionellen Gemeinschaftsveranstaltungen am Donnerstagabend, die das ägyptisch-muslimische Wochenende einläuten.

Abb. 157

Einem kleinen Team koptischer Priester obliegt die geistliche Betreuung der Gläubigen:

- Leiter („Qomos")[245] - Vater Samaan Ibrahim (* 1941), der den Bau der Anlage maßgeblich bestimmte,
- Vater Abraam Fahmy (* 1959),
- Vater Boula Shauky (* 1958) und
- Vater Botros Rushdy (* 1965).

Abb. 158

---

[245] Der Titel „Qomos" stammt aus dem Griechischen und wird durch den zuständigen Bischof dem Leiter einer Gruppe von Geistlichen verliehen.

5. Ausblick

Die Koptisch-orthodoxe Kirche hat den Spagat zwischen Bewahrung und Erneuerung erfolgreich bewältigt und kann Ende des zweiten Jahrzehnts des 21. Jahrhunderts mit Genugtuung und Stolz auf ein überaus aktives kirchliches Leben blicken, von dem andere christliche Kirchen, die eher an Auszehrung und unter Beliebigkeit leiden, nur träumen können. Vier Aspekte spielen dabei eine zentrale Rolle:

1. Gelungene Einbindung der Laien,
2. Wahlfreiheit der Priesterschaft hinsichtlich des Zölibats
3. Begeisterung der Jugend
4. Umgang mit der Tradition

Zwar gibt es auch in der Koptisch-orthodoxen Kirche eine Kluft zwischen Klerus und Laien, und diese soll auch nicht nivelliert werden, gleichwohl ist die Einbindung der Laien in innerkirchliche Angelegenheiten, z.B. selbst bei der Wahl eines Patriarchen, sehr stark.

Jeder Geistliche kann zwischen Ehelosigkeit und Familie wählen; entscheidet er sich für den Zölibat, bleibt ihm lediglich der Aufstieg in der kirchlichen Hierarchie verwehrt. Sicherlich ist dies einer der Gründe, weshalb es keinen Priestermangel gibt. Betrachtet man die Lebensläufe koptischer Oberhirten, wie z.B. jenen des in Deutschland residierenden Bischofs Anba Damian, so sticht deren Nähe zum Alltagsleben und den Alltagssorgen ihrer Gläubigen ins Auge. Von Kindesbeinen an wird die junge Generation - spielend, ohne Zwang und Indoktrination - in das kirchliche Leben eingebunden. Eine wichtige Rolle dabei spielt die Förderung des Bildungssektors. Die koptische Kirche beharrt unbeirrbar und mit Stolz auf jenen Traditionen, die sie für unverzichtbar erachtet, um sich andererseits um leichter von solchen Überlieferungen zu trennen, die sie für überholt hält. Zur ersteren Kategorie gehört z.B. die Ablehnung der Ordination von Frauen. Auch in der Liturgiefeier treten sie nur selten in Erscheinung und schon gar nicht - wie häufig in westlichen katholischen Kirchen zu beobachten - als eine Art Ko-Zelebranten am Altar in Jeans Kommunion austeilend. Gerade hier grenzen sich koptische Christen wohltuend von den, sich dem Zeitgeist geradezu anbiedernden westlichen Kirchen ab. Zur zweiten Kategorie gehören zum Beispiel die Zusammenarbeit mit anderen christlichen Kirchen und der Versuch eines zumindest oberflächlich reibungsfreien Umgangs mit den Muslimen. Die tiefverwurzelte strikte Ablehnung der ökumenischen Idee ist konstruktiver, pragmatischer Mitarbeit, wenngleich nicht überschwänglicher Begeisterung gewichen, wobei Chancen und Grenzen offenbar realistischer eingeschätzt werden als in manchen euphorischen evangelischen und katholischen Zirkeln des Westens. Die Umarmungen christlicher und muslimischer Repräsentanten und ihre Appelle zu Toleranz und Friedfertigkeit sind wichtig und unverzichtbar, doch ihre mediale Inszenierung sollte nicht darüber hinwegtäuschen, dass das tiefverwurzelte Misstrauen zwischen Christen und Muslimen durch solche Gesten nicht über Nacht aufgelöst werden kann. Der Blick auf die eigenen Kämpfe und Probleme innerhalb der Christenheit zeigt, welch langer Atem notwendig ist, um Gräben zu überwinden.

Die Machtübernahme durch das Militär unter dem Präsidenten-General As-Sisi war für die gesamte Region, für Ägypten und die koptischen Christen zweifelsohne ein Vorteil und ein wichtiger Schritt hin zu einer Entspannung der Beziehungen. Damit wurden zumindest politische Rahmenbedingungen für ein behutsam tragfähiges Miteinander geschaffen, die zu vorsichtigem Optimismus Anlass geben, wenngleich auch in Zukunft Rückfälle nicht gebannt und verhindert werden. Wie überall auf der Welt lassen sich jahrhundertealte Ressentiments nicht von heute auf morgen abbauen, und somit wird eine latente Bedrohung durch religiös verbrämten Terror in Ägypten, wie auch in vielen anderen Ländern, bleiben. Doch mit seinem harten Kurs gegenüber militanten Muslimen hat Präsident As-Sisi ihnen die Grenzen und Risiken ihres Agierens aufgezeigt. Zugleich setzt er sich durch diesen Konfrontationskurs - ähnlich wie Präsident Sadat - dem hohen Risiko persönlicher Gefährdung aus.

Leider werden diese Fortschritte in Ägypten von den meisten Medien und Politikern im Westen, weil geblendet und berauscht von eigener Demokratie-Verliebtheit und einer pauschalen Ablehnung jeglicher militärisch-autoritärer Einflussnahme in staatliches Handeln, nicht wahrgenommen, nicht gewürdigt und folglich auch nicht gefördert. Den meisten ägyptischen Christen ist wahrscheinlich eine möglichst freie Religionsausübung unter einer Herrschaft des Militärs, die durchaus auch mit Gewalt für innerstaatliche Stabilität sorgt, weit wichtiger als eine an primär westlichen Ideen und Idealen orientierte, aber im Kern instabile Staatsstruktur, bei die gesamte Bandbreite möglicher Grundrechte zwar harmonisch auf dem Papier verankert ist, aber nicht durchgesetzt wird.

Das christliche Erbe Ägyptens hat nahezu zwei, oft bürdevolle Jahrtausende im Kern nicht nur unbeschadet überstanden, sondern kann in ihrer Vitalität heute anderen christlichen Kirchen sogar vorbildgebend sein. Ägyptens lange und stolze Geschichte ruht - wie es die derzeitige Verfassung ausdrückt - auf drei schwergewichtigen Säulen, der

- pharaonischen,
- der islamischen und
- der christlichen Kultur und

bilden eine Einheit, die nicht zerstört werden sollte

Anhang

Die nicht-koptischen Kirchen Ägyptens

Neben
+ Koptisch-orthodoxer,
+ Koptisch-katholischer und
+ Koptisch-evangelischer Kirche

gibt es in Ägypten zahlreiche weitere christliche Glaubensgemeinschaften, von denen einige mit Rom uniert sind, d.h. die Jurisdiktion des römischen Kirchenoberhauptes anerkennen. Die Zahl ihrer Gläubigen ist nicht sehr hoch; meist sind es Auswanderer, die es nach Ägypten verschlagen hat und ausländische Arbeitskräfte. In der ägyptischen Öffentlichkeit führt dieses vielfältige Nebeneinander bisweilen zu Verwirrung. Selbst die renommierte Zeitung „Al-Ahram" kam Anfang 2018 durcheinander, wie die nachstehende Schlagzeile verrät:

**Schlagzeile der Online-Ausgabe der ägyptischen Zeitung „Al-Ahram"
vom 3. Januar 2018**

EL-SISI APPOINTS SYRIAN PATRIARCH YOUSSEF ABSI AS HEAD OF EGYPT'S COPTIC CATHOLIC CHURCH
Absi is now the official representative of Pope Francis in the country.

Übersetzung:
EL-SISI ERNENNT SYRISCHEN PATRIARCHEN YOUSSEF ABSI ZUM OBERHAUPT VON ÄGYPTENS KOPTISCH-KATHOLISCHER KIRCHE
Absi ist nun offizieller Vertreter von Papst Franziskus im Lande.

Abb. 159

Einen Tag später entschuldigte sich die Zeitung, denn tatsächlich ist Patriarch Absi das Oberhaupt der Melkitisch-katholischen Kirche und trat die Nachfolge von Patriarch Gregor III. Laham an.

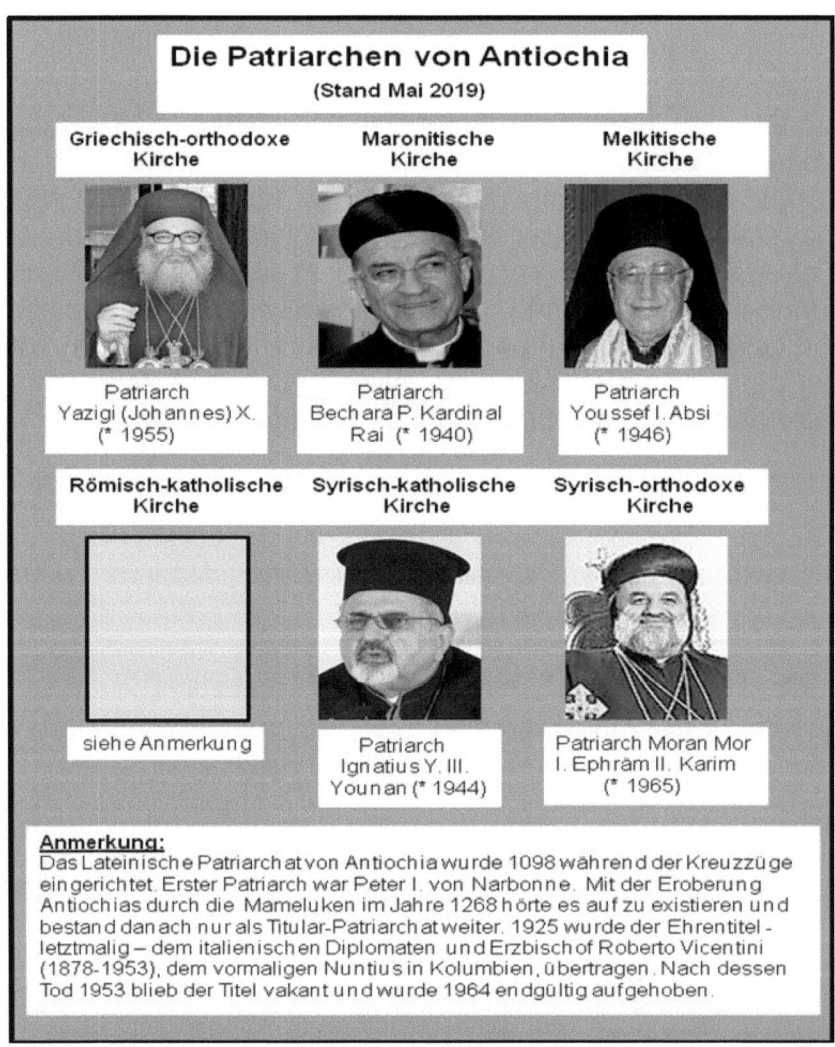

Abb. 160

Hatte bereits der Titel „Patriarch von Alexandria", der von Koptisch-orthodoxer, Koptisch-katholischer und Griechisch-orthodoxer Kirche benutzt wird, zu Verwirrung geführt, so trifft dies in noch stärkerem Maße für die Bezeichnung „Patriarch von Antiochia" zu, denn diese ist sogar in fünf Kirchen zugleich in Gebrauch, der

- Griechisch-orthodoxen,
- Maronitischen,
- Melkitischen,
- Syrisch-katholischen und
- Syrisch-orthodoxen.

Die Anglikanische Gemeinschaft

In Ägypten gehören etwa 40.000 Gläubige zur Anglikanischen Gemeinschaft. Diese Kirchengemeinschaft besteht aus 38 selbständigen Landeskirchen, zu der u.a. die „Church of England" gehört. Sie kennt keine zentralisierte Struktur, allerdings wird der Erzbischof von Canterbury als oberster geistlicher Leiter und „primus inter pares" (Erster unter Gleichen) anerkannt, der jedoch kein Weisungsrecht gegenüber den Landeskirchen besitzt.

Die Kathedrale „All Saints" der Anglikanischen Gemeinschaft auf der Nilinsel Zamalek in Kairo

Abb. 161

Die Ursprünge der „Episkopalkirche von Jerusalem und dem Nahen Osten" gehen auf das Jahr 1841 zurück, als von der anglikanischen „Church of England" und der Evangelischen Kirche in Preußen ein gemeinsames Bistum Jerusalem gegründet wurde, das allerdings 46 Jahre später, 1887, rein anglikanisch wurde. Heute gliedert es sich in 4 Diözesen (Ägypten, Iran, Jerusalem und Zypern mit Golfregion), verteilt über insgesamt 23 Länder.

1819 waren die ersten anglikanischen Missionare nach Ägypten gekommen und hatten in Alexandria 1839 nach Genehmigung durch Mohammed Ali Pascha ihre erste Kirche bauen dürfen. 1878 folgte die erste Kirche in Kairo, die, „All Saints" - Allen Heiligen - gewidmet, durch den Bischof von Jerusalem, Samuel Gobat (1799-1879), geweiht wurde. Nachdem Ägypten 1914 britisches Protektorat geworden war, wuchs die Gemeinde, und die Kirche All Saints wurde schnell zu klein. Im Jahre 1909 errichtete die Gemeinde in der Kairoer Garden City 1909 die Kirche „St. Mary". Sie diente lange Jahre als provisorische Kathedralkirche, nachdem 1920 das Bistum von Ägypten und Sudan gegründet und dem aus Wales stammenden Bischof Llewellyn Gwynne (1863-1957)[246] übertragen wurde. 1938 entstand eine neue, zweite All Saints-Kathedrale am Nilufer im sog. „Maspero-Distrikt", die der Erzbischof von York, Dr. William Temple (1881-1944; ab 1942 Erzbischof von Canterbury) einweihte. Die britische Intervention am Sues-Kanal 1956 wirkte sich auch die anglikanische Gemeinde negativ aus; nur noch vier Geistliche durften in Ägypten bleiben.

Erst unter Präsident Sadat verbesserte sich die Lage. 1974 wurde der Priester Isaaq Musaad (+ 1978) zum ersten ägyptischen Bischof geweiht; er starb bereits nach vier Jahren. Bischof Ghais Abdel Malek (1930-2016) trat 1984 als zweiter Ägypter Musaads Nachfolge an und stand bis 2000 an der Spitze der anglikanischen Gemeinde am Nil. In seiner Amtszeit

---

[246] Er führte die Diözese bis 1946. Ihm folgten die Bischöfe: Geoffrey Allen (1947-1952), Francis Johnston (1952-1958), und Kenneth Cragg (1970-1974).

wurde 1988 auf der Nilinsel Zamalek die neue, nunmehr dritte All Saints-Kathedrale durch Erzbischof Robert A. K. Runcie (1921-2000) von Canterbury eingeweiht. Ihre Dachkonstruktion ist einem Beduinenzelt bzw. einer Lotusblüte nachempfunden. Im Jahre 2000 wurde mit Dr. Mouneer Hanna Anis (* 1951) der dritte Ägypter auf den Bischofsstuhl berufen.

Die Anglikanische Kirche Ägyptens)*		
Zahl der Gläubigen	Ritus	Oberhaupt
40.000	lateinisch	Bischof Muneer Hanna Anis

Anmerkungen: Stand Mai 2019
)* = nicht mit Rom uniert

Abb. 162

Das Armenische Patriarchat

Bereits im 6. Jahrhundert siedelten erstmals Armenier in Ägypten, nahmen aber dort den muslimischen Glauben an. Eine zweite Welle christlicher Armenier wanderte im frühen 19. Jahrhundert nach Ägypten aus. Im Jahre 1878 wurde Nubar Nubarian - Nubar Pascha - (1825-1899) der erste Premierminister Ägyptens und nahm dieses Amt dreimal wahr.[247]

Armenisch-orthodoxe Kirche „St. Gregorios" in Kairo

Abb. 163

---

[247] 1878/79; 1884-1888 und 1894/95

Eine dritte Einwanderungswelle folgte im Zuge der Verfolgung im Osmanischen Reich zu Beginn des 20. Jahrhunderts. Im Jahre 1917 lebten etwa 13.000 Armenier am Nil.

Abb. 164

Unter Nasser wanderten viele Armenier in den Westen aus. Heute bewegt sich die Zahl armenischer Christen in Ägypten bei etwa 6.000; die Mehrheit ist Armenisch-orthodox (Armenisch Apostolische Kirche; auch: Gregorianische Kirche), eine Minderheit gehört der Armenisch-katholischen Kirche an.

In Ägypten gibt es

- fünf armenisch-orthodoxe Kirchen - zwei in Alexandria und drei in Kairo -, sowie
- drei armenisch-katholische Kirchen, zwei in Kairo und eine in Alexandria.

Armenisch-katholische Kirche „St. Theresa" in Heliopolis

Abb. 165

Die Armenisch-orthodoxe Kirche untersteht der Jurisdiktion des „Katholikos aller Armenier"; das Amt des „Hohen Hauses von Cilicia" wird seit 1994 von Katholikos Aram I. Keshishian (* 1947) wahrgenommen; er residiert in Antelias im Libanon.

Die Armenische Kirche			
	Zahl der Gläubigen	Ritus	Oberhaupt
Armenisch-orthodoxe Kirche)*	8.000	armenisch	Katholikos aller Armenier Aram I. Keshishian 
Armenisch-katholische Kirche)**	1.300	armenisch	Katholikos von Cilicia Krikor Bedros XX. Ghabroyan 
			Bischof von Alexandria Kricor-Okosdinos Coussa 

Anmerkungen: Stand Mai 2019
)* = nicht mit Rom uniert
)** = mit Rom uniert

Abb. 166

Die Kirche „Verkündigung" im Zentrum Kairos ist die 1926 eingeweihte Bischofskirche des bereits im Jahre 1885 eingerichteten Armenisch-katholischen Bistums von Alexandria.[248] Bischof Kricor-Okosdinos Coussa (* 1953), der seit 2004 die Diözese leitet, untersteht dem Patriarchat von Cilicia unter Patriarch Grégoire Bedros XX. Ghabroyan (* 1934).

---

[248] An der Spitze der Diözese standen folgende Bischöfe: 1901-1904: Boghos Sabbaghian (1836-1915; ab 1904 Patriarch von Cilicia); 1907-1910: Pietro Kojunian (1857-1937); 1911-1933: Giovanni Couzian (1874-1933); 1933-1960: Jacques Nessimian (1876-1960); 1960-1989: Raphael Bayan (1914-1999); 1989-1999: Boutros Taza Tarmouni (1940-2015; Patriarch von Cilicia). Seit 2004: Kricor-Okosdinos Coussa.

Das Chaldäisch-katholische Patriarchat

Bereits in der zweiten Hälfte des 19. Jahrhunderts waren chaldäische Christen nach Ägypten eingewandert; 1890 lag ihre Zahl bei etwa 600 und blieb seitdem weitgehend unverändert. Im Jahre 1980 wurde für sie die chaldäische Diözese[249] Kairo eingerichtet. Die Kathedralkirche „St. Fatima" liegt in Heliopolis und wurde 1951 durch den Patriarchalvikar Emmanuel Rassam zu Ehren der Marienerscheinungen von 1917 in Fatima eingeweiht. An der Spitze der Diözese steht seit 2010 Bischof Philip B. Negm, der nach dem Tod von Bischof Sarraf im Jahre 2009 die Gemeinde als Patriarchalvikar geleitet hatte.

Die chaldäische Kathedralkirche „St. Fatima" in Heliopolis

Abb. 167

---

[249] An der Spitze der Diözese standen folgende Bischöfe: 1964/1980-1984: Ephrem Bédé (1916-1984); 1984-2009: Youssef Ibrahim Sarraf (1940-2009).

Die Kathedralkirche wurde 1993 in den Rang einer Basilika erhoben.

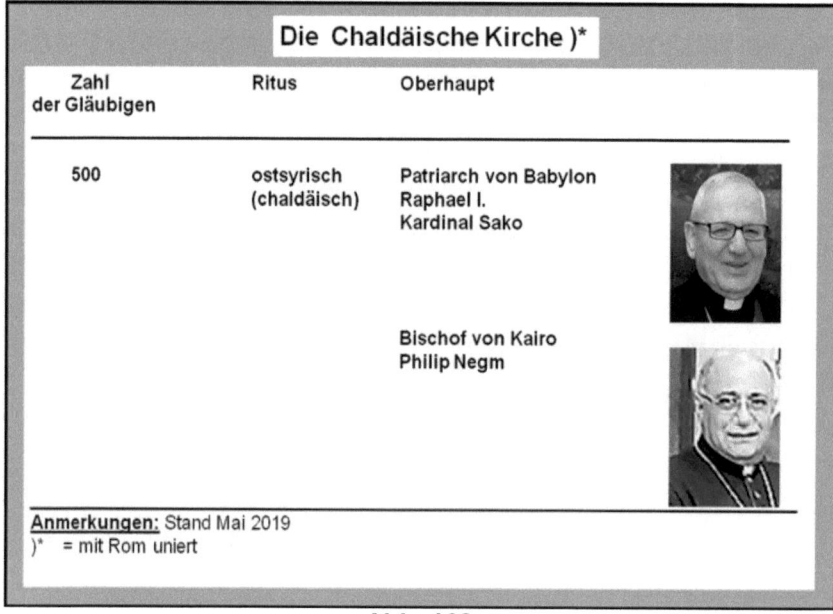

Abb. 168

Das Griechisch-orthodoxe Patriarchat von Alexandria und ganz Afrika

Die Geschichte des Griechisch-orthodoxen Patriarchats von Alexandria geht zurück ins 5. Jahrhundert, als eine zahlenmäßig kleine Gruppe - im Gegensatz zur Mehrheit der koptischen Kirche von Alexandria - die Beschlüsse des Konzils von Chalkedon anerkannte. Da sie dem oströmischen Kaiser in Konstantinopel loyal ergeben waren, die Gemeinschaft mit dem Ökumenischen Patriarchen von Konstantinopel bewahrten und die griechische Sprache als Liturgiesprache benutzten, wurden sie zu einer isolierten Minderheit. Heute gehören etwa 300.000 Gläubige der Griechisch-orthodoxen Kirche von Alexandria an; ihr „Aushängeschild" ist das Kloster „St. Katharina" auf der Sinai-Halbinsel. Geistliches Oberhaupt ist seit 2004 Patriarch Theodoros II. (* 1954).

Amtssitz des Griechisch-orthodoxen Patriarchen von Alexandria in Kairo

Abb. 169

Abb. 170

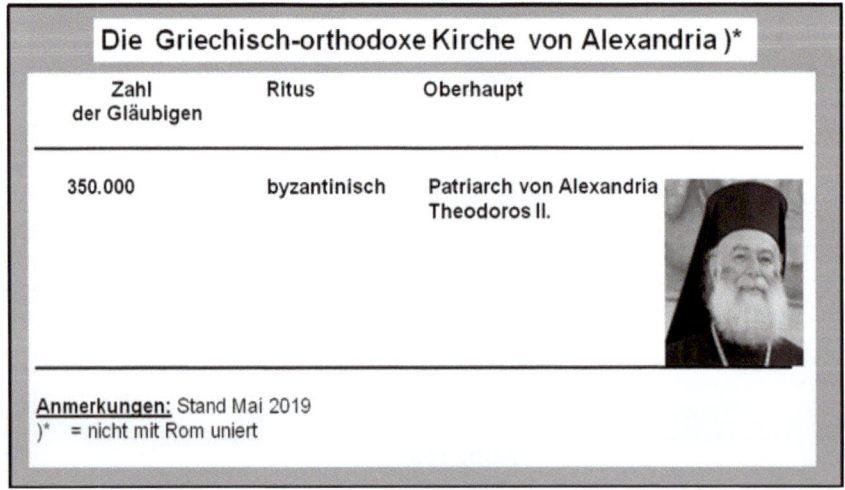

Abb. 171

Abb. 172

Das Maronitische Patriarchat

Die Syrisch-maronitische Kirche von Antiochia führt ihre Gründung auf den syrischen Mönch Maron (687-707) zurück, der zugleich ihr erstes Oberhaupt wurde. Bereits Ende des 16. Jahrhunderts erkannte sie die Oberhoheit des römischen Papstes an und steht seither in Gemeinschaft mit der katholischen Kirche. Die Maroniten sind eine der größten und ältesten Religionsgemeinschaften im Nahen Osten. Kirchensprache ist das Westsyrische, ein aramäischer Dialekt. Priester dürfen heiraten; der Zölibat wird nur von jenen Geistlichen verlangt, die bei der Weihe noch ledig sind.

Maronitische Kirche „St. Joseph" in Kairo Bab-As-Shiriya

Abb. 173

Bereits im 17.Jahrhundert siedelten maronitische Kaufleute in Ägypten, und im Jahre 1639 besuchte der maronitische Patriarch von Antiochia, George Omeira (1570?-1644), seine kleine Gemeinde am Nil.

Die Maronitische Kirche)*		
Zahl der Gläubigen	Ritus	Oberhaupt
5.000	west-syrisch (antiochenisch)	Patriarch von Antiochia Bechara Boutros Kardinal Raï, OMM 
		Bischof von Kairo Georges Chihane 

Anmerkungen: Stand Mai 2019
)* = mit Rom uniert

Abb. 174

Im Jahre 1904 wurde das maronitische Patriarchalvikariat in Ägypten eingerichtet und 1946 von Papst Pius XII. zum Bistum erhoben. Zur maronitischen Diözese[250] von Kairo gehören lediglich etwa 5.000 Gläubige in insgesamt sieben Gemeinden. Die Kathedralkirche des maronitischen Bischofs Georges Chihane (* 1953) ist die schneeweiße, kleine Kirche „St. Joseph" in Kairo. Oberhaupt ist der Patriarch von Antiochia und des ganzen Orients mit Sitz im libanesischen Kloster Bkerké am nördlichen Stadtrand von Beirut.

---

[250] Patriarchalvikare: 1906-1920: Joseph Darìan; 1928-1943; Emmanuel Fares. An der Spitze des Bistums standen folgende Bischöfe: 1946-1965: Pietro Dib (1881-1965); 1972-1989: Joseph Merhi, CML (1912-2006); 1989-2005: Joseph Dergham (1930-2015; 2005-2012: Francois Eid, OMM (* 1943); seit 2012: Georges Chihane.

Das Melkitisch-griechische Patriarchat

Der Name ist vom Arabischen Wort „Maliki" (ملكي ; königlich) abgeleitet und wurde ursprünglich als abfällige Bezeichnung für all jene orthodoxe Christen benutzt, welche die Autorität des Konzils von Chalkedon und damit zugleich jene des byzantinischen Kaisers anerkannten. Sie zelebrieren den byzantinischen Ritus. Bereits im Jahre 1724 unterstellten sie sich dem Primat des römischen Oberhauptes und sind seither mit der römischen Kirche vereint.

	Die Melkitisch-griechische Kirche)*	
Zahl der Gläubigen	Ritus	Oberhaupt
9.000	byzantinisch	Patriarch von Antiochia Youssef I. Absi 
		Patriarchalvikar von Alexandria George Michel Bakar 

Anmerkungen: Stand Mai 2019
)* = mit Rom uniert

Abb. 175

Im Jahre 1771 wurde dem melkitischen Patriarchen von Antiochia, Theodosius V. Dahan (1698-1788), der seit 1761 die Gemeinde führte, von Papst Clemens XIV. mit dem Titel

„Päpstlicher Administrator für Alexandria" zugleich die Aufgabe der seelsorgerischen Betreuung der in Ägypten lebenden Gläubigen des melkitischen Ritus übertragen. Fast sieben Jahrzehnte später, 1838, wurde dann auch der Patriarchentitel entsprechend erweitert und lautete fortan „Patriarch von Antiochia, dem gesamten Osten, Alexandria und Jerusalem".

Abb. 176

Abb. 177

Alexandria wurde als Teil dieses Zuständigkeitsbereiches in den Rang eines Erzbistums („Erz-Epachie") erhoben und einem Patriarchalvikar[251] übertragen. Erzbischof George Michel Bakar (* 1946) steht der Gemeinde seit 2008 vor. Das Patriarchat ist in Nr. 6 Rue Al-Daher in Kairo, die Kathedralkirche „Himmelfahrt (Entschlafung) Mariens" (Dormition of Mary) jedoch in Alexandria. Die Zahl der Gläubigen liegt bei etwa 9.000.

---

[251] Das Amt des Patriarchalvikars übten seit Beginn des 20. Jahrhunderts aus: 1903-1919: Pierre-Macario Saba (1873-1943); 1920-1921: Etienne Soukkarie (1868-1921); 1922-1928: Anthony Farage (1885-1963); 1932-1954: Dionysios Kfoury (1879-1965); 1954-1968: Elias Zoghby (1912-2008); 1968-2001: Paul Antaki (1927-2011); 2001-2008: Joseph Jules Zerey (* 1941); seit 2008: Georges Bakar.

Protestantische Kirchen

Die Protestantischen Kirchen Ägyptens (Protestant Churches of Egypt-PCE) umfassen heute 16 unterschiedliche Glaubensrichtungen, von denen die „Presbyterian Synod of the Nile of the Evangelical Church of Egypt", die 1958 eigenständig wurde, die größte ist. Die Evangelische Kirche Ägyptens ist seit 1863 Mitglied im „World Council of Churches" (WCC) und seit 1974 im „Middle East Council of Churches" (MECC); sie arbeitet eng mit der Koptisch-orthodoxen und den verschiedenen mit Rom unierten Kirchen des Landes zusammen.

Gemeindezentrum der Adventisten im Zentrum Kairos

Abb. 178

Die Zahl protestantischer Christen in Ägypten liegt bei etwa 300.000 Gläubigen; die größten Gemeinschaften sind:

- Evangelische Presbyterianische Kirche von Ägypten (الكنيسه الانجيليه; Al-Kanisa Al-Engileyya - („Synode vom Nil"),
- Versammlungen Gottes (Assemblies of God),
- Methodisten,

- Christliche Brüder,
- Episkopalkirche in Jerusalem und dem Nahen Osten,
- Pfingstgemeinden,
- Adventisten und
- Baptisten.

Die Aufgabe der Repräsentation nach außen ist einem Generalsekretär anvertraut.

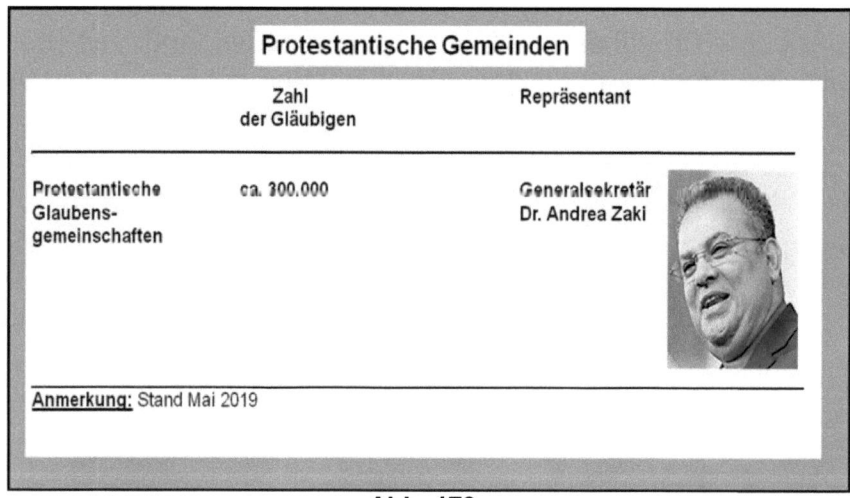

Abb. 179

Die Römisch-katholische Kirche

Der erste Versuch von Papst Innozenz III., im Jahre 1215 ein eigenes, „Lateinisches" Patriarchat von Alexandria" zu installieren, war bereits im stadium nascendi gescheitert, bedeutete er doch, dass die koptische Kirche nach über siebenhundert Jahren der Eigenständigkeit die römische Jurisdiktion hätte anerkennen müssen.

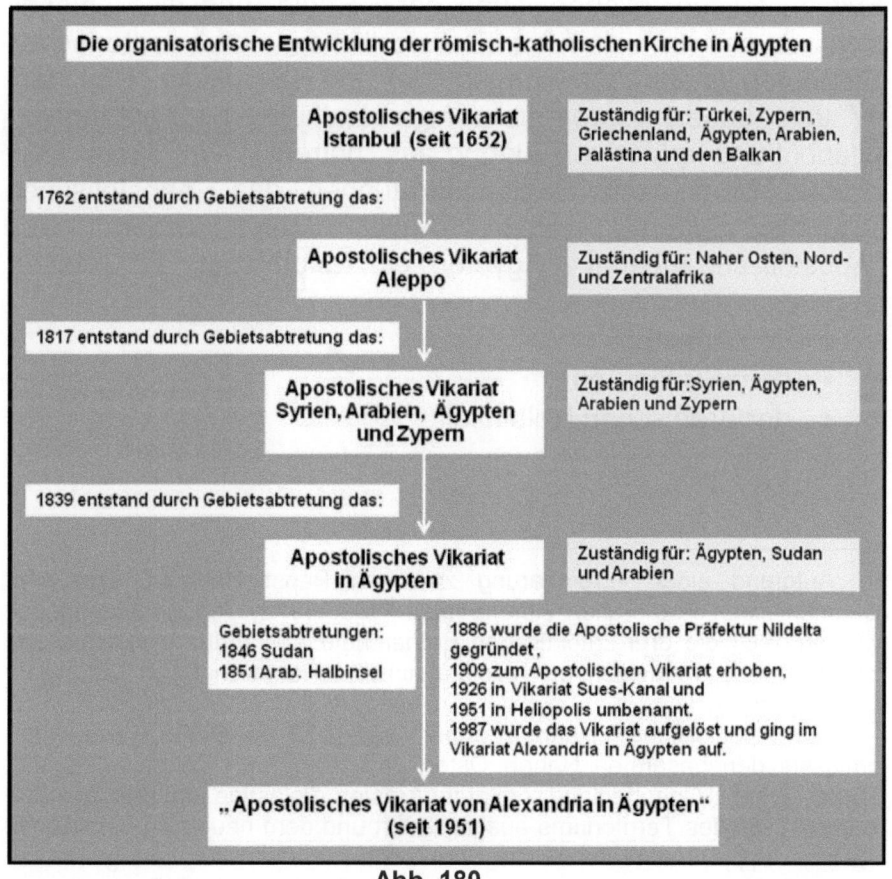

Abb. 180

Formaliter wurde es zwar bis Mitte des 20. Jahrhunderts geführt, aber lediglich als Titular-Patriarchat, von dessen Titelinhabern wohl kaum einer den Nil je nie gesehen hatte. Überdies lag die ihm zugeordnete Kathedralkirche die Basilika „St. Paul vor den Mauern" in Rom. Der letzte Inhaber des Titels war der italienische Kapuziner, Erzbischof Luca Ermenegildo Pasetto, OFMCap., (1871-1954). Nach dessen Tod blieb das Patriarchat zehn Jahre vakant und wurde dann aufgelöst.[252]

Die Bemühungen der römisch-katholischen Kirche, in Ägypten Fuß zu fassen, blieben lange ohne Erfolg, und dies spiegelt sich auch in den unübersichtlichen organisatorischen Strukturen (siehe Abbildungen 180 und 181) wider. Seit dem 17. Jahrhundert wurden die wenigen Katholiken in Ägypten von Istanbul und später von Aleppo aus „betreut".[253] Im Jahre 1839 richtete Rom nach Gebietsabtretungen des „Apostolischen Vikariats Syrien, Arabien, Ägypten und Zypern" das „Apostolische Vikariat in Ägypten" ein. Es umfasste die Gebiete

- von Ägypten,
- dem Sudan und
- der Arabischen Halbinsel.

---

[252] Aufgrund einer Vereinbarung zwischen Papst Paul VI. und dem Ökumenischen Patriarchen Athenagoras (1886-1972) von Konstantinopel, wurden 1964 die drei Lateinischen Patriarchate Alexandria, Antiochia und Konstantinopel aufgelöst; nur das Lateinische Patriarchat von Jerusalem blieb bestehen.

[253] Das „Apostolische Vikariat Istanbul" war 1652 gegründet worden und umfasste den gesamten Nahen Osten und Nord- und Zentralafrika, d.h. Türkei, Zypern, Griechenland, Ägypten, Arabien, Palästina und Balkan. 1762 wurden Teile des Territoriums ausgegliedert und dem neuen „Apostolischen Vikariat Aleppo" zugeordnet, das nunmehr nur noch für den gesamten Nahen Osten und Nord- und Zentralafrika zuständig war. 1817 gab Aleppo seinerseits Teile seines bisherigen Bereiches ab, aus dem das „Apostolische Vikariat Syrien, Arabien, Ägypten und Arabien" gebildet wurde.

Doch der Zuständigkeitsbereich erwies sich als zu groß, und so wurden 1846 die Gebiete südlich von Ägypten und fünf Jahre später, 1851, die Arabische Halbinsel abgetrennt und für diese eigene Vikariate eingerichtet. Erst 1839 schuf Rom für Ägypten ein eigenes Apostolisches Vikariat.

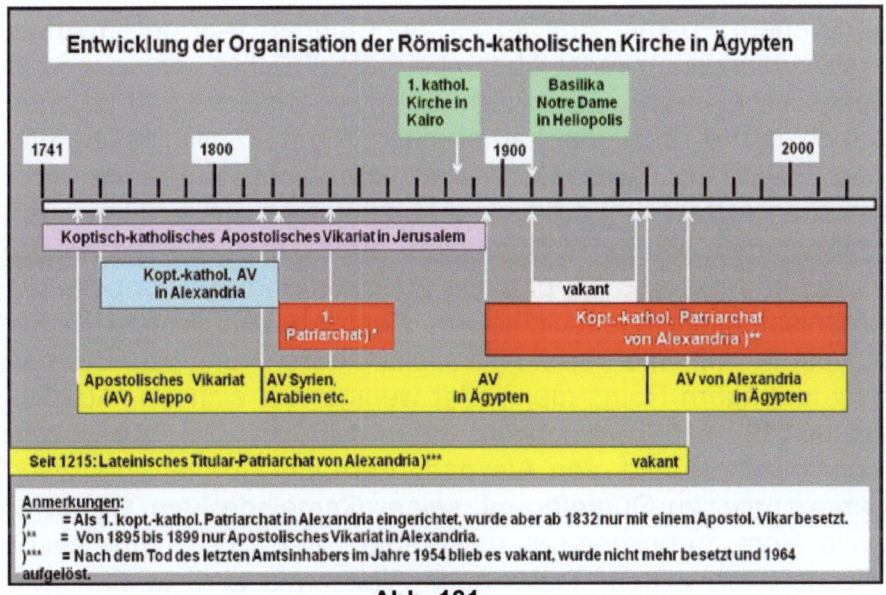

Abb. 181

Erster Vikar war der Franziskanerpater Perpetuo Guasco, OFM Obs., (1803-1859), der 1839 zum Bischof geweiht, zwanzig Jahre lang, bis zu seinem Tode 1859 in Kairo residierte und gleichzeitig für Syrien, Arabien und Zypern zuständig war. Die Organisation wurde danach mehrfach umgestellt, so wurden 1886 aus Teilen des Vikariats von Alexandria die beiden Apostolischen Präfekturen (später Vikariate)

- „Nildelta" und

- „Heliopolis"[254]

gebildet, die ein Jahrhundert lang bestanden.

Seit Jahrzehnten missionierten vor allem die Franziskaner, standen aber gegen Muslime und orthodoxe Kopten auf nahezu verlorenem Posten. Erst im 18. Jahrhundert trug deren Arbeit erste, wenngleich recht überschaubare Früchte, als vereinzelt koptische Christen, deren Zahl bei geschätzten 2.500 gelegen haben dürfte, sich der katholischen Kirche anschlossen und den Papst als ihren Oberhirten anerkannten. Wegen ihrer geringen Anzahl führte dies jedoch zu keinen organisatorischen Maßnahmen, wie einer Gemeinde- oder gar Bistumsgründung. Zwischen Mitte des 18. und des 20. Jahrhunderts dümpelte die organisatorische Geschichte der Koptisch-katholischen Kirche Ägyptens mit mehreren Parallelstrukturen und zahlreichen Würdenträgern Roms mehr oder weniger vor sich hin. Agapios Bishai (1831-1887) wurde im Jahre 1866 mit 35 Jahren zum Apostolischen Vikar von Alexandria ernannt. Als es aber zwölf Jahre später zu Querelen mit seiner Gemeinde kam, wurde er nach Rom zurückberufen und kehrte erst 1887 - nur sechs Wochen vor seinem Tod - nach Alexandria zurück. Während seiner Abwesenheit wurde er von dem Apostolischen Visitator Antonio Morco vertreten, der allerdings weder Ägypter noch Bischof war. Die im 19. Jahrhundert enger gewordenen wirtschaftlichen Bindungen[255] zogen auch viele Europäer an den

---

[254] 1980 bestand das Vikariat aus 5 Pfarreien mit 70 Priestern und 1.600 Katholiken; die Kathedrale war „Notre Dame" in Heliopolis.

[255] Ägypten stand vom 19. bis Mitte des 20. Jahrhunderts sowohl unter französischem als unter britischem Einfluss. Da der Sues-Kanal für Englands Kolonien in Asien strategische Bedeutung besaß, drängte es Frankreich Zug um Zug zurück. 1875 übernahm London alle Sues-Kanal-Aktien. 1882 besetzten britische Truppen Ägypten und machten es zu einem Teil des britischen Empires. Zwar wurde Ägypten 1922 als Königreich formal unabhängig, erreichte jedoch seine volle Souveränität erst 1956 unter Nasser.

Nil. Um deren kulturelle und religiöse Bedürfnisse zu erfüllen, wurden in Kairo nicht nur ein Opernhaus, sondern auch Kirchen gebaut.

Abb. 182

Nachdem der Statthalter der Hohen Pforte, Sherif Ismail Pascha, dem italienischen Missionar Daniele Comboni, FSCJ, (1831-1881)[256] Land verkauft hatte, wurde im Zentrum der Hauptstadt die erste römisch-katholische Kirche auf afrikanischem Boden erbaut[257] und 1884 dem „Herzen Jesu" (Coeur de Jesu) geweiht. Der belgische Unternehmer Edouard Louis J. Empain (1852-1929)[258] ließ in der im Nordosten Kairos gelegenen neuen Stadt Heliopolis 1910 den Grundstein der Kirche „Notre

---

[256] Comboni wurde am 15. März 1831 in Limone am Gardasee (Italien) als Sohn einer Bauernfamilie - er war das vierte von insgesamt 8 Kindern, von denen die meisten im frühen Kindesalter starben - geboren, die im Dienst eines Gutsherrn stand. 1854 wurde er zum Priester geweiht und ging drei Jahre später als Missionar nach Afrika. 1877 wurde er zum Apostolischen Vikar von Zentralafrika ernannt und zum Bischof geweiht. Er gründete die „Comboni-Missionare vom Herzen Jesu" (FSCJ) und starb 1881 mit nur 50 Jahren in Khartum. 2003 wurde er heiliggesprochen.

[257] 1927 wurde sie zerstört und 1930 wieder aufgebaut.

[258] Baron Empain reiste 1904 nach Ägypten, als er eine von seinem Unternehmen gebaute Eisenbahnstrecke inspizierte und blieb danach im Lande. 1906 gründete er die „Cairo Electric Railways and Heliopolis Oases Company", kaufte einen Landstrich nordöstlich von Kairo und stampfte dort als Hauptunternehmer eine moderne Stadt aus der Wüste, der er den

Dame" legen, die 1914 sogar eine Orgel erhielt, ein Instrument, das in der orientalischen Kirchenmusik keine Tradition hat. In den 1920er Jahren war „Notre Dame" die Kathedrale des 1886 eingerichteten „Apostolischen Präfekten für das Nildelta", der dem „Apostolischen Vikariat Alexandria in Ägypten" vorstand. Die Kirche behielt den Status als eine von nunmehr zwei Kon-Kathedralen des Vikariats. Am 6. April 1993 erhob Papst Johannes Paul II. die Kirche in den Rang einer „Basilica minor".

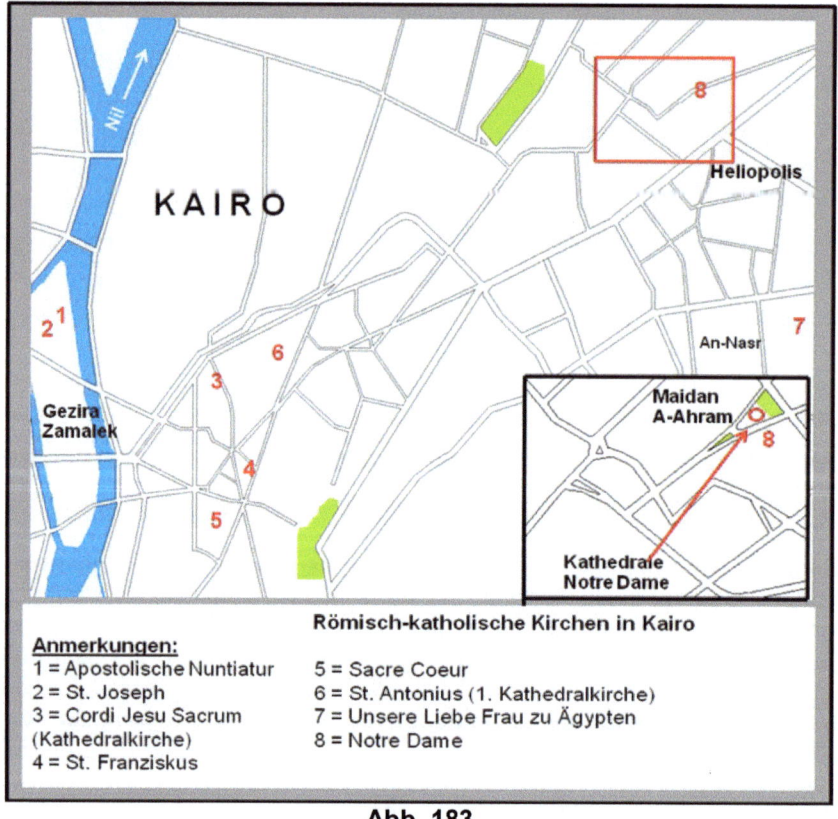

Abb. 183

Namen „Heliopolis" gab. Empain fand in der Gruft der Basilika „Notre Dame" in Heliopolis seine letzte Ruhestätte.

Abb. 184

Später folgten weitere römisch-katholische Kirchen, wie

- „St. Antonius zu Padua" (Abd Al-Monein - Zaher), die zu Beginn des 20. Jahrhunderts zur ersten Kathedralkirche des neuen Koptisch-katholischen Patriarchen ausgewählt wurde,
- die Basilika „Notre Dame" 1911 in der Kairoer Vorstadt Heliopolis, und vier, zwischen 1919 und 1929 im Zentrum der Hauptstadt erbaute Kirchen
- „St. Franziskus",
- „St. Joseph",

- „St. Markus"[259] und
- „Monte Carmelo".

Wegen der gesunkenen Zahl der Gläubigen wurde das „Apostolische Vikariat Heliopolis" in Ägypten 1987 in das „Apostolische Vikariat Alexandria in Ägypten" eingegliedert, das 1951 in „Apostolisches Vikariat von Alexandria in Ägypten" umbenannt worden war. Mit Bischof Adel Zaky, OFM, (* 1947) wurde 2009 erstmals ein Ägypter in dieses Amt berufen; er residiert in Alexandria (10, rue Sidi Al-Metwalli).

Römisch-katholische Kirche in Ägypten		
Zahl der Gläubigen	Ritus	Oberhaupt
8.000	lateinisch	Apostolischer Vikar von Alexandria Bischof Adel Zaky, OFM

Abb. 185

---

[259] Nicht zu verwechseln mit der koptisch-orthodoxen Kathedralkirche St. Markus in Kairo-Abbesiya, dem Sitz des koptischen Papstes und der ebenfalls koptisch-orthodoxen St. Markus-Kirche in Kairo-Abidin.

Abb. 186

Abb. 187

Abb. 188

Abb. 189

Abb. 190

Abb. 191

Abb. 192

Abb. 193

Das Syrisch-katholische Patriarchat

Ende des 17. Jahrhunderts gab es in der Stadt Aleppo erste Versuche einer Rückkehr der syrischen Christen zur Gemeinschaft mit der römischen Kirche, als der dortige Bischof Ignatius Andrew Akijan (1622-1677), der als junger Geistlicher drei Jahre in Rom studiert hatte, die Jurisdiktion des römischen Papstes anerkannte. Doch dieser Schritt hatte - trotz gewisser Unterstützung durch die Obrigkeit des Osmanischen Reiches, dem diese Dispute im Grunde gleichgültig waren - nicht die erhoffte Breitenwirkung, zumal er auf den erbitterten Widerstand der syrisch-orthodoxen Geistlichkeit stieß. Sein Nachfolger, Mar Ignatius Gregor Boutros VI. Shahbaddin (1641–1702) wurde inhaftiert und starb. Erst acht Jahrzehnte später, 1783, wurde unter Patriarch Ignatius Michael III. Jarweh (1731-1800) die Gemeinschaft mit Rom erreicht und 1830 erkannte die Hohe Pforte in Istanbul das Syrisch-katholische Patriarchat offiziell an. Mit heute weltweit geschätzten etwa 200.000 Gläubigen ist die Syrisch-katholische Kirche allerdings zahlenmäßig weit schwächer als ihre Syrisch-orthodoxe Schwesternkirche, zu der sich etwa 2 Millionen bekennen.

Das Syrisch-katholische Bistum von Kairo[260] wurde 1965 von Papst Paul VI. gegründet und untersteht dem Syrisch-katholischen Patriarchen von Antiochia. Die Liturgie wird im antiochenischen Ritus in aramäischer Sprache gefeiert. Die meisten der etwa 500 Gläubigen sind Nachkommen von Einwanderern, die im 17. Jahrhundert nach Ägypten kamen. Ihre ersten Kirchen sind schon lange aufgegeben und zerfallen.

---

[260] Das Bistum wurde von folgenden Bischöfen geführt: 1965-1977: Basile Pierre Habra (1899-1977); 1977-1994: Moussa Daoud (1930-2012; 2001 Kardinal); seit 1995: Clément-Joseph Hannouche.

Der ägyptische Bischof Clément-Joseph Hannouche (* 1950) steht der Gemeinde seit 1995 vor. Seine Kathedralkirche in Kairo-Daher „Heiliger Rosenkranz" ist die älteste der drei syrischen Kirchen in Ägypten.[261]

Die Syrisch-katholische Kirche des „Heiligen Rosenkranzes" in Kairo-Daher

Abb. 194

Sie wurde 1904 erbaut und danach mehrfach erweitert, letztmalig den 1970er Jahren während der Amtszeit des

---

[261] Ferner: Die Kirchen „Heiliges Herz Jesu" in Alexandria (1913) und „St. Catherina" in Kairo (1957).

damaligen Bischofs Basile Moussa Daoud (1930-2012; Kardinal).[262]

Allerdings ist die Kirche im Kairoer Stadtbild nahezu versteckt, und nur kleine Schilder weisen in der Nr. 46 der Rue Daher verschämt auf sie hin. Einen Grund für dieses Mauerblümchen-Dasein gäbe es nicht, betonte der vormalige Bischof Daoud in einem Interview. Wie so oft in der Diaspora „wandert" die Kirche mit der Gemeinde, und in der Enge der Großstadt war es schwierig, ein geeigneteres Grundstück zu finden.

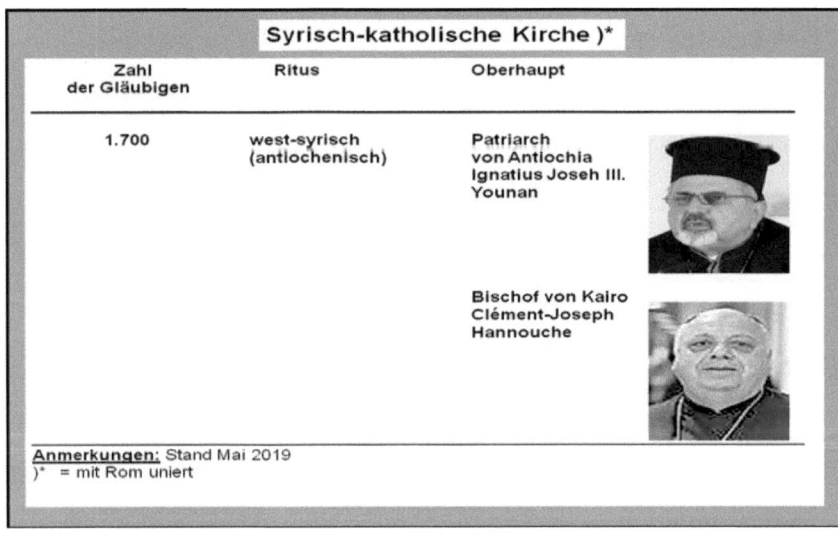

Abb. 195

---

[262] In Syrien geboren, wurde Daoud 1954 zum Priester geweiht und 1977 zum Bischof von Kairo berufen. 1994 wechselte er als Bischof ins syrische Homs. Vier Jahre später wurde er zum Patriarchen der Syrisch-katholischen Kirche gewählt und gab sich den Namen Moussa I.; im Jahre 2000 berief ihn Papst Johannes Paul II. zum Präfekten der Kongregation für die Ostkirchen und nahm ihn ein Jahr später ins Kardinalskollegium auf.

Unserer Enkeltochter Zoey Alexa Lorenzen (* 2004)

und

unserem Enkelsohn Damian Munir Kilian (* 2018).

Danksagung

Seiner Eminenz, Patriarch Antonios Kardinal Naguib, Seiner Seligkeit, Patriarch Isaac Sedrak, Seiner Exzellenz, Bischof Anba Damian (Höxter), Ihrer Exzellenz, Frau Botschafterin Lamia Mekhemar, Pater Samyv (Privatsekretär von Patriarch Naguib), Pater Boulos von der Kathedrale „Unsere Liebe Frau von Ägypten", Pater Dr. Hani Bakhoum Kiroulos und Pater Pasquale Piccolo (Privatsekretäre von Patriarch Sedrak), sowie Mme. Jeanne Buisson vom Koptisch-katholischen Patriarchat von Alexandria.

Besonderer Dank gilt unserem Sohn Axel, von dem die Idee dieses Aufenthaltes im Jahre 2006/2007 ausging, und der uns seine Wohnung in Heliopolis zur Verfügung stellte. Meiner Frau Lydia danke ich für ihren vielfältigen Rat, ihre tatkräftige Unterstützung bei unseren gemeinsamen Recherchen und ihr tapferes Vertrauen während manch rasanter Taxifahrt in Kairo.

Unseren Kindern Manuela Fink, Axel und Dennis Munir danken wir für ihre Initiative zu einem Kurzbesuch in Kairo im Mai 2019.

Bildnachweis

Coptic Church network; St. Takla.org (Coptic Orthodox Websites Directory); Bildarchiv des Vatikans und zahlreicher katholischer Bistümer, Anaphora Retreat Center; Kamil Zachert, Privatarchiv des Verfassers. Graphiken: Verfasser;

Literatur
(nur Auswahl)

Annuaire de l´Eglise Catholique d`Egypte 2016 - hrsg. vom Koptisch-katholischen Patriarchat

Beinhauer-Köhler, Bärbel Spielräume religiöser Pluralität -Kairo im 1. Jahrhundert Kohlhammer-Verlag 2018

Catholicnewsagency

Gabra, Gawdat Coptic Civilization Two thousand years of Christianity in Egypt Saint Mark Foundation Book The American University in Cairo Press, Cairo New York, 2014

Gillè, Matthias Der koptische Papst Shenouda III. Beobachtungen zu Theologie und Biografie, Tectum Verlag, 2017

Internet-Homepages der verschiedenen Diözesen/ Glaubensrichtungen in Ägypten

Kaspar, Michael, M.A. Menschenrechte - Die Situation der koptisch-orthodoxen Kirche in Ägypten Die Kopten zu Beginn des 21. Jahrhunderts: Zwischen Akzeptanz und Ablehnung

Kosack, Wolfgang Kurze Geschichte der Kopten, Verlag Christoph Brunner , 2015

Müller, Thomas Die Heilige Familie in Ägypten: Spurensuche der Flucht nach Ägypten

Missio „Die Heilige Familie in Ägypten" (1999) Verlag „United Printing Publishing & Distributing Co.", Kairo.

Reiss, Wolfram Erneuerung in der Koptisch-Orthodoxen Die Geschichte der koptisch-orthodoxen Sonntagsschulbewegung und die Aufnahme ihrer Reformansätze in den Erneuerungsbewegungen der Koptisch-Orthodoxen Kirche der Gegenwart Studien zur orientalischen Kirchengeschichte, Hamburg 1996

Stiftung Pro Oriente Hofburg Marschallstiege II A-1010 Wien/Österreich

Worldwide Coptic Directory

Die koptischen Christen waren in ihrer langen Geschichte nur mit kurzen Unterbrechungen frei von Verfolgung und Diskriminierung. Dies machte die Kirche am Nil stark und widerstandsfähig. Dadurch konnte sie ihren Glauben nicht nur bewahren, sondern blickt – im Gegensatz zu den meisten anderen christlichen Kirchen des Westens – gestärkt und zuversichtlich in die Zukunft.

Eingebettet in die Geschichte Ägyptens beleuchtet der Autor Entwicklung und heutige Lage der Christen der Koptisch-orthodoxen Kirche von ihren Anfängen bis heute.

Reich bebildert gibt das Buch einen umfassenden Überblick über Geschichte, Struktur und Organisation einer christlichen Schwesternkirche, die vertraut und fremd zugleich ist und öffnet dabei eine Perspektive auf das nordafrikanische Land am Nil, die den meisten Touristen wohl eher verborgen bleibt, die es gleichwohl aber verdient, dass ihr Beachtung zuteilwird. Andere christliche Kirchen, die ebenfalls in Ägypten wirken, werden in die Betrachtung eingebunden.

Die Bindung des Autors an Ägypten reicht bis zu dessen erstem Besuch 1976 zurück. Ein halbjähriger Studienaufenthalt in Kairo 2006/2007 galt primär der koptischen Kirche. Er ist Autor mehrerer Sachbücher - darunter: „Elite im Halbschatten" (Osning-Verlag; 2005); „Adenauers vergessener Retter - Major Fritz Schliebusch" (Miles-Verlag; 2011); „Kai-Uwe von Hassel und seine Familie" (Miles-Verlag; 2013); „Bibel-Kirche-Militär - Christentum und Soldatsein im Wandel der Zeit" (BoD; 2018).